微型客车维修入门与技巧

杨智勇　王新宇　主编

金盾出版社

内 容 提 要

本书详细介绍了微型客车的组成及基本工作原理、维修工具的使用、微型客车的一般维护方法、常见故障的维修技巧、主要部件的检查技巧、车身磕碰的修补技巧等方面的知识。

本书内容浅显、通俗易懂、实用性强，既可作为初学微型客车修理人员的入门指导，也可供广大微型客车爱好者、驾驶人员以及大中专院校有关专业的师生阅读和参考。

图书在版编目(CIP)数据

微型客车维修入门与技巧/杨智勇，王新宇主编. —北京：金盾出版社，2012.1
ISBN 978-7-5082-6918-4

Ⅰ.①微…　Ⅱ.①杨…②王…　Ⅲ.①微型汽车：客车—车辆修理　Ⅳ.①U469.110.7

中国版本图书馆 CIP 数据核字(2011)第 044738 号

金盾出版社出版、总发行

北京太平路 5 号(地铁万寿路站往南)
邮政编码：100036　电话：68214039　83219215
传真：68276683　网址：www.jdcbs.cn
封面印刷：北京精美彩色印刷有限公司
正文印刷：北京金盾印刷厂
装订：海波装订厂
各地新华书店经销

开本：787×1092 1/16　印张：20　字数：496 千字
2012 年 1 月第 1 版第 1 次印刷
印数：1～6 000 册　定价：49.00 元

前　言

微型客车就是微小型客车，指的是小型客车以下的所有车辆。我们常见的微型客车有长安之星、上汽通用五菱、哈飞汽车、一汽佳宝等。目前，微型客车的生产能力、市场占有率和社会保有量均有较大幅度的提高。由于其发动机排量小，动力性、经济性好，外形尺寸小，方便灵活且价格低廉，备受广大城乡用户的欢迎。

汽车下乡和购置税优惠等利好政策刺激了农村及广大城乡汽车消费市场大幅增长，农村及城乡购车者的比例大幅增加。随着通用五菱、长安和哈飞等微型客车社会保有量的增加，广大用户迫切需要深入了解车辆的结构特点和维修方法。为使广大初学修理人员和车辆使用者全面系统了解微型客车的基础知识，增强维护修理、排除故障的实际能力，掌握微型客车维修技巧等知识，特编写此书。

本书以通俗易懂的语言，围绕读者所关心的问题，对微型客车的组成及基本工作原理、维修工具的使用、微型客车的一般维护方法、常见故障的维修技巧、主要部件的检查技巧、车身磕碰的修补技巧等方面的知识都作了详细介绍。

本书内容丰富、可读性强、实用性强，既可作为初学微型客车维修人员的入门指导，也可供广大微型客车爱好者、驾驶人员以及大中专院校有关专业的师生阅读和参考。

本书由杨智勇、王新宇主编，方晓辉、段连信副主编。参加本书编写的还有惠怀策、程佳、王恒志、范渝诚、李川峰、李丁年、于宏艳、张宁、高继生、李旭、栾宏宇、王鹏、陈剑飞、张喜平、李艳玲、胡明、崔志刚、蔡宝辉、崔震、张淑粉、张志等。

由于水平所限，书中不足之处在所难免，敬请广大读者批评指正。

作　者

目　　录

第一章　微型客车维修基础知识

微型客车就是微小型客车，就是小型客车以下的所有车辆。一般界定的标准是排量在1.0L以下(含1.0L)、载客人数在8人以下(含8人)、同时达到上述两个条件的车辆为微型客车。微型客车一般是车辆长度小于或等于3.8m的客车。我们常见的微型客车有长安之星、上汽通用五菱、哈飞汽车、一汽佳宝等。

现在生产的微型客车大多向“大微客”方向发展，已经突破原来的界定范围。目前的微型客车大多是快捷运输商用车，填补了传统轻客与传统微车之间的市场空白，既有轻客的大空间、高承载，又具有微车的经济性、低油耗、装载灵活等优势，兼顾快运与物流用车的效率与成本，是城乡中小型企业与个人快捷运输的理想之选。现在的微型客车如长安星光S4500，车身长度介于轻客与微客之间，采用长轴距(上汽通用五菱荣光轴距加长，为2700mm，如图1-1所示)、宽轮距(五菱荣光前轮距1386mm，后轮距1408mm)、宽车身(长安之星S460的车身宽度达1645mm)、大空间(长安之星S460的客货厢空间达到4.4m^3)设计，既保证了空间容量，又提高了承载能力。同时，如长安星光S4500等车型，还可安装1.3L高性能发动机。

图1-1　上汽通用五菱荣光

第一节　微型客车总体构造

现代汽车虽然类型很多，具体构造也不尽相同，但对以内燃机为动力装置的汽车而言，它们的基本结构相同，都是由发动机、底盘、车身和电气设备四大部分组成。

1. 发动机

发动机是汽车的动力装置，是汽车的心脏，其作用是将燃料燃烧产生的热能转变为机械能并通过底盘驱动汽车行驶。现代汽车普遍采用往复活塞式发动机。微型客车发动机一般安装在驾驶员和前排乘员的座椅下面，安装位置如图 1-2 所示。

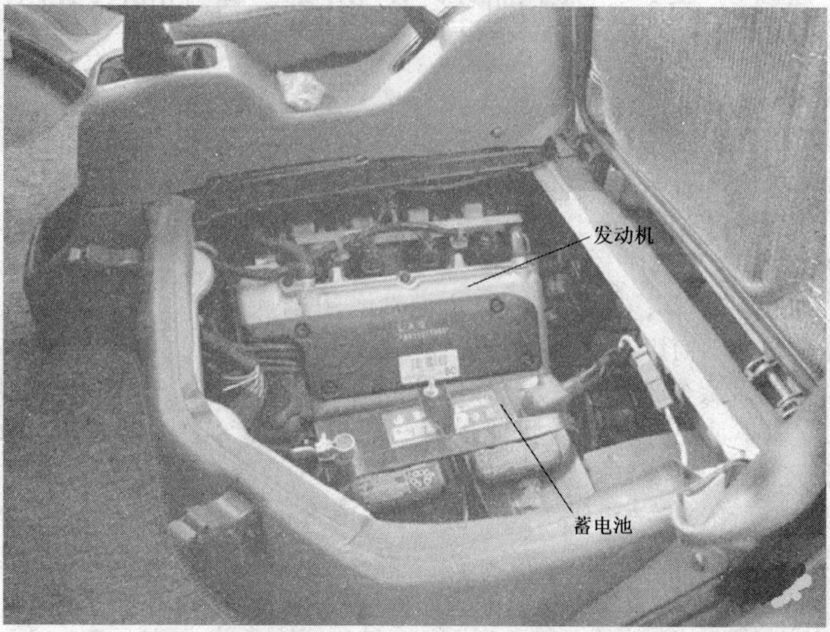

图 1-2 微型客车发动机的位置

(1)五菱荣光型车 B 系列发动机

五菱荣光 B 系列发动机的外形如图 1-3 所示。

图 1-3 五菱荣光 B 系列发动机的外形

五菱荣光安装的B系列发动机是五菱全新自主研发的1.2L排量的发动机，最大功率为60.5kW/5300r/min，最大扭矩为108N·m/4000r/min，升功率超过50kW/L，这在微型客车中是非常突出的。

(2)长安之星S460型车发动机

长安之星S460型车发动机拥有1.3L和1.0L两种，分别为JL474Q系列和JL465Q系列发动机，如图1-4所示。

图1-4　长安之星S460发动机(JL465Q-1AE发动机)外形

(3)长安C系列发动机

长安C系列发动机是长安汽车自主设计开发的小排量发动机，是国内为数极少的升功率突破50kW的1.0L发动机。长安C系列发动机外形如图1-5所示。

图1-5　长安C系列发动机外形

2. 底盘

底盘是汽车各部件装配与行驶的基体，其作用是支承、安装发动机及汽车的其他总成与部件，使车辆形成一个整体，并接受发动机的动力使汽车行驶。

底盘由传动系统、行驶系统、转向系统和制动系统四部分组成。

3. 车身

车身安装在底盘的车架上，供驾驶员和乘客乘坐或装载货物。微型客车一般是整体结构车身，货车车身一般由驾驶室和货箱两部分组成。

4. 电气设备

电气设备由电源和用电设备两大部分组成。电源包括蓄电池和发电机；用电设备包括发动机的起动系统、汽油机的点火系统、汽车电子控制装置和照明、信号、仪表、辅助电气部件等。

第二节 发 动 机

一、发动机构造与工作原理

(一)发动机构造

发动机是汽车的心脏,由多个机构和系统组成。现代汽车发动机的具体结构形式很多,即使是同一类型的发动机,其具体结构也各不相同。但不论哪种类型的发动机,其基本结构都是相似的。图 1-6 所示为长安 C 系列发动机结构图。

图 1-6 长安 C 系列发动机结构图

发动机主要由"两大机构、五大系统"组成。"两大机构"指曲柄连杆机构和配气机构;"五大系统"指燃料供给系统、冷却系统、润滑系统、点火系统和起动系统。图 1-7 与图 1-8 所示为五菱荣光 B 系列发动机的分解图。

(1)曲柄连杆机构

曲柄连杆机构主要由气缸体、气缸盖、活塞、连杆、曲轴和飞轮等机件组成,是发动机实现热能与机械能相互转换的核心机构,其功用是将燃料燃烧所放出的热能通过活塞、连杆、曲轴等转变成能够驱动汽车行驶的机械能。

(2)配气机构

配气机构主要由气门、气门弹簧、凸轮轴、挺杆、凸轮轴传动机构等零部件组成,其功用是根据发动机的工作需要,适时地打开进气通道或排气通道,以便使可燃混合气(燃料与空气的混合物)及时地进入气缸或使废气及时地从气缸内排出;而在发动机不需要进气或排气时,则利用气门将进气通道或排气通道关闭,以便保持气缸密封。

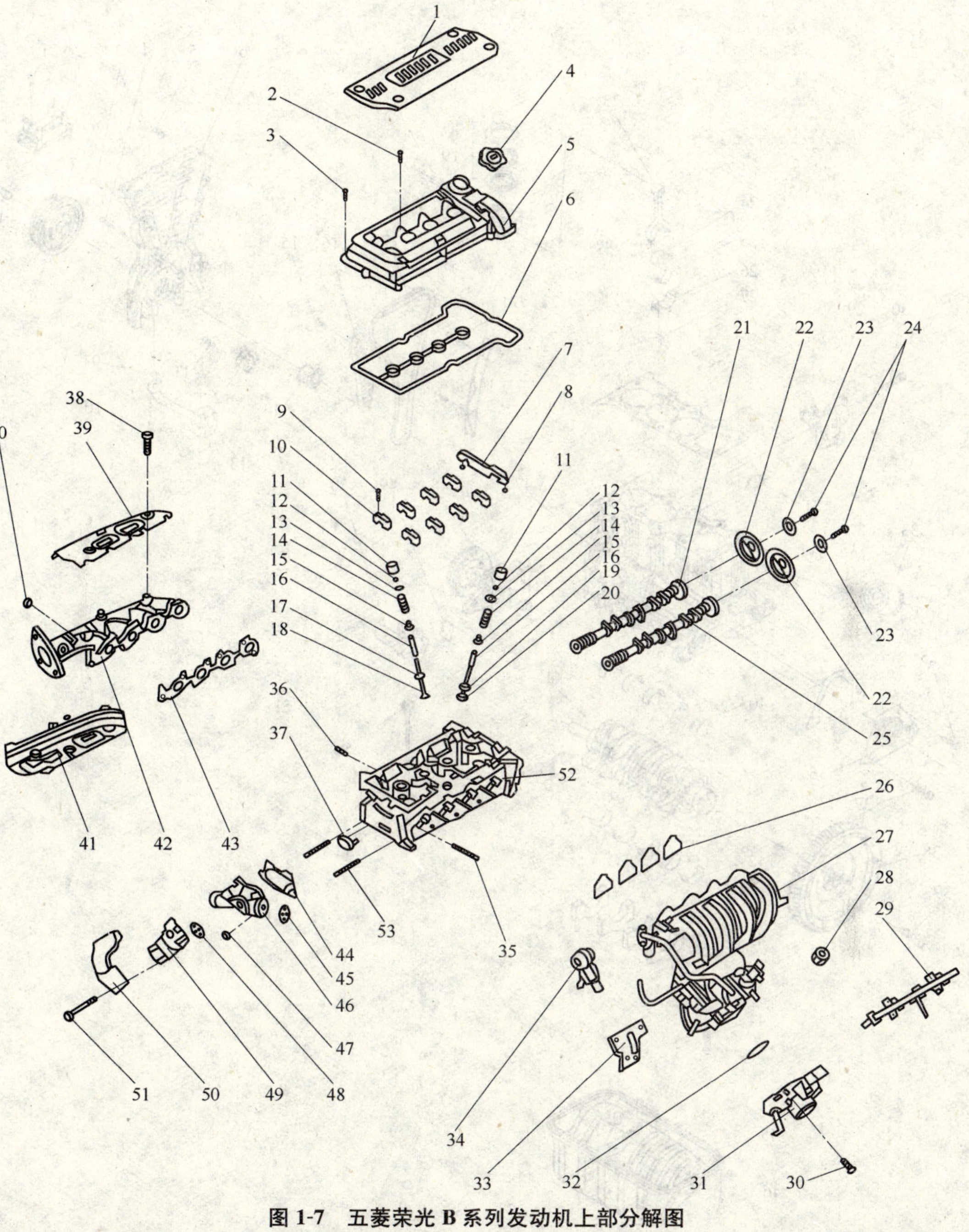

图 1-7　五菱荣光 B 系列发动机上部分解图

1. 点火高压线罩盖　2. 缸盖罩盖螺栓 1　3. 缸盖罩盖螺栓 2　4. 加油口盖　5. 缸盖罩盖　6. 密封圈　7. 凸轮轴联盖　8. 定位销　9. 凸轮轴轴承盖螺栓　10. 凸轮轴轴承盖　11. 气门顶杆　12. 气门锁夹　13. 气门弹簧座　14. 气门弹簧　15. 气门油封　16. 气门导管　17. 排气门座　18. 排气门　19. 进气门座　20. 进气门　21. 排气凸轮轴　22. 凸轮轴链轮　23. 垫片　24、47、51. 螺栓　25. 进气凸轮轴　26. 进气支管密封圈　27. 进气支管　28. 炭罐电磁阀　29. 燃油导轨　30. 螺栓　31. 节气门体　32. 节气门体密封圈　33. 进气支管安装支架　34. PDA 执行器　35、36、53. 双头螺柱　37. 凸轮轴位置传感器　38. 螺栓　39. 隔热罩(上)　40. 带肩螺母　41. 隔热罩(下)　42. 排气支管　43. 排气支管垫圈　44. 出水管座垫圈　45. EGR 管垫片　46. 出水管座　48. EGR 阀垫片　49. EGR 阀　50. 加强板　52. 缸盖

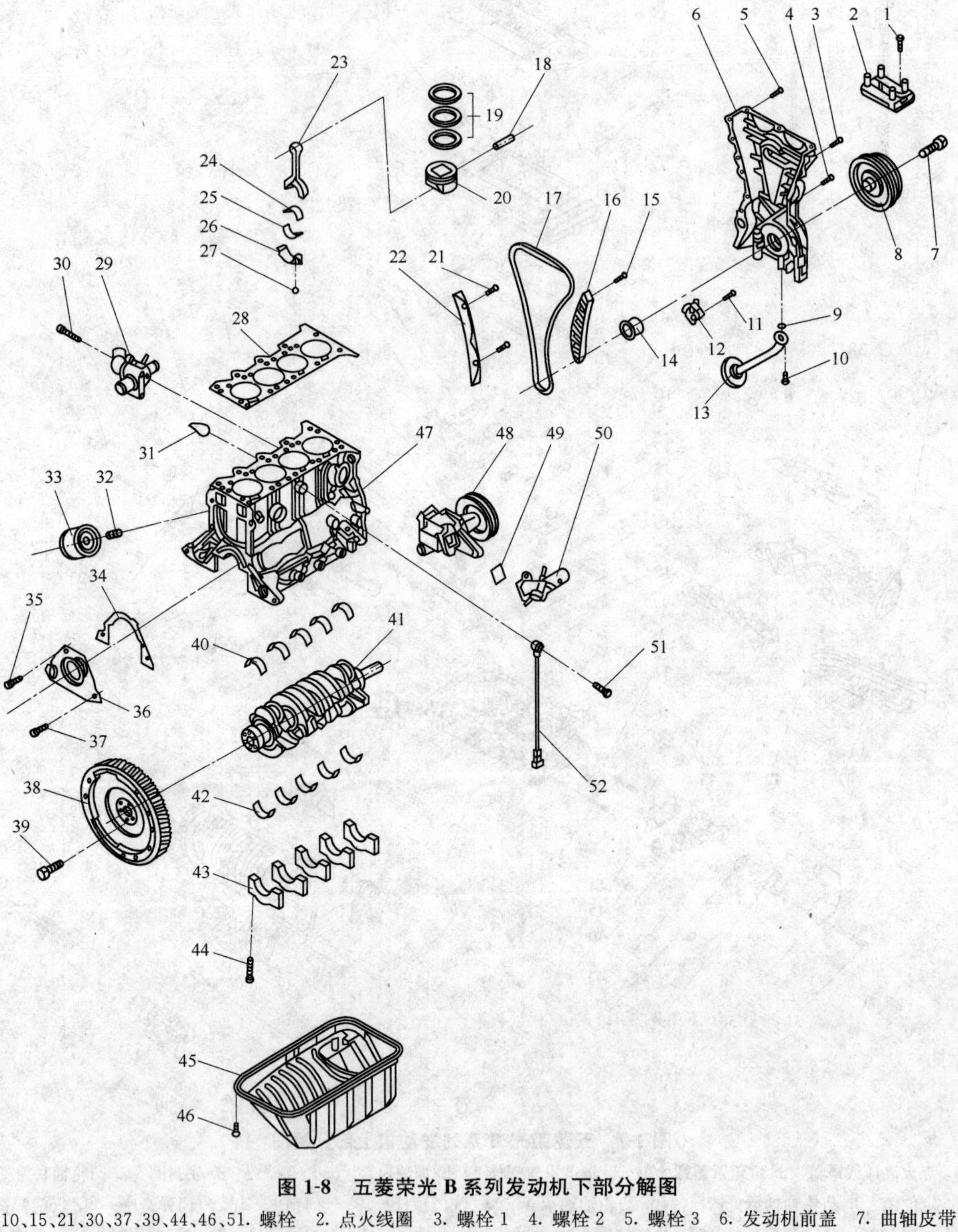

图 1-8 五菱荣光 B 系列发动机下部分解图

1、10、15、21、30、37、39、44、46、51. 螺栓 2. 点火线圈 3. 螺栓 1 4. 螺栓 2 5. 螺栓 3 6. 发动机前盖 7. 曲轴皮带轮螺栓 8. 曲轴皮带轮 9. O 形圈 11. 螺栓 12. 张紧器 13. 机油集滤器 14. 曲轴链轮 16. 正时链导轨 17. 正时链 18. 活塞销 19. 活塞环 20. 活塞 22. 护板 23. 连杆 24. 上连杆瓦 25. 下连杆瓦 26. 连杆盖 27. 螺母 28. 气缸垫 29. 节温器 31. 机油压力传感器 32. 双头螺杆 33. 机油滤清器 34. 曲轴后油封座垫圈 35. 螺钉 36. 曲轴后油封 38. 飞轮 40. 主轴瓦 1 41. 曲轴 42. 主轴瓦 2 43. 主轴承盖 45. 机油盘 47. 缸体 48. 水泵 49. 密封圈 50. 进水管座 52. 爆燃传感器

(3)燃料供给系统

汽油机燃料供给系统的功用是根据发动机的工作需要，配制出一定数量和浓度的可燃混合气并送入气缸。电控燃油喷射式燃料供给系统由空气供给系统、燃油供给系统和电子控制系统组成。

(4)点火系统

汽油机点火系统的功用是根据发动机的工作需要，及时地点燃气缸内的混合气。微型计算机控制电子点火系统是一种全电子点火系统，完全取消了机械装置，由电控系统来控制点火时刻，通常包括蓄电池、发电机、点火线圈、分电器(有些无分电器)、火花塞和电子控制系统等。

(5)冷却系统

发动机的冷却系统可分水冷式和风冷式两种。水冷式冷却系统通常由水套、水泵、散热器、风扇、节温器等组成。风冷式冷却系统主要由风扇、散热片组成，其功用是帮助发动机散热，以保证发动机在最适宜的温度下工作。

(6)润滑系统

润滑系统一般由机油泵、集滤器、限压阀、油道、机油滤清器等组成，其功用是向运动的零件表面输送清洁的润滑油，以减小摩擦和磨损，并对摩擦表面进行清洗和冷却。

(7)起动系统

起动系统包括起动机及其附属装置，其功用是使发动机由静止状态进入到正常工作状态。

(二)发动机的基本术语

发动机基本术语如图 1-9 所示。

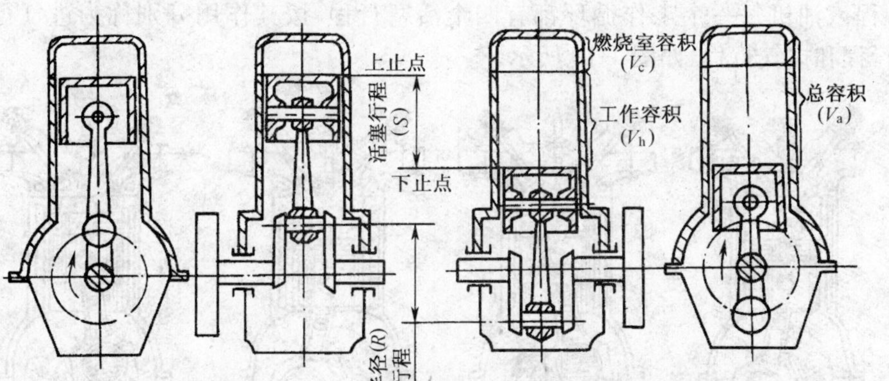

图 1-9 发动机基本术语

(1)上止点

活塞在离曲轴回转中心最远处时活塞顶所处的位置称为上止点。

(2)下止点

活塞在离曲轴回转中心最近处时活塞顶所处的位置称为下止点。

(3)活塞行程

上止点与下止点之间的距离称为活塞行程。

(4)曲柄半径

曲轴上连杆轴颈轴线与曲轴主轴颈轴线(曲轴回转中心)之间的距离称为曲柄半径。活塞行程为曲柄半径的两倍。

(5)气缸工作容积

活塞从一个止点运动到另一个止点所通过的容积称为气缸工作容积或气缸排量。

(6)燃烧室容积

活塞在上止点时,活塞顶与气缸盖之间的容积称为燃烧室容积。

(7)气缸总容积

活塞在下止点时,活塞顶上方的容积称为气缸总容积。显然,气缸总容积是气缸工作容积与燃烧室容积之和。

(8)发动机排量

多缸发动机各气缸工作容积的总和称为发动机排量。

(9)压缩比

气缸总容积与燃烧室容积之比称为压缩比。

压缩比表示活塞由下止点运动到上止点时气缸内的气体被压缩的程度。压缩比越大,压缩终了时气缸内气体的压力和温度越高。

(10)工作循环

气缸每完成一次热能与机械能的相互转换所经历的一系列连续过程称为发动机的一个工作循环。

(三)发动机基本工作原理

四冲程汽油机每一个工作循环都有四个活塞行程,按其作用分别称为进气行程、压缩行程、做功行程和排气行程,如图 1-10 所示。

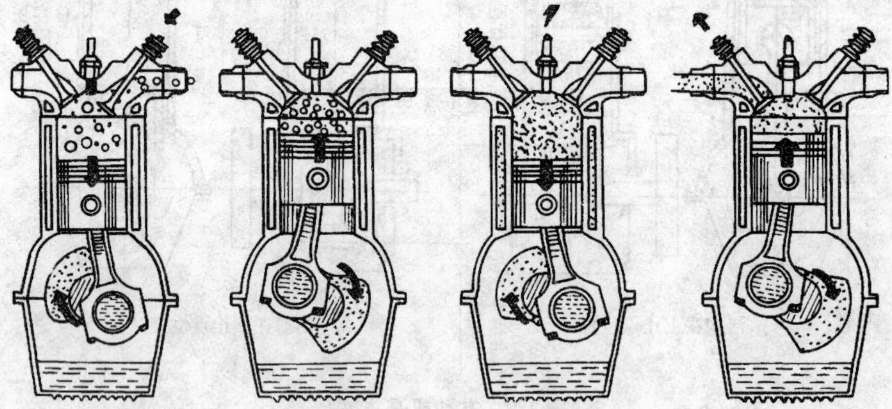

图 1-10　四冲程汽油机工作原理

(1)进气行程

在进气行程中,活塞由曲轴带动,由上止点向下止点运行。此时排气门关闭,进气门开启。由于活塞由上止点向下止点运动过程中,气缸内容积逐渐增大,形成一定的真空度,所以混合气通过进气门被吸入气缸。当活塞到达下止点时,整个气缸内充满了混合气。

(2)压缩行程

进气行程结束后，活塞在曲轴的带动下由下止点向上止点运动。此时，排气门仍处于关闭状态，而进气门开始逐渐关闭。随着活塞的向上运动，气缸内容积减小，由于进气门和排气门均处于关闭状态，进入气缸内的混合气被压缩，其温度和压力升高，直到活塞到达上止点时压缩行程结束。

(3)做功行程

当活塞运动接近压缩行程上止点时，火花塞跳火点燃气缸内的混合气。此时，进气门和排气门均处于关闭状态，气缸内气体的温度和压力同时升高，从而推动活塞从上止点向下止点运动，并通过连杆推动曲轴旋转输出机械能。

(4)排气行程

做功行程结束时，气缸内的气体将活塞推至下止点，气缸内的混合气也因燃烧变为废气。此时排气门打开，进气门仍处于关闭状态，活塞在曲轴的带动下从下止点向上止点运动，气缸内的废气经排气门排出，直到活塞到达上止点排气行程结束。

发动机工作时，需要连续不断地进行循环，在每个循环中都是依次完成进气、压缩、做功、排气四个行程。

单缸四冲程发动机的每工作循环虽有四个活塞行程，但只有做功行程为有效行程，其余三个行程均为消耗功的辅助行程。因此，单缸四冲程发动机工作时，曲轴在做功行程的转速比其余三个行程要快，即在一个工作循环内，曲轴的转速是不均匀的，因此，单缸发动机存在工作不平稳、振动大的缺陷。为使发动机运转平稳，现代汽车发动机都采用多缸四冲程发动机，用得最多的是四缸、六缸和八缸发动机。

多缸四冲程发动机每一个气缸的工作循环都与单缸四冲程发动机相同，但各缸的做功行程并不同时进行，而是按一定顺序进行。不论是几缸四冲程发动机，曲轴每转两周，各缸轮流做功一次，且各缸做功行程间隔的曲轴转角均匀一致。多缸发动机各缸的做功间隔角(曲轴转角)为 $720°/i$(i 为气缸数)。气缸数越多，发动机工作便越平稳，但缸数增多会使发动机的结构复杂，并使其尺寸和质量增大。

二、曲柄连杆机构

曲柄连杆机构是发动机实现热能与机械能相互转换的主要机构，其主要功用是将气缸内气体作用在活塞上的力转变为曲轴的旋转力矩，从而输出动力。在做功行程，它将燃料燃烧产生的热能转变为活塞往复运动的机械能，再转变为曲轴的旋转运动而对外输出动力。在其他三个辅助行程中，它又将曲轴的旋转运动转变为活塞的往复运动，为做功行程做好准备。

曲柄连杆机构可分为机体组、活塞连杆组和曲轴飞轮组三部分。在有些发动机上，为平衡曲柄连杆机构的振动，还装有平衡轴装置。

(一)机体组

主要由气缸体、气缸盖、气缸垫等组成。

(1)气缸体

气缸体是发动机的装配基体，其结构复杂，一般采用铸铁或铝合金材料铸造而成。气缸为圆柱形空腔，活塞在其内部作往复直线运动，多个气缸组合成一体即为气缸体。图 1-11 所示为微型客车 465Q2 型发动机缸体。根据气缸的排列形式，气缸体有直列式、卧式和 V 形三种结构形式。

图 1-11 微型客车 465Q2 型发动机缸体

(2)气缸盖

气缸盖的功用是封闭气缸上部,并与活塞顶构成燃烧室。气缸盖结构复杂,一般采用铸铁或铝合金材料铸造而成。对具体发动机而言,气缸盖的结构各异,但有许多共同点,如图1-12所示。

图1-12 微型客车465Q2型发动机缸盖

(3)气缸垫

气缸垫安装在气缸盖与气缸体之间,功用是保证气缸体与气缸盖的接合面密封。气缸垫外形如图1-13所示。

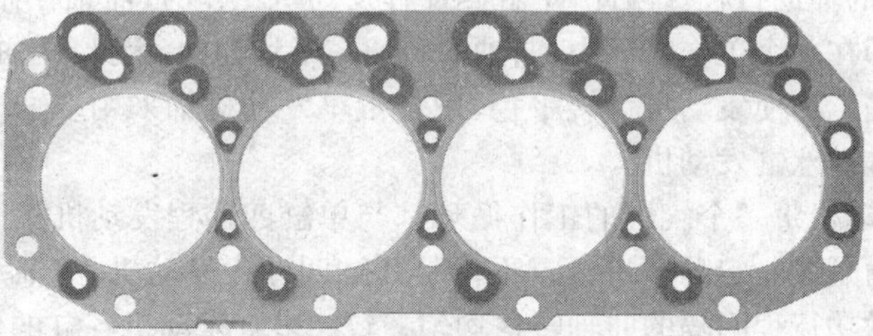

图1-13 发动机气缸垫

目前汽车发动机使用的气缸垫多数由金属与石棉及粘合剂压制而成,具有一定的弹性,用以补偿气缸体和气缸盖平面的平面度误差。气缸垫的水孔和燃烧室孔周围有镶边,以防被高温的冷却水或气体烧坏。

(二)活塞连杆组

主要由活塞、活塞环、活塞销、连杆及连杆轴承等组成,如图1-14所示。

(1)活塞

活塞的功用主要是承受气缸中气体的压力,并将此压力传给连杆,以推动曲轴旋转。此外,活塞的顶部还与气缸盖和气缸共同组成燃烧室。活塞一般都用铝合金材料铸造或锻造而成。

(2)活塞环

活塞环安装在活塞环槽内,按其功用可分为气环和油环两类。气环又称压缩环,其功用是密封活塞和气缸之间的间隙,防止漏气和窜油,并将活塞承受的热量传给气缸。油环的功用是刮去气缸壁上多余的润滑油,并

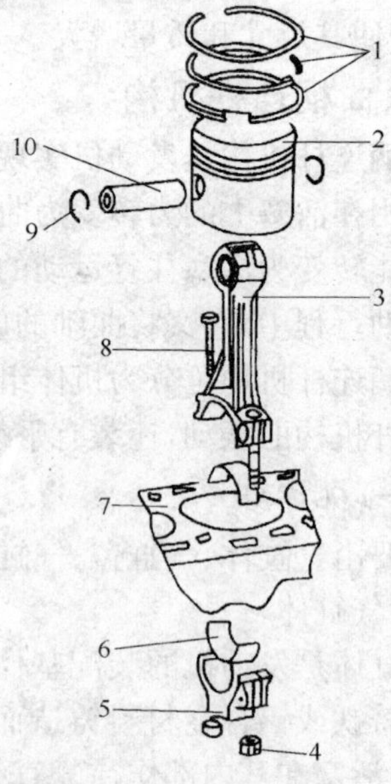

图1-14 活塞连杆组的组成

1. 活塞环 2. 活塞 3. 连杆 4. 连杆螺母 5. 连杆盖 6. 连杆轴承 7. 气缸体 8. 连杆螺栓 9. 活塞销锁环 10. 活塞销

在气缸壁上均匀布油。一般发动机上装有两道气环和一道油环。

(3)活塞销

活塞销的功用是将活塞和连杆连接在一起,将活塞承受的气体压力传给连杆。

(4)连杆

连杆的功用是将活塞承受的气体压力传给曲轴,使活塞的往复直线运动变为曲轴的旋转运动。连杆由连杆小头、连杆杆身和连杆大头(包括连杆盖)三部分组成。

(三)曲轴飞轮组

主要由曲轴、飞轮和曲轴轴承等组成,如图1-15所示。

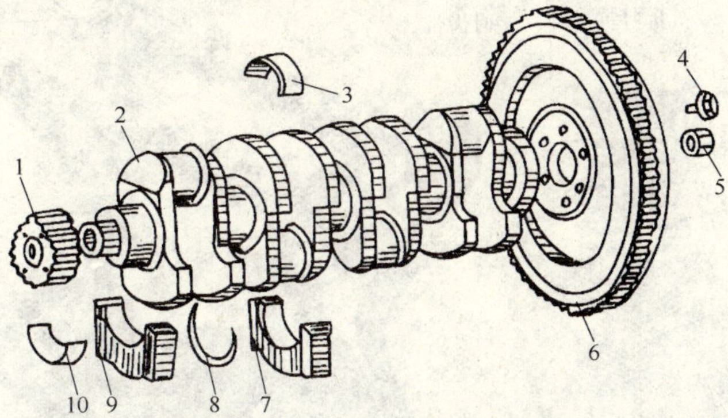

图1-15　曲轴飞轮组的组成

1. 曲轴正时带轮　2. 曲轴　3. 上片主轴承　4. 飞轮紧固螺栓　5. 滚针轴承　6. 飞轮
7. 第三道主轴承盖　8. 止推垫片　9. 第一道主轴承盖　10. 下片主轴承

(1)曲轴

曲轴的功用是承受连杆传来的力并由此产生绕自身轴线的旋转力矩。该力矩通过飞轮输送给底盘驱动汽车行驶。曲轴还用来驱动发动机的配气机构和水泵、发电机、空气压缩机等部件。图1-16所示为曲轴。

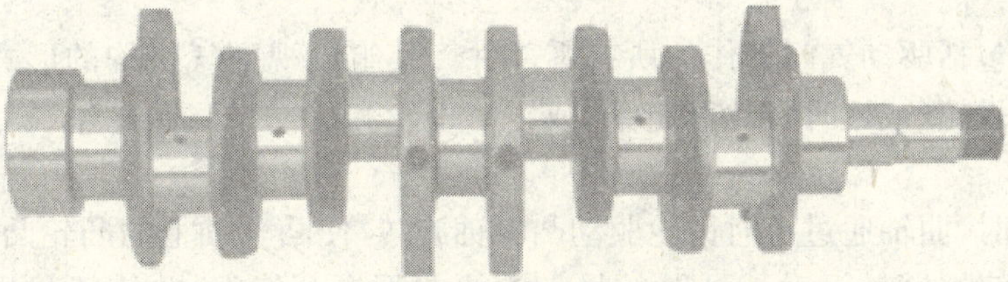

图1-16　曲轴

(2)飞轮

飞轮的主要功用是储存做功行程中的部分能量,以便在其他行程带动曲柄连杆机构工作;保证曲轴运转均匀,克服短时间的超负荷;通过飞轮齿圈与起动机小齿轮啮合,以便起动发动机;通过飞轮将发动机的动力传递给离合器或自动变速器。

(3)曲轴轴承

曲轴轴承包括连杆轴承(俗称小瓦)和曲轴主轴承(俗称大瓦),其结构基本相同。曲轴轴承的功用主要是减小摩擦和减轻曲轴等零件的磨损。连杆轴承和曲轴主轴承一般都是分开式滑动轴承。

三、配气机构

(一)配气机构的功用

配气机构的功用是按照发动机的工作需要,定时开启或关闭进气门、排气门,使混合气(汽油机)或空气(柴油机)及时进入气缸或使气缸内的废气及时排出。

(二)配气机构的基本组成

如图 1-17 所示,发动机配气机构的基本组成可分为气门组(图 1-17a)和气门传动组(图 1-17b)两部分。

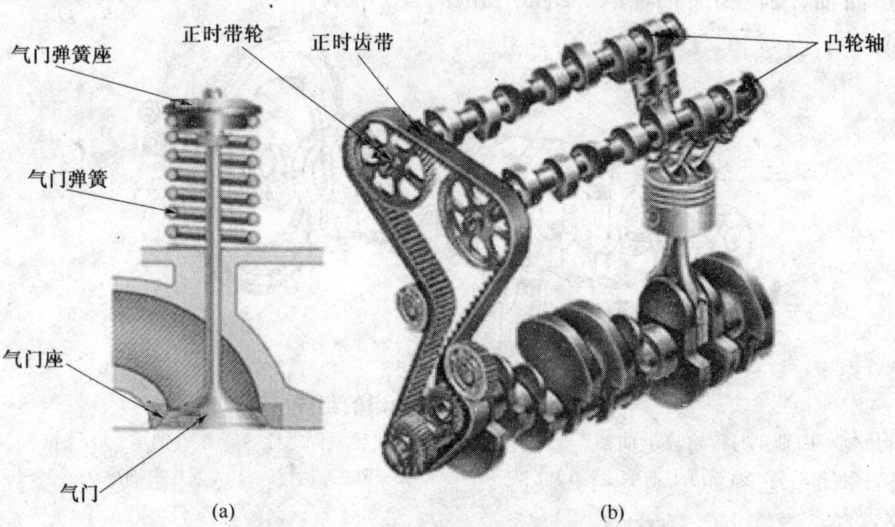

图 1-17 发动机配气机构的组成

(a)气门组 (b)气门传动组

气门组的组成与配气机构的形式基本无关而大致相同,主要零部件包括气门、气门座、气门弹簧、气门导管等。

气门传动组包括驱动气门动作的所有零部件。其组成视配气机构的形式不同而异,主要零部件包括正时齿轮(或正时链轮和链条、或正时带轮和传动带)、凸轮轴、挺杆、推杆、摇臂轴和摇臂等。

发动机工作时,曲轴通过正时齿轮驱动凸轮轴旋转,使凸轮轴上的凸轮凸起部分通过挺杆和推杆推动摇臂绕摇臂轴运动。摇臂的另一端便向下推开气门,并使气门弹簧进一步压缩。当凸轮的顶点转过挺杆后,便逐渐减小了对挺杆的推力,气门在其弹簧弹力的作用下,开度逐渐减小,直至最后关闭。

为防止发动机工作中配气机构的零部件受热膨胀而导致气门关闭不严,摇臂与气门尾端有一定的间隙(气门间隙)。在装有液力挺杆的配气机构中,不需留气门间隙。

由于四冲程发动机每完成一个工作循环,曲轴转两圈,而各缸只进、排气一次,也即凸轮轴只需转一圈,所以,曲轴与凸轮轴的传动比为 2∶1。

(三)配气机构的类型

发动机配气机构形式多种多样,其主要区别在于气门布置形式和数量、凸轮轴布置形式和驱动方式。

现代微型客车发动机一般采用顶置气门式配气机构，即气门安装在燃烧室的顶部。每个气缸一般安装2～5个气门。气门一般沿发动机纵向排成一列或两列。凸轮轴的驱动方式有齿轮传动、链传动和带传动三种方式。配气机构通常按凸轮轴的安装位置分为下置凸轮轴式、侧置凸轮轴式和顶置凸轮轴式三种类型。

(四)配气机构主要零部件

(1)气门组

气门组主要包括气门、气门座、气门导管和气门弹簧等，如图1-18所示。

(2)气门传动组

气门传动组包括凸轮轴、正时传动装置、挺杆、推杆、摇臂总成等。

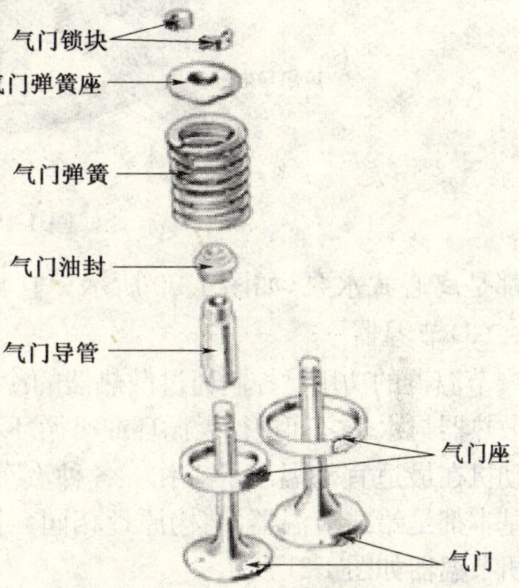

图1-18　气门组零件

四、冷却系统

(一)冷却系统的功用

发动机工作时，气缸内的气体温度可高达1927℃～2527℃，如果不及时冷却，将造成发动机零部件温度过高，尤其是直接与高温气体接触的零部件，会因受热膨胀影响正常的配合间隙，导致运动件运动受阻甚至卡死。此外，高温还会造成发动机零部件的机械强度下降，使润滑油失去作用等。

发动机冷却系统的功用就是对在高温条件下工作的发动机零部件进行冷却，保证发动机在最适宜的温度下工作。

发动机冷却系统的冷却强度必须适宜，冷却不足会使发动机过热，冷却过度则会使发动机温度过低，发动机过热或温度过低均会影响其正常工作。目前，汽车上广泛应用的水冷式发动机正常工作温度(冷却水温度)一般为80℃～90℃。

(二)冷却系统的组成

水冷却系统以水或防冻液(统称为冷却水)为冷却介质，靠冷却水的循环流动将高温机件的热量带走，然后再将热量散发到大气中。

水冷却系统的组成如图1-19所示。水套是直接铸造在气缸体和气缸盖内相互连通的空腔。水套通过橡胶软管与固定在发动机前端的散热器相连，形成封闭的冷却水循环通路。水泵安装在水套与散热器之间。发动机工作时，水套和散热器内充满冷却水，曲轴通过V带驱动水泵工作，使冷却水在水套与散热器之间循环流动。冷却水流经气缸体和气缸盖内的水套时，带走发动机热量使发动机冷却，而流经散热器时将热量散发到大气中。

(三)主要零部件结构

(1)散热器

散热器的功用是将水套中流出的高温冷却液分流，并利用散热片增大散热面积，以便使冷却液的温度迅速降低。常用的散热器芯为芯片式结构。

(2)水泵

水泵的功用是对冷却液加压，使冷却液在冷却系统内循环流动。微型客车发动机上装用

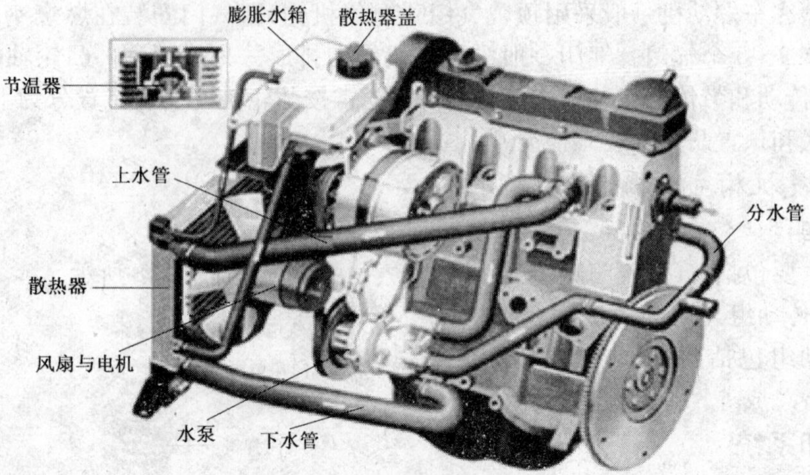

图 1-19　水冷却系统的组成

的都是离心式水泵，如图 1-20 所示。它具有体积小、出水量大、工作可靠等优点。

(3)节温器

节温器的功用是控制通过散热器的冷却液流量，使冷却液在散热器与水套之间进行大循环或小循环，调节冷却强度，保证发动机在最适宜的温度下工作。各种汽车发动机装用的节温器基本都是蜡式节温器，结构原理相同。长安之星 474Q 型发动机节温器如图 1-21 所示。

图 1-20　微型客车发动机水泵

(4)风扇

风扇的功用是提高流经散热器的空气流量和流速，以提高冷却强度。

风扇一般安装在散热器与发动机之间，并与水泵同轴。有的发动机风扇采用金属钢板冲压而成的叶片，叶片用螺钉固定在连接板上，现在采用塑料压铸而成的整体式风扇越来越多。带电机的风扇如图 1-22 所示。

图 1-21　长安之星 474Q 型发动机节温器

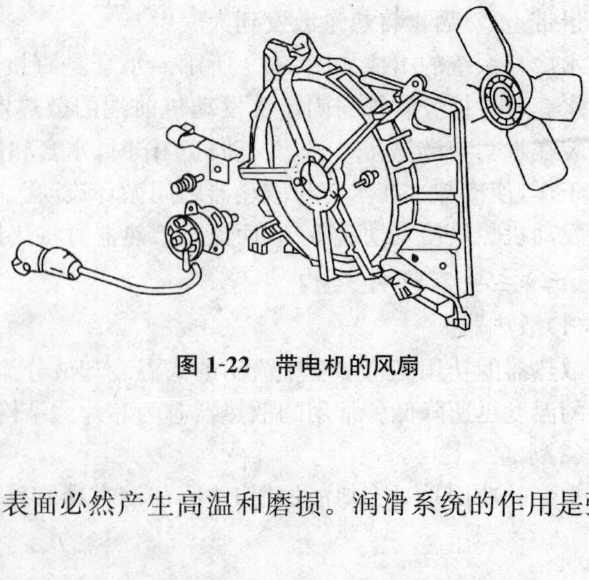
图 1-22　带电机的风扇

五、润滑系统

(一)润滑系统的作用

发动机工作时，所有运动的机件摩擦表面必然产生高温和磨损。润滑系统的作用是强制润滑油喷溅或流经运动零件表面，将摩擦产生的磨屑和热量带走，降低其工作温度，减少摩擦阻力和动力损失，延长机件的使用寿命；对于有密封要求的部位，如活塞同气缸壁之间，润滑油还可以起一定的封闭作用，防止漏气。

（二）润滑系统的组成

微型客车发动机润滑系统由机油泵、集滤器、机油滤清器、油道、旁通阀等组成，如图1-23所示。

机油泵为内转子式，安装在曲轴上。机油经过油泵滤网后，进入机油滤清器。过滤后的机油在气缸体内分成两条油路：一条油路使机油到达曲轴轴颈轴承，从曲轴轴颈轴承流出的机油通过曲轴上的斜通道将油供给连杆轴承，通过连杆大端的小孔喷出以润滑活塞、活塞环和气缸壁；另一条油路使机油进入气缸盖，通过摇臂轴油道润滑凸轮轴轴颈、摇臂、凸轮轴等。机油泵上装有安全阀，当压力超过400kPa时，安全阀卸压，卸压的机油流回机油盘。

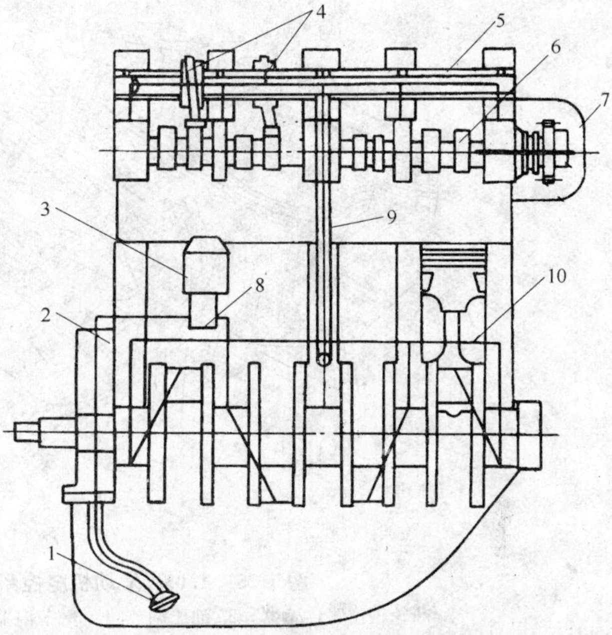

图1-23　微型客车发动机润滑系统的结构

1. 集滤器　2. 机油泵　3. 机油滤清器　4. 主油道　5. 摇臂轴　6. 凸轮轴　7. 旁通阀　8. 摇臂　9. 分电器齿轮箱　10. 油孔

六、发动机电控系统

（一）发动机电控系统的功用

发动机电控系统的功用主要是自动控制发动机燃料供给系统燃料与空气的配比。汽油发动机燃料供给系统的作用是储备一定数量的汽油，将汽油和空气按一定比例配制成可燃混合气供给各气缸，然后将燃烧后的废气排出气缸。

随着电子技术在发动机上的应用，微型客车均采用电子控制汽油喷射系统。应用较广的是多点式汽油喷射系统，每个气缸配有一个喷油器，汽油直接喷入进气管与空气混合后进入各缸燃烧室。

（二）组成

电控装置由传感器、控制单元（电子控制器、ECU，如图1-24所示）和执行器组成。各种传感器将监测到的发动机运行参数输入控制单元，控制单元据此控制燃油量、空气流量和喷油时间等，以实现与发动机工况的最佳匹配，达到节省燃油、净化排气、改善加速性和低温起动性等目的。而附加装置怠速转速调节器和爆燃传感器还可起到稳定怠速、防止爆燃的作用。

图1-24　发动机控制单元（德尔福系统）

（三）发动机电控系统部件的位置

1. 五菱发动机电控系统部件的位置

（1）1.05L 发动机电控系统部件的位置（图 1-25）

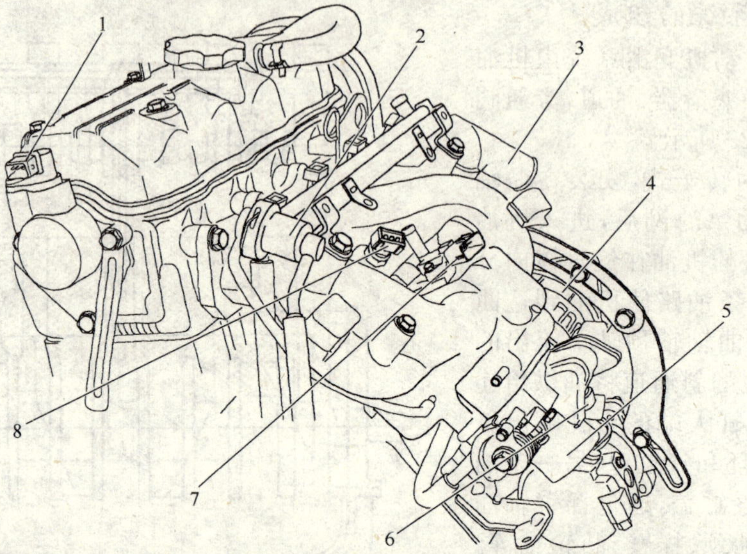

图 1-25 1.05L 发动机电控系统部件的位置

1. 凸轮轴位置传感器 2. 油压调节阀 3. 节温器 4. 怠速控制阀 5. 节气门体 6. 节气门位置传感器 7. 进气支管压力温度传感器 8. 冷却液温度传感器

（2）B 系列发动机电控系统部件的位置（图 1-26）

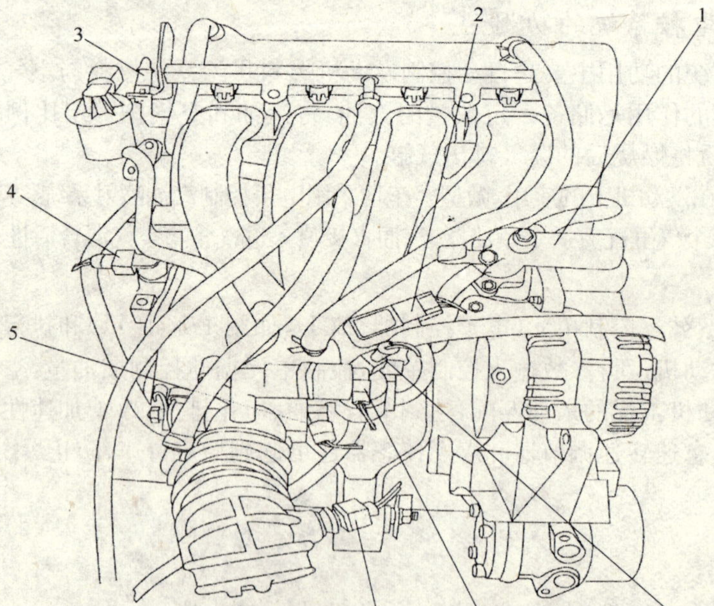

图 1-26 B 系列发动机电控系统部件的位置

1. 节温器 2. 进气压力传感器 3. 凸轮轴位置传感器 4. 冷却液温度传感器 5. 节气门位置传感器 6. 进气温度传感器 7. 怠速控制阀（步进电机） 8. 炭罐电磁阀

2. 长安微型客车发动机电控系统部件的位置及组成

(1)JL474Q7 发动机电控系统部件位置及组成(图 1-27～图 1-29)

(2)F 系列发动机电控系统部件的组成(图 1-30)

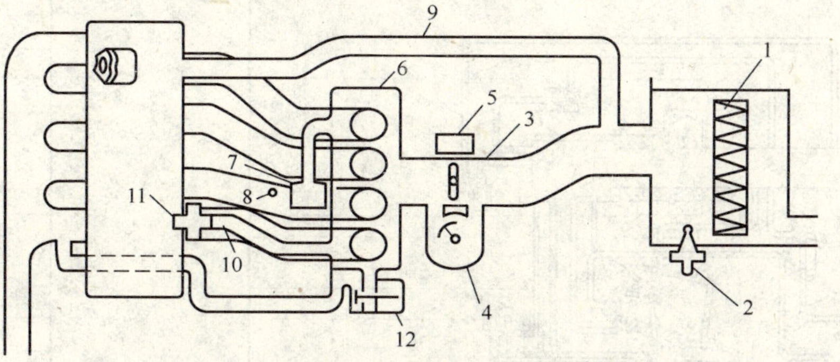

图 1-27 空气进气系统

1. 空气滤清器 2. 进气空气温度传感器 3. 节气门体 4. 空气控制阀 5. 支管绝对压力传感器 6. 进气支管 7. EVAP 排气阀 8. 接头(燃油压力调节器) 9. 通气软管 10. 曲轴强制通风软管 11. 曲轴强制通风阀 12. 废气再循环阀

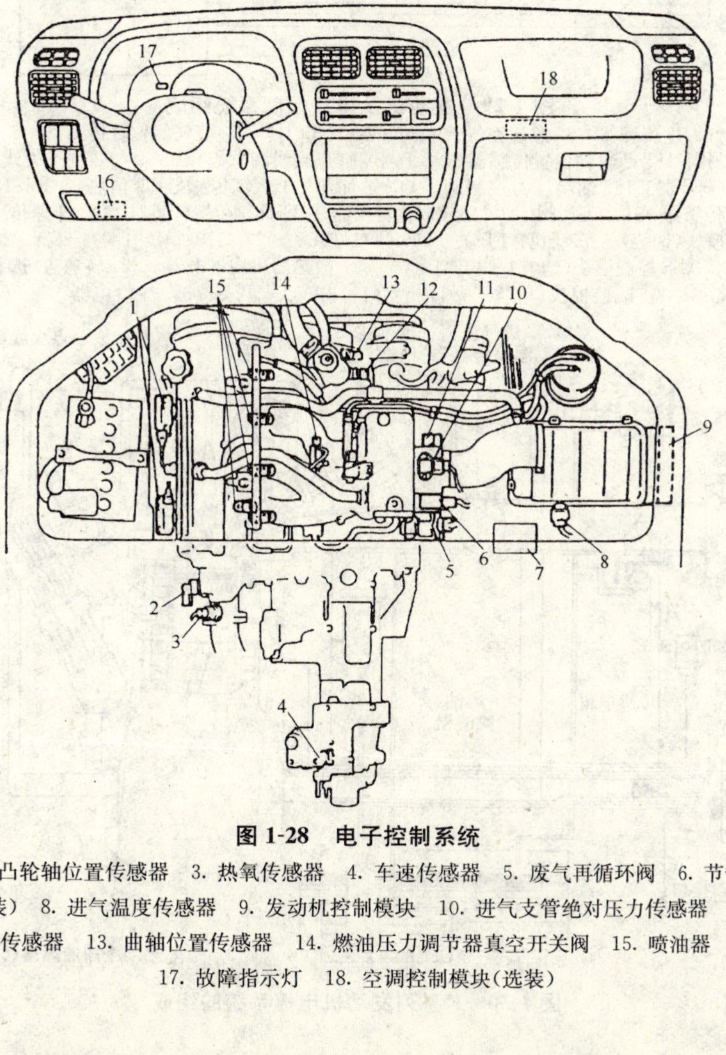

图 1-28 电子控制系统

1. 点火线圈 2. 凸轮轴位置传感器 3. 热氧传感器 4. 车速传感器 5. 废气再循环阀 6. 节气门位置传感器 7. ABS 控制模块(选装) 8. 进气温度传感器 9. 发动机控制模块 10. 进气支管绝对压力传感器 11. 怠速进气控制阀 12. 发动机冷却液温度传感器 13. 曲轴位置传感器 14. 燃油压力调节器真空开关阀 15. 喷油器 16. 数据传输连接器 17. 故障指示灯 18. 空调控制模块(选装)

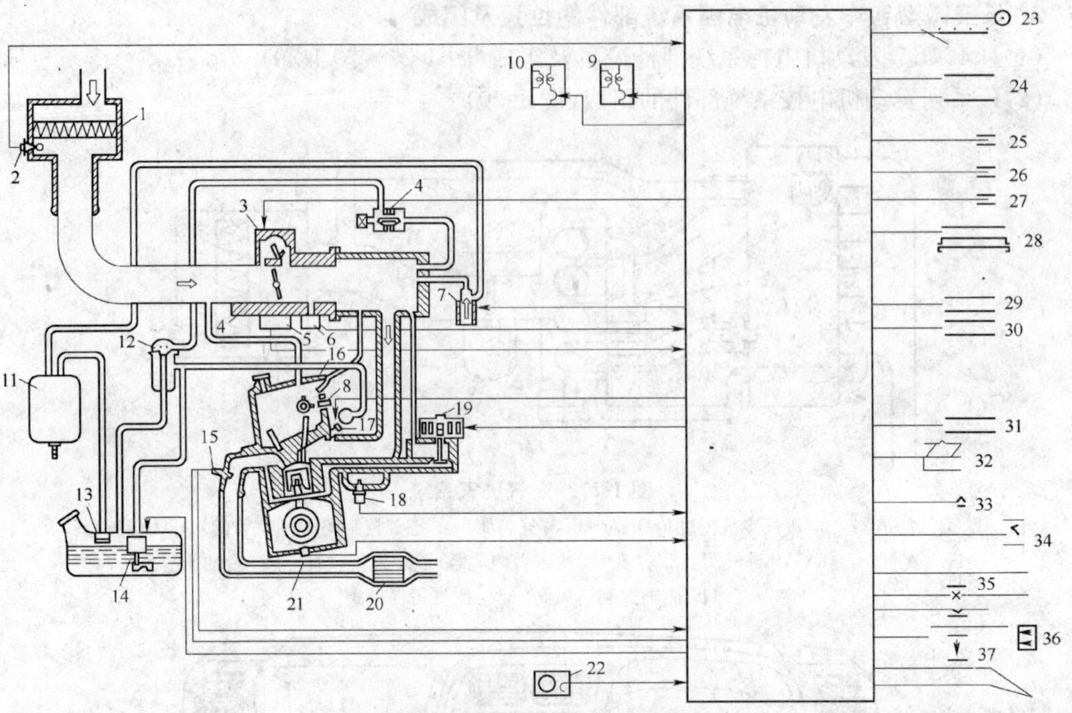

图 1-29 发动机及排放控制系统组成

1. 空气滤清器 2. 进气温度传感器 3. 怠速空气控制阀 4. 节气门体 5. 节气门位置传感器 6. 支管绝对压力传感器 7. EVAP 活性炭罐控制阀 8. 凸轮轴位置传感器 9. 1 与 4 缸点火线圈总成 10. 2 与 3 缸点火线圈总成 11. EVAP 活性炭罐 12. 燃油压力调节器 13. 油箱压力控制阀 14. 燃油泵 15. 氧传感器(带预热) 16. PCV 阀 17. 喷油器 18. 发动机冷却液温度传感器 19. EGR 阀 20. 三元催化转换器 21. 曲轴位置传感器 22. 车速传感器 23. 暖通风扇开关 24. 空调控制模块(选装) 25. 照明灯开关 26. 驻车灯开关 27. 后除霜器开关(选装) 28. 数据传输连接器 29. ABS 控制模块(选装) 30、31. 空 32. 散热器风扇继电器 33. 转速表(选装) 34. 监控接口 35. 故障指示灯 36. 点火开关 37. 主继电器

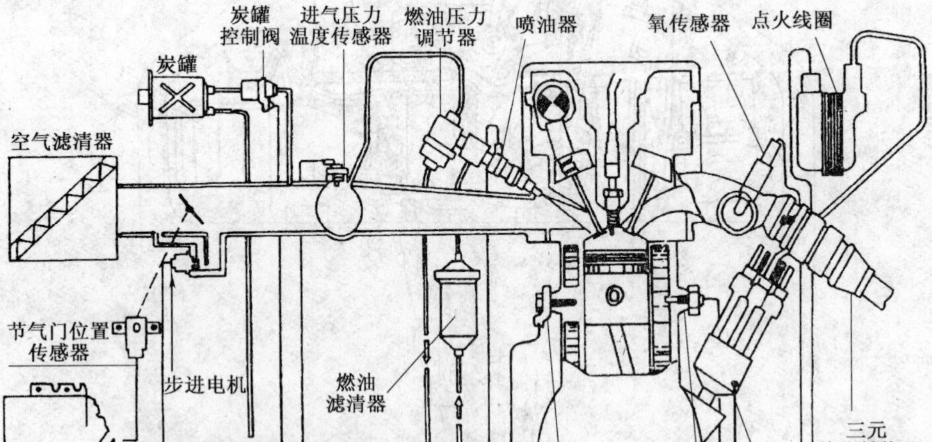

图 1-30 F 系列发动机电控系统的组成

3. 哈飞微型客车发动机电控系统部件的位置及组成

哈飞微型客车发动机电控系统采用博世 BOSCH M1.5.4 系统、德尔福 DELPHI MT20 系统、Motronic M7 系统等。

①博世 BOSCH M1.5.4 发动机电控系统采用分电器式顺序点火系统(图 1-31),发动机转速传感器安装在分电器内。

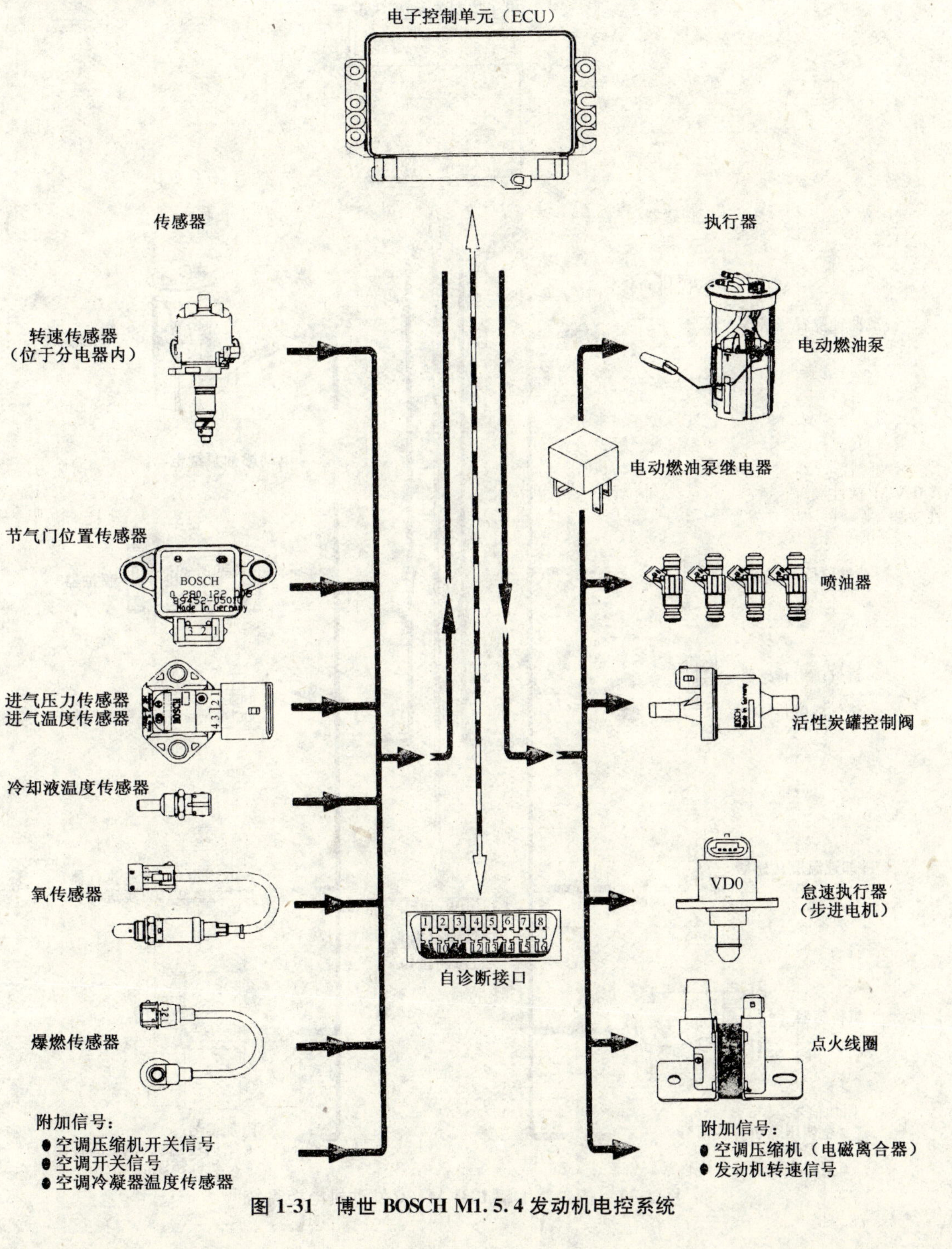

图 1-31 博世 BOSCH M1.5.4 发动机电控系统

②德尔福 DELPHI MT20 发动机电控系统采用无分电器直接点火技术(图 1-32)。发动机电子控制单元配备内装式点火驱动电路,驱动双塔式点火线圈初级电路,分别向 1—4 和 2—3 两个气缸分组的线圈提供点火信号电压。

德尔福 DELPHI MT20 发动机电控系统主要部件布置如图 1-33 所示。

③Motronic M7 发动机电控系统主要部件布置如图 1-34 所示。

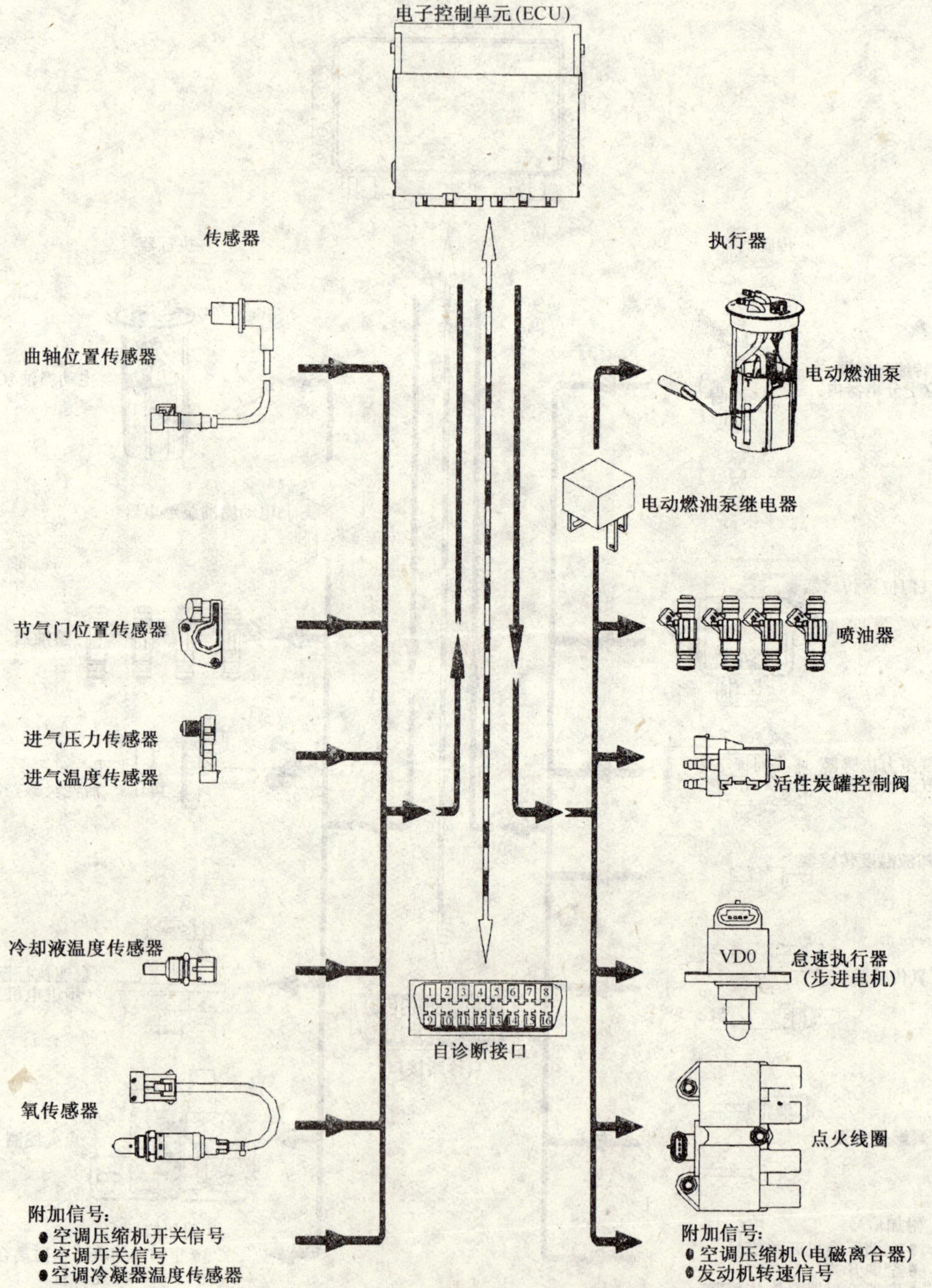

图 1-32 德尔福 DELPHI MT20 发动机电控系统

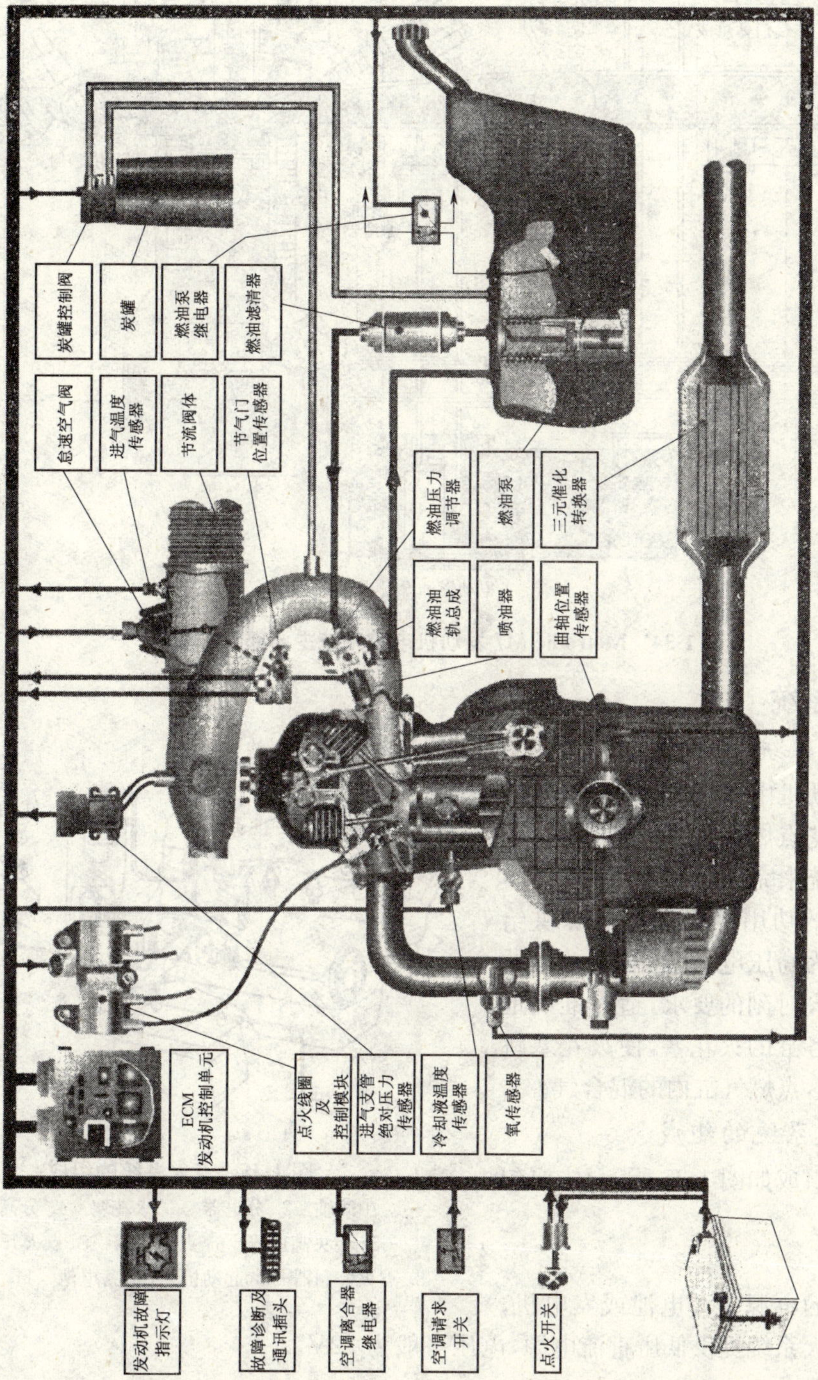

图 1-33 德尔福 DELPHI MT20 发动机电控系统主要部件的布置

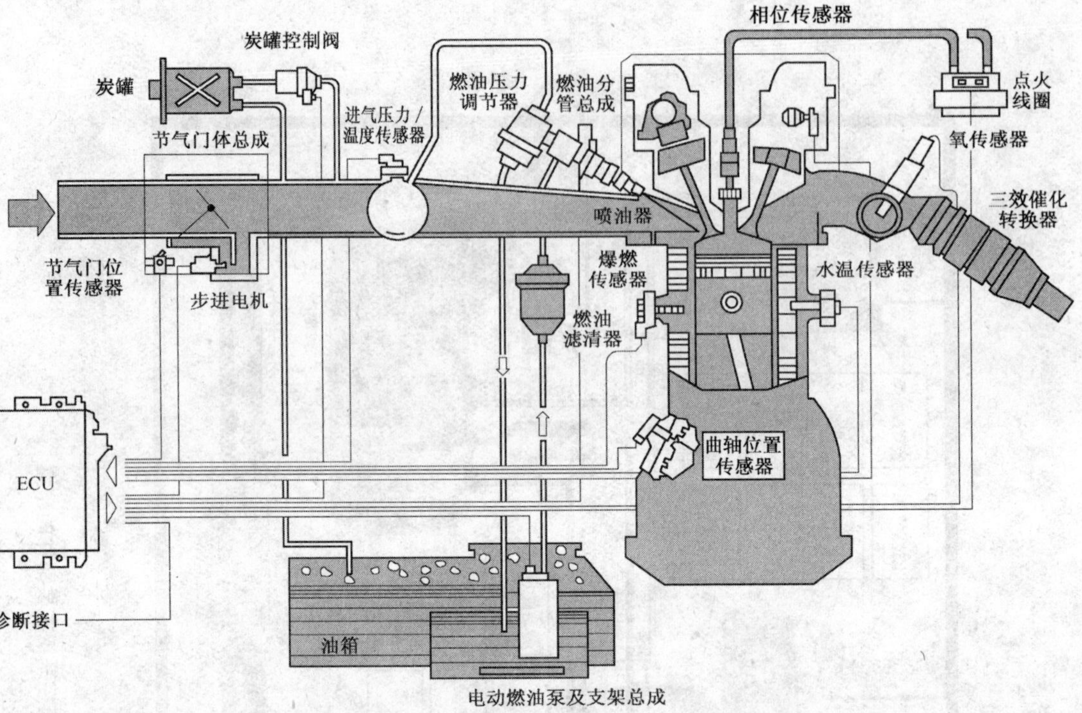

图 1-34 Motronic M7 发动机电控系统主要部件的布置

七、点火系统

(一)点火系统的功用

在汽油发动机中,气缸内的可燃混合气靠高压电火花点燃,而产生电火花的功能是由点火系统来完成的。

点火系统的功用是将汽车电源供给的低压电转变为高压电,并按照发动机的做功顺序与点火时刻的要求,适时准确地将高压电送至各缸的火花塞,使火花塞跳火,产生电火花,点燃气缸内的混合气。

(二)点火系统的组成

点火系的组成如图 1-35 所示,主要包括以下几部分:

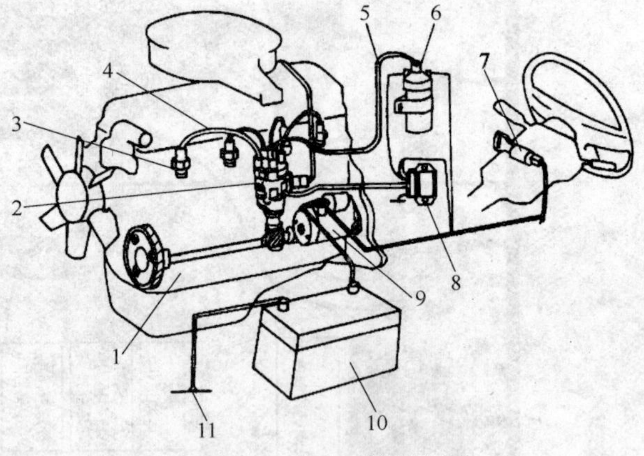

图 1-35 点火系统的组成

1. 中间轴 2. 分电器 3. 火花塞 4. 分高压线 5. 中央高压线 6. 点火线圈 7. 点火开关 8. 点火控制器 9. 起动机 10. 蓄电池 11. 搭铁端

1. 电源

点火系统的电源为蓄电池或发电机,其功用是给点火系统提供低压直流电源,电压一般为 12V。

2. 点火线圈

点火线圈的功用是将 12V 低压电转变成 30kV 的高压电,其结构与自耦变压器相似,所以也称变压器。五菱、哈飞等微型客车点火线圈外形如图 1-36 所示。

3. 分电器

图 1-36　五菱、哈飞等微型客车点火线圈

分电器由配电器、信号发生器和机械式点火提前角调节机构等组成。配电器的功用是将点火线圈产生的高压电，按照发动机的工作顺序送至各缸火花塞。信号发生器的作用是产生脉冲信号，送给点火控制器，由点火控制器控制初级电路的通断。机械式点火提前角调节机构的功用是随发动机转速和负荷的变化而改变点火提前角。

在早期的电子点火系统中，机械式点火提前角调节机构位于分电器中，而现在的计算机控制点火系统中，机械式点火提前角调节机构已经取消，点火提前由计算机来完成。有些计算机控制的发动机系统中已取消了分电器，点火信号来自于曲轴位置传感器和凸轮轴位置传感器，高压电由点火线圈直接送给火花塞，一般是一个点火线圈控制两个火花塞，也有的是一个点火线圈控制一个火花塞。

长安微型客车 465Q 系列电喷发动机分电器如图 1-37 所示。该型分电器由霍尔传感器总成、带点火正时触发轮的分电器构成，与传统的分电器总成相比，减少了真空提前机构和离心提前机构。为减少发动机点火系统引起的电磁干扰，采用抑止式电阻分火头及屏蔽罩结构，使整个发动机系统工作更加可靠。

4. 点火控制器

点火控制器也称为点火模块，其集成电路主要由整形电路、放大电路和开关电路组成，主要作用起开关作用，用来控制点火系统初级电路的导通与截止。

5. 火花塞

火花塞的作用是将高压电引入气缸燃烧室，产生电火花点燃混合气。火花塞如图 1-38 所示。

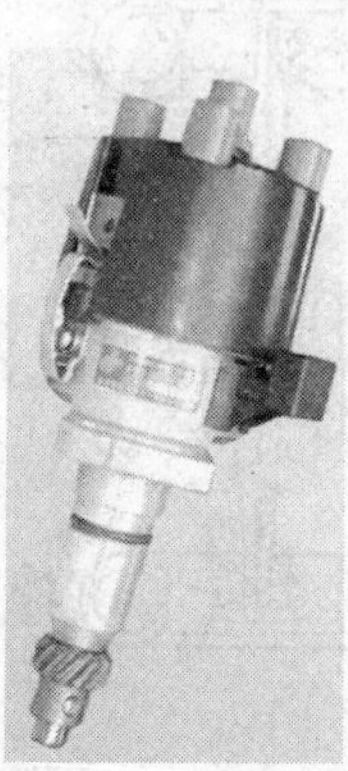

图 1-37　长安微型客车 465Q 系列电喷发动机分电器

图 1-38　火花塞

6. 高压线

高压线的作用是用来连接点火线圈、分电器及各个火花塞。

7. 点火开关

点火开关的作用是用来控制点火系统的初级电路，同时也控制充电系统的励磁电路、起动电路及由点火开关控制(15 号火线供电)的所有用电设备。

第三节　底　　盘

汽车底盘由传动系统、行驶系统、转向系统和制动系统等四大系统组成，其功用是接受发动机的动力，使汽车运动并保证汽车能够按照驾驶员的操纵而正常行驶。图 1-39 所示为汽车底盘结构图。

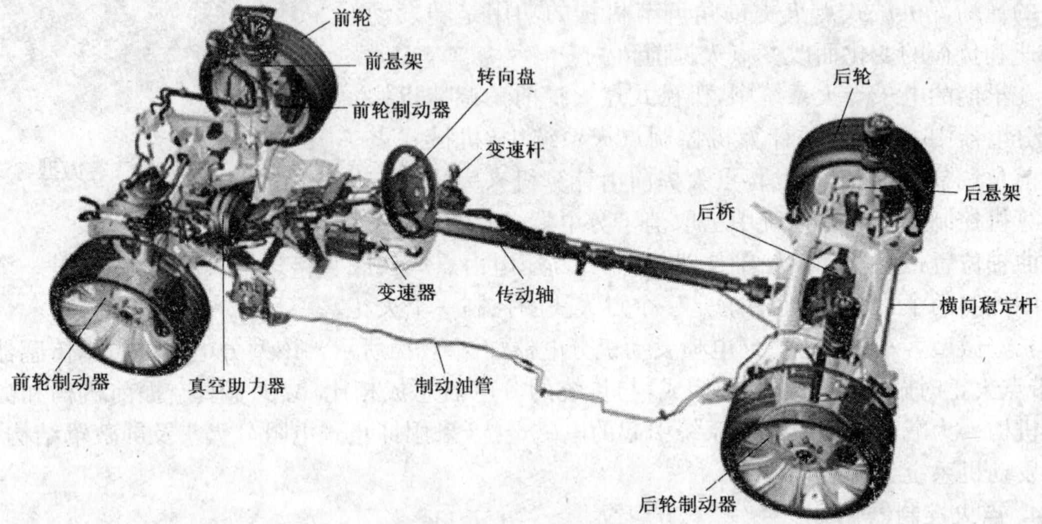

图 1-39　汽车底盘结构

一、传动系统

汽车传动系统是从发动机到驱动车轮之间所有动力传递装置的总称。传动系统的功用是将发动机的动力传给驱动车轮。微型客车的底盘一般由离合器、变速器、万向传动装置（万向节和传动轴）、驱动桥（主减速器、差速器、半轴、桥壳）等组成，如图 1-40 所示。

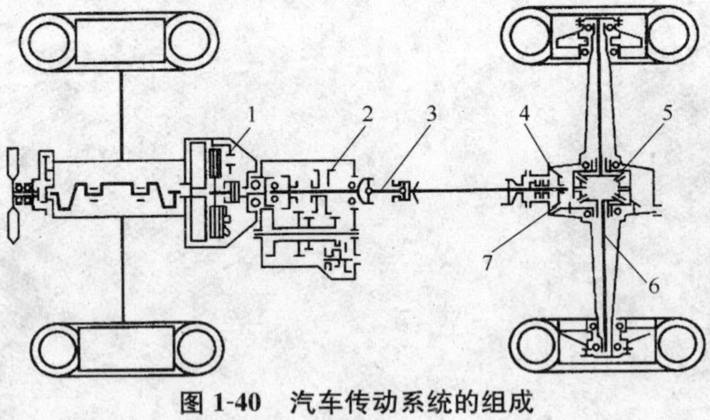

图 1-40　汽车传动系统的组成

1. 离合器　2. 变速器　3. 传动轴　4. 驱动桥　5. 差速器　6. 半轴　7. 主减速器

传动系统各组成的功用如下：

离合器：保证换档平顺，必要时中断动力传递。

变速器：变速、变矩、变向、中断动力传递。

万向传动装置：实现有夹角和相对位置经常发生变化的两轴之间的动力传递。

主减速器：将动力传给差速器，并实现降速增矩、改变传动方向。

差速器：将动力传给半轴，并允许左右半轴以不同的转速旋转。

半轴：将差速器的动力传给驱动车轮。

（一）离合器

1. 离合器的功用

离合器的功用有如下三个方面：

①使发动机与传动系统逐渐接合，保证汽车平稳起步。

②暂时切断发动机的动力传递，保证变速器换档平顺。

③限制所传递的转矩，防止传动系统过载。

2. 摩擦片式离合器的组成

摩擦片式离合器由主动部分、从动部分、压紧机构和操纵机构四部分组成。主要零部件组成如图1-41所示。

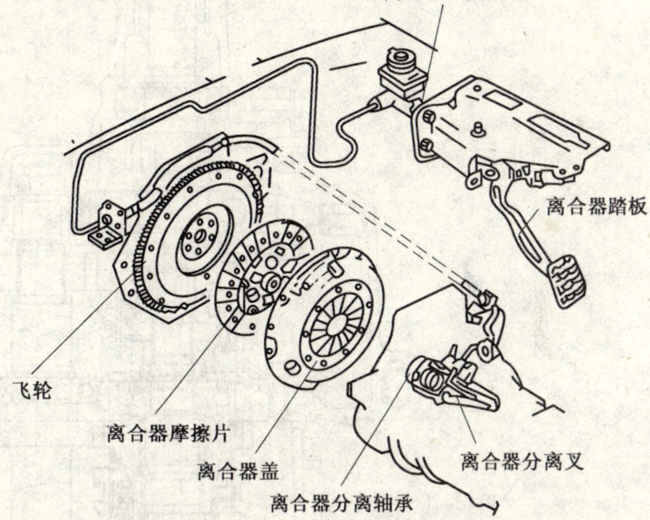

图 1-41　离合器主要零部件的组成

（二）手动变速器

微型客车 465Q/F10A 型手动变速器的外形如图 1-42 所示。

1. 手动变速器的功用

①实现变速、变矩。

②实现倒车。

③中断动力传递。

2. 手动变速器的组成

手动变速器包括变速传动机构和操纵机构两大部分。变速传动机构的主要作用是改变转速和转矩的大小、方向；操纵机构的作用是实现换档。

图 1-42　465Q/F10A 型手动变速器的外形

3. 长安微型客车手动变速器结构简介

长安微型客车手动变速器为全同步变速器，有 5 个前进档和一个倒档，通过三个同步器和四轴(输入轴、输出轴、中间轴和倒档齿轮轴)完成变速。所有前进档齿轮均为常啮合式,倒档齿轮是为滑动或过轮结构。一、二档同步器安装在中间轴上,并与中间轴上的第一档轮或第二档齿轮啮合,三、四档同步器装在输入轴上,并与输入轴的第三档齿轮或第四档齿轮啮合。输入轴上的五档同步器与装在输出轴上的第五档齿轮啮合。换档机构和选档轴固定在变速器箱壳上方,并设有凸轮以避免换档时从第五档直转倒档。

长安微型客车手动变速器的结构如图 1-43、图 1-44 所示。

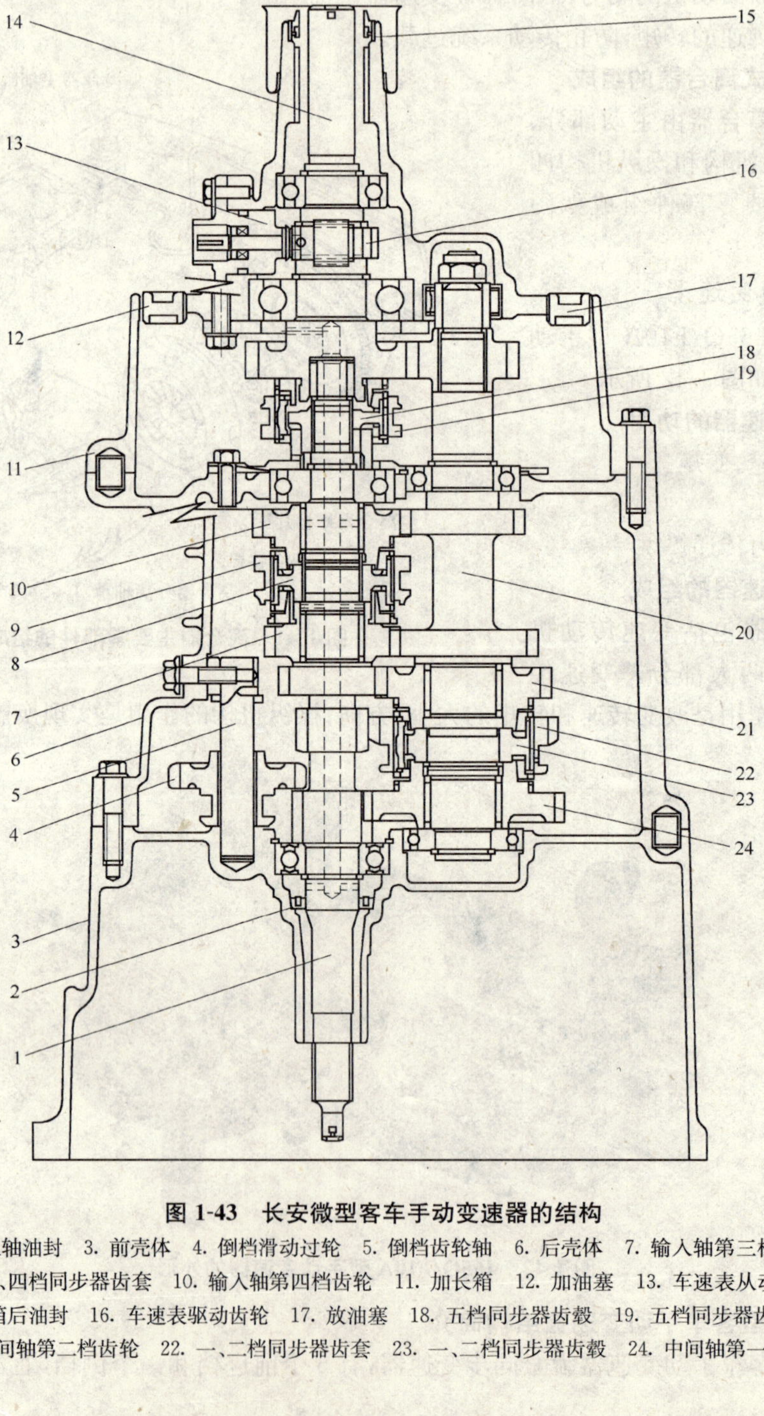

图 1-43　长安微型客车手动变速器的结构

1. 输入轴　2. 输入轴油封　3. 前壳体　4. 倒档滑动过轮　5. 倒档齿轮轴　6. 后壳体　7. 输入轴第三档齿轮　8. 三、四档同步器齿毂　9. 三、四档同步器齿套　10. 输入轴第四档齿轮　11. 加长箱　12. 加油塞　13. 车速表从动齿轮　14. 输出轴　15. 变速器加长箱后油封　16. 车速表驱动齿轮　17. 放油塞　18. 五档同步器齿毂　19. 五档同步器齿毂　20. 中间轴　21. 中间轴第二档齿轮　22. 一、二档同步器齿套　23. 一、二档同步器齿毂　24. 中间轴第一档齿轮

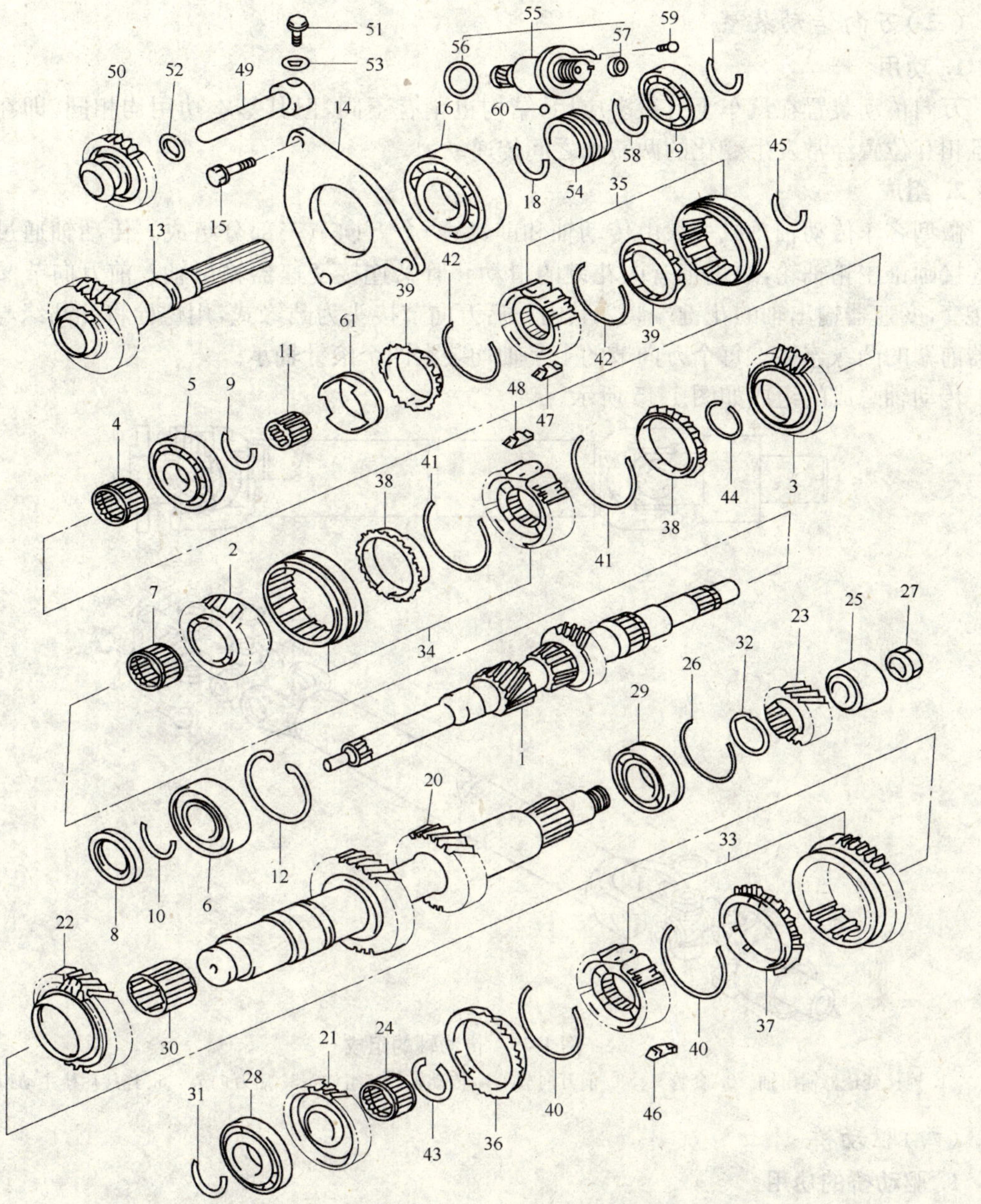

图 1-44　长安微型客车手动变速器的结构分解图

1. 输入轴　2. 输入轴三档齿轮　3. 四档齿轮　4. 四档齿轮滚针轴承　5. 输入轴后轴承　6. 输入轴前轴承　7. 三档齿轮滚针轴承　8. 轴入轴油封　9. 输入轴后箱后轴承卡圈　10. 输入轴前箱后轴承卡圈　11. 输入轴滚针轴承　12. 输入轴前箱后卡圈　13. 输出轴　14. 输出轴前箱后轴承压板　15. 输出轴前箱后轴承压板螺栓　16. 输出轴前箱后轴承　17. 输出轴前箱后轴承卡圈　18. 输出轴后箱后轴承卡圈　19. 输出轴后箱后轴承　20. 中间轴　21. 中间轴一档齿轮　22. 中间轴二档齿轮　23. 中间轴传动齿轮　24. 一档齿轮滚针轴承　25. 中间轴后箱后轴承衬套　26. 中间轴后轴承卡圈　27. 中间轴螺母　28. 中间轴前箱后轴承　29. 中间轴后轴承　30. 二档齿轮滚针轴承　31. 中间轴前箱后轴承卡圈　32. 中间轴后轴承卡圈　33. 一、二档同步器组件　34. 三、四档同步器组件　35. 五档同步器组件　36. 一档同步器齿环　37. 二档同步器齿环　38. 三、四档同步器齿环　39. 五档同步器齿环　40. 一、二档同步器弹簧　41. 三、四档同步器弹簧　42. 五档同步器弹簧　43. 一、二档同步器卡圈　44. 三、四档同步器卡圈　45. 五档同步器卡圈　46. 一、二档同步器滑块　47. 五档同步器滑块　48. 三、四档同步器滑块　49. 倒档齿轮轴　50. 倒档空转齿轮　51. 倒档齿轮轴螺钉　52. 倒档齿轮轴垫圈　53. 倒档齿轮轴垫圈　54. 里程表蜗杆　55. 里程表蜗轮　56. O形密封圈　57. 蜗轮油封　58. 蜗杆卡圈　59. 蜗轮轴套螺栓 M8×60—6g　60. 倒档换档锁紧钢球　61. 倒档锥度环

(三)万向传动装置

1. 功用

万向传动装置在汽车上有很多应用,结构也稍有不同,但其基本功用均相同,即在轴线相交且相互位置经常发生变化的两转轴之间传递动力。

2. 组成

微型客车传动轴总成一般由传动轴和前、后两个万向节三部分组成。传动轴通过凸缘接头连接圆锥主轮轴轮,通过带有内花键的滑动套管叉连接变速器输出轴。前万向节叉有内花键接套,变速器输出轴的花键端装入其内。后万向节接头为凸缘式,用螺栓将此凸缘与装在差速器前端的凸缘连接。每个万向节的十字轴均装有四个滚针轴承。

传动轴总成的组成如图 1-45 所示。

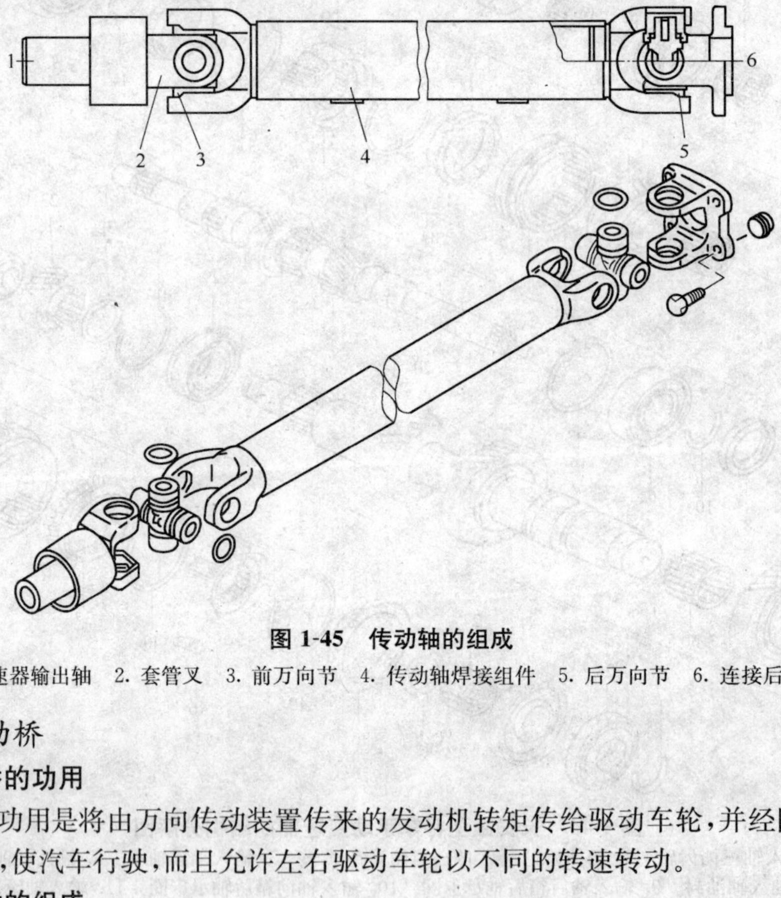

图 1-45 传动轴的组成

1. 连接变速器输出轴 2. 套管叉 3. 前万向节 4. 传动轴焊接组件 5. 后万向节 6. 连接后桥主动齿轮

(四)驱动桥

1. 驱动桥的功用

驱动桥的功用是将由万向传动装置传来的发动机转矩传给驱动车轮,并经降速增矩,改变动力传动方向,使汽车行驶,而且允许左右驱动车轮以不同的转速转动。

2. 驱动桥的组成

驱动桥的外形如图 1-46 所示。驱动桥一般由主减速器、差速器、半轴、桥壳等组成。驱动桥是传动系统的最后一个总成,发动机的动力传到驱动桥后首先传到主减速器,在这里将转矩放大并降低转速后,经差速器分配给左右半轴,最后通过半轴外端的凸缘传到驱动车轮的轮毂。驱动桥的主要零部件都装在驱动桥的桥壳中。桥壳由主减速器壳和半轴套管组成。

3. 驱动桥的结构

①微型客车驱动桥结构基本相同。后驱动桥桥壳和半轴总成部件如图 1-47 所示。

②后驱动桥减速器总成部件如图 1-48 所示。

图 1-46　微型客车的驱动桥

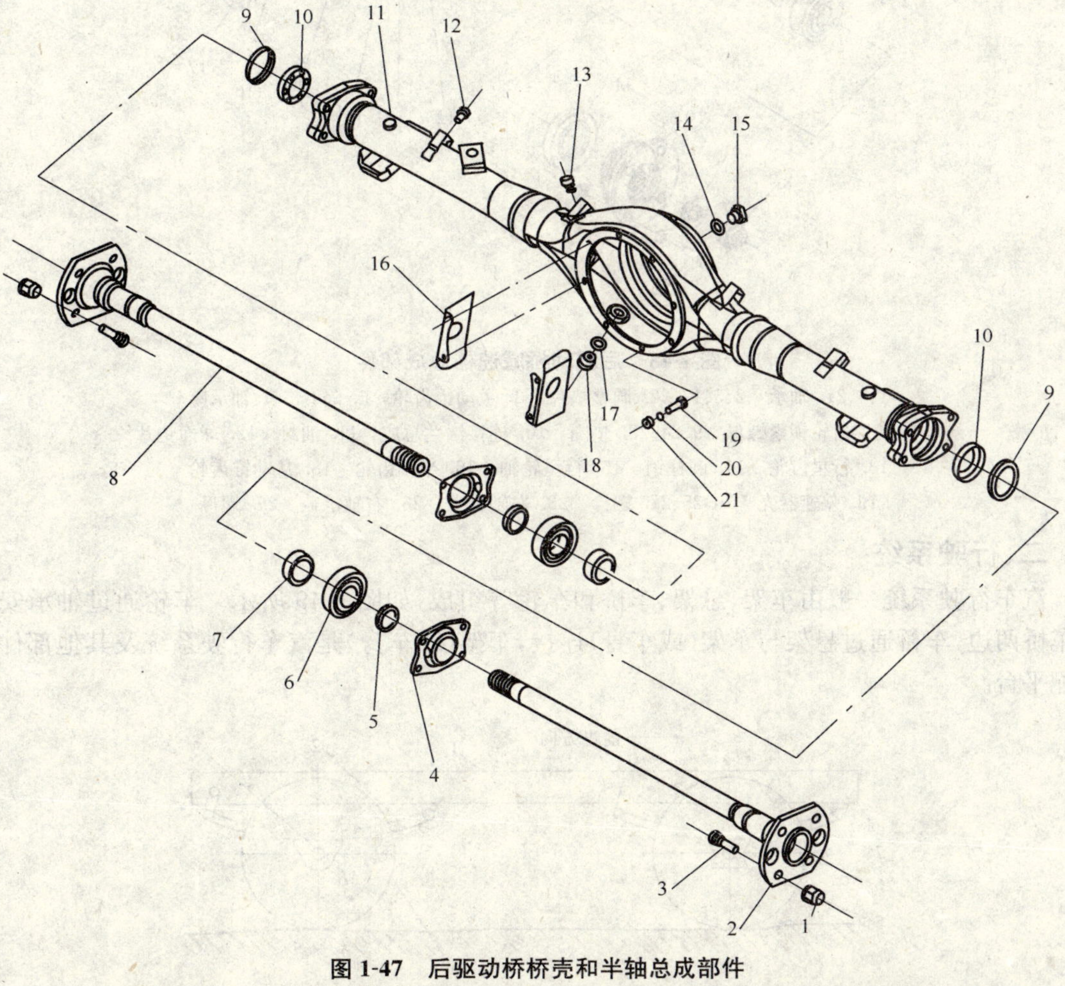

图 1-47　后驱动桥桥壳和半轴总成部件

1. 车轮螺母　2. 左半轴　3. 后轮胎螺栓　4. 轴承盖　5. 半轴垫圈　6. 轴承　7. 半轴轴承紧固套　8. 右半轴　9. 半轴油封总成　10. 支撑环　11. 后桥壳焊接总成　12. 螺栓组合件　13. 通气塞　14. 铜垫圈　15. 螺塞　16. 隔板　17. 铜垫圈　18. 放油螺塞总成　19. 特种螺栓　20. 垫圈　21. 螺母

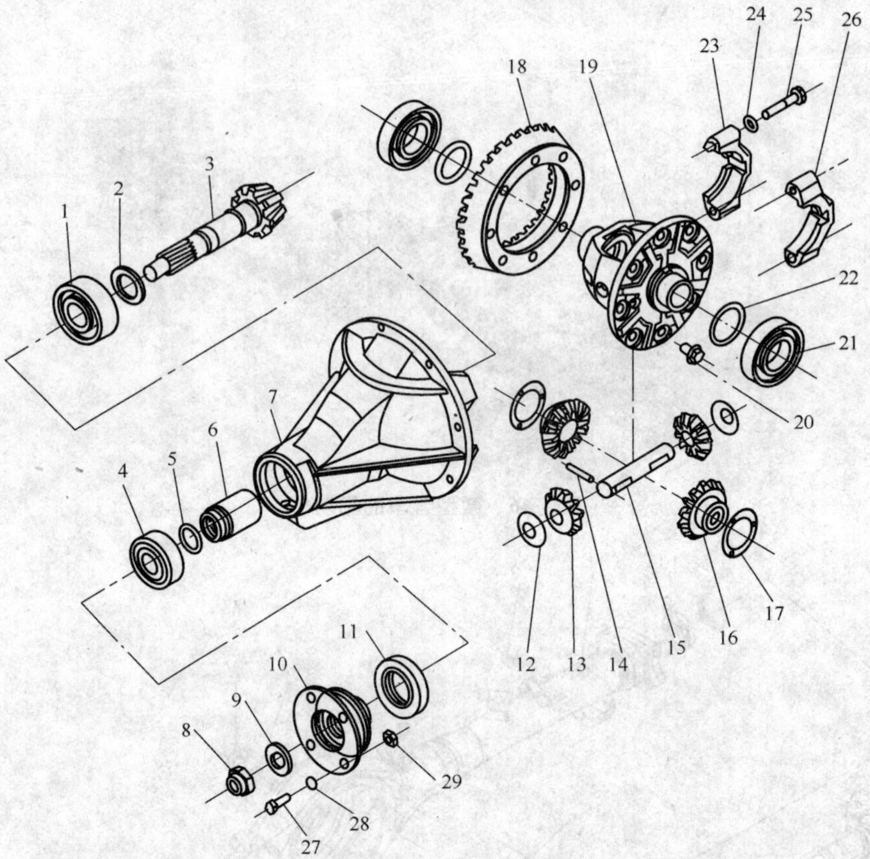

图 1-48 后驱动桥减速器总成部件

1、4、21. 轴承 2、5、17、22. 调整垫片 3. 主动锥齿轮 6. 隔套 7. 轴承座
8. 主动锥齿轮锁紧螺母 9、24、28. 垫圈 10. 连接法兰总成 11. 油封 12. 球面垫片
13. 行星齿轮 14. 圆柱销 15. 行星轮轴 16. 半轴齿轮 18. 从动锥齿轮
19. 差速器壳 20、25、27. 螺栓 23. 左轴承盖 26. 右轴承盖 29. 螺母

二、行驶系统

汽车行驶系统一般由车架、悬架、车桥和车轮等组成，如图 1-49 所示。车轮通过轴承安装在车桥两边，车桥通过悬架与车架（或车身）连接，车架（或车身）是汽车行驶系统及其他部件的装配平台。

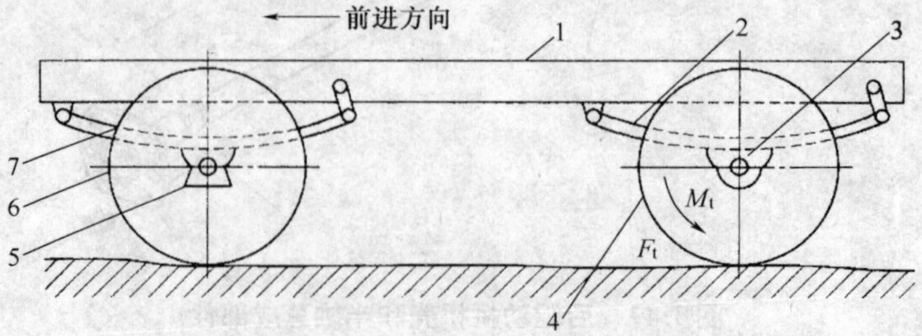

图 1-49 汽车行驶系统的组成

1. 车架 2. 后悬架 3. 驱动桥 4. 后轮 5. 转向桥 6. 前轮 7. 前悬架

汽车行驶系统的功用如下：

支承汽车的质量并承受、传递路面作用在车轮上的各种力。

接受传动系统传来的转矩并转化为汽车行驶的牵引力。

缓和冲击、减少振动，保证汽车平顺行驶。

（一）前悬架

微型客车的前悬架外形如图 1-50 所示，其结构基本相同。前悬架一般为滑柱摆臂式独立悬架。支柱的上端通过支撑件与车体连接，支柱与支撑件通过一橡胶安装件相隔，在橡胶安装件下部还装有一个支柱轴承。

支柱的下端与转向节的上端相连。转向节的下端与球头销相连。球头销与摆臂共同组成一个装置。横拉杆端与转向节相连。

转向盘的转向力传送至横拉杆端，然后至转向节，最后使车轮转动。在这个操作过程中，随着转向节的运动，支柱同时通过支柱轴承和下端球头销而转动。

微型客车前悬架的结构如图 1-51、图 1-52 所示。

图 1-50　微型客车的前悬架

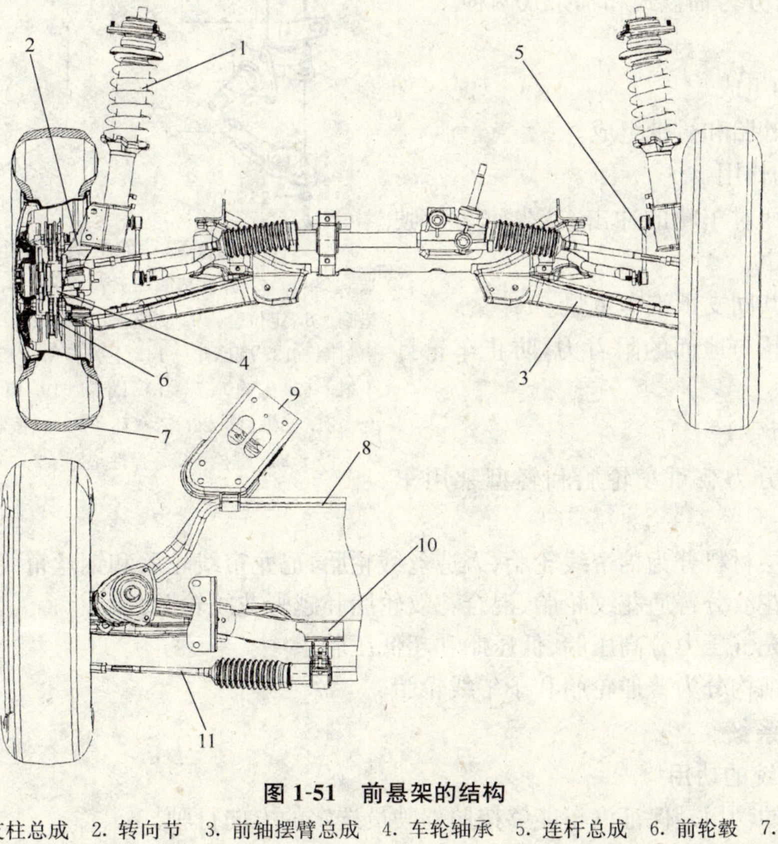

图 1-51　前悬架的结构

1. 前支柱总成　2. 转向节　3. 前轴摆臂总成　4. 车轮轴承　5. 连杆总成　6. 前轮毂　7. 车轮　8. 前稳定杆总成　9. 前悬压杆总成　10. 前轴本体　11. 横拉杆

(二)后悬架

微型客车后悬架主要由钢板弹簧、后桥、减振器、缓冲垫、钢板弹簧压板、鞍式垫板、钢板弹簧衬垫、内外连接板、骑马(U形)螺栓、后衬套组成。

减振器装在车身与后桥之间,用于吸收车身的上下振动。

钢板弹簧分装在后桥上,前端通过衬套直接装在车身上,后端通过内外连接板与车身相连。在运动过程中,后桥跟随弹簧一起上下振动。

微型客车后悬架的结构如图1-53所示。

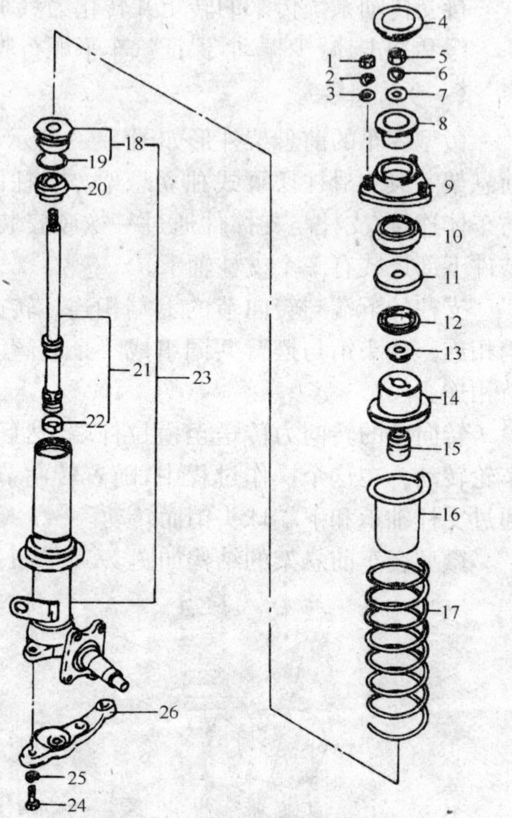

图1-52 前悬架各部组件

1、5. 螺母 2. 弹性垫圈 3、7. 垫圈 4. 支座盖 6. 弹性垫圈 8. 定位套 9. 支座 10. 减振块 11. 防尘座 12. 密封圈 13. 减摩垫 14. 上弹簧座 15. 缓冲块 16. 防尘罩 17. 螺旋弹簧 18. 端盖 19. O形密封圈 20. 衬套 21. 活塞杆 22. 活塞环 23. 减振器总成 24. 螺栓 25. 弹性垫圈 26. 转向节臂

(三)车轮和轮胎

1. 车轮

车轮的作用是支持全车重量并通过车胎同路面接触而实现汽车运动,同时,转向车轮还起控制汽车行驶方向的作用。车轮由轮毂和轮辋组成。根据轮毂和轮辋连接部分构造的不同,车轮可分为辐盘式和辐条式两种。

2. 轮胎

(1)轮胎的组成

轮胎由内外胎和衬带组成。

(2)轮胎的作用

①缓和地面对车轮的冲击,减少汽车行驶时的振动和噪声。

②与车轮共同支承汽车重量。

③提高车轮与地面的附着力,防止车轮打滑。

(3)轮胎的分类

①按用途分为载重车轮胎和轻型乘用车轮胎。

②按帘布层材料分为棉帘线轮胎、人造丝绒轮胎、尼龙帘线轮胎和钢丝帘线轮胎。

③按胎面花纹分普通花纹轮胎、混合花纹轮胎和越野花纹轮胎。

④按轮胎充气压力分高压胎、低压胎和超低压胎。

⑤按胎体结构分为普通轮胎和子午线轮胎。

三、转向系统

1. 转向系统的功用

转向系统的功用是保证汽车能够按照驾驶员选定的方向行驶。

2. 转向系统的结构

微型客车转向系统的结构如图1-54、图1-55、图1-56所示。

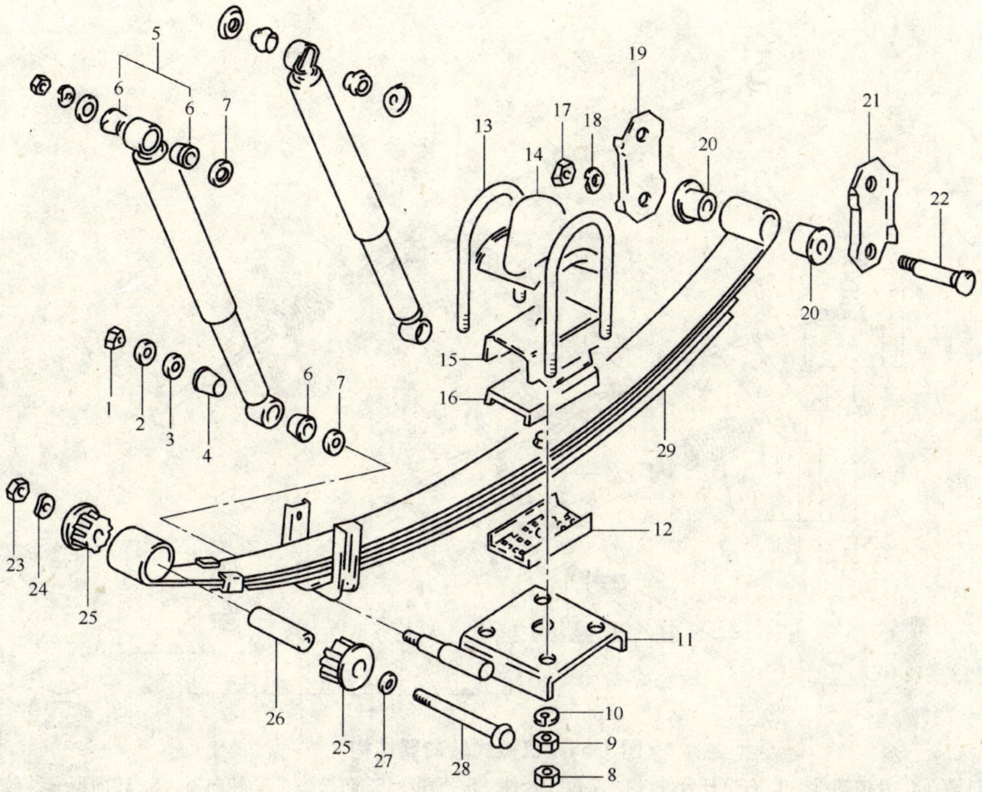

图 1-53　后悬架组件

1、9、17、23. 螺母　2、18、24. 弹性垫圈　3、7. 垫圈　4、6. 橡胶衬套　5. 减振器　8. 锁紧螺母　10. 弹性垫圈　11. 钢板弹簧座　12. 下垫板　13. U形螺栓　14. 缓冲块　15. 钢板弹簧压板　16. 钢板弹簧座　19、21. 吊耳　20、25. 衬套　22. 轴销　26. 套管　27. 垫圈　28. 螺栓　29. 钢板弹簧总成

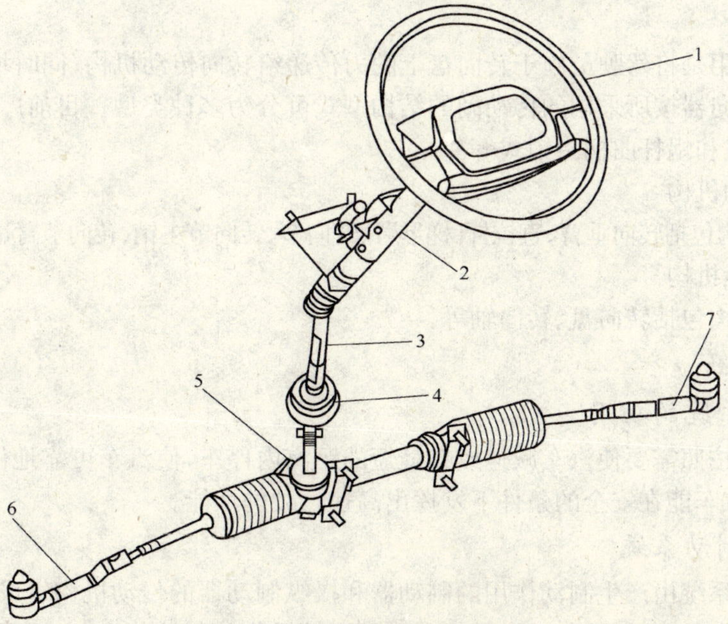

图 1-54　微型客车转向系统的组成

1. 转向盘总成　2. 转向管柱　3. 转向传动轴　4. 防尘罩　5. 转向器　6. 左拉杆合件　7. 右拉杆合件

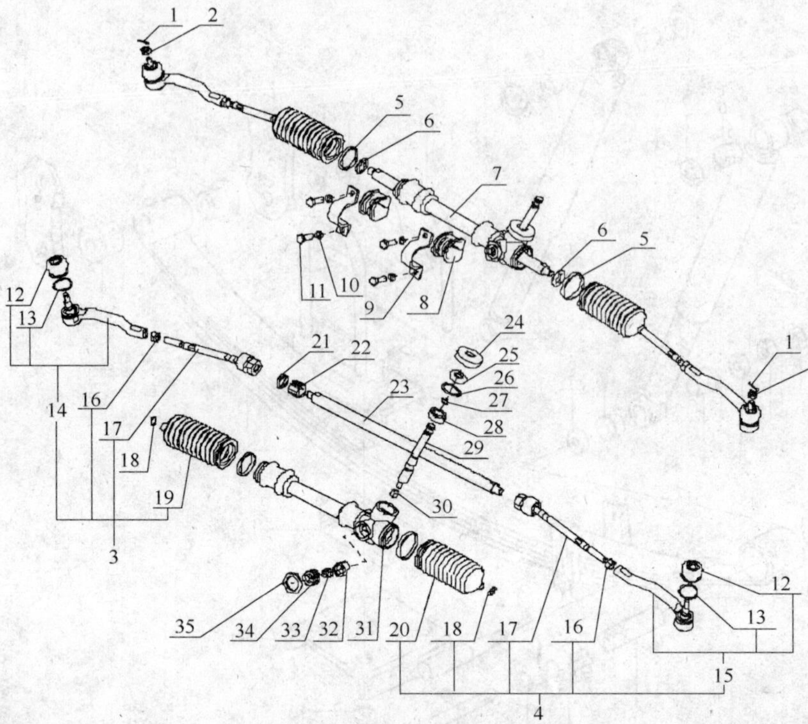

图 1-55 机械式转向器结构

1. 开口销 2. 开槽螺母 3. 右拉杆合件 4. 左拉杆合件 5. 箍带 6. 防松垫 7. 转向器 8. 转向器安装胶套 9. 转向器安装支架 10. 垫圈 11. 螺母 12. 防尘罩 13. 卡箍 14. 右接头座合件 15. 左接头座合件 16. 锁紧螺母 17. 球头拉杆合件 18. 自紧弹簧 19. 右伸缩胶套 20. 左伸缩胶套 21. 紧固套 22. 齿条导套 23. 转向齿条 24. 防尘罩 25. 油封总成 26、27. 挡圈 28. 轴承 29. 转向齿轮 30. 滚针轴承 31. 转向器壳体 32. 调整楔块 33. 调整弹簧 34. 调整螺塞 35. 锁紧螺母

(1)转向器

转向器的作用是将驾驶员施于转向盘上的力传递给转向传动机构，同时增大传动比，使转向操纵轻便。转向器按所采用的传动副的结构型式可分为多种类型。目前广泛采用的有齿轮齿条式、循环球式和蜗杆曲柄指销式等。

(2)转向传动机构

转向传动机构包括转向垂臂、直拉杆、梯形臂、转向节、转向节主销、转向节臂、横拉杆等机件。

(3)转向操纵机构

转向操纵机构包括转向盘、转向轴等。

四、制动系统

(一)制动系统的功用

制动系统可按照需要使汽车减速或在最短的距离内停车，使汽车可靠地停放在坡道上、不自动滑溜，保证汽车能在安全的条件下发挥出高速行驶的性能。

(二)常规制动系统

汽车的制动系统由产生制动作用的制动器和操纵制动器的传动机构组成。一般汽车制动系统包括两套独立的制动装置，一套是驾驶员用脚踏操作的制动装置，主要用于汽车行驶中控制车速和保证安全行车，它的制动器安装在车轮上；另一套是驾驶员用手(或脚)操纵的驻车制

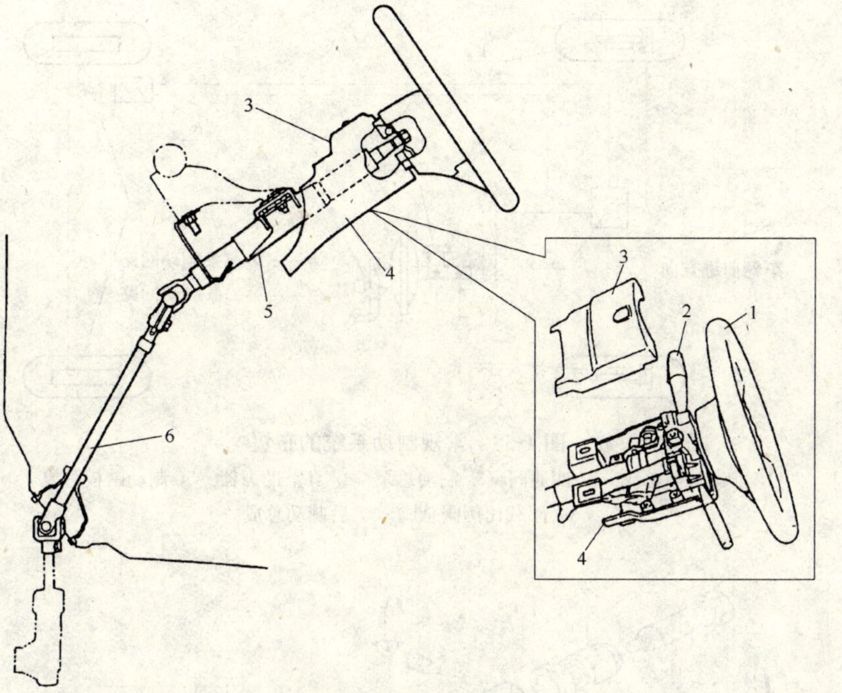

图 1-56　转向盘与转向柱

1. 转向盘　2. 组合开关　3. 转向柱上盖　4. 转向柱下盖　5. 转向柱总成　6. 转向下轴

动装置，主要用于停车后防止汽车滑溜，它的制动器安装在变速器后面或车轮上。

微型客车常规制动系统的结构如图 1-57～图 1-60 所示。较早出厂的部分微型客车未装配防抱死系统（ABS），但安装有感载比例阀（LSPV）。

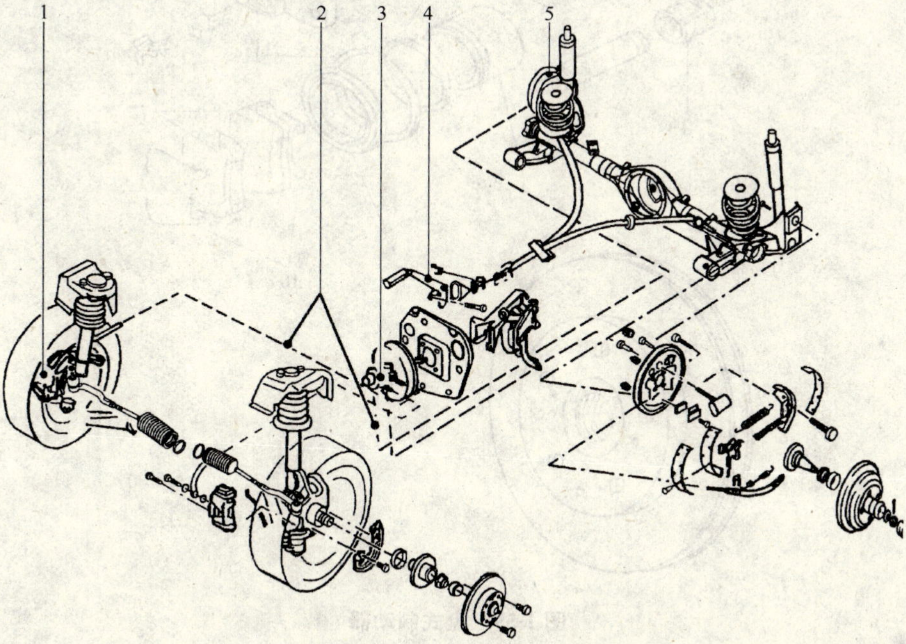

图 1-57　常规制动系统的结构

1. 盘式制动器　2. 制动油管　3. 制动总泵　4. 驻车制动器　5. 鼓式制动器

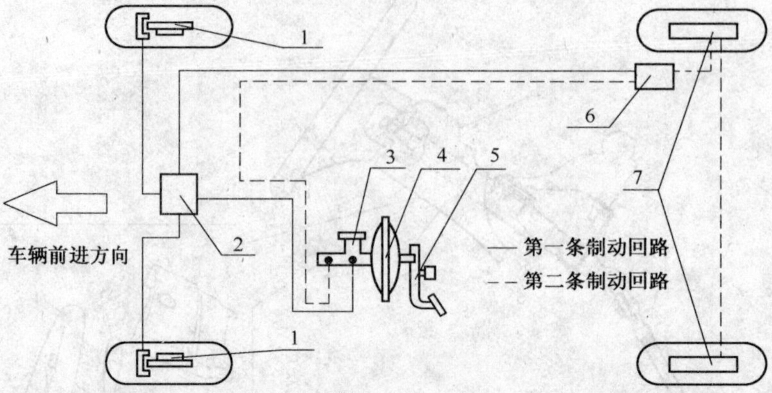

图 1-58　常规制动系统的布置

1. 前制动器总成　2. 四通阀　3. 制动总泵　4. 真空助力器　5. 制动踏板总成　6. 感载比例阀总成　7. 后制动总成

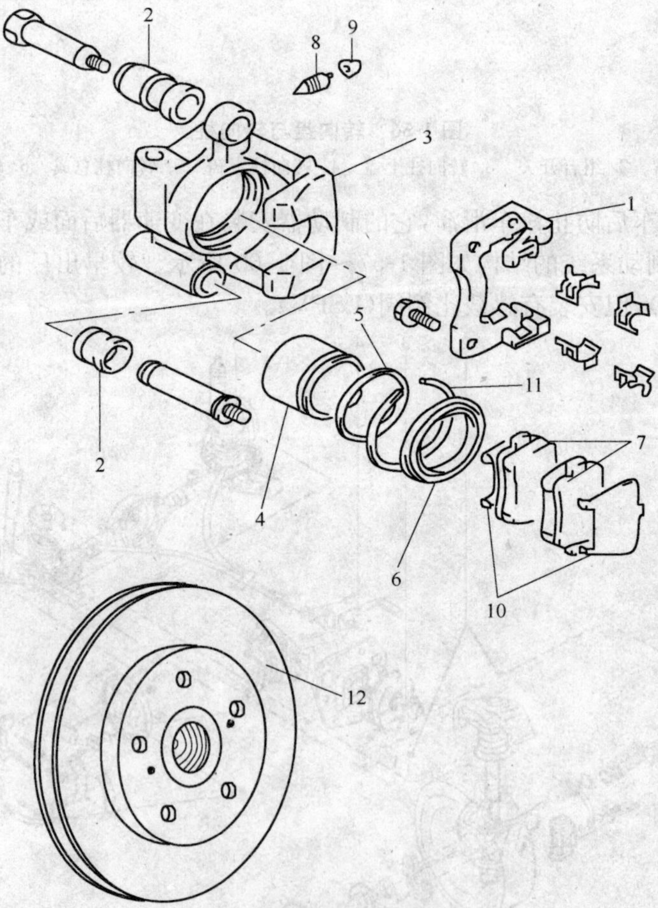

图 1-59　盘式制动器

1. 制动器卡钳定位架　2. 防护罩　3. 卡钳　4. 盘式制动器活塞　5. 活塞密封件　6. 气缸衬套　7. 制动器垫　8. 放气螺钉　9. 放气螺钉帽　10. 垫块(片)　11. 防护罩定位环　12. 制动盘

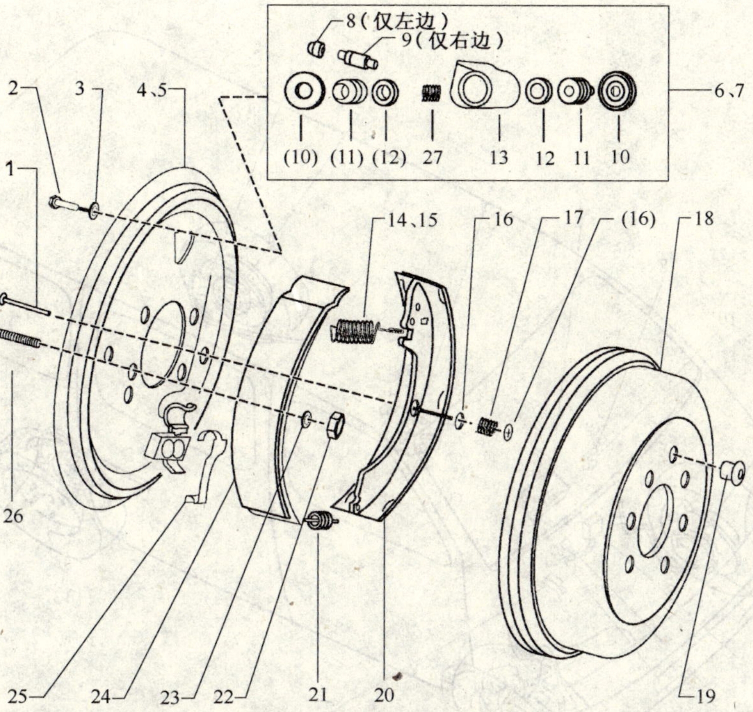

图 1-60　鼓式制动器

1. 前弹簧座杆　2. 螺栓　3、23. 垫圈　4. 右后制动底板焊合总成　5. 左后制动底板焊合总成　6. 左后制动油缸总成　7. 右后制动油缸总成　8. 防尘帽　9. 放气螺钉　10. 后轮制动缸防尘罩　11. 后轮制动缸活塞　12. 后轮制动缸皮圈　13. 后轮制动缸　14. 左后制动蹄回位弹簧　15. 右后制动蹄回位弹簧　16. 弹簧座　17. 制动蹄靠背弹簧　18. 制动鼓　19. 胶塞　20. 后制动从蹄总成　21. 后制动蹄小弹簧　22. 螺母　24. 后制动领蹄总成　25. 弹簧夹　26. 后制动器底板螺栓　27. 回位弹簧

(三)防抱死制动系统(ABS)

1. ABS 系统的特点

ABS 系统是汽车防抱死制动系统(Anti-Lock Brake System)的简称,是汽车上的一种主动安全装置,用于汽车制动时防止车轮抱死拖滑,以提高汽车制动过程中的方向稳定性、转向控制能力和缩短制动距离,充分发挥汽车的制动效能。ABS 系统是在传统制动系统的基础上增加了一套防止车轮制动抱死的控制系统。

ABS 系统的优点可概括为以下几点:

①制动时保持方向稳定性。

②制动时保持转向控制能力。

③缩短制动距离。

④减少轮胎磨损。

⑤减轻驾驶员紧张情绪。

2. ABS 系统的组成

如图 1-61 所示,长安微型客车 ABS 系统主要由电子液压控制单元(ECU)、轮速传感器、液压电机等组成。ECU 借助 4 个车轮轮速传感器传来的信号计算每个车轮的速度及加减速度,判断车轮滑动状态,由此驱动电磁阀及电机,控制液压制动管路增压、减压和维持状态等。

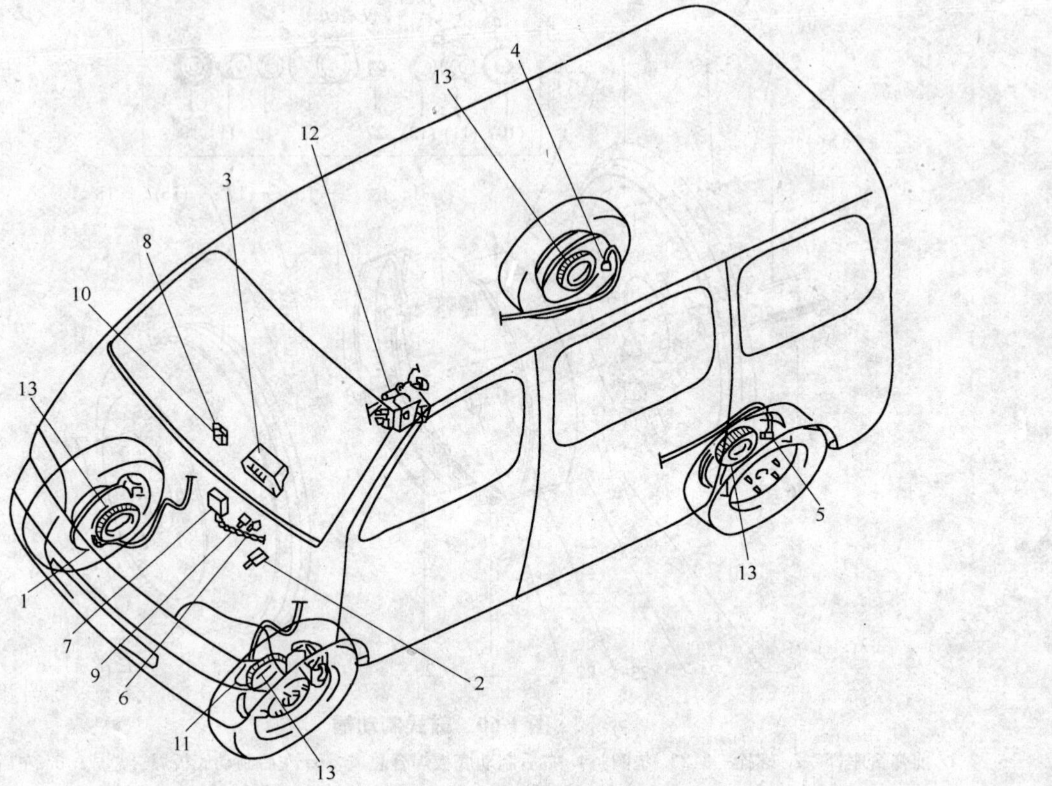

图 1-61　长安微型客车 ABS 系统的组成

1、4、5、11. 车轮转速传感器　2. 制动灯开关　3. 组合仪表上的 ABS 警告灯
6. 二极管　7. ABS 电控单元　8. ABS 电磁阀继电器　9. 故障诊断座
10. ABS 泵电机继电器　12. ABS 液压单元　13. 车轮转速传感器转子(齿圈)

3. ABS 系统主要零部件的功能

(1)车轮转速传感器

感知每个车轮的转速并将信号送达 ABS 电控单元。

(2)ABS 电控单元

根据每个车轮转速传感器信号将操作信号送到 ABS 电控单元,并对每个车轮制动分泵进行液压控制,从而防止车轮抱死。

(3)ABS 液压单元

根据 ABS 电控单元的指令进行操作,并控制每一车轮分泵的液压。

(4)电磁阀继电器

在 ABS 电控单元中,电磁阀继电器向电磁阀提供动力。

(5)泵电机继电器

在 ABS 电控单元中,泵电机继电器向泵电机提供动力。

(6)ABS 警告灯

当系统运行错误时,ABS 警告灯闪亮。

第四节 电 器 设 备

一、汽车电器设备的组成

汽车电器设备按其功用大致可分为以下几个部分：

1. 电源部分

电源部分包括蓄电池、发电机及电压调节器。其中，发电机为主电源，当发电机工作时，由发电机向全车用电设备供电，同时给蓄电池充电；蓄电池的主要作用是起动发动机时向起动机供电，同时，当发电机不工作时，向用电设备供电；电压调节器的作用是使发电机的输出电压保持恒定。

2. 用电设备

汽车上的用电设备很多，但基本的用电设备大致可分为起动机、点火系统、照明与信号系统、仪表、报警与电子显示系统、安全与舒适系统及电子控制系统等部分。

(1)起动机

用来起动发动机。

(2)点火系统

用来产生电火花，点燃汽油发动机气缸内的可燃混合气。汽车点火系统可分为电子点火系统与计算机控制点火系统两大类。目前，电控发动机汽车上已广泛使用计算机控制点火系统，部分化油器式发动机使用电子点火系统。

(3)照明与信号系统

照明装置包括车内外各种照明灯及提供夜间安全行驶必要的灯具，其中，前照灯最为重要；信号装置包括电喇叭、闪光器、蜂鸣器及各种信号灯，主要用于提供安全行车所必需的信号。

(4)仪表、报警与电子显示系统

仪表包括机油压力表、冷却液温度表、燃油表、车速里程表等；报警装置及电子显示装置用来监测汽车各系统的工况，比仪表显示更方便、直观。

(5)安全与舒适系统

包括电动刮水器、风窗洗涤器、汽车空调、安全气囊、中控门锁系统、电动车窗、电动后视镜及电动座椅等。

(6)电子控制系统

包括电子控制的燃油喷射装置、点火装置、防抱死制动装置、安全气囊装置和自动变速器等。可用来提高汽车的动力性、经济性、安全性及达到排气净化的目的。

3. 配电装置

配电装置包括中央接线盒、电路开关、保险装置、插接器和导线等。

二、汽车电器设备的特点

1. 低压

汽车用电设备的额定电压有 12V、24V 两种。汽油车普遍采用 12V 电源电压，而大型柴油车多采用 24V 电源电压。

2. 直流

因为蓄电池充电时必须用直流电，所以，汽车电源必须为直流电。

3. 单线制

汽车上所有用电设备均为并联，电源到用电设备只用一根导线连接，而将汽车的金属机体作为公共回路，这种连接方式称为单线制。由于单线制节省导线、线路清晰、安装与检修方便，并且用电设备无需与车体绝缘，因此，现代汽车广泛采用单线制。

4. 负极搭铁

采用单线制时，蓄电池的一个电极须接到车架上，俗称“搭铁”。如果将蓄电池的负极接到车架上，便称为“负极搭铁”。目前，各国生产的汽车基本都采用“负极搭铁”。

三、电器设备简介

(一)电源

汽车电源主要由蓄电池、发电机及电压调节器组成。

1. 蓄电池

(1)蓄电池作用

蓄电池主要用于汽车的起动、点火、照明及汽车电子电器设备的电源。蓄电池的功用如下：

①在发动机起动时，蓄电池向起动机和点火系统供电。

②当发动机低速运转、发电机电压较低或不发电时，蓄电池向用电设备供电，同时还向交流发电机磁场绕组供电。

③在发动机中高速运转、发电机正常供电时，将发电机剩余电能转换为化学能储存起来。

④当发电机过载时，与发电机向用电设备同时供电。

⑤能够稳定电气系统电压、保护电子设备。蓄电池相当于一只大容量的电容器，不仅能够保持汽车电气系统的电压稳定，还能吸收电路中出现的瞬时过电压，防止电子设备击穿损坏。

(2)蓄电池结构

蓄电池主要由正负极板、隔板、电解液和壳体四部分组成。微型客车用蓄电池如图 1-62 所示。

2. 发电机

目前，国内外汽车都采用硅整流交流发电机。

交流发电机是汽车的主要电源，其功用是当发动机在怠速以上转速运转时，向除起动机以外的用电系统供电，同时还向蓄电池充电。电压调节器是一种电压调节装置，其功用是在发电机转速变化时自动调节发电机的输出电压并使其保持稳定。

交流发电机主要由转子、定子端盖、整流器、轴承和调节器等组成。长安、五菱、昌河等微型客车系列发电机如图 1-63 所示。

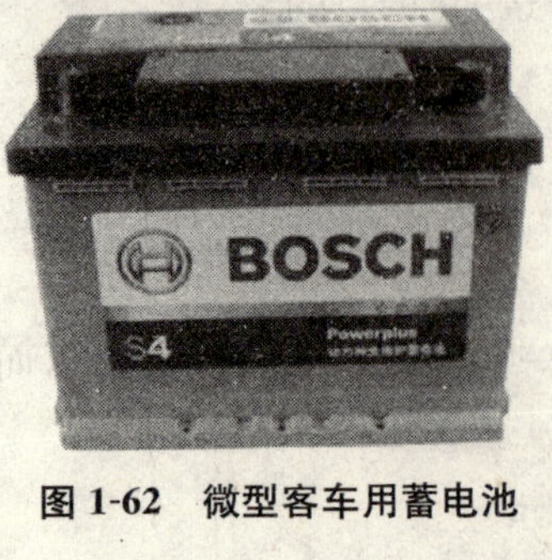

图 1-62 微型客车用蓄电池

图 1-63 微型客车系列发电机

3. 交流发电机结构(图 1-64)

4. 电压调节器

电压调节器在发电机电压超过一定值以后，通过调节磁场电流而改变磁极磁通的方法，在发电机转速变化时，保持其端电压为恒定值(13.5～14.5V)。

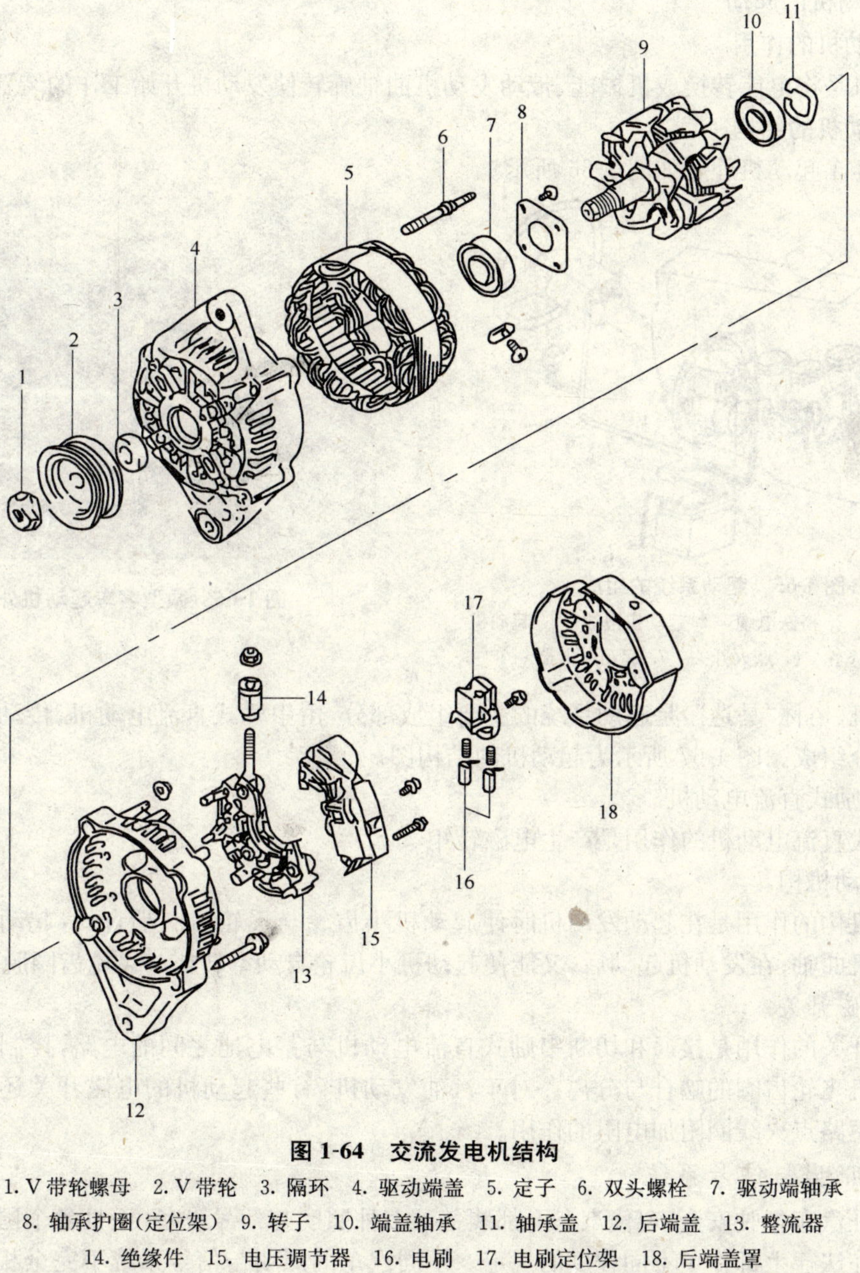

图 1-64　交流发电机结构

1. V带轮螺母　2. V带轮　3. 隔环　4. 驱动端盖　5. 定子　6. 双头螺栓　7. 驱动端轴承　8. 轴承护圈(定位架)　9. 转子　10. 端盖轴承　11. 轴承盖　12. 后端盖　13. 整流器　14. 绝缘件　15. 电压调节器　16. 电刷　17. 电刷定位架　18. 后端盖罩

交流发电机的电压调节器可分为触点式电压调节器、晶体管调节器和集成电路调节器三种类型。三种调节器的基本原理都是以转速为基础，通过改变励磁电流，来维持发电机输出电压的恒定。

(二)起动系统

1. 起动系统的组成

起动系统由蓄电池、起动机、起动继电器、点火开关等组成,如图 1-65 所示。起动机在点火开关和起动继电器的控制下,将蓄电池的电能转化为机械能,带动发动机飞轮齿圈使曲轴转动,完成发动机的起动。

2. 起动机的作用

起动机是将电能转换成机械能、带动发动机曲轴旋转使发动机开始工作的装置。

3. 起动机的结构

微型客车起动机外形如图 1-66 所示。

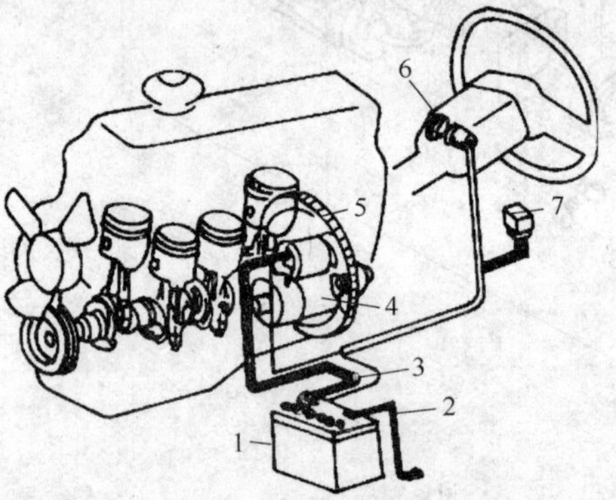

图 1-65 起动系统的组成

1. 蓄电池 2. 搭铁电缆 3. 起动机电缆 4. 起动机
5. 飞轮 6. 点火开关 7. 起动继电器

图 1-66 微型客车起动机外形

起动机(俗称“马达”)是起动系统的主要组成部分,由串励式直流电动机、传动机构和电磁开关三部分组成。图 1-67 所示为起动机的结构图。

(1)串励式直流电动机

串励式直流电动机的作用是产生电磁转矩。

(2)传动机构

传动机构的作用是在起动发动机时使起动机小齿轮与飞轮齿圈啮合,将起动机的转矩传递给发动机曲轴;在发动机起动后,又能使起动机小齿轮自动空转或与飞轮齿圈脱离啮合。

(3)电磁开关

电磁开关的作用是接通和切断串励式直流电动机与蓄电池之间的电路,控制起动机小齿轮与发动机飞轮齿圈的啮合与分离。对于汽油发动机,有些起动机的电磁开关还具有在起动发动机时短路点火线圈附加电阻的作用。

(三)照明与信号系统

为保证汽车行驶安全,现代汽车上都装备了多种照明与信号设备,而且各个国家对照明与信号设备在法律上都作了不同程度的规定。不同汽车的照明与信号系统不完全相同,除美观、实用外,还必须满足两个要求,一个是保证运行安全,另一个是符合交通法规。

如图 1-68 所示,微型客车照明与信号系统的基本组成如下:

(1)前照灯

又称大灯、头灯,其功用是夜间运行时照亮前方行驶的道路,功率为 40～60W。

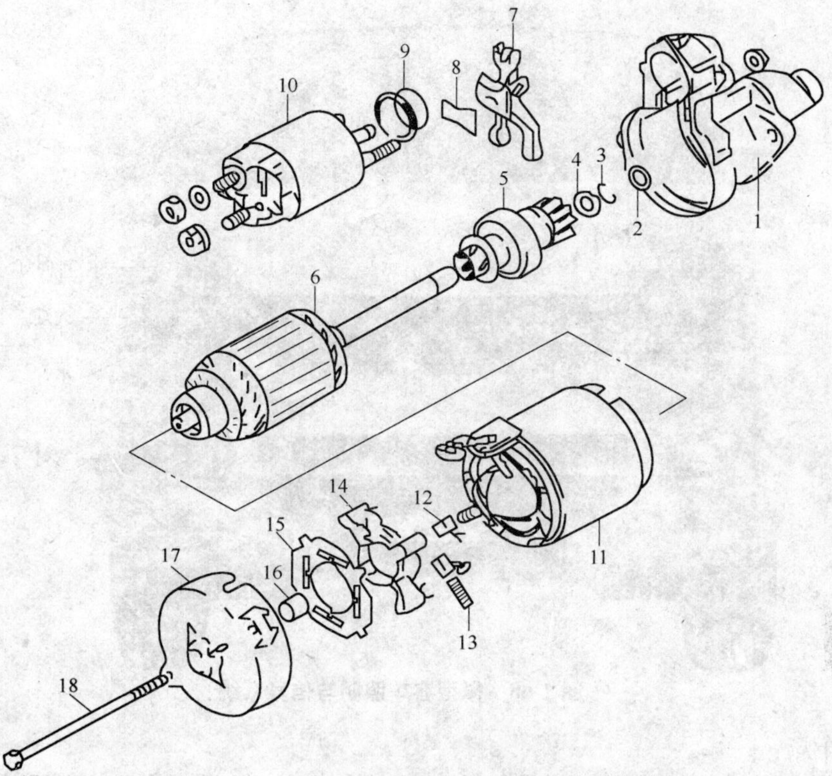

图 1-67 起动机的结构

1. 驱动端端盖 2. 垫圈 3. 锁环 4. 小齿轮止动挡圈 5. 单向离合器 6. 电枢 7. 拨叉 8. 密封件 9. 罩壳 10. 电磁开关 11. 定子总成 12、16. 衬套 13. 电刷弹簧 14. 电刷支架 15. 绝缘垫 17. 后端盖 18. 穿心螺栓

(2)小灯

又称驻车灯、示廓灯，其任务是汽车夜间行车或停车时，标示其轮廓或存在。前小灯为白色，后小灯为红色，功率为 5～10W。

(3)牌照灯

安装在汽车尾部的牌照上方，灯光为白色，其作用是提供夜间照亮汽车牌照，功率为 5～15W。

(4)仪表灯

安装在汽车仪表上，用于夜间照亮仪表，灯光为白色，功率为 2～8W。

(5)顶灯

安装在驾驶室的顶部，其作用是提供驾驶室内部照明，灯光为白色，功率为 5～8W。

(6)雾灯

其作用是雨、雾天气用来照明，灯光为黄色，因为黄色有良好的透雾性，功率为35～55W。

(7)转向灯

其作用是表示汽车的运行方向，左右转向灯同时闪亮时，表示有紧急情况，灯光为黄色，功率为 20W 以上。

(8)制动灯

又称刹车灯，安装于汽车尾部，其作用是在汽车制动停车或制动减速行驶时，向后车发出灯光信号，以警告尾随的车辆，防止追尾，灯光为红色，功率为 20 W 以上。

图 1-68　微型客车照明与信号系统

(9)倒车灯

其作用有两个,一个是向其他车辆和行人发出倒车信号,另一个是夜间倒车照明,灯光为白色,功率为 20W。

(10)指示灯

指示某一系统是否处于工作状态,灯光为红色,功率为 2W,如远近光指示灯、转向指示灯、雾灯工作指示灯、空调工作指示灯、驻车制动指示灯、收放机工作指示灯、自动变速器档位指示灯等。

(11)报警灯

安装在仪表板上,其作用是用来监测汽车各系统的技术状况。当某一系统出现异常情况时,对应的报警灯亮,提醒驾驶员该系统出现故障,灯光为红色、绿色或黄色,功率为 2W,如发动机故障报警灯、机油压力报警灯、冷却液温度报警灯等。

此外,还有工作灯、门灯、踏步灯、行李箱灯、阅读灯、电喇叭、蜂鸣器等。

(四)仪表、报警灯

1. 仪表、报警灯的功用

仪表用来指示汽车运行以及发动机运转的状况,以便驾驶员随时了解各系统的工作情况,保证汽车安全而可靠的行驶。汽车上常见的仪表有冷却液温度表、燃油表、车速里程表等。图 1-69 所示为新款长安之星微型客车组合仪表。

报警灯是当汽车或发动机的某一系统处于不良或特殊状态时,突然发亮,以提醒驾驶员注意,采取适当措施,保证行车安全。汽车仪表板上安装了许多报警灯,由于报警灯在正常情况下不工作,不需经常确认,对目视性要求低,所以现代汽车广泛采用。

2. 长安微型客车组合仪表的组成

如图 1-70 所示,长安微型客车组合仪表上有冷却液温度表、车速表、燃油表、机油压力报警灯、制动液液位信号灯、充电指示灯、驻车制动信号灯、远光信号灯等。

图 1-69　长安之星微型客车组合仪表

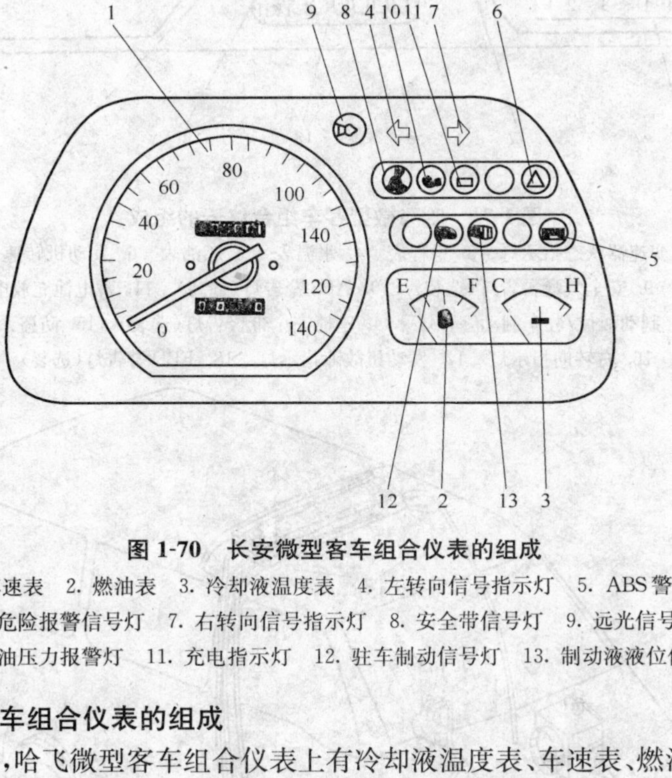

图 1-70　长安微型客车组合仪表的组成

1. 车速表　2. 燃油表　3. 冷却液温度表　4. 左转向信号指示灯　5. ABS 警告灯　6. 危险报警信号灯　7. 右转向信号指示灯　8. 安全带信号灯　9. 远光信号灯　10. 机油压力报警灯　11. 充电指示灯　12. 驻车制动信号灯　13. 制动液液位信号灯

3. 哈飞微型客车组合仪表的组成

如图 1-71 所示，哈飞微型客车组合仪表上有冷却液温度表、车速表、燃油表、机油压力报警灯、制动液液位信号灯、充电指示灯、驻车制动信号灯、远光信号灯等。

（五）空调系统

1. 空调系统的组成

空调系统主要由压缩机、冷凝器、蒸发器、孔管或膨胀阀、储液干燥器、高低压管路、鼓风机、控制电路等部分组成，各部分之间采用铜管（或铝管）与高压橡胶管连接成一个密闭系统。

2. 五菱微型客车空调系统的总体结构

（1）总体结构

装有 465Q-1AE 和 474Q 发动机的五菱微型客车安装有空调系统。空调系统由压缩机、两台并联的蒸发器、一台冷凝器、连接管路及相关的部件组成，如图 1-72 所示。

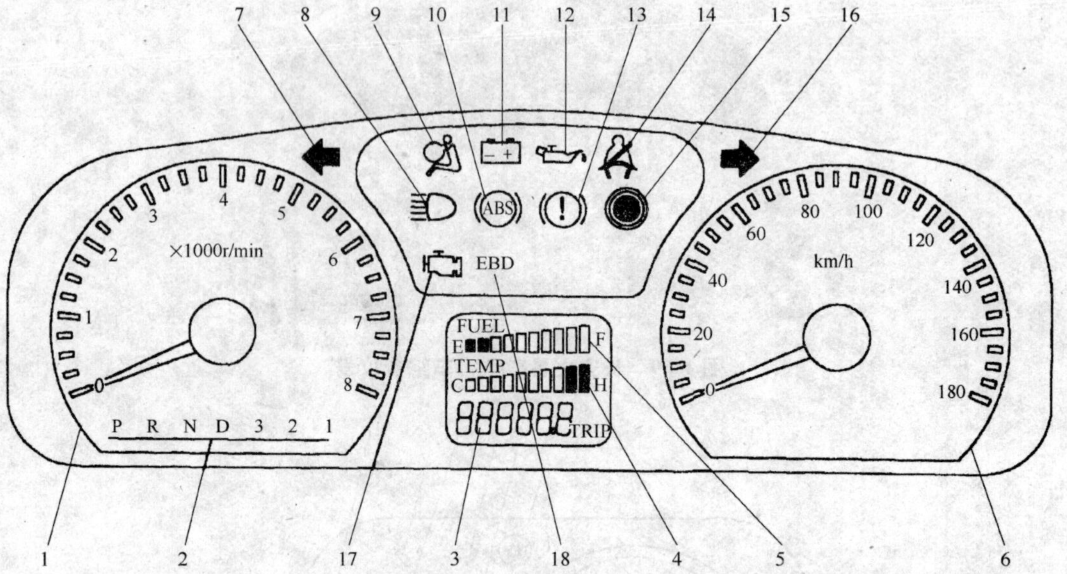

图 1-71　哈飞微型客车组合仪表的组成

1. 车速表　2. 自动变速器状态指示灯　3. 里程表　4. 水温表　5. 燃油表　6. 发动机转速表　7. 左转向指示灯　8. 远光指示灯　9. 安全气囊警告灯(选装)　10. ABS警告灯(选装)　11. 蓄电池充放电指示灯　12. 机油压力警告灯　13. 制动液位/驻车制动警告灯　14. 座椅安全带警告灯(选装)　15. 防盗系统指示灯(选装)　16. 右转向指示灯　17. 发动机故障指示灯　18. EBD警告灯(选装)

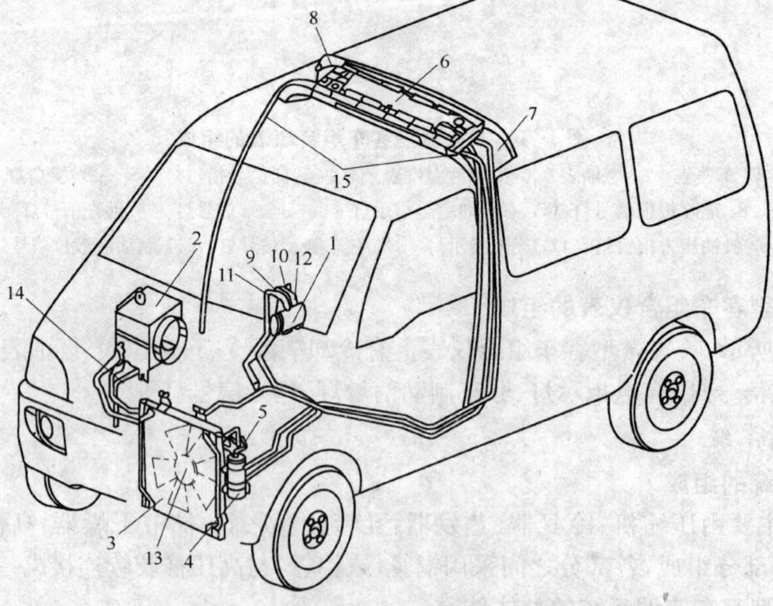

图 1-72　五菱微型汽车空调系统的组成

1. 压缩机　2. 前蒸发器总成　3. 冷凝器　4. 干燥罐　5. 高低压开关　6. 后蒸发器总成　7. 左边盖　8. 右边盖　9. 低压检修阀　10. 高压检修阀　11. 压缩机吸气软管　12. 压缩机排气软管　13. 冷凝器电子扇　14. 前蒸发器排水管　15. 后蒸发器排水管

(2)压缩机的结构

压缩机的结构如图 1-73 所示。

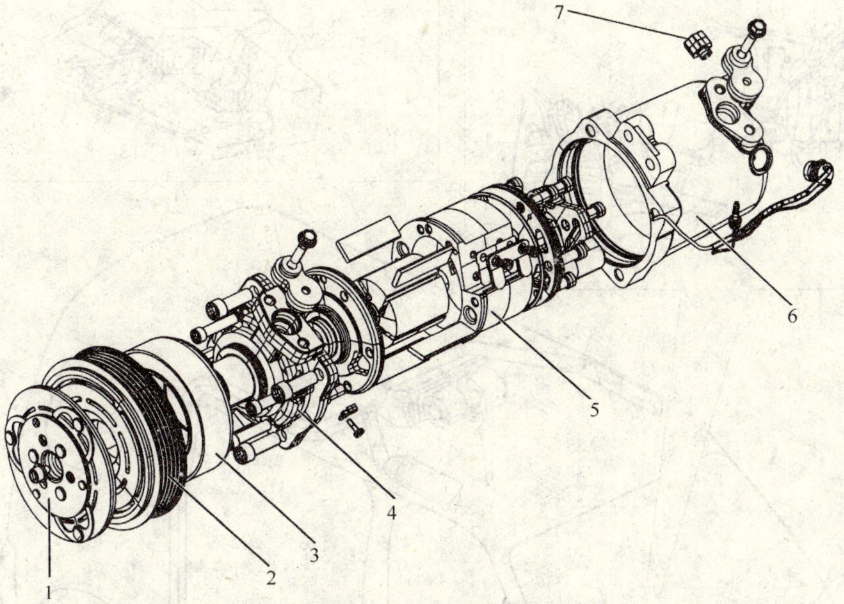

图 1-73 压缩机的结构

1. 离合器驱动盘 2. 皮带轮 3. 离合器线圈 4. 压缩机壳体 5. 压缩机缸轴和导向销总成 6. 压缩机后盖 7. 放油螺塞

3. 长安微型客车空调系统的总体结构

长安微型客车空调系统由压缩机、顶置式蒸发器、冷凝器、连接管路及相关的部件组成，如图 1-74 所示。

(六)安全气囊

安全气囊(Supplemental Restraint System,SRS)也称辅助乘员保护系统，是一种当汽车遭到碰撞而急剧减速时能很快膨胀的缓冲垫，可保护车内乘员不致撞到车厢内部，是一种被动安全装置，具有不受约束、使用方便和美观等优点。

1. 长安微型客车安全气囊的结构

(1)电控式安全气囊的结构

长安 CM8 等部分微型汽车上安装有电控式驾驶员安全气囊和前排乘客安全气囊。如图 1-75所示，电控式安全气囊由电控单元、充气袋、气体发生器、线束等部件组成。

安全气囊电控单元在接到额定的触发信号后，触发气体发生器，释放出气体，迅速填充充气袋。充气袋可吸收碰撞能量，防止驾驶员和前排乘客身体撞击汽车内部构件，避免人身受到伤害。在正常的操作与储存条件下，安全气囊的使用期限为 12 年。

①驾驶员安全气囊。

驾驶员安全气囊由气体发生器(充气器)、安全气囊总成和外壳等组成。

☞ 维修提示：不要拆散或修理驾驶员安全气囊。如果发现任何异常情况，必须更换驾驶员安全气囊。

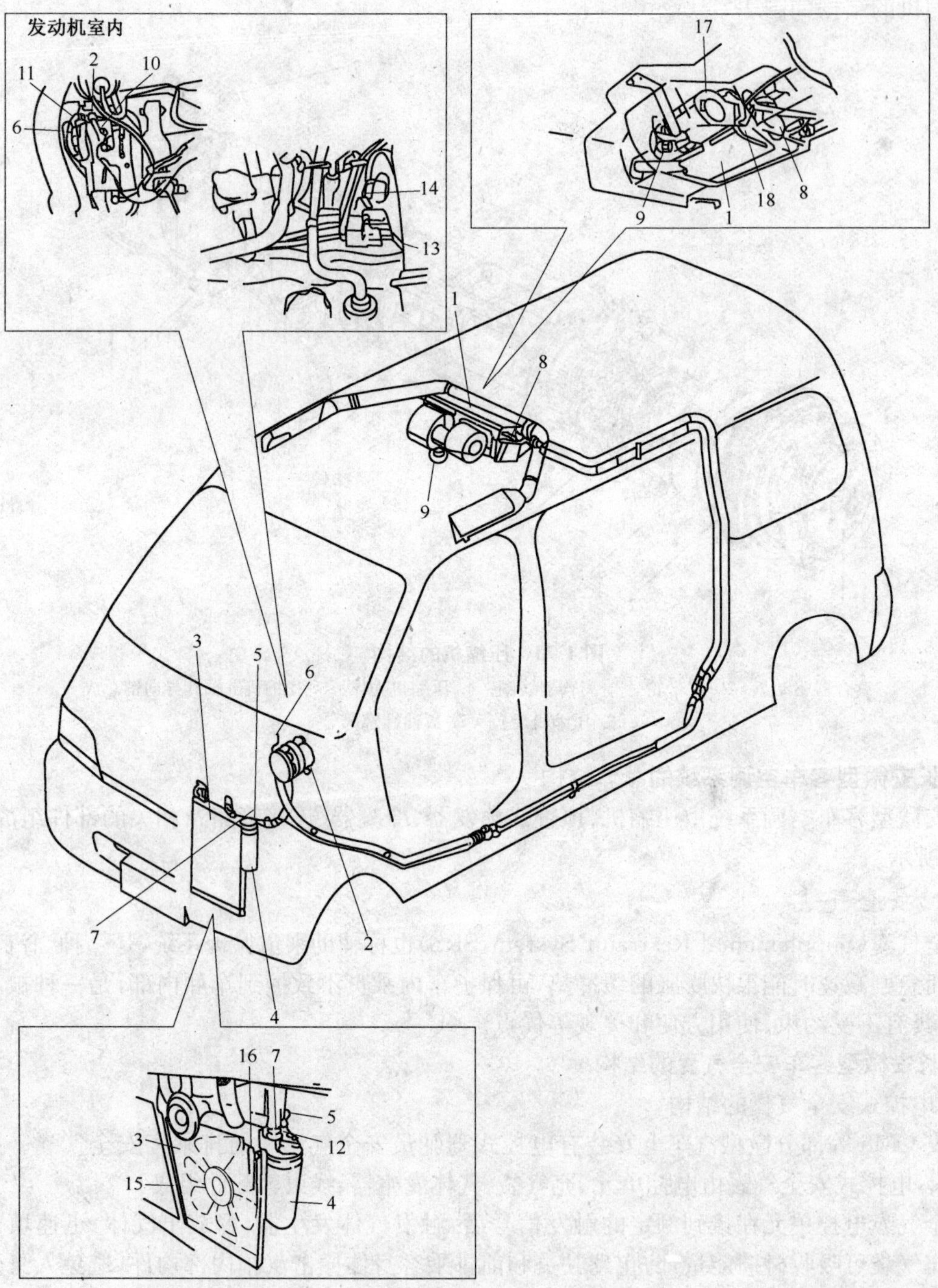

图 1-74　长安微型客车空调系统的组成

1. 顶置式蒸发器总成　2. 压缩机　3. 冷凝器　4. 贮液干燥器　5. 高压维修阀　6. 低压维修阀　7. 高低压保护开关　8. 空调控制器　9. 风扇及空调开关　10. 排气软管　11. 吸入软管　12. 贮液干燥器流出管　13. 空调怠速真空控制器　14. 水温传感器　15. 冷凝器风扇　16. 冷凝器风扇继电器　17. 风扇电机　18. 空调继电器

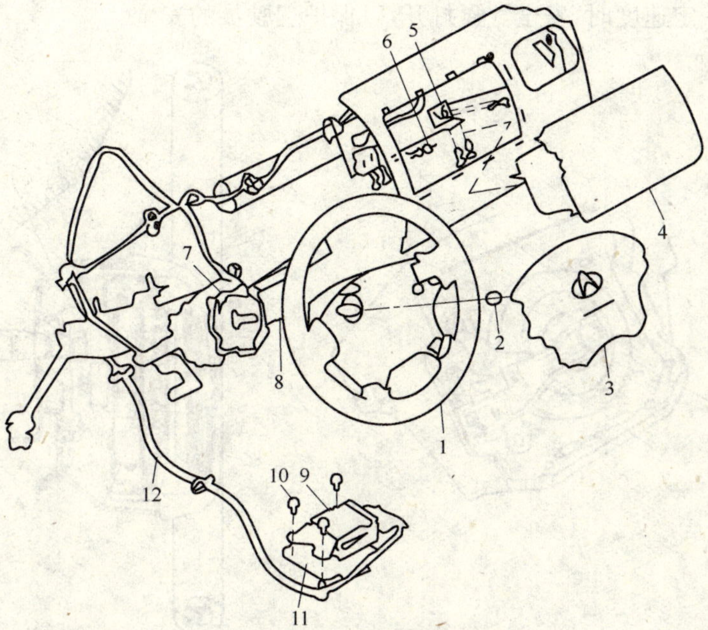

图 1-75　安全气囊的组成

1. 转向盘总成　2. 螺母　3. 驾驶员安全气囊　4. 前排乘客安全气囊　5. 前排乘客安全气囊连接板(2块)
6. 六角螺栓弹簧垫组合件(8个)　7. 旋转连接器总成　8. 十字沉头螺钉(4个)　9. 安全气囊电控单元
10. 六角法兰面螺栓(3个)　11. 安全气囊电控单元支架　12. 线束总成

a. 气体发生器。

气体发生器的作用是提供气体，填充气袋。气体发生器安装了一个内部短路环，它是自动短路的。当连接好点火管连接器时，内部短路环脱离，从而允许电流通过。当插入正确形状的点火管时，电流才能到达点火器，这样减小了安全气囊意外充气膨胀的风险。

b. 安全气囊总成。

安全气囊总成由尼龙材料制成。

c. 外壳。

外壳的作用是将安全气囊、气体发生器和附件连接到车辆转向盘上，并具备浮动喇叭功能。

②螺旋弹簧。

螺旋弹簧由 3 个通电线圈组成，其中两个用于气体发生器，另一个是在转向盘转动时保证喇叭电路连接通畅。螺旋弹簧由点火管连接器、电缆和外壳组成。

③安全气囊警告灯。

当安全气囊电控单元检测到系统存在故障后，使仪表板上的安全气囊警告灯闪烁，以提示存在故障。

④安全气囊线束及连接器。

当线束断路、损坏或者连接器和端子损坏时，必须更换相应的线束或连接器。

(2)机械式安全气囊的结构

长安之星等部分长安微型汽车的安全气囊系统为机械式。机械式安全气囊总成固定在转向盘上盖内，由传感器、充气装置和充气袋等组成，结构如图 1-76 所示。当车辆在一定角度内碰撞且碰撞超过一定速度时，安全气囊打开，以保护驾驶员的安全。

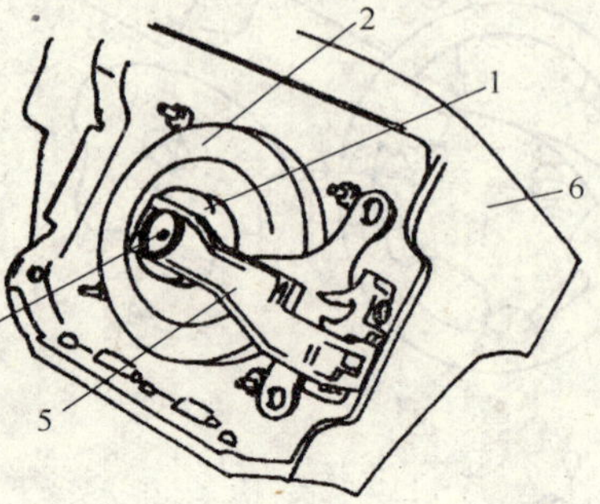

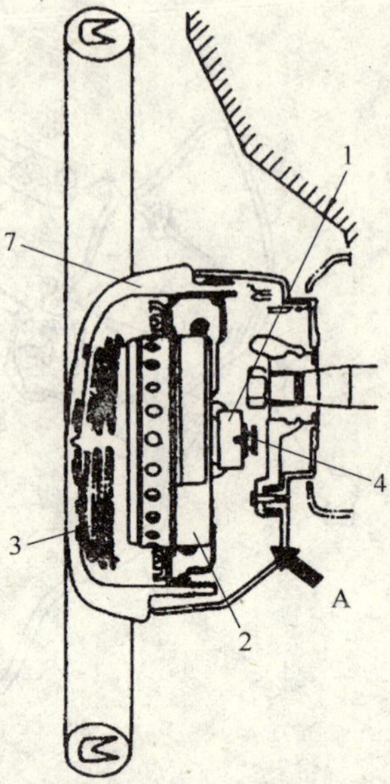

图 1-76 机械式安全气囊的结构

1. 传感器 2. 充气装置 3. 充气袋 4. 传感器闭锁释放板 5. 传感器闭锁释放杆 6. 转向盘 7. 安全气囊总成

①传感器。

如图 1-77 所示，传感器由传感器球、触发器轴、撞针、推臂组件、偏置弹簧和撞针弹簧组成。传感器球可测量车辆的减速度，在超过车辆减速度的设定值时，通过推臂组件将它的机械动作传给触发器轴，引爆充气袋。

②传感器闭锁装置。

如图 1-78 所示，传感器闭锁装置由传感器闭锁释放板和传感器闭锁释放杆组成。

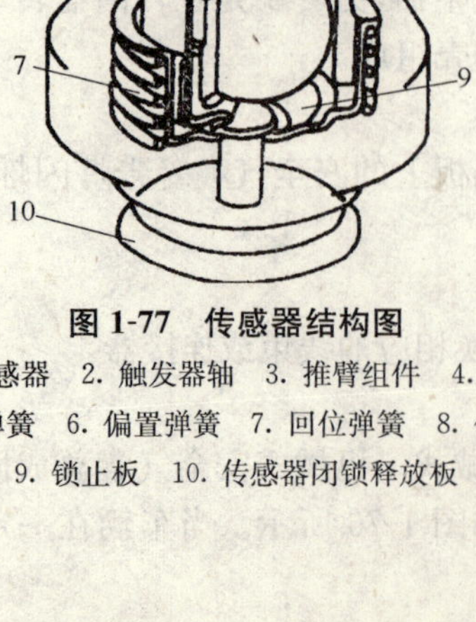

图 1-77 传感器结构图

1. 传感器 2. 触发器轴 3. 推臂组件 4. 撞针
5. 撞针弹簧 6. 偏置弹簧 7. 回位弹簧 8. 传感器球
9. 锁止板 10. 传感器闭锁释放板

图 1-78 传感器闭锁装置结构图

1. 传感器闭锁释放板 2. 充气装置
3. 传感器闭锁释放杆

③充气装置和充气袋。

如图1-79所示，充气装置由点火管、引燃剂、气体生成剂、气体冷却剂和箱体等组成。

2. 五菱微型客车安全气囊的结构

五菱微型客车安全气囊的结构如图1-80所示。

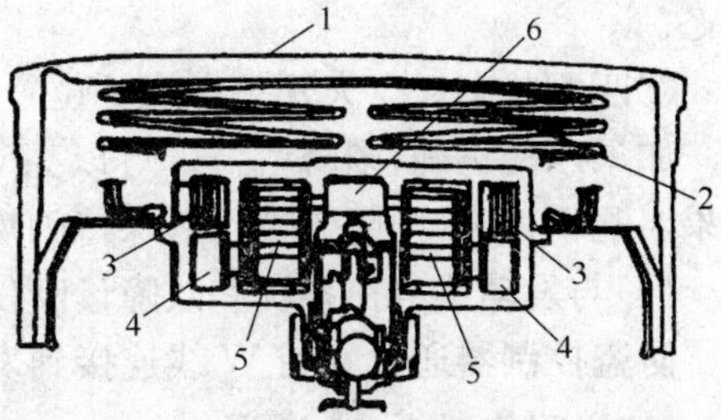

图1-79　充气装置和充气袋结构图

1. 上盖　2. 充气袋　3. 箱体　4. 气体冷却剂　5. 气体生成剂　6. 引燃剂

(七)发动机防盗系统结构简介

部分长安微型汽车(如长安CM8)上安装有发动机防盗系统。防盗系统由防盗控制器、线圈和发射器组成。线圈套在点火锁芯上，通过线路连接在防盗控制器上。发射器装在钥匙柄中。

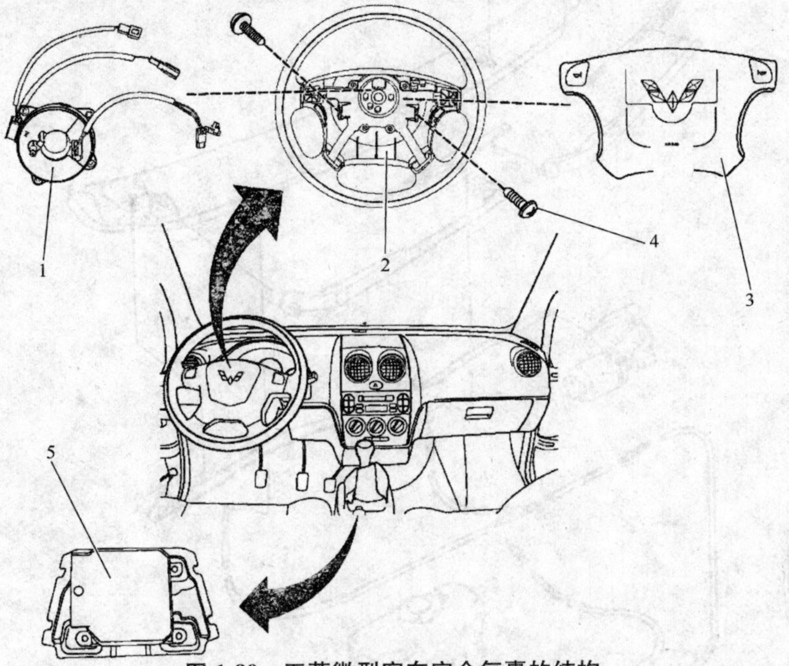

图1-80　五菱微型客车安全气囊的结构

1. 时钟弹簧　2. 转向盘　3. 安全气囊　4. 连接螺栓　5. 电控单元

(1)电源

防盗系统由蓄电池供电。汽车熄火后，防盗系统进入待机状态。

(2)防盗控制器

防盗控制器主要由微处理器和外围元件组成，它与发射器和发动机管理系统进行通信。当点火开关在ON位置时，如果在规定的时间内对发射器认证成功，那么发动机电控系统解除防盗控制，汽车可以起动。

(3)防盗警告灯

防盗控制器要驱动一个防盗警告灯，其额定电压为12V。防盗警告灯状态包括正常状态和匹配状态。

①正常状态。当点火开关在OFF位置时，防盗警告灯保持亮0.25s、暗4s的闪烁状态，以起到警告作用。当点火开关在ON位置且确认发射器正常时，防盗警告灯保持长暗

状态。

②匹配状态。点火开关在ON位置匹配钥匙时,防盗警告灯保持亮0.25s、暗4s的闪烁状态。如果匹配正确,则防盗警告灯以亮0.25s、暗0.25s的频率闪烁3次,随后保持长暗状态;如果匹配不正确,则防盗警告灯保持闪烁。

(4)与发动机电控系统和故障诊断仪的通信

防盗控制器通过专用W线连接到发动机电控系统,通过专用K线连接到故障诊断仪上。

(八)刮水器和洗涤器

长安微型客车刮水器和洗涤器的组成如图1-81所示。刮水器和洗涤器主要由刮水片、刮水器臂、刮水器电机、前洗涤器泵、后洗涤器泵、储水罐、喷水软管和喷嘴等组成。

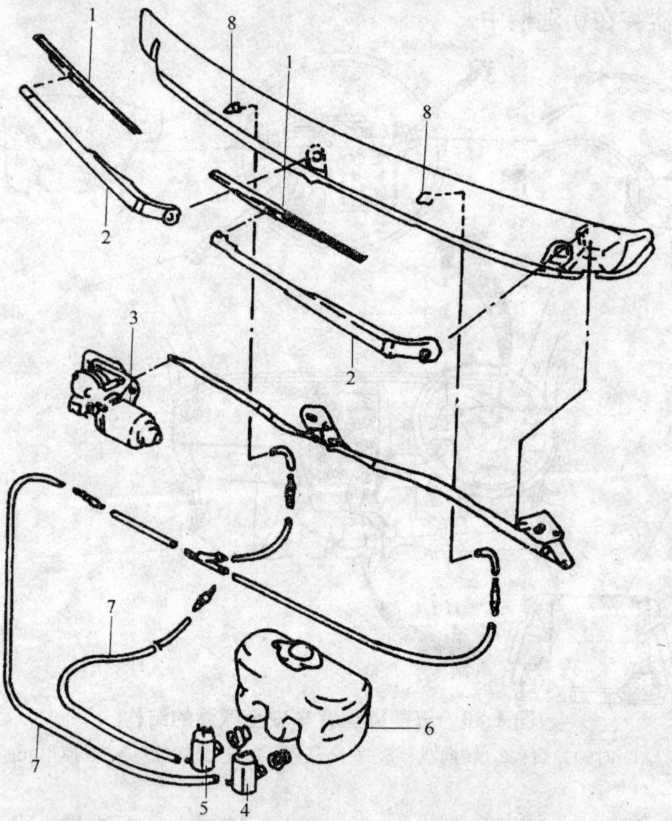

图1-81 长安微型客车刮水器和洗涤器的结构

1. 刮水片 2. 刮水器臂 3. 刮水器电机 4. 前洗涤器泵 5. 后洗涤器泵 6. 储水罐 7. 喷水软管 8. 前喷嘴

第二章　微型客车一般维护方法

第一节　维修工具与量具介绍

一、维修工具

1. 举升机

(1)举升支撑部位

许多维修工序都需要将汽车升离地面。在升起车辆前,应确保汽车已被正确支撑,并应使用安全锁以免汽车落下。在用千斤顶支起汽车时,应当确保千斤顶支承在汽车底盘大梁部分或较结实的部分。

注意在举升车辆前,应先查找维修手册,找到车辆正确的支撑点。错误的支撑点不仅带来危险,而且会破坏汽车的车身结构。图 2-1 所示为车辆的举升支撑部位。

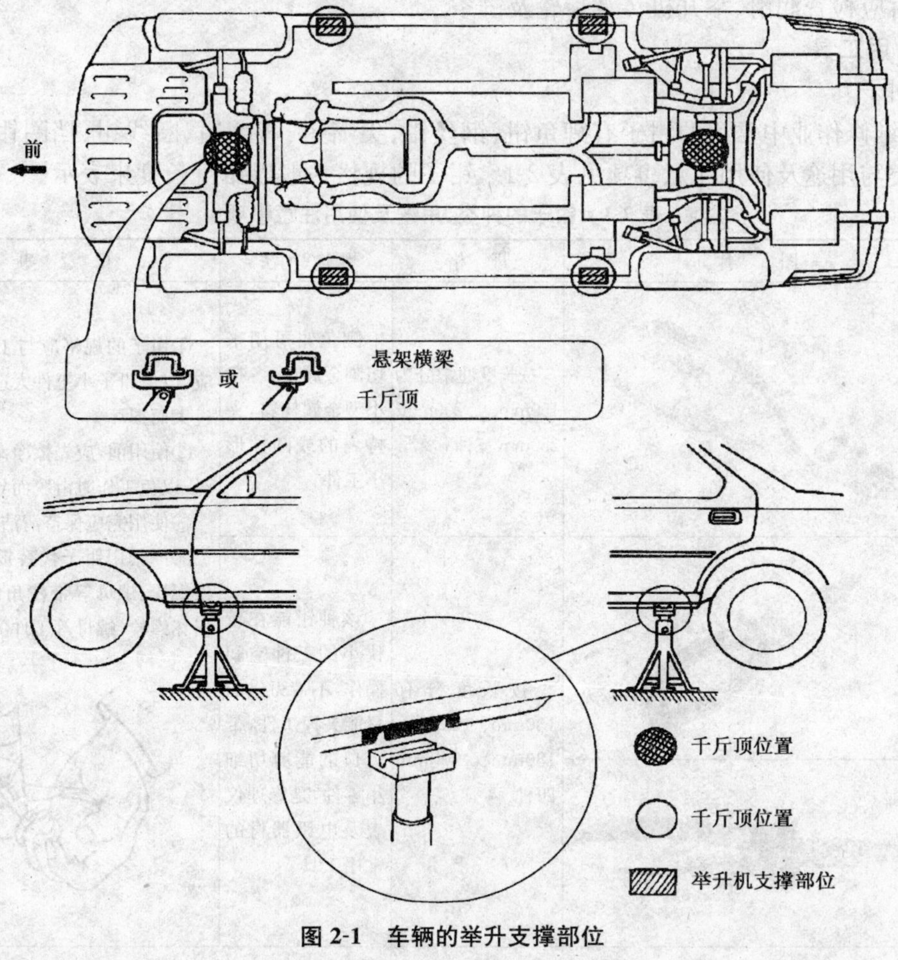

图 2-1　车辆的举升支撑部位

(2)举升机安全操作规程

①使用前,应清除举升机附近妨碍作业的器具及杂物,并检查操作手柄是否正常。

②操作机构灵敏有效,液压系统不允许有爬行现象。

③支车时,四个支角应在同一平面上,调整支角胶垫高度使其接触车辆底盘支撑部位。

④支车时,车辆不可支撑过高。支起后,四个托架要锁紧。

⑤待举升车辆驶入后,应将举升机支撑块调整移动对正该车型规定的举升点。

⑥举升时,人员应离开车辆;举升到需要高度时,必须插入保险锁销,并确保安全可靠才可开始车底作业。

⑦除低保及小修项目外,其他繁琐笨重作业不得在举升机上操作修理。

⑧举升机不得频繁起落。

⑨支车时举升要稳,降落要慢。

⑩有人作业时,严禁升降举升机。

⑪发现操作机构不灵、电机不同步、托架不平或液压部分漏油时,应及时报修,不得带病操作。

⑫作业完毕应清除杂物,打扫举升机周围以保持场地整洁。

⑬定期(半年)排除举升机油缸积水并检查油量。油量不足时,应及时加注相同牌号的压力油,同时应检查润滑、举升机传动齿轮及链条。

2. 常用工具

(1)钳子

汽车维修作业中常用的钳子有鲤鱼钳、钢丝钳、尖嘴钳、弯嘴钳、断线钳、挡圈钳和多用钳等,其种类与用途及使用注意事项见表2-1。钳子的规格一般以钳身长度来表示。

表2-1　钳子的种类、用途及使用注意事项

名称	图　　片	规　格	用途、用法	注　意　事　项
鲤鱼钳	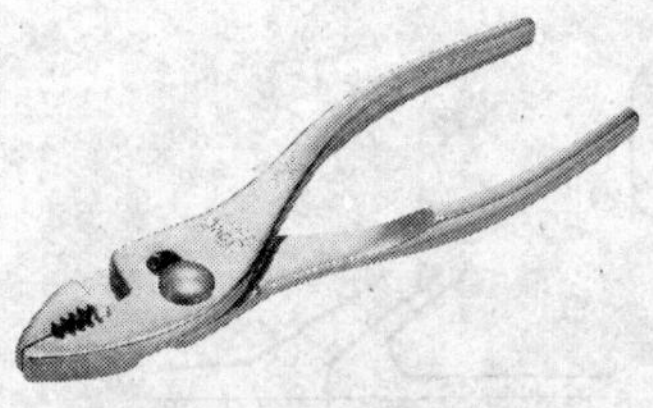	按长度通常分为150mm、200mm、250mm三种	鲤鱼钳可用来切割金属丝,弯扭小型金属棒料,夹持扁的或圆柱形小工件	①钳子的规格应与工件规格相适应,以免钳子小工件大造成钳子受力过大而损坏 ②使用前,应先擦净钳子柄上的油污,以免工作时滑脱而导致事故 ③使用完应保持清洁,及时擦净 ④严禁用钳子代替扳手拧紧或拧松螺栓、螺母等带棱角的工件,以免损坏螺栓、螺母等工件的棱角 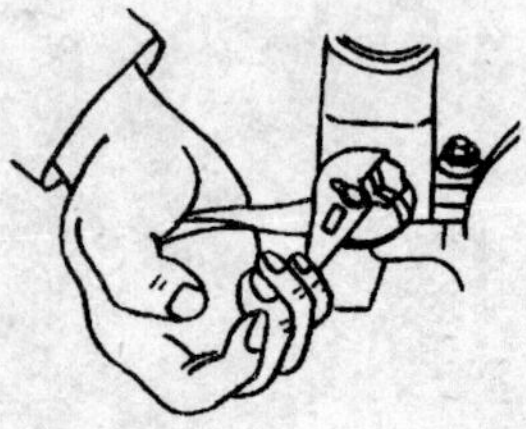
尖嘴钳	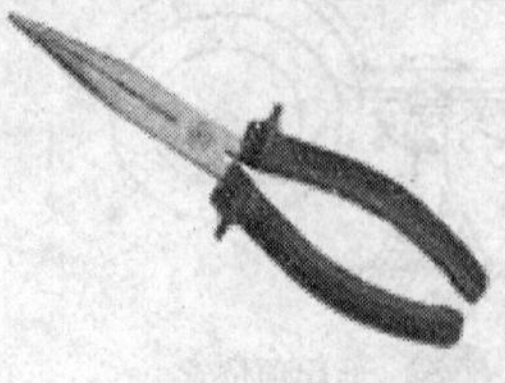	按长度分有130mm、160mm、180mm、200mm四种	该种钳能在较狭小的工件空间操作,不带刃口的只能夹捏工件,带刃口的能剪切细小零件,是修理仪表及电讯器材的常用工具	
断线钳				

续表 2-1

名称	图　片	规　格	用途、用法	注　意　事　项
钢丝钳		按长度分有150mm、175mm、200mm三种	钢丝钳上带有旁刃口，除能夹持工件外，还能折断金属薄板以及切断直径较小的金属线。钳柄上套有橡胶绝缘套的钢丝钳多在带电的场合使用	⑤使用时，不允许用钳子切割过硬的金属丝，以免造成刃口损坏或钳体损坏 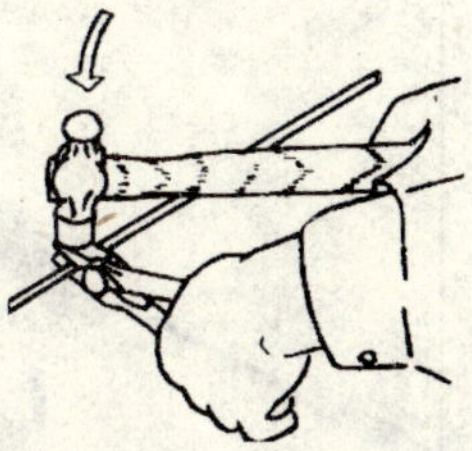
外卡环钳	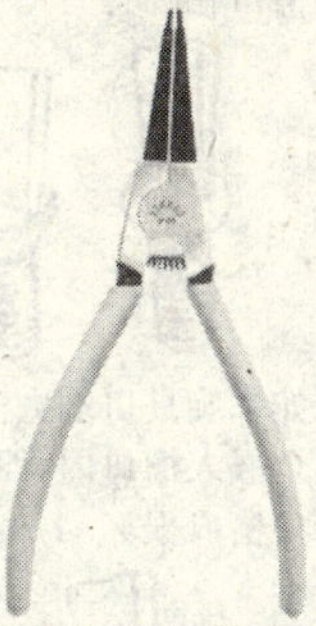			⑥使用时，不允许用钳柄代替撬棒撬物体，以免造成钳柄弯曲、折断或损坏，也不可以用钳子代替锤子敲击零件
内卡环钳	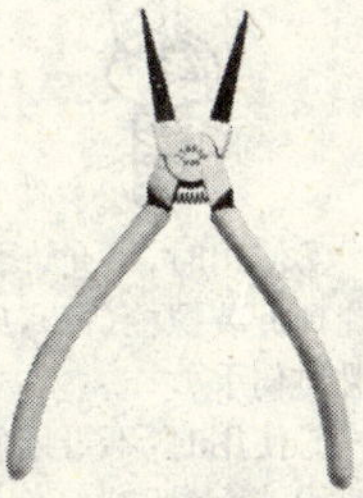		卡环钳专门用于拆装带有拆装孔的弹性挡圈	
特种卡环钳	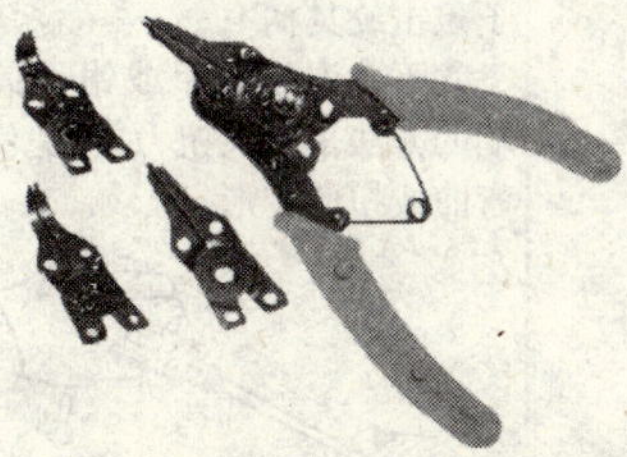			
断线钳	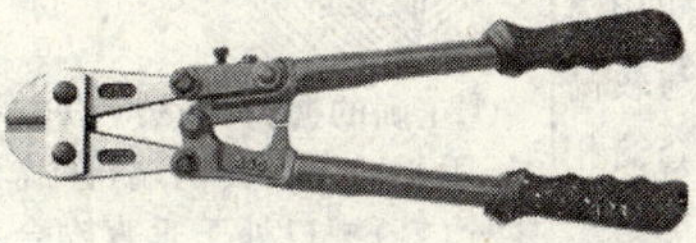	常用的有750mm、900mm两种规格	断线钳能比较省力地剪断较粗的金属线材	
多用钳	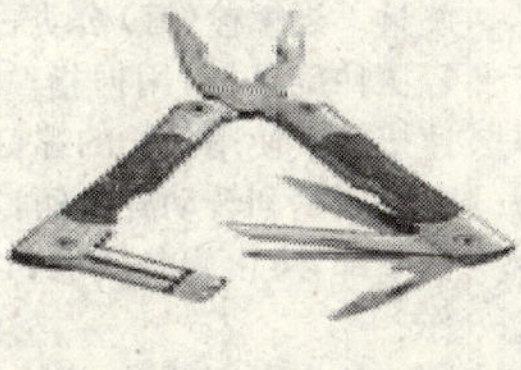	—	多用钳利用一组复合杠杆能产生很大的夹紧力，兼有活动扳手、普通手钳和夹具的功能	

(2)螺钉旋具

螺钉旋具的种类、用途及注意事项见表 2-2。

表 2-2　螺钉旋具的种类、用途及注意事项

名称	图　片	规　格	用途、用法	注　意　事　项
一字旋具	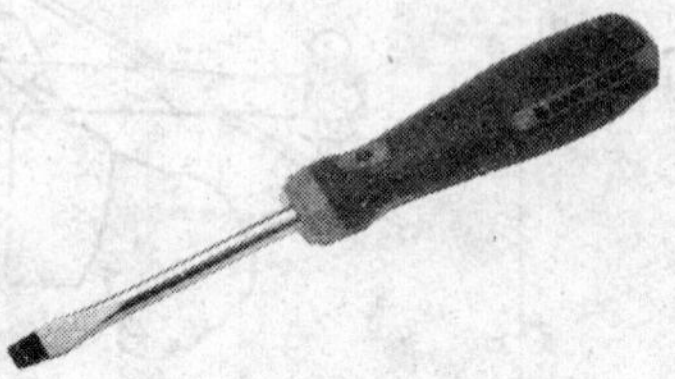	常以钢杆部分的长度来区分，其常用的规格有 50mm、75mm、125mm、150mm 等几种	主要用于拆装一字槽的螺钉、木螺钉等	①旋具有木柄和塑料柄之分。塑料柄具有一定的绝缘性，适宜电工使用 ②使用前，应先擦净旋具柄和口端的油污，以免工作时滑脱而发生意外 ③选用的旋具口端应与螺栓(钉)上的槽口相吻合 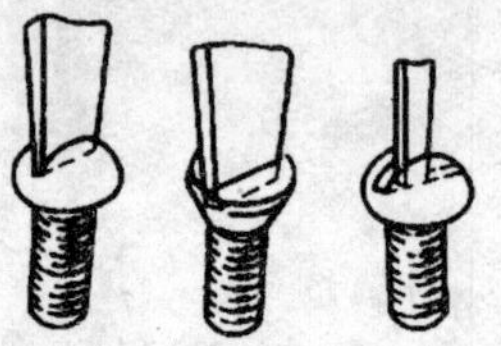 如果旋具口端太薄易折断，太厚不能完全嵌入槽口内，而易使旋具口和螺栓(钉)槽口损坏 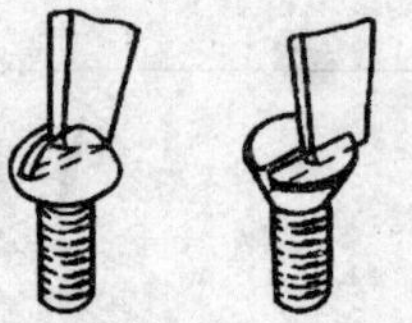 ④使用时，不允许将工件拿在手上用旋具拆装螺栓(钉)，以免旋具从槽口中滑出伤手 ⑤使用时，不可用旋具当撬棒或錾子使用，除夹柄螺钉旋具外，不允许用锤子敲击旋具柄 ⑥不允许用扳手或钳子扳转旋具口端的方法来增大扭力，以免使旋具发生弯曲或扭曲变形 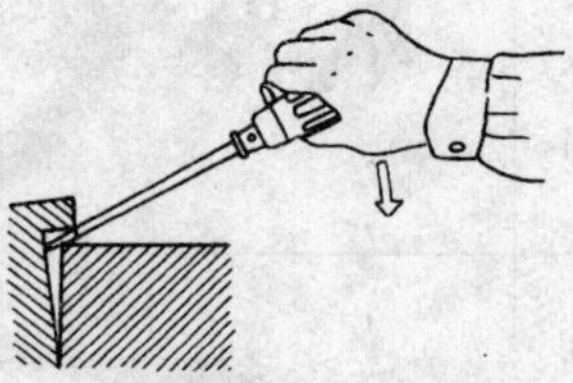 ⑦正确的握持方法应以右手握持旋具，手心抵住旋具柄端，让旋具口端与螺栓(钉)槽口处于垂直吻合状态。当开始拧松或最后拧紧时，应用力将旋具压紧后再用手腕力按需要的力矩扭转旋具。当螺栓(钉)松动后，即可使手心轻压住旋具柄，用拇指、中指和食指快速扭转。使用较长的螺钉旋具时，可用右手压紧和转动旋具柄，左手握在旋具柄中部，防止旋具滑脱，以保证安全工作 ⑧使用完毕后，应将旋具擦拭干净
十字旋具	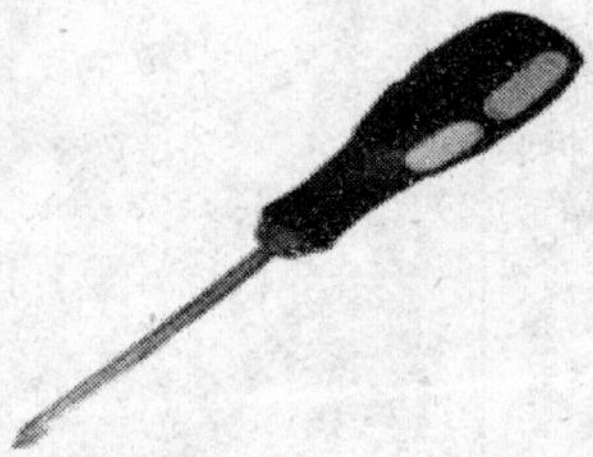	按十字口的直径可分为 2～2.5mm、3～5mm、5.5～8mm、10～12mm 四种规格	专用于拆装十字槽口的螺钉	
花键头旋具	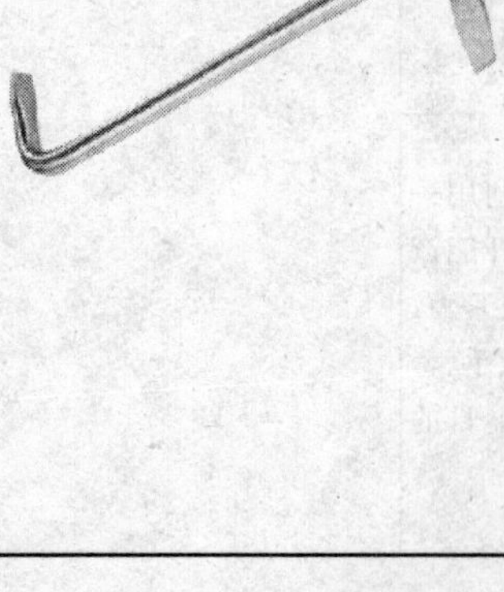	—	是一种使用简便的旋具与较高夹紧力的套筒相结合的工具，适用于在空间受到限制的安装位置拆装小螺母或螺钉	

(3)锤子

锤子的种类、用途及注意事项见表 2-3。

表 2-3　锤子的种类、用途及注意事项

名称	图片	规格	用途、用法	注意事项
钢制圆头锤		钢制圆头锤和横头锤的规格是以锤头的质量单位规定的，常用的有 0.25kg、0.5kg、0.75kg、1kg、1.25kg 和 1.5kg 六种	拆装较硬组合时使用	①使用前，必须检查锤柄是否安装牢固。如果松动，应重新安装，以防在使用时由于锤头脱出而发生伤人或损物事故 ②使用时，应将手上和锤柄上的汗水和油污擦干净，以免锤子从手中滑脱而发生伤人或损物事故 ③使用时，手要握住锤柄后端。握柄时，手的握持力要松紧适度，才能保证锤击时灵活自如 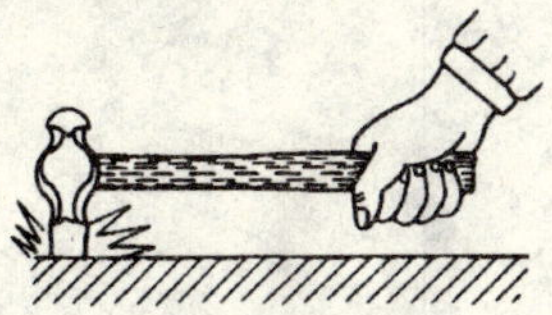 锤击时，要靠手腕的运动，眼应注视工件，锤头工作面和工件锤击面应平行，才能使锤面平整地打在工件上，不能有如图中所示的操作方法  ④使用前，应清洁锤头工作面上的油污，以免锤击时发生滑脱而敲偏，损坏工件或发生意外 ⑤在锤击铸铁等脆性工件和截面较薄的零件或悬空未垫实的工件时，不能用力太猛，以免损坏工件 ⑥使用完毕后，应将锤子擦拭干净
横头锤	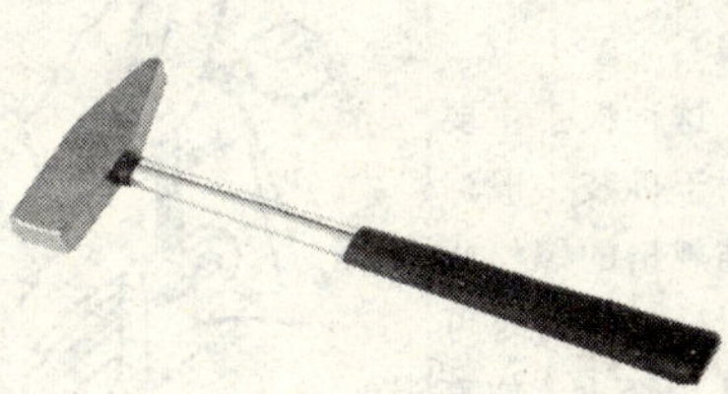		维修钣金等用力不大的零件	
软面锤		常用的有塑料、皮革、木质和黄铜软面锤	软面锤一般用于过盈配合的组合件的拆装。当敲开或压紧组合件时，使用软面锤不会损坏零件	

(4)扳手

扳手的种类、用途及注意事项见表 2-4。

表 2-4　扳手的种类、用途及注意事项

工具名称	图　片	规　格	用途、用法	注　意　事　项
开口扳手（双头）	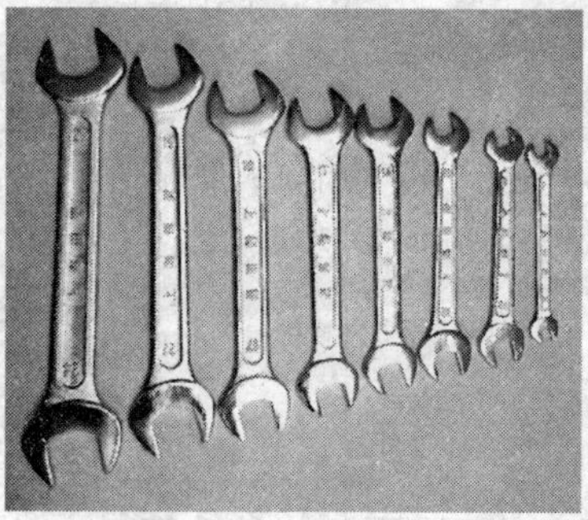	常用的有6件套、8件套两种，适用范围在6～24mm之间。按其结构形式可分为双头扳手和单头扳手两种；按其开口角度又可分为15°、45°、90°三种	这种扳手主要用于拆装一般标准规格的螺栓或螺母。使用时可以上、下套入或直接插入，具有使用方便的特点	①使用时应当注意一定要选择与所拆装螺栓（螺母）相同规格的扳手 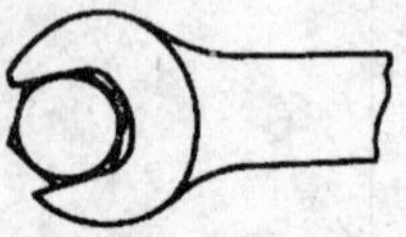 不要使用尺寸过大的扳手，以免因扳手尺寸过大而损坏螺栓（螺母）的棱角 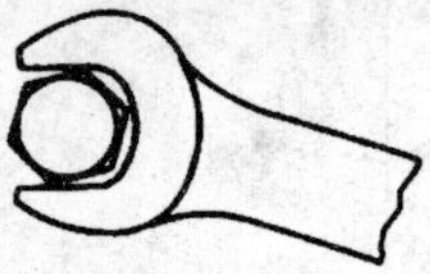 ②当使用推力拆装时，应用手掌力来推动 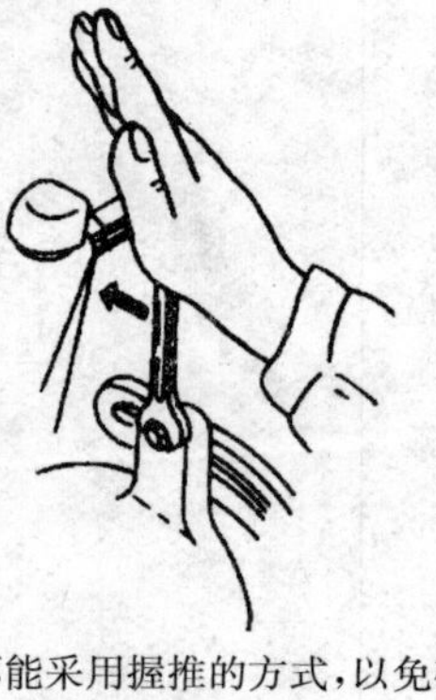 不能采用握推的方式，以免碰伤手指 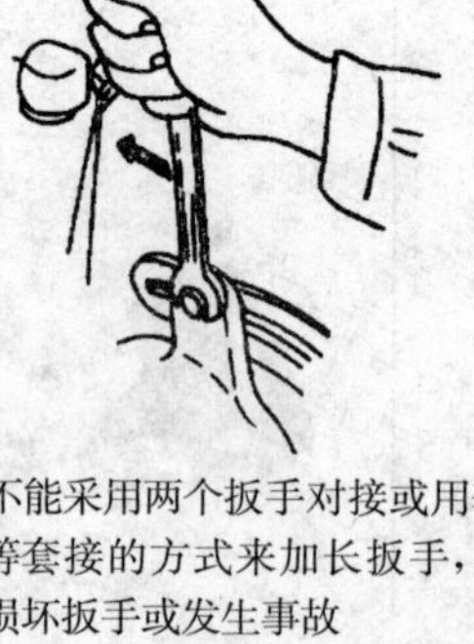 不能采用两个扳手对接或用套筒等套接的方式来加长扳手，以免损坏扳手或发生事故 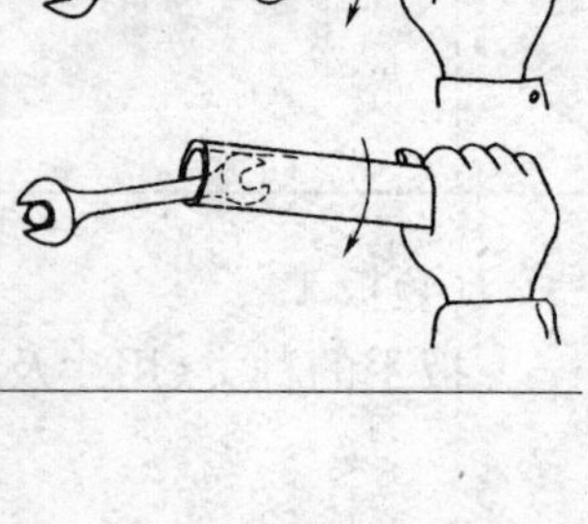

续表 2-4

工具名称		图　片	规　格	用途、用法	注　意　事　项
梅花扳手		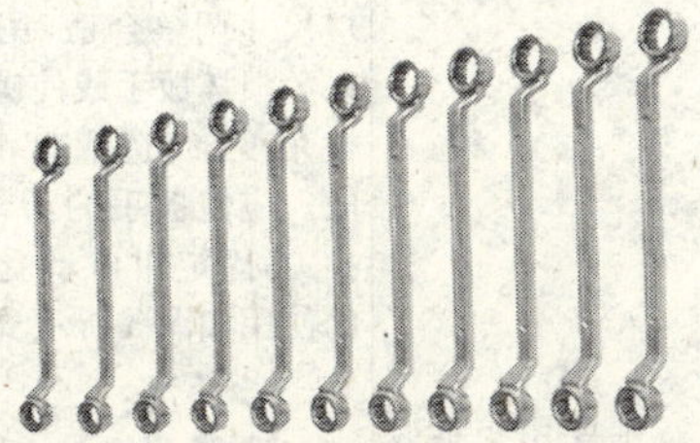	常用的有6件套、8件套两种，适用范围在5.5～27mm之间	梅花扳手两端是套筒式圆，部分或全部围住，从而保证工作的安全可靠性。其用途与开口扳手相似，具有更安全可靠的特点	使用注意事项与开口扳手相同
套筒扳手	套筒头		套筒扳手是一种组合型工具，使用时由几件共同组合成一扳手。常用的套筒扳手有13件套、17件套和24件套等多种规格	套筒扳手适合拆装部位狭小、特别隐蔽的螺栓或螺母。其套筒部分与梅花扳手的端头相似，并制成单件，根据需要选用不同规格的套筒和各种手柄进行组合。如活动手柄可以调整所需力臂；棘轮扳手用于快速拆装螺栓、螺母。有的扳手同时还能配用扭力扳手显示扭紧力矩，具有功能多、使用方便、安全可靠的特点	使用时，一定要选择与所拆装螺栓（螺母）相同规格的扳手
	套筒头手柄	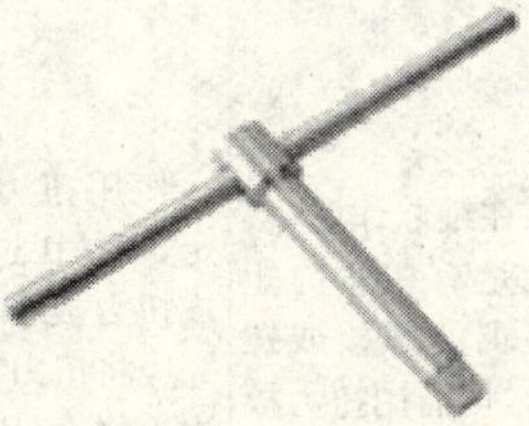			
	长接杆				
	棘轮扳手	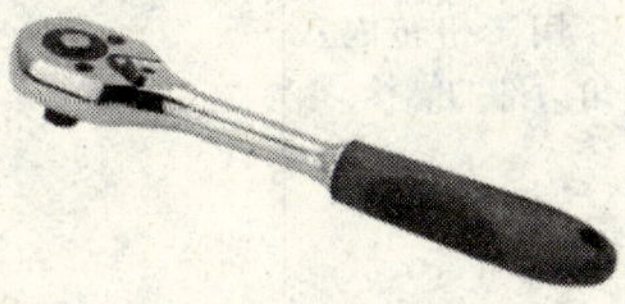			

续表 2-4

工具名称	图　片	规　格	用途、用法	注　事　项
活扳手		活扳手的开口端根据需要可以在一定范围内进行调节	主要用于拆装不规则的带有棱角的螺栓或螺母	使用时，必须将活动钳口的开口尺寸调整合适，用力要均匀，以免损坏扳手或使螺栓、螺母的棱角变形，造成打滑而发生事故。应使扳手的活动钳口承受推力，固定钳口承受拉力，正确的使用如图 a 所示 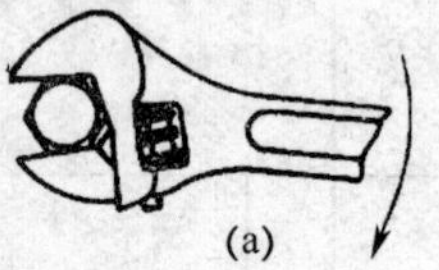 (a) 错误使用如图 b 所示 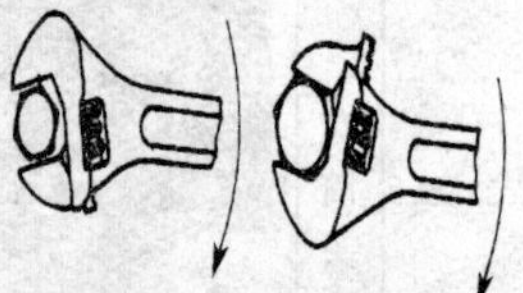 (b)
管子扳手	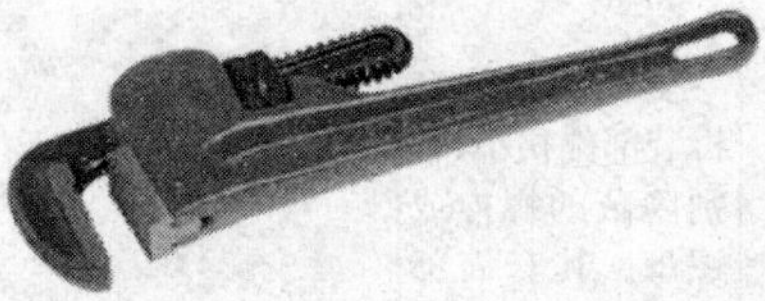	管子扳手的开口端根据需要可以在一定范围内进行调节	是一种专门用于扭转管子、圆棒以及用其他扳手难以夹持、扭转光滑的圆柱形工件的工具	由于管子扳手的钳口上有齿槽，使用时，应尽量避免将工件表面咬毛；另外，不能用管子扳手代替其他扳手来旋转螺栓、螺母或其他带有棱角的工件等，以免损坏螺栓、螺母的棱角
扭力扳手	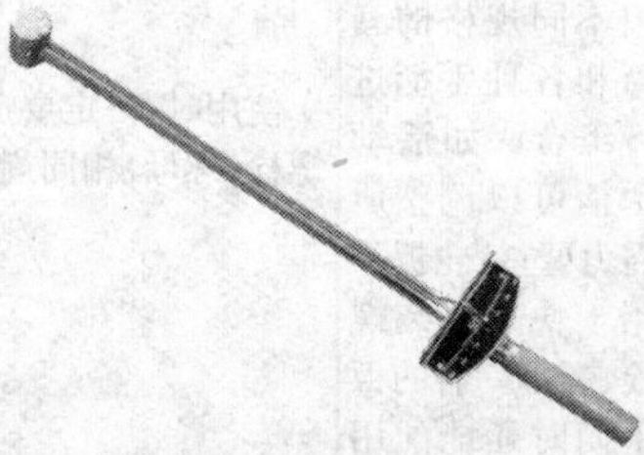	是一种与套筒扳手中的套筒配合使用、能显示扭转力矩的专用工具。用扭力扳手拧紧螺栓或螺母时，其转矩的大小能及时指示出来。扭矩的单位是 N·m。汽车维护中常用扭力扳手的规格为 0～300N·m	在维修作业中，凡是有扭紧力矩要求的螺栓或螺母，均需用扭力扳手将螺栓或螺母拧到规定力矩	使用扭力扳手，必须符合规定，切忌在过载情况下使用而造成扭力扳手的失准或损坏。用完应将扭力扳手平稳放置，避免因重物撞、压造成扳手杆或扳手指针变形而影响扳手的精度，甚至损坏扳手
专用扳手　内六角扳手	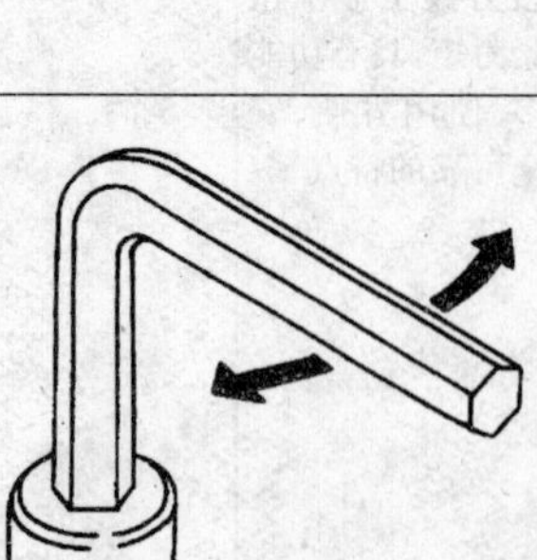	一般是不同规格的成套工具	用于扭转内六角头部的螺栓	—

续表 2-4

工具名称		图片	规格	用途、用法	注事项
专用扳手	气门芯扳手	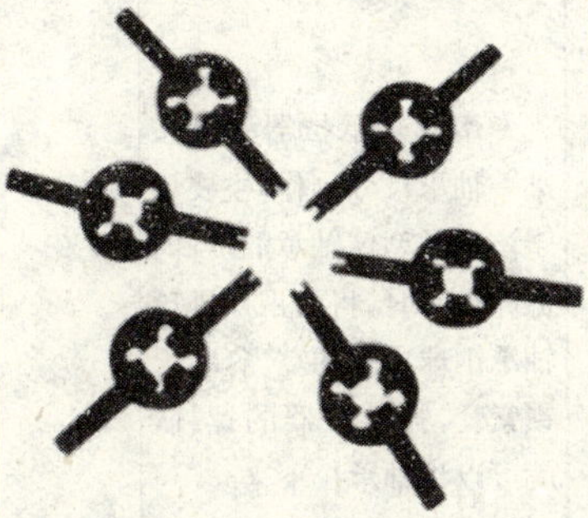	—	用于拆装轮胎气门芯	—

(5)拉压器

拉压器的种类、用途及注意事项见表 2-5。

表 2-5　拉压器的种类、用途及注意事项

名称	图片	规格	用途、用法	注意事项
两爪拉器	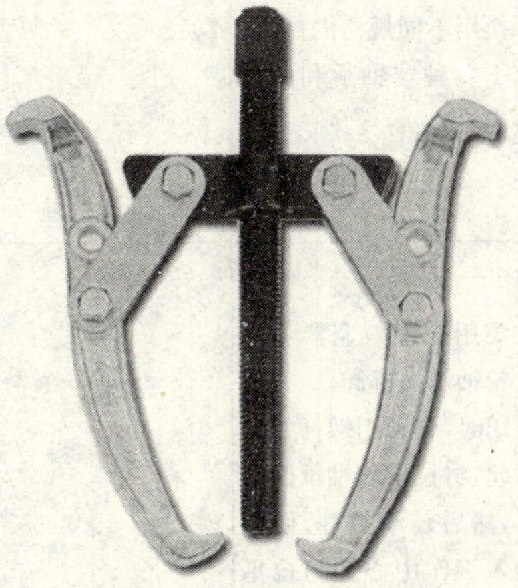	—	主要用于拆卸发动机曲轴正时齿轮、曲轴带轮、风扇带轮、凸轮轴正时齿轮及其他位置尺寸合适的齿轮、轴承凸缘等圆盘形零件	使用两爪拉器时，当拉器与被拉工件安装好后，要检查拉爪是否卡紧，两边受力是否均匀对称，垫套与轴是否对中，然后扭动螺杆接触工件后，再复查一次，确认无误后，才能进行拆卸工作
三爪拉器	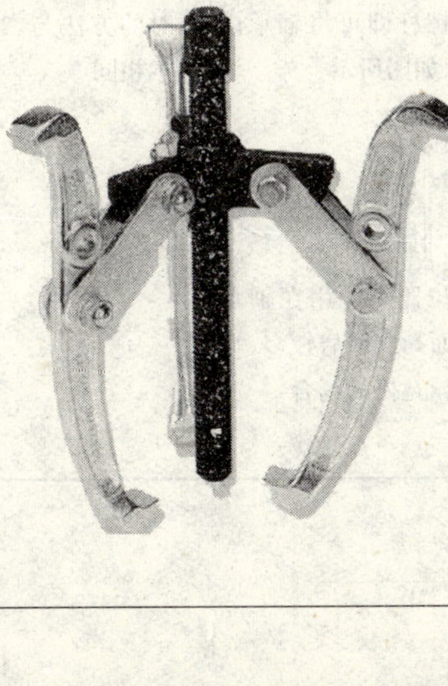	—	三爪拉器主要用于拆卸各种齿轮及其他轴承、凸缘等圆盘形构件	

续表 2-5

名称	图片	规格	用途、用法	注意事项
球轴承拉器	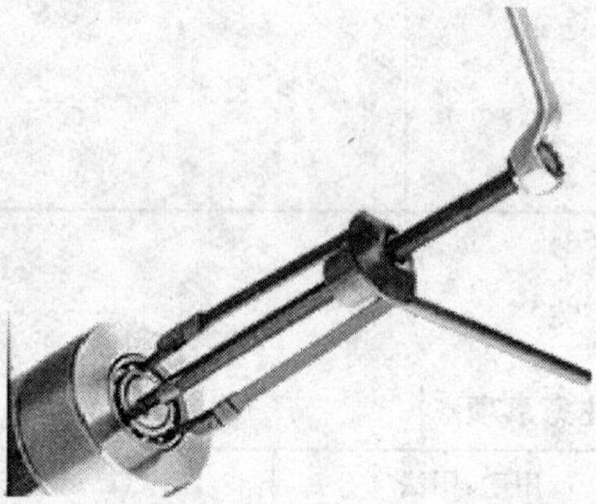		专用球轴承拉器一般按某一轴承尺寸制作，主要用于该种类型球轴承的拆卸。拆卸轴承时，将两爪扣进球轴承钢球之间的空当，装上锁紧套，拧转拉器的螺杆，就可以将轴承拉下来 使用多用球轴承拉器时，先将拉脚插入球轴承内、外座圈之间，再插入插脚夹紧。然后顺时针转动手柄，使螺杆下移，顶头顶住轴。当轴承距轴端近时，可去掉接杆，只用拉脚即可。使用中可换用不同规格的拉脚，可拉下多种球轴承和曲轴正时齿轮	使用球轴承拉器时的方法与二爪拉器基本相同
圆锥滚子轴承拉器		—	主要用于主减速器主动锥齿轮轴承的拆卸 使用时，先利用螺杆将垫盘提起，将拉爪从轴承侧面装入，然后转动螺杆，使垫盘卡入工作中心孔与拉爪的卡拔部位对中并限位，以防卡偏和受力时脱滑。继续转动螺杆即可将轴承内套拉下，如图所示  这种拉器只能用在轴承内套里面高出轴肩较多、端面间隙较宽松的场合	使用圆锥滚子轴承拉器时的方法与二爪拉器基本相同

(6)其他工具

其他工具的种类、用途及注意事项见表 2-6。

表 2-6　其他工具的种类、用途及注意事项

名称	图　片	规　格	用途、用法	注　意　事　项
铲刀	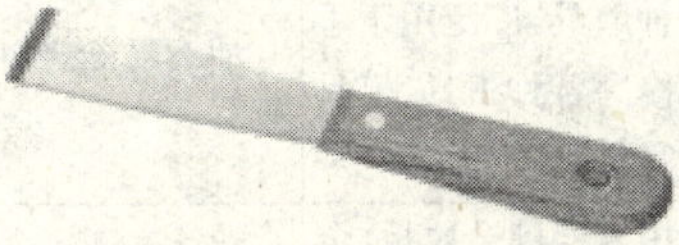	—	铲除积炭、油泥等杂物	—
钢丝刷	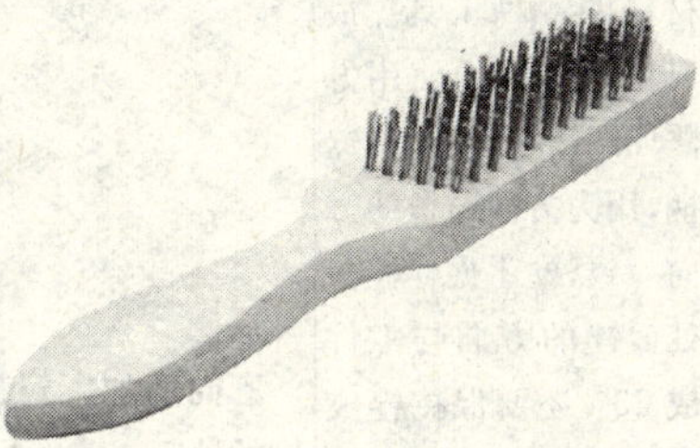	—	清除零件表面的油污等杂物	钢丝刷的硬度较大，如果用于清洗相关零件时，容易给表面造成磨损或者划伤。因此，使用时用力不可过大
镊子	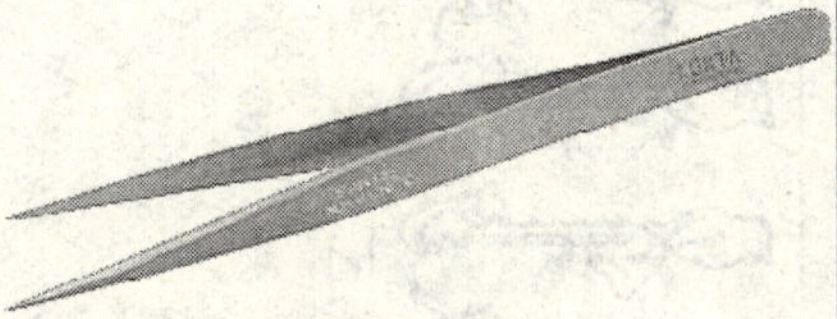	150	夹取细小的零件等。使用时，用大拇指和食指夹住镊子，使镊子后柄位于掌心，视需要而加上中指	注意不要太用力，以避免手发抖
冲子	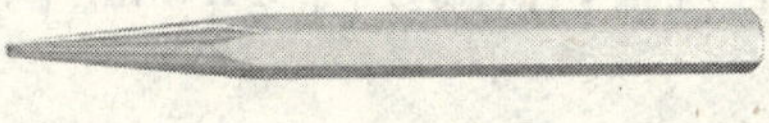	冲子通常以几种尺寸配成套，每套 3～5 只	冲子可以用于冲出直的或有锥度的销钉	①销钉移动或部分地从孔中冲出后，就不要再继续使用冲子了 ②所选用的圆凿和与孔眼相匹配的尖冲头的尺寸要尽可能大。使用时注意，绝不能使用尖冲头开始冲销钉。因为其冲柄较细，不能承受大的冲击负荷。否则，冲柄就会弯曲或折断 ③因为有的冲头较尖，一般不得使用冲子冲硬金属
錾子		160×13，150×3（长×錾口宽）	錾子靠锤子敲击对金属工件进行切削加工，可以除去毛坯的飞边、毛刺、浇冒口，切割板料、条料，开槽以及对金属表面进行粗加工等	①使用时，防止锤头飞出 ②使用时，应及时磨掉錾子头部的毛刺 ③操作者应戴上防护眼镜，工作地周围应装有安全网 ④经常对錾子进行刃磨，保持正确的后角。錾削时，应防止錾子滑出工件表面

续表 2-6

名称	图片	规格	用途、用法	注意事项
油石		100×25×13	供手工研磨刀具的一种磨具，广泛用于手工修磨各种工具、模具和零件	油石易断，使用时应注意
锉刀 扁平细锉		150(锉身长度)	用来锉削金属板、金属棍或塑料板等各种材料的一种工具。最典型的钢锉的使用方法如图所示，右手握锉柄，用力方向与锉的方向一致，左手握住锉头处。锉的方向与工件成 45°，还要保持锉成水平状态 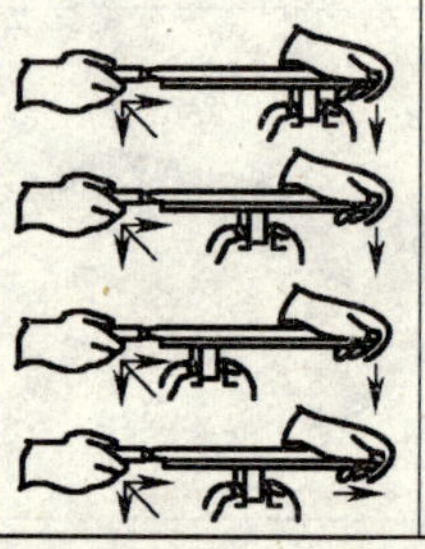	不同的加工对象选择不同的锉刀
锉刀 什锦锉		—		

3. 专用工具

(1)火花塞套筒

火花塞套筒又称火花塞扳手，是拆装火花塞的专用工具，为内六角筒式结构，筒身上加工有手柄穿入孔内，如图 2-2 所示。火花塞套筒一般有两种规格，一种适用于 14.8mm 的火花塞螺套，一种适用于 10mm 的火花塞螺套。

另外还有一种火花塞套筒，如图 2-3 所示，加力杆身与套筒的连接采用万向节的形式，这样可以不受火花塞位置的限制，使用起来比较方便。

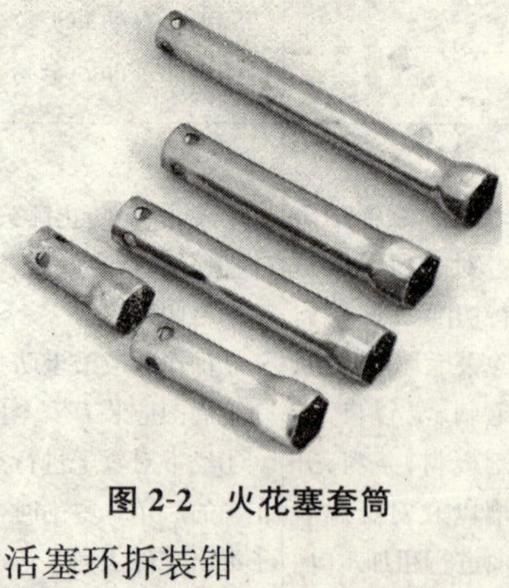

图 2-2　火花塞套筒

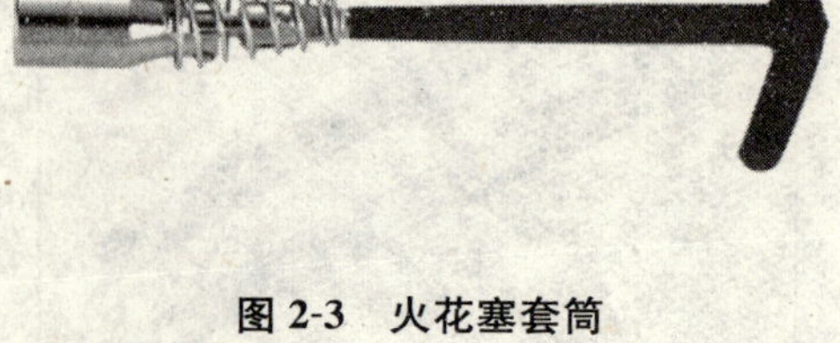

图 2-3　火花塞套筒

(2)活塞环拆装钳

活塞环拆装钳是用于拆装活塞环的专用工具，如图 2-4 所示。使用时，应将活塞环拆装钳上的环卡卡在活塞环的开口上，轻握手柄慢慢收缩，使活塞环张开，以便拆装。

另外，安装活塞环时，也可以用如图 2-5 所示的活塞环压缩器。

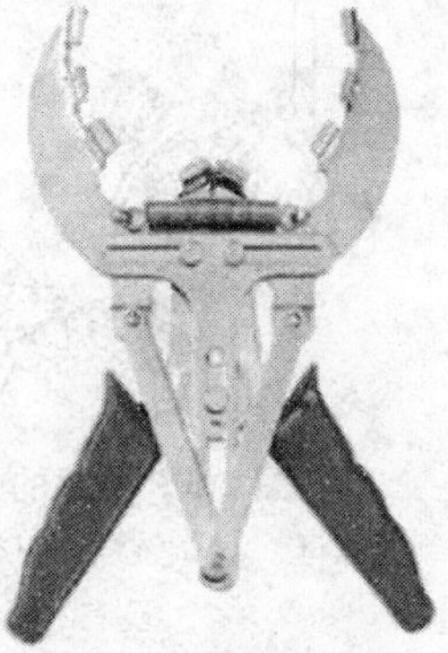

图 2-4　活塞环拆装钳

图 2-5　活塞环压缩器

(3)气门拆装钳

气门拆装钳是用于拆装气门的专用工具，如图 2-6 所示。在拆装气门时，将气门拆装钳托架抵住气门，压环对正气门弹簧座，压下手柄，即可使气门弹簧压缩，然后取出气门弹簧锁止零件，再慢慢放松手柄，便能很容易地取下气门弹簧和气门等。

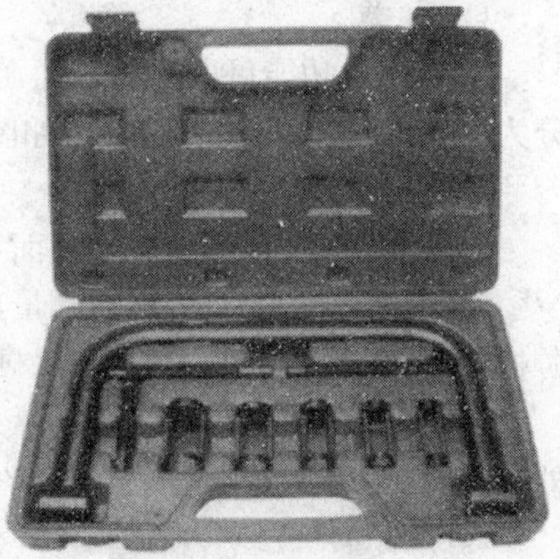

图 2-6　气门拆装钳

二、维修量具

1. 塞尺

(1)用途

如图 2-7 所示，塞尺是一种由多片不同厚度的标准钢片所组成的测量工具。每片钢片有平行的两个测量平面，并在钢片上标出其厚度值，主要用于两个接合面之间间隙值的检验。使用时，可以用一片进行测量，也可以由多片组合在一起进行测量。

(2)使用方法

①用干净布将塞尺片两测量表面擦拭干净，不能在沾有油污或金属屑的情况下进行测量，否则将直接影响测量结果的准确性。

②将塞尺片插入被测间隙中，来回拉动塞尺片，感到稍有阻力时，则表明该间隙值接近塞尺片上所标出的数值。如果拉动时阻力过大或过小，则表明该间隙值小于或大于塞尺片上所标出的数值。

③测量和调整间隙时，先选择符合间隙规定的塞尺插入被测间隙中，然后在一边调整的同时一边拉动塞尺片，直到感觉稍有阻力时为合适。这时，即可拧紧锁紧螺母。图 2-8 所示为塞尺使用实例。

(3)使用注意事项

①不允许在测量过程中，剧烈折塞尺片或用大力硬将塞尺片插入被检测间隙中，否则将损坏(伤)塞尺片的测量表面或零件表面。

②使用完毕后，应将塞尺片擦拭干净并涂上一薄层润滑油或工业凡士林，然后将塞尺片折回夹框内，以防锈蚀、弯曲、变形。

图 2-7 塞尺

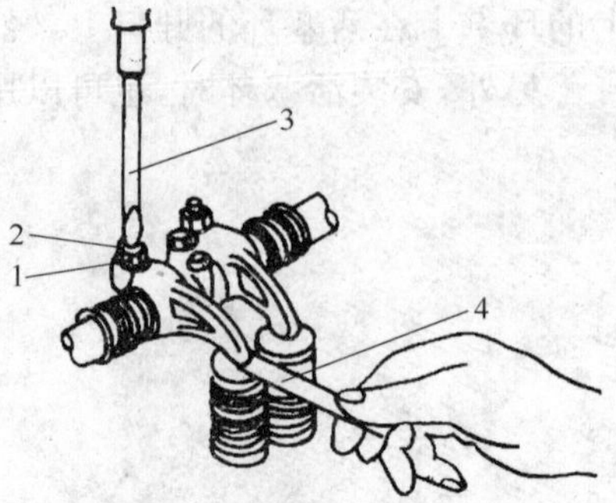

图 2-8 塞尺的使用

1. 锁紧螺母 2. 调整螺栓 3. 旋具 4. 塞尺

③不能放在重物下存放，以免损坏塞尺。

2. 游标卡尺

(1)用途

游标卡尺是一种能直接测量工件内、外直径、宽度、长度或深度的量具。

(2)种类

按照测量功能可以分为普通游标卡尺、深度游标卡尺、带表卡尺等；按照读数精度值可以分为 0.1mm、0.02mm 等几种，如图 2-9 所示。

(3)使用方法

①使用前，先将工件被测表面和卡脚接触表面擦拭干净。

②测量工件外径时，将活动量爪向外移动，使两量爪间距大于工件外径，然后再慢慢移动游标，使两量爪与工件接触，切忌硬卡硬拉，以免影响游标卡尺的精度和读数的准确性。

③测量工件内径时，将活动量爪向内移动，使两量爪间距小于工件内径，然后再缓慢地向外移动游标，使两量爪与工件接触，如图 2-10 所示。

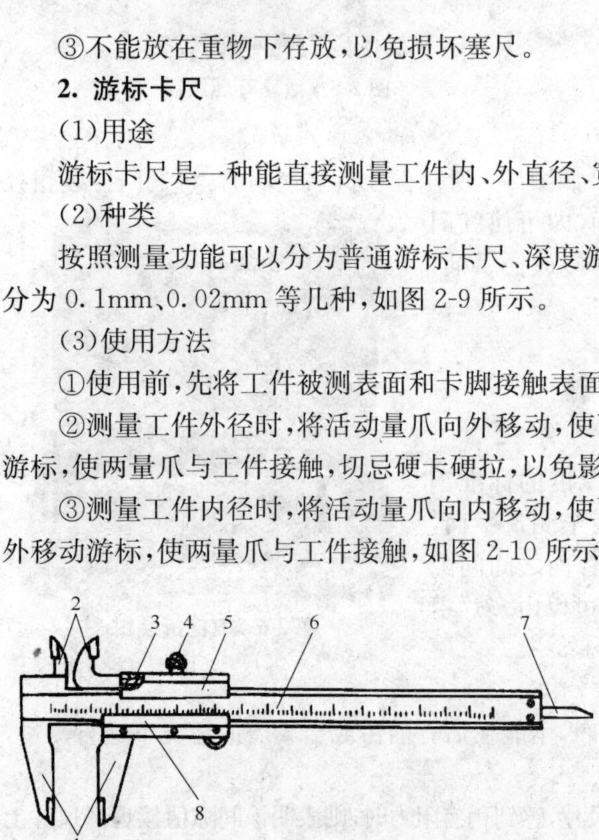

图 2-9 游标卡尺

1. 外量爪 2. 内量爪 3. 弹簧片 4. 紧固螺钉 5. 尺框 6. 尺身(主尺) 7. 深度尺 8. 游标

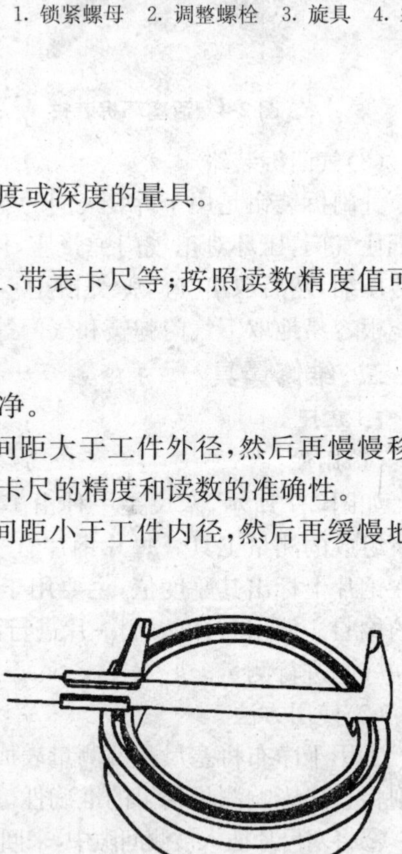

图 2-10 测量工件内径

④测量时，应使游标卡尺与工件垂直，固定锁紧螺钉。测外径时，记下最小尺寸；测内径时，记下最大尺寸。

⑤用深度游标卡尺测量工件深度时，将固定量爪与工件被测表面平整接触，然后缓慢地移动游标，使量爪与工件接触。移动力不宜过大，以免硬压游标而影响测量精度和读数的准确性，如图 2-11 所示。

⑥使用完毕后，应将游标卡尺擦拭干净并涂一薄层工业凡士林，放入盒内存放，切忌折、重压。

(4)读数方法(图 2-12)

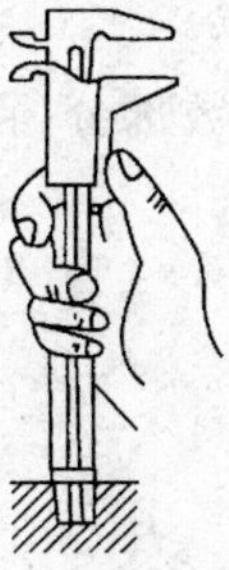

图 2-11 测量工件深度

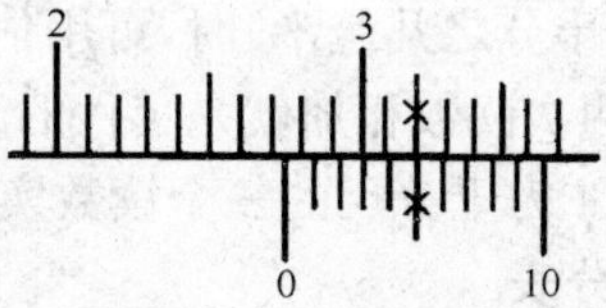

图 2-12 读数方法

①读出游标零刻线所指示尺身上左边刻线的毫米数。

②观察游标上零刻线右边第几条刻线与尺身某一刻线对准，将读数乘以游标上的格数，即为毫米小数值。

③将尺身上整数和游标上的小数值相加即得被测工件的尺寸，计算公式如下：

工件尺寸＝尺身整数＋游标读数值×精确度

图 2-12 中的(精确度为 0.1mm)读数值 27mm＋5×0.1mm＝27.5mm。

3. 千分尺

(1)用途

千分尺是一种用于测量加工精度要求较高的精密量具，其测量精度可达到 0.01mm。

(2)种类

按照测量范围可以分为 0～25mm、25～50mm、50～75mm、75～100mm、100～125mm 等多种不同规格，但每一种千分尺的测量范围均为 25mm，其结构如图 2-13 所示。

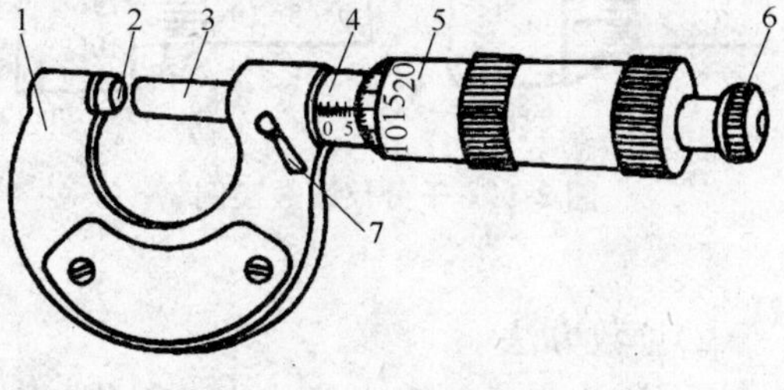

图 2-13 千分尺

1. 尺架 2. 测砧 3. 测微螺杆 4. 固定套筒 5. 微分筒 6. 测力装置 7. 锁紧装置

(3)千分尺误差的检查

①把千分尺砧端表面擦拭干净。

②旋转棘轮盘，使两个砧端先靠拢，直到棘轮发出 2～3 响“咔咔”声响，这时检视指示值。

③微分筒前端应与固定套筒的“0”线对齐。

④微分筒的“0”线与固定套筒的基线对齐。

⑤如果两者中有一个“0”线不能对齐，则该千分尺有误差，应予检调后才能测量。

(4)使用方法

①将工件被测表面擦拭干净并置于千分尺两砧端之间，使千分尺螺杆轴线与工件中心线垂直或平行，如果倾斜测量，则会影响测量的准确性。

②旋转旋钮，使砧端与工件测量表面接近，这时改用旋转棘轮盘，直到棘轮发出“咔咔”声响时为止，这时的指示数值就是所测量工件的尺寸。

③测量完毕后，必须倒转微分筒后才能取下千分尺。

使用完毕后，应将千分尺擦拭干净并涂抹一薄层工业凡士林，然后放入盒内保存。禁止重压、弯曲千分尺，且两砧端不得接触，以免影响千分尺精度。

(5)读数方法

①从固定套筒上露出的刻线读出工件的毫米整数和半毫米整数。

②从微分筒上由固定套筒纵向线所对准的刻线读出工件的小数部分(百分之几毫米)，不足一格数(千分之几毫米)时，可用估算读法确定。

③将两次读数相加就是工件的测量尺寸。

图 2-14 为千分尺的三个读数实例。

4. 百分表

(1)用途

百分表是一种比较性测量仪器，如图 2-15 所示，主要用于测定工件的偏差值、零件平面度、直线度、跳动量、气缸圆度、圆柱度误差以及配合间隙等。

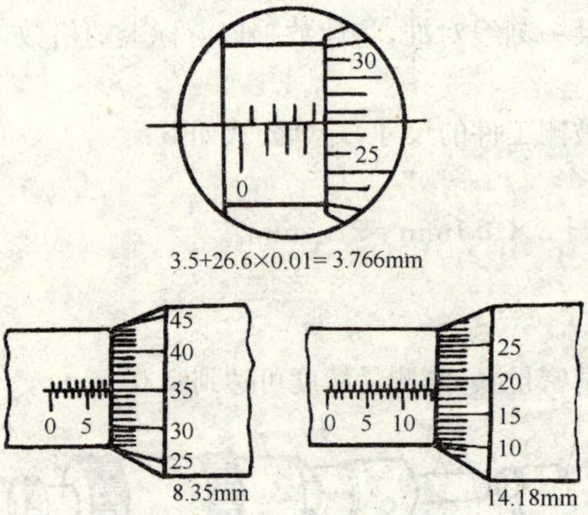

图 2-14 千分尺读数实例

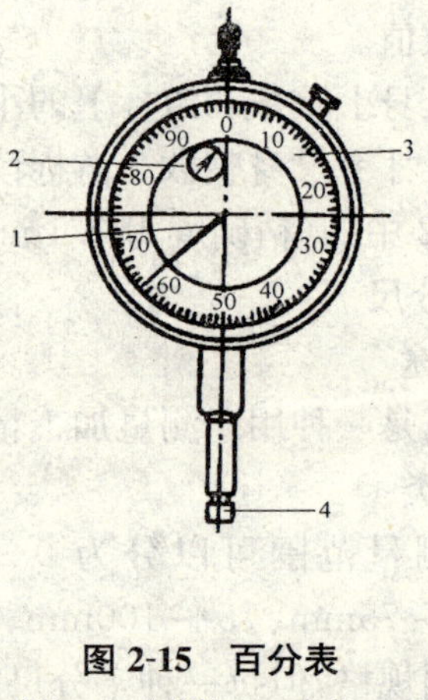

图 2-15 百分表

1. 大指针 2. 小指针 3. 表盘 4. 测头

(2)读数方法

百分表表盘的刻度一般分为 100 格，当测头每移动 0.01mm 时，大指针就偏转 1 格(表示 0.01mm)；当大指针超过 1 圈时，小指针偏转 1 格(表示 1mm)。指针的偏转量就是被测零件的实际偏差或间隙值。

(3)使用方法

①先将百分表固定在表架(支架)上，以测杆端测头抵住被测工件表面，并使量头产生一定位移(即指针存在一个预偏转值)。

②移动被测工件，同时观察百分表表盘上指针的偏转量，该偏转量即是被测物体的偏差尺寸或间隙值。

(4)使用注意事项

①测杆轴线应与被测工件表面垂直。

②百分表使用完毕后，应解除所有的负荷，用干净布将表面擦拭干净，并在容易生锈的金属表面涂抹一薄层工业凡士林，水平放置盒内，严禁重压。

5. 内径百分表(量缸表)

(1)用途

内径百分表又称量缸表,如图 2-16 所示,是一种用于测量孔径的比较性量具,在汽车维修中,主要用于测量发动机气缸和轴承座孔的圆度、圆柱度误差或磨损情况。

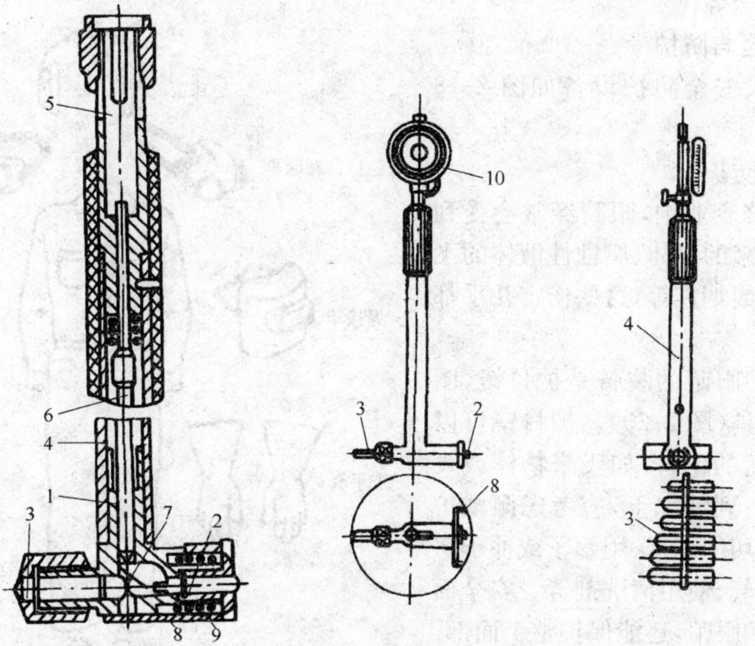

图 2-16 内径百分表

1. 三通管 2. 活动量杆 3. 固定量杆 4. 表管 5. 插口
6. 活动杆 7. 杠杆 8. 活动套 9. 弹簧 10. 百分表

(2)构造

由百分表、表杆、表杆座、活动测杆(测头)、支撑架和一套长度不等的接杆等组成。

(3)使用方法

①用手拿住绝热套(图 2-17),另一只手尽量托住表杆下部,轻轻摆动表杆,使内径百分表测杆与气缸轴线垂直,可通过观察百分表指针摆动情况来判断。当表针指示到最小数值时,即表示测杆已垂直于气缸轴线。

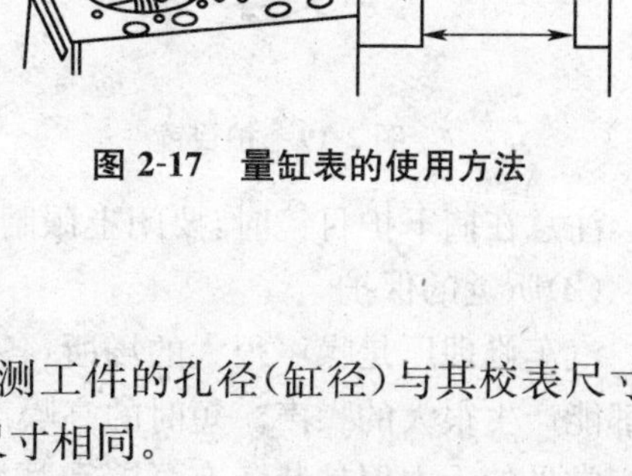

图 2-17 量缸表的使用方法

②内径百分表读数方法与百分表相同,读出百分表表头指示数值。

③确定工件尺寸。

a. 如果百分表头的大指针正好指在“0”处,说明被测工件的孔径(缸径)与其校表尺寸相等;如果以标准尺寸进行校表,则表示工件尺寸与标准尺寸相同。

b. 如果百分表头大指针顺时针方向转离“0”位,则表示工件尺寸小于标准尺寸;反之则表示大于标准尺寸。

c. 通过对不同测量点的测量，即可得到工件圆度、圆柱度的误差量或磨损情况。

三、安全生产与安全操作

汽车维修过程中要特别重视安全问题，不仅包括个人的安全，还包括他人的安全、设备的安全、车辆的安全等。

1. 人身安全与防护

常见的个人安全防护设备如图 2-18 所示。

(1)眼睛的防护

在汽车维修企业中，眼睛经常会受到各种伤害，如飞来的物体、腐蚀性液体的飞溅、有毒的气体或烟雾等，这些伤害几乎都是可以防护。

常见的保护眼睛的装备是护目镜(图 2-19)和安全面具(图 2-20)。护目镜可以防护各种对眼睛的伤害，如飞来物体或飞溅的液体。在下列情况下，应考虑佩戴护目镜：进行金属切削加工、用錾子或冲子铲剔、使用压缩空气、使用清洗剂等。安全面具不仅能够保护眼睛，还能保护整个面部。如果进行电弧焊或气焊，要使用带有色镜片的护目镜或深色镜片的特殊面罩，以防止有害光线或过强的光线伤害眼睛。

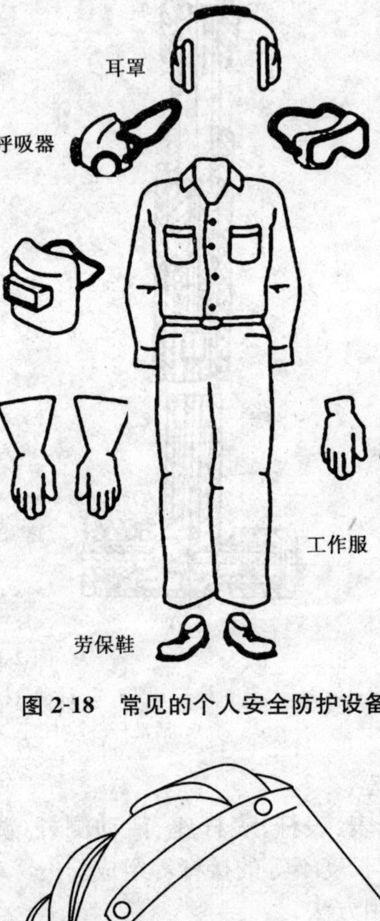

图 2-18　常见的个人安全防护设备

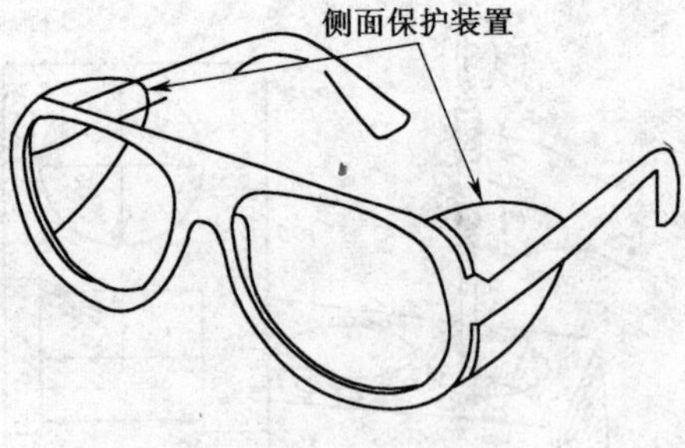

图 2-19　护目镜

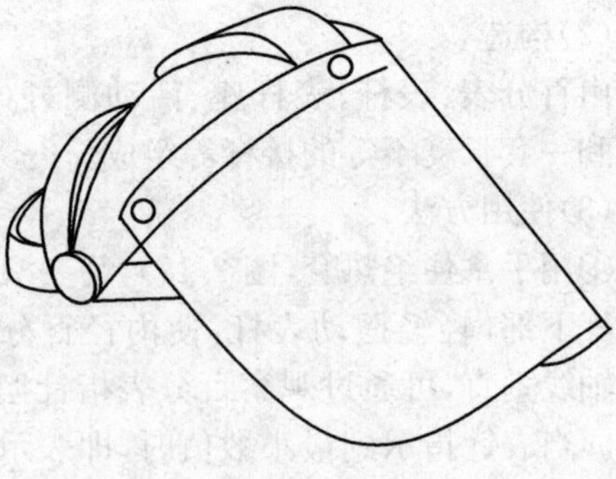

图 2-20　安全面具

注意在摘下护目镜时，要闭上眼睛，防止粘在护目镜外的金属颗粒掉进眼睛里。

(2)听觉的保护

汽车修理厂是噪声很大的场所，各种零部件设备如冲击扳手、空气压缩机、砂轮机、发动机等都能产生很大的噪声。短时的高噪声会造成暂时性听力丧失，而持续的较低噪声则更有害。

常见的听力保护装备有耳罩和耳塞，噪声极高时可同时佩戴。一般在钣金车间必须佩戴耳罩或耳塞。

(3)手的保护

手是汽车维护作业时易致伤的部位之一。保护手要从两方面着手,一是不要把手伸到危险区域,如发动机前部转动的皮带区域、发动机排气管道附近等;二是必要时戴上防护手套。不同的场合需要不同的防护手套,金属加工时有劳保安全手套,接触化学品时有橡胶手套。是否需要戴手套取决于工作的类型,工作在有旋转工件的地方就不应戴手套,如使用砂轮机、台钻等设备时不能戴手套,以免手套卷入旋转的部分导致手部的伤害。

(4)衣服、头发及饰物方面的注意事项

宽松的衣服、长袖子、领带都容易卷进旋转的机器中,所以,在修理厂中,首先一定要穿合体的工作服,最好是连体工作服,外套、工装裤也可以,这些比其他衣着安全很多。如果戴领带,要把它塞到衬衫里。

衣兜里不要装工具、零部件等,特别是带有尖锐棱角的东西,否则容易伤到自身或车辆。工作时,不要戴手表或其他饰物,特别是金属饰物,因为在进行电气维修时,易触电流烧伤皮肤或导致电路短路而损坏电子元件或设备。

在工厂内要穿劳保鞋,保护脚面不被落下的重物砸伤且劳保鞋的鞋底是防油、防滑的。

长发很容易被卷入运转的机器中,所以长发一定要扎起来并戴上帽子。

另外在搬运重物时,应采用如图 2-21 所示的方法进行,以免损伤身体。

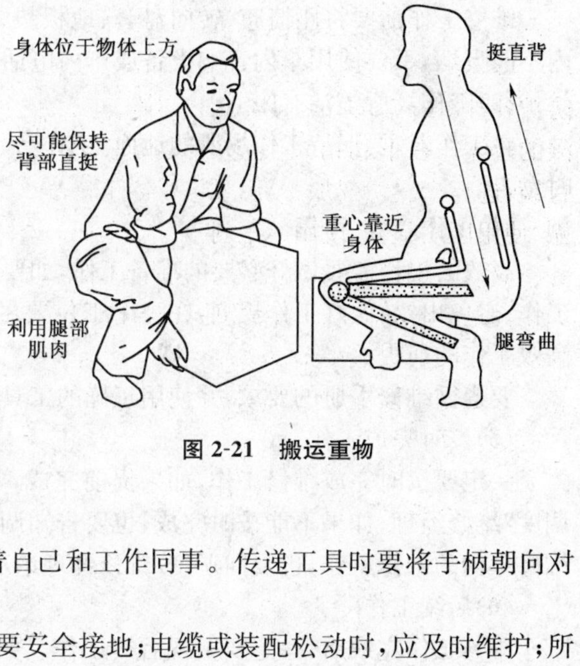

图 2-21　搬运重物

2. 工具和设备的安全操作

手动工具一般较安全,但使用不当也会导致事故,如用一字旋具代替撬棍,易导致旋具崩裂、损坏,飞溅物打伤自己或他人;扳手从油腻的手中滑落掉到旋转的元件上,再飞出来伤人等等。

另外,使用带锐边的工具时,锐边不要对着自己和工作同事。传递工具时要将手柄朝向对方。

所有的电气设备都要使用三相插座,地线要安全接地;电缆或装配松动时,应及时维护;所有旋转的设备都应有安全罩,以减少发生部件飞出伤人的可能性。

在进行电子系统维修时,应断开电路的电源,方法是断开蓄电池的负极搭铁线,这不仅保护人身安全,还能防止对电器的损坏。

许多维修工序需要将车升离地面。在升起车辆前,应确保汽车已被正确支承,并应使用安全锁以免汽车落下。用千斤顶支起汽车时,应当确保千斤顶支承在汽车底盘大梁部分或较结实的部分。

注意升起汽车时要先看维修手册,找到正确的支撑点。错误的支撑点不仅危险,而且会破坏汽车的结构。

工具和设备要定期检查和保养。

使用压缩空气时,应非常小心,不要当做玩具摆弄,不要将压缩空气对着自己或别人,不要对着地面或设备、车辆乱吹。压缩空气易使人耳鼓膜损坏，造成失聪、损伤肺部或伤及皮肤，被压缩空气吹起的尘土或金属颗粒会造成皮肤、眼睛损伤。

3. 车辆安全

一定不要非生产性地私自使用车辆，否则有可能给个人和企业带来不良影响。另外不能乱动车内的物品，如果维修需要而对车辆的某些设置进行了改变，要在交车前恢复原有设置，如座椅的位置、转向盘的位置、收音机的设置等。

4. 保持整洁、有序的工作

整洁、有序体现在三个方面：一是员工穿戴整洁；二是爱护车辆，保持车辆的整洁；三是工作场所整洁有序。

(1)穿戴整洁

员工要穿戴干净的工作服、干净的工装帽、干净的劳保鞋；头发利落整洁；另外不能戴手表、戒指等首饰，应戴无扣腰带，口袋内要有干净的抹布。

(2)爱护车辆

维修工作前要将座椅布、转向盘套、地板垫、翼子板布和前罩装好；要小心驾驶车辆；在车内不能吸烟；不要使用车内音响设备或车内电话；不要在车内放置工具、零件等非本车用品。

(3)工作场所整洁有序

在工作时，要保持工作场所的地面、工作台、工具箱、仪器设备等整洁有序，无用的东西及时拿走。

(4)工作高效、可靠

高效的工作需要做好必要的准备工作，如要事先确认库存有所需的零部件，根据维修单去工作、避免出错，做好工作规划，在一个工位要尽量完成多种工作等。工作场所的整洁有序是高效工作的前提。

要遵循维修手册的要求，并使用正确的工具、设备和仪器，才能保证可靠的工作。

(5)按时完成工作

一定要按时完成维修工作，如果提前完成，要再检查一次是否完成了所有的工作，并告知调度/维修经理；如果不能按时完成，也要告知调度/维修经理。如果发现车辆还存在不包括在维修单内的维修工作，也要向调度/维修经理请示，并由业务接待及时与车主沟通。

(6)后续工作

维修工作完成后，一定要重视后续工作。如确保车辆与刚接车时一样清洁，将座椅、转向盘和反光镜恢复到接车时的位置，将更换的零件按车主的要求放到指定位置，完成维修单的填写工作等。

5. 日常安全操作规程

①工具不使用时，应保持干净并放到正确的位置。

②各种设备和工具要及时检查和保养。

③手上应避免油污，以免工具滑脱。

④起动发动机的车辆应保证驻车制动正常。

⑤不要在车间内乱转。

⑥在车间内起动发动机时，要保持通风良好。

⑦在车间内穿戴、着装要合适，并佩戴必要的装备，如手套、护目镜、耳塞等。

⑧不要将压缩空气对着人或设备吹。

⑨尖锐的工具不要放到口袋里，以免扎伤自己或划伤车辆。

⑩常用通道上不要放工具、设备、车辆等。

⑪用正确的方法使用正确的工具。

⑫手、衣服、工具应远离旋转设备或部件。

⑬开车进出车间时，要格外小心。

⑭在疲劳或情绪不佳时不要工作。这种情况会降低注意力，有可能导致自身或他人的伤害。

⑮如果不知道车间设备如何使用，应先向专业人员请教，以得到正确、安全的使用方法。

⑯用举升机或千斤顶升起车辆时，一定要按正确的规程操作。

⑰应知道车间灭火器、医疗急救包、洗眼处的位置。

第二节　发动机的维护

一、发动机润滑系统的维护

摩擦阻力是发动机起动和运转时的主要内部阻力，改善润滑状况可减小发动机的机械损失，提高发动机输出的有效功率。润滑状况不良时，发动机相对运动的配合副磨损加剧，易导致发动机“拉缸”或“烧瓦”等破坏性故障。因此，发动机润滑系统的技术状况对于保障发动机正常工作、提高使用寿命是非常重要的。

润滑系统检测的主要参数为机油压力和机油品质。这些参数既可表示润滑系统的技术状况，又可反映曲柄连杆机构有关配合副的技术状况。

1. 检查机油质量

机油在使用过程中，由于杂质污染、燃油稀释、高温氧化、添加剂消耗或性能丧失等原因，其品质会逐渐变坏，在外观上，表现为颜色变黑、黏度下降。

应检查机油是否变质、进水、颜色不正或过稀。如果机油质量过差，应更换机油和机油滤清器。

2. 检查机油压力

①断开机油压力开关连接器，用24mm的长套筒扳手拆下机油压力开关。

②安装机油压力表，如图2-22所示。

③起动发动机并暖机。

④检查机油压力。如果油压不符合规定，则应检查机油泵。机油压力标准值见表2-7。

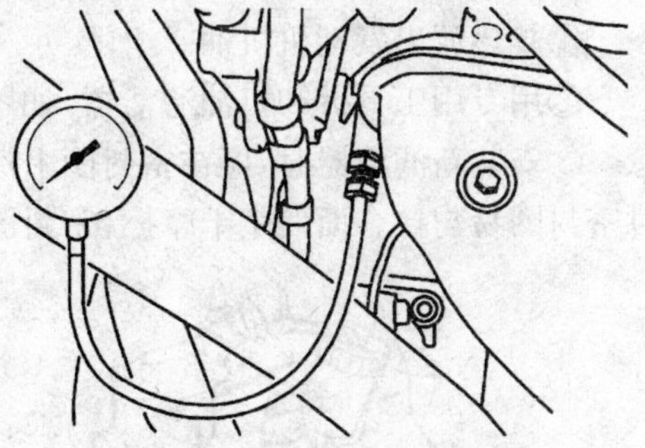

图2-22　机油压力表的连接

表2-7　机油压力标准值

发动机转速(r/min)	机油压力(kPa)	发动机转速(r/min)	机油压力(kPa)
700	49	3000	206

⑤拆下机油压力表。

⑥安装机油压力开关。在机油压力开关的 2 个或 3 个螺纹上涂抹粘合剂。安装机油压力开关并至少等待 1h 以使粘合剂干燥。力矩为 15N · m。连接插接器。

⑦起动发动机并检查机油是否泄漏。

3. 检查与更换发动机机油

①检查发动机机油液位。发动机暖机后，停机并等待 5min。拔出机油尺，如图 2-23 所示，检查机油油位是否在机油尺“L”和“F”（有的机油尺两孔、有的是上刻线与下刻线）之间。如果油位低，则应检查机油是否泄漏，并添加机油至机油尺规定位置。

图 2-23 机油量的检查

②更换发动机机油。更换发动机机油时，为减小皮肤与用过的发动机机油接触所带来的危害，必须遵循相关的注意事项：穿戴防护服和手套。如果皮肤接触用过的机油后，应使用肥皂和水或无水手动清洗器进行彻底清洗，切勿使用汽油、稀释剂或其他溶剂。

必须在指定的报废点处理用过的机油和机油滤清器，以保护环境。

a. 排空发动机机油，拆下机油盖。从油底壳上拆下放油螺塞，并将发动机机油全部倒入容器内。清洁放油螺塞，安装带新衬垫的放油螺塞，力矩为 30N · m。

b. 使用专用工具拆下机油滤清器分总成。

c. 安装机油滤清器分总成，清洁机油滤清器安装面。将发动机机油涂抹到机油滤清器衬垫上，将机油滤清器轻轻拧入发动机缸体机油滤清器座上直至其不再转动。用专用工具再拧 3/4 圈以紧固机油滤清器。

d. 添加发动机机油并安装机油盖。

e. 预热发动机并检查机油是否泄漏。

4. 机油滤清器的更换

①趁热放出发动机机油。

②用专用工具拆卸机油滤清器，如图 2-24 所示。更换时，注意清洗滤清器安装表面。

③安装新滤清器时，应在密封圈上涂上干净的机油，如图 2-25 所示。如果不涂机油，安装时密封圈易与接合面发生干摩擦，密封圈易翘曲和损坏，造成密封不良而漏油。

图 2-24 拆卸机油滤清器

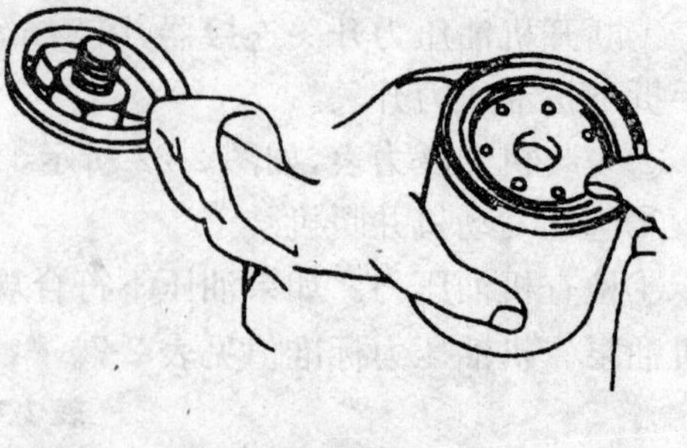
图 2-25 在机油滤清器密封圈上涂机油

④用手轻轻拧进机油滤清器直到感觉有阻力为止，再用专用工具重新拧紧机油滤清器 3/4 圈。

二、发动机冷却系统的维护

发动机冷却系统是发动机结构中的重要组成部分。在发动机工作中，如果冷却系统工作不正常或冷却液缺少，发动机的零部件的热胀条件恶化，将导致拉缸、烧瓦等故障。因此，冷却系统处于正常状态对保障发动机正常工作是非常重要的。发动机的冷却系统在汽车中主要有冷却风扇、水泵及散热器，发动机机体和缸盖中有水道。在发动机工作中，水泵和风扇可直接观测到。因此，检测点是检测散热器及各水管接头是否有渗漏。

1. 检查冷却液是否泄漏

为防止灼伤，在发动机和散热器总成仍很热时，不要拆下散热器盖分总成。热膨胀可能导致热冷却液和蒸气从散热器总成中喷出。

①向散热器总成内加注冷却液，然后连接散热器盖检测仪，如图 2-26 所示。

②用加压手柄向冷却系统施加 118kPa 的力，然后检查压力是否下降。如果压力下降，则检查软管、散热器总成和水泵总成是否泄漏；如果外部无冷却液泄漏的迹象，则检查散热器芯、气缸体和盖。

图 2-26　冷却液泄漏的检查

2. 风扇 V 带的检查和调整

说明：汽车每行驶 10000km 后，应检查、调整水泵（风扇）V 带的松紧度。

松紧度的检查方法如图 2-27 所示。用手指在 V 带中间上加压，当压力为 98N 时，V 带的挠度应为 5～7mm。

调整 V 带松紧度方法如下：

①把发电机支架上的固定螺栓松开。

②拧松发电机固定螺母。

③根据需要移动发电机。如果 V 带过紧，将发电机向内稍推；如果 V 带过松，将发电机向外稍拉。松紧度适宜后，再拧紧发电机支架固定螺栓。调整合适后，发电机、水泵和曲轴三者的 V 带轮槽必须在一个平面上，不可前后有歪扭现象。更换风扇 V 带时，新的 V 带必须符合原车的规格，不可过宽或过窄。

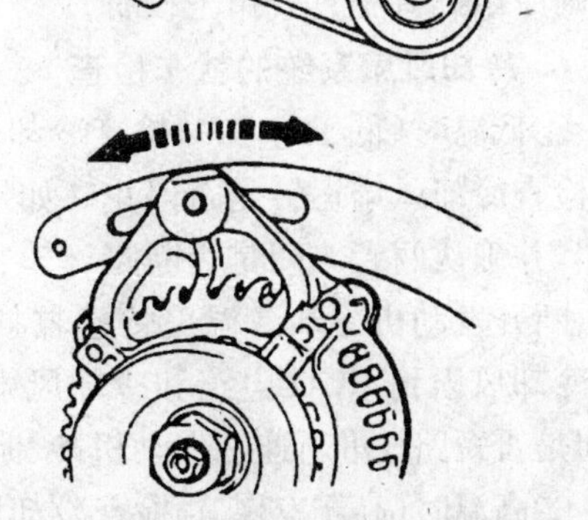

图 2-27　风扇 V 带松紧度的检查方法

1. 施加压力位置　2. 调整螺栓　*a*. V 带的挠度

3. 冷却液液面位置的检查

为保证汽车安全行驶，在出车前、发动机冷态下，应在膨胀水箱处检查冷却液液面位置。正确的液面位置应在膨胀水箱上的上限（FULL）和下限（LOW）标记之间（图 2-28）。如果液面低于下限标记，应添加冷却液。所添加的冷却液的牌号应与现用的冷却液相同。不得加水，因为加水后，冷却液中的防冻剂浓度降低，会使冷却液冰点上升，冷却系统易产生锈蚀、结垢等。如果发现膨胀水箱中已无冷却液，应打开散热器盖，往散热器及膨胀水箱中加注冷却液。

冷却系统处于封闭、加压的状态，在冷却液温度很高时，不要打开散热器盖，以免冷却液喷出而发生烫伤。当必须在冷却液还很热的情况下打开散热器盖时，一定要先逆时针慢慢拧动散热器盖到盖上的锁紧凸耳退至散热器加水口上的安全挡口处，让压力阀慢慢打开，使散热器中的压力从溢流管卸去后，才可压下散热器盖，并继续逆时针拧下散热器盖。

4. 冷却液的更换

冷却液可长期使用，但使用期限过长，其中的添加剂会因受热而变质。因此，汽车每行驶40000km或每两年或冷却液中出现锈红色，必须更换冷却液。

①更换时，按上述操作先卸去散热器中的压力。

②拧下散热器盖，打开膨胀水箱盖。

③打开散热器底部的放液塞(图 2-29)，放净冷却液。

④拧紧散热器放液塞，从散热器及膨胀水箱加注合乎要求的冷却液，直到冷却液液面达到规定位置为止。

图 2-28 膨胀水箱液面位置

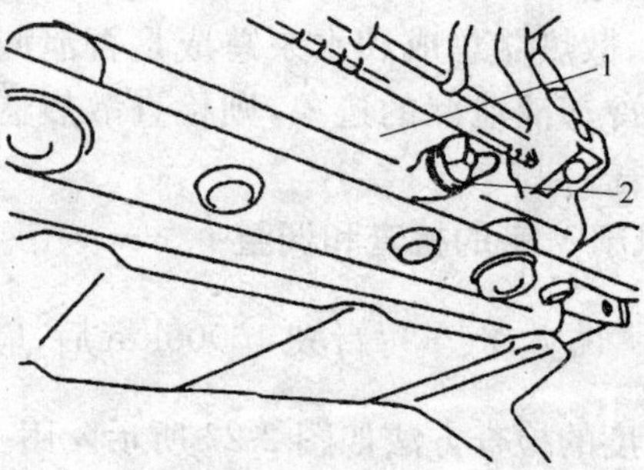

图 2-29 散热器底部的放液塞

1. 散热器 2. 散热器放液塞

维修提示：加满新的冷却液后，应使发动机运转几分钟，并检查发动机有无漏水之处，停机后还应查看冷却液液面位置有无变化。

5. 检查散热器片是否堵塞

如果散热器片堵塞，则应用水或蒸气清洁器清洁，并用压缩空气吹干。如果散热器片弯曲，则应用螺钉旋具或钳子校直。

6. 冷却风扇系统的就车检查

①低温时(低于 83℃)，检查冷却风扇是否运转。将点火开关拧至 ON(IG)且关闭空调开关，检查冷却风扇运转是否停止。如果未停止，则检查冷却风扇继电器和发动机冷却液温度传感器，并确认两者之间是否断路。

断开发动机冷却液温度传感器插接器，检查冷却风扇是否运转。如果未运转，则检查熔丝、冷却风扇到 ECU 电路和冷却风扇本身，并确认冷却风扇继电器和发动机冷却液温度传感器间是否短路，重新连接发动机冷却液温度传感器插接器。

②高温时(高于 93℃)，检查冷却风扇是否运转。起动发动机并关闭空调开关，然后将发动机冷却液温度升高至 93℃以上。注意发动机冷却液温度由出水口的发动机冷却温度传感器来检测。检查冷却风扇是否运转。如果未运转，则应更换发动机冷却液温度传感器。

③检查冷却风扇电动机。断开冷却风扇电动机插接器，将冷却风扇插接器连接到蓄电池，并检查风扇电动机是否平稳运转。用电流表测量端子间的电流，标准电流为5.8～7.4A(12V时)，连接冷却风扇电动机插接器。

三、气缸压缩压力的检查

气缸密封性与发动机气缸活塞组的技术状况直接相关，因而气缸密封性的检测参数可作为气缸活塞组技术状况的评价指标。

这里所指的气缸活塞组包括气缸、活塞、活塞环、气门、气缸盖和气缸垫等供发动机工作介质密闭工作的零部件。在使用过程中，由于磨损、烧蚀、结胶、积炭等原因，气缸活塞组技术状况变坏，从而使气缸密封性不良，发动机动力性和经济性下降。

说明：如果出现发动机功率不足、燃油消耗量过大或燃油经济性差等现象，就应对发动机的气缸压缩压力进行测量。具体检查程序如下：

①先预热发动机，使发动机冷却液在70℃～80℃，蓄电池放电程度不得低于80%。

②吹净火花塞外部灰尘等脏物，拆下各缸火花塞，断开各缸喷油器的线束接头，将节气门完全打开。

③如图2-30所示，将气缸压力表的橡皮头放在第一缸火花塞孔上，用力按住。

④用起动机转动曲轴，记下压力表所示的压力数。测量应在短时间内完成，连续试验两次以上。依次检查其余各缸，并保证各缸的测量时间相同。

⑤发动机转速为300r/min时，发动机的气缸压力为1200～1400kPa，各缸压力差应不大于98kPa。

⑥如果达不到规定的压力，应检查活塞与气缸的配合间隙是否符合规定值，也可以检查活塞环的磨损情况。这种检查均要将活塞连杆组从气缸中抽出来，比较麻烦。

⑦简单的方法是从火花塞孔处向气缸内加入20～30g新鲜机油，再用气缸压力表测试压力。如果气缸压力明显上升，表示活塞环磨损；如果气缸压力没有变化，说明气门关闭不严或气缸垫有漏气处，需要做进一步的检查。

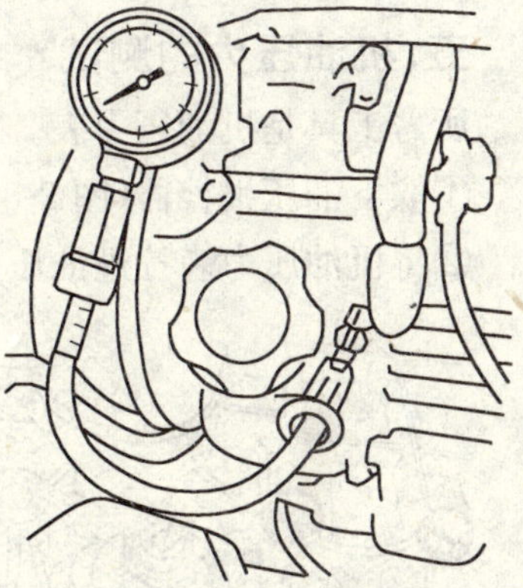

图2-30　安装气缸压力表

四、进气系统真空度的检查

利用真空表(图2-31)对发动机进气支管真空度进行检测，并通过其数值对发动机故障进行分析和诊断。

1. 用真空表对进气支管真空度进行检测的方法

①起动发动机直至冷却液温度升至75℃～85℃之间。

②如图2-32所示，关闭发动机，从进气支管外脱开燃油压力调节器真空软管，并在进气支管与脱开的真空软管之间接上三通接头、软管和真空表。

③发动机稳定怠速运转，并读出真空表上的读数。真空度标准是在发动机标准怠速转速下为58.7～74.7kPa。

2. 用真空表读数对发动机故障的分析方法

在不同的发动机转速下，可检测到不同数值的进气支管真空度。就大多数汽油发动机

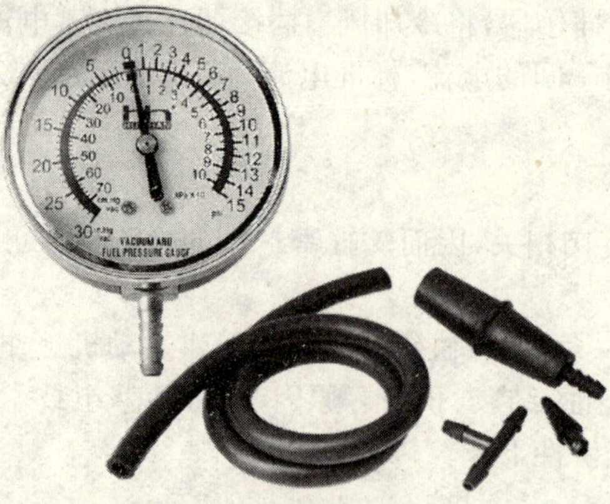

图 2-31　汽车真空表

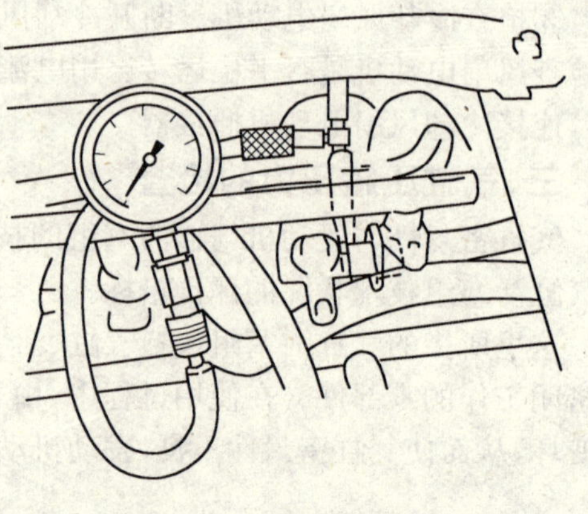

图 2-32　连接真空表

而言，在正常怠速状态下运转时，如果各系统均工作正常，则真空表指针应稳定在 64～71kPa 之间；如果在迅速开闭节气门时，真空表指针在 7～85kPa 之间灵敏摆动，表明进气支管真空度对节气门开度的随动性较好，同时也说明发动机各系统（特别是进气系统的密封性）工作良好。假如发动机存在故障（特别是机械故障中的密封性变差），就会出现与上述数值不同的进气支管真空度，这时表明发动机存在故障。

五、机油压力的测试

所需工具是机油压力表。

①取下油压报警器（图 2-33 中箭头所示）。

②将机油压力表拧进油压开关的螺丝孔中（图 2-34 中箭头所示）。

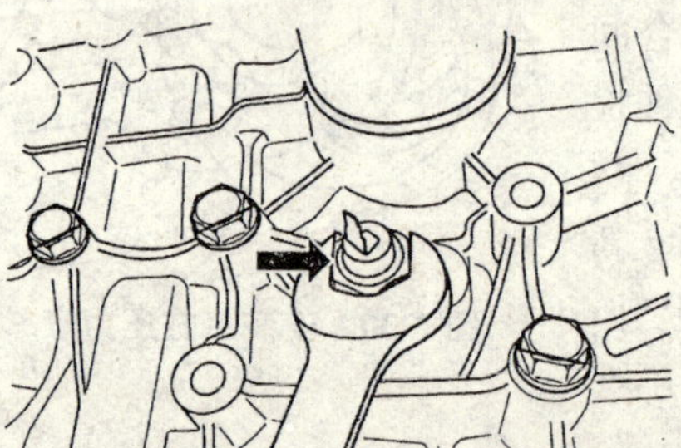

图 2-33　取下油压报警器

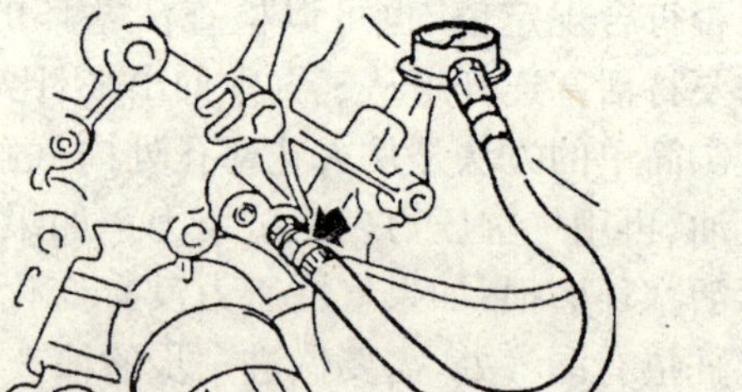

图 2-34　将机油压力表拧进油压开关的螺丝孔中

③起动发动机，使之空转至冷却液温度升至 75℃～85℃之间。在此温度下，把发动机转速提高至 3000r/min。

④测量油压，读出压力表度数在 3000r/min 时，油压的正常值应为 330～430kPa。

⑤停机并取下机油压力表和适配器。

⑥用螺纹锁固剂涂抹油压开关螺纹，装好油压开关。紧固油压开关的扭矩为 12～15N·m。

⑦注油至油位计的“上限”位置。

第三节 底盘的维护

一、离合器的维护

1. 分离轴承及轴承座的润滑

由于离合器分离轴承和分离轴承座承受的载荷大，如果缺油，极易出现磨损、烧死及回位不畅的故障。分离轴承烧死会造成离合器分离指或分离环很快磨损失效；分离轴承回位不畅会造成飞轮、从动盘摩擦片和压盘加速磨损甚至烧裂等故障。

在拆变速器或更换离合器时，必须给分离轴承和分离轴承座加注润滑脂，同时检查分离轴承是否回位迅速。必要时，加挂回位弹簧或增加回位弹簧弹力。

2. 离合器操纵系统的检查

每天出车前应检查离合器踏板的自由行程，没有自由行程或自由行程过小时踩踏板会很快感觉到有阻力，这是不允许的，会造成分离轴承压紧离合器而压力不足，出现打滑和烧片故障。

检查离合器踏板的自由行程时，对于离合器工作缸推杆没有调节机构的，踏板的自由行程为3～6mm；对于离合器工作缸推杆有调节机构的，踏板的自由行程为20～45mm，不符合要求的必须调整后再使用。

3. 离合器操纵系统的调整

随着从动盘摩擦片磨薄，离合器分离指会向变速器方向后退，踏板的自由行程随之减少。没有自由行程就相当于半离合会打滑和烧片。正确的调整步骤和方法如下：

①离合器主缸间隙必须保证为0.5～1mm。间隙过大时，会造成踏板行程不够，直接影响到工作缸分离行程也不够，表现为离合器分离不彻底，而使离合器从动盘摩擦片磨损加剧，同时，变速器很难挂上档；间隙过小时，离合器主缸进油不畅，造成油量不足，也表现为工作缸分离行程不够，难挂档。不同的离合器主缸调整方法可能不同，但主缸间隙必须保证。

②离合器工作缸间隙必须保证为0.5～0.7mm(对应的离合器自由行程为3～5mm)。间隙过大时，离合器分离有效行程减少，造成分离不彻底，变速器难挂档；间隙过小时，分离轴承跟着离合器转，会造成分离指和分离轴承滑转抖动，严重时，使离合器一直处于半分离状态，表现为离合器压力不足、严重磨损或烧蚀从动盘摩擦片。不同的可调整分泵调整方法可能不同，但分泵的间隙必须保证。

4. 离合器液压系统中空气的排出

离合器液压操纵系统在经过检修之后，管路内可能进入空气，在添加制动液时，也可能使液压系统中进入空气。空气进入后，由于缩短了主缸推杆行程即踏板工作行程，从而使离合器分离不彻底。因此，液压系统检修后或怀疑液压系统进入空气时，就要排除液压系统中的空气。排除方法如下：

①用千斤顶顶起汽车，然后用支架将汽车支住。将主缸储液罐中的制动液加至规定高度。

②在工作缸的放气阀上安装一软管，接到一个盛有制动液的容器内。

③排空气需要两个人配合工作，一人慢慢地踩离合器踏板数次，感到有阻力时踩住不动，另一人拧松放气阀直至制动液开始流出，然后再拧紧放气阀。

④连续按上述方法操作几次，直到流出的制动液中不见气泡为止。

⑤空气排除干净之后，需要再次检查及调整踏板自由行程。

二、手动变速器的维护

手动变速器维护的注意事项如下：

1. 衬垫、油封

①每次修理必须更换密封垫圈和O形圈。

②轴油封装入前，在外径上涂上一薄层油，在唇形密封圈之间的空隙内填满润滑脂。轴油封装入后，检查变速器的油面，必要时，添加到注油口边缘。

③接合面须保持清洁。密封剂应涂均匀，不要太厚，且通气孔应保持通畅。

2. 调整垫片

①用千分尺多点检测调整垫片不同的公差，可以精确地测出所需的垫片的厚度。

②检查边缘是否有损坏。只准装入完好的调整垫片。

3. 挡圈、锁圈

①修理中须调整挡圈及锁圈。不要将挡圈拉开过度。

②安装时必须将挡圈、锁圈放在规定的槽内并且就位。

③每次修理应更换弹簧销，其安装位置在纵向槽内。

④敲进或敲出换档拨叉夹紧套筒时要用锤子顶住，以免拨叉轴滑槽变形。

4. 螺栓、螺母

①固定盖和罩壳的螺栓和螺母应交叉拧紧和拧松。对于特别易损的部件，例如离合器压盘要摆正，并逐步对角拧紧和拧松。

②按规定的力矩拧紧自锁螺栓和螺母。

5. 轴承

①将有标志的一面的滚针轴承(壁厚较大)朝向安装工具。

②在轴与轴承之间涂一层润滑油。

③变速器内的全部轴承都要使用变速器油。应以检查摩擦力矩，加注油液时要特别小心。

6. 润滑油

手动变速器一般不需换油，只有当进行某些需放油修理时，才予以更换。

三、车轮与轮胎的维护

1. 目测检查

检查轮胎表面是否卡有金属碎片、石头或其他异物。如果有，则应将这些异物清除。检查是否有污泥沙石等附着在车轮上。如果有，则应清除这些异物。检查车轮是否有任何破损、变形。如果出现异常，应视情况进行维修或更换，如图2-35所示。

2. 调节轮胎气压

拆下轮胎气门嘴帽，将轮胎充气机的管嘴直接压上轮胎气门嘴，以防空气泄漏，然后开始对轮胎进行充气。充气完毕后检查轮胎空气压力。轮胎压力可影响车辆的驾驶性能、舒适性以及轮胎的磨损和燃油经济性。要严格按维修手册的规定对轮胎进行充气，调节四个轮胎的气压并将备用胎的气压调节到稍高一点。一般轮胎的标准气压能够在汽车明显的位

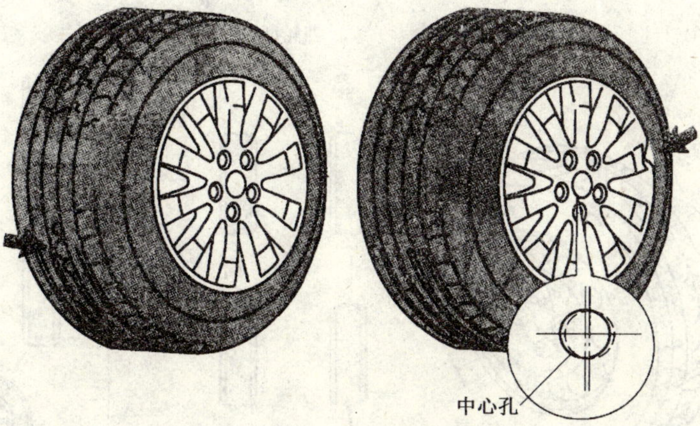

图 2-35　轮胎目测检查

置上找到，如驾驶员侧车门或立柱上以及油箱盖等部位，如图 2-36 所示。

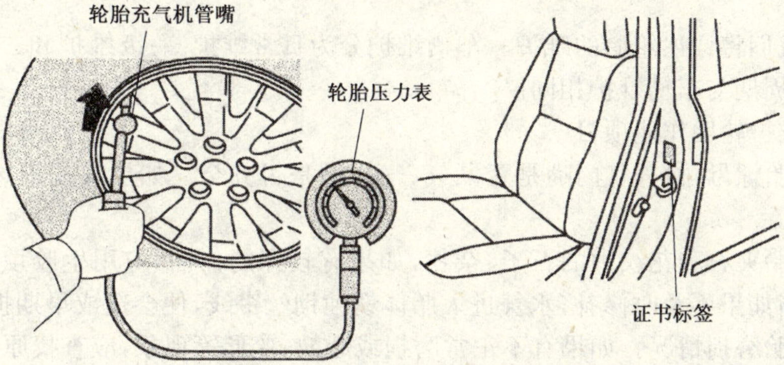

图 2-36　轮胎充气

3. 检查气门嘴是否漏气

在轮胎气门嘴涂抹肥皂水，检查是否出现气泡，从而判定充气后轮胎是否漏气。如果气门嘴周围出现气泡，则应检查阀门是否松动，如果无松动，则应更换轮胎气门嘴。

4. 检查轮胎的磨损

轮胎的磨损程度用胎纹的深度来表示。用轮胎深度规来测量轮胎花纹的深度，如图 2-37 所示。如果沟槽消失，会导致轮胎易滑动。高速行驶在潮湿的地面时，不能及时排水，从而造成滑水效应，导致车辆失控，甚至发生爆裂等。如果轮胎胎面花纹深度达到 1.6mm，轮胎表面的磨损标志就会出现，表明轮胎达到磨损极限，必须更换。

5. 车轮换位

通常情况下，前轮因为行驶情况复杂，如原地转向、制动、转弯等，而且前置发动机轴重量也较大，使前轮比后轮的磨损更快。为确保轮胎均匀磨损并延长轮胎的使用寿命，应进行轮胎换位。汽车每运行 10000km 应进行一次车轮换位。换位方法因驱动系统、备用轮胎类型和特征的不同而不同。微型客车车轮换位的方法如图 2-38 所示。

6. 车轮与轮胎的维护

车轮和轮胎的维护应结合车辆的维护强制执行。因为车轮和轮胎的维护应侧重于轮胎

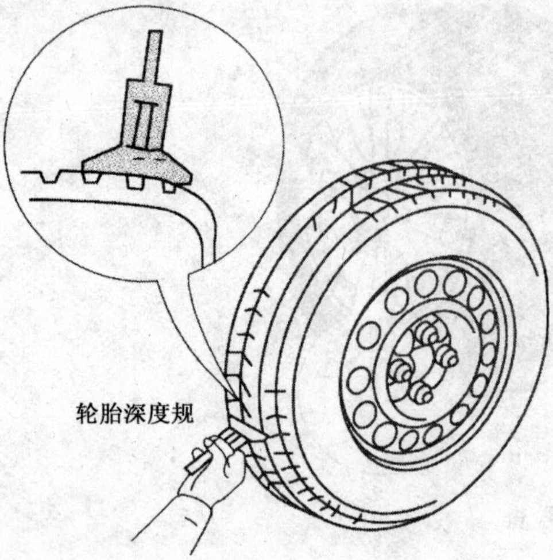

图 2-37　轮胎花纹深度检测

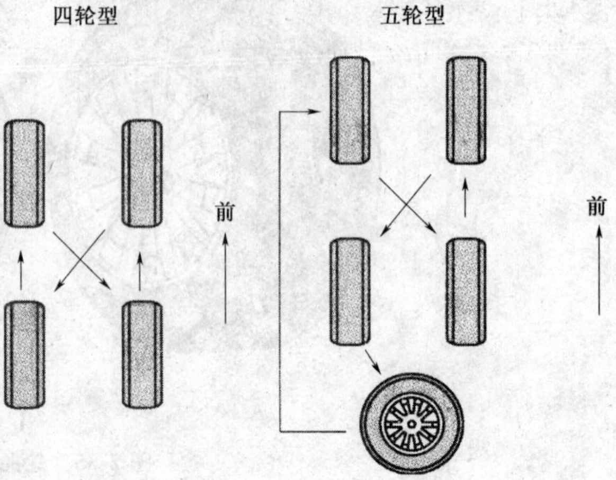

图 2-38　车轮换位方法

的维护，所以我们将详述轮胎的维护。车辆维护分为日常维护、一级维护和二级维护。轮胎维护的分级和周期与车辆维护相同。

(1)一级维护轮胎作业项目

①紧固轮胎螺母，检查气门嘴是否漏气、气门帽是否齐全。如果发现损坏或缺少，应立即修理或补齐。

②挖出轮胎夹石和花纹中的石子、杂物，如果有较深的伤洞，应用生胶填塞。特别是子午线胎，刺伤后如果不及时修补，水气进入胎体锈蚀钢丝帘线，便会造成早期损坏。

③检查轮胎磨损情况。如果有不正常磨损或起鼓、变形等现象，应查找原因，予以排除。

④如果需检查外胎内部，应拆卸解体，如果有损伤，应及时修补。

⑤检查轮胎搭配和轮辋、挡圈、锁圈是否正常。

⑥检查轮胎(包括备胎)气压，并按标准补足。

注意备胎气压应高于使用中轮胎的气压。

☞ 维修提示：厂家一般推荐至少每月或每次长途旅行前检查一次胎压，包括备胎。

⑦检查轮胎有无与其他机件刮碰的现象，备胎架是否完好、紧固。如果不符合要求，应予以排除。

⑧必要时(如果单边偏磨严重)，应进行一次轮胎换位，以保持胎面花纹磨损均匀。

完成上述作业后应填写维护记录。

(2)二级维护轮胎作业项目

除执行一级维护的各项作业外，还应进行下列项目：

①拆卸轮胎，按轮胎标准测量胎面花纹磨损、周长及断面宽的变化，作为换位和搭配的依据。

②轮胎解体检查。

a. 检查胎冠、胎肩、胎侧及胎内有无内伤、脱层、起鼓和变形等现象。

b. 检查内胎、垫带有无咬伤、褶皱现象，气门嘴、气门芯是否完好。

c. 检查轮辋、挡圈和锁圈有无变形、锈蚀，并视情涂漆。

d. 检查轮辋螺栓承孔有无过度磨损或损裂现象。

③排除解体检查所发现的故障后，进行装合和充气。

④高速车应进行轮胎的动平衡试验。

⑤按规定进行轮胎换位。

⑥发现轮胎有不正常的磨损或损坏时，应查明原因，予以排除。

完成上述作业后应填写维护记录。

(3)轮胎维护操作要点

①充气。

a. 轮胎充气应按照该型汽车使用说明书上规定的标准气压执行，并在冷态时用气压表测量。如果在热态时测量，应略高于标准气压，取适当的修正值。气压表应定期校准，以保证读数准确。

b. 轮胎装好后，先充入少量空气，待内胎充气伸展后再继续充至规定的气压。

c. 充气前，应检查气门芯与气门嘴是否配合平整，并擦净灰尘。充气后，应检查是否漏气，并将气门帽拧紧。

d. 充入的空气不得含有水分和油雾。

e. 充气时，应注意安全防护，充气开始时用手锤轻击锁圈，使其平稳嵌入轮辋圈槽内，以防锁圈跳出。

②轮胎换位。

a. 按时换位可使轮胎磨损均匀，约可延长20%的使用寿命。应结合车辆二级维护定期换位。在路面拱度较大的地区或夏季，轮胎磨损差别较大，可适当增加换位次数。

☞ 维修提示：厂家一般推荐行驶8000～10000km将轮胎换位一次。

b. 轮胎换位后，应按所换的胎位要求，重新调整气压。

c. 轮胎换位后须做好记录，下次换位仍要按上次选定的换位方法换位。

四、转向系统的维护

1. 转向系统的维护

转向系统技术状况的好坏不仅影响操纵稳定性，而且直接影响到行车安全，因此，要经常对转向系统进行检查和维护。

①汽车每行驶15000km时，应检查紧固横拉杆上的4个锁紧螺母，紧固力矩为45N·m。

②转向系统各连接部分不应有松动和间隙。

③转向盘边缘的自由行程量不应超过15～20mm。如果自由行程量过大，说明各连接处松旷或转向器啮合间隙偏大，应检查调整。

④如果转向器齿轮与齿条啮合间隙偏大，应将车轮着地并直线朝前，松开转向器上的螺母。用内六角扳手转动调整螺栓，以消除齿轮与齿条啮合间隙，然后将锁紧螺母拧紧，最后试车检查，转向盘应轻便灵活无间隙感。

⑤转向器不应漏油，紧固螺栓不应有松动。

⑥减振器不应漏油，支承不应有开裂。

⑦防尘套不应破裂或损伤，卡箍不应脱落。

2. 转向盘自由行程的检查与调整

车辆停在平坦的地面上时，检查转向盘的自由行程，如图2-39所示。转向盘自由行程 a

为 0～30mm。如果转向盘的自由行程不在规定范围之内，则按以下步骤进行检查，如果发现损坏，应进行更换：

①转向横拉杆端头球销是否磨损（当施加大于 2N·m力矩时，球销应活动）。

②下球头是否磨损。

③转向轴节头是否磨损。

④转向小齿轮或者齿条齿轮是否磨损或者断裂。

⑤是否有零件松动。

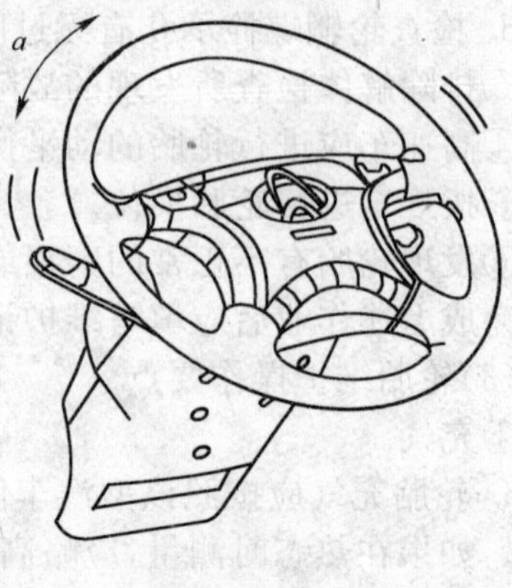

图 2-39　转向盘自由行程的检查

a. 转向盘自由行程

五、制动系统的维护

1. 制动储液罐及制动液液位的检查

（1）制动储液罐的检查检查制动储液罐是否渗漏、老化变形，储液罐盖是否损坏、盖合不严，制动液软胶管是否损坏，卡箍是否有效。如果有不良情况，应予以更换。

（2）制动液液位的检查

如图 2-40 所示，检查制动液液位。制动液液位应在储液罐标注的最低和最高液位线之间。在车辆使用过程中，如果当制动液液位制动警告灯点亮时，应及时添加制动液至最高液位线。当制动液快速减少时，应检查制动系统是否有泄漏。一定要使用汽车储液罐盖上标注的制动液或用厂家推荐的制动液。

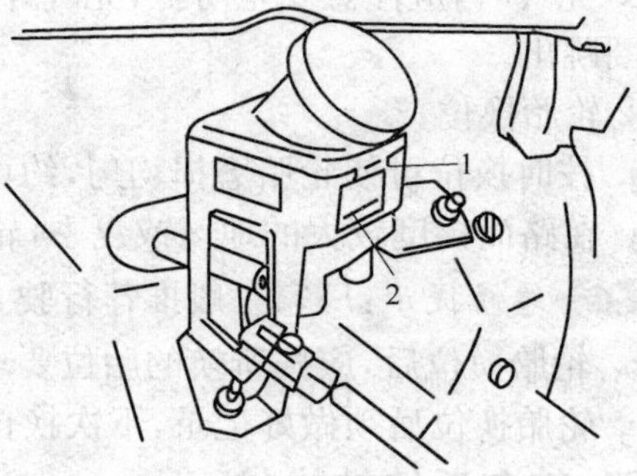

图 2-40　制动储液罐

1. 最高液位线　2. 最低液位线

2. 制动踏板自由行程的调整

如图 2-41 所示，制动踏板自由行程为 1～8mm。如果踏板自由行程不符合此规定值时，应检查踏板臂轴螺栓和总泵的安装是否松动或部件过度磨损。如果有不良情况，应予以紧固或更换，同时还应检查踏板回位弹簧和制动灯开关总成是否装配正确，必要时作适当调整。

3. 制动踏板自由高度的调整

用约 300N 的力踩住制动踏板，制动踏板到车前围板内壁的距离 a 应在 45mm 以上，如图 2-42 所示。如果此距离小于 34mm，则应检查制动管路中是否存在空气或制动器摩擦片已严重磨损。

如果制动踏板自由高度不符合技术要求，可进行如下调整：

①如图 2-43 所示，检查并调整真空助力器安装表面和 U 形销孔中心之间的距离，规定长度为 115±0.5mm，螺母 a 拧紧力矩为 25N·m。重新安装拉杆 U 形销时，也应注意调节该距离。

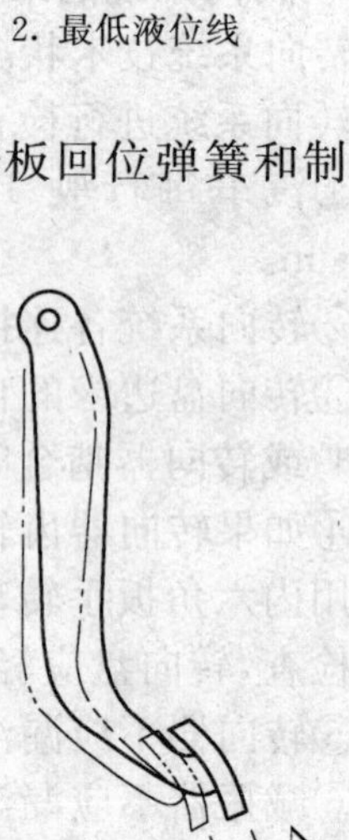

图 2-41　踏板自由行程

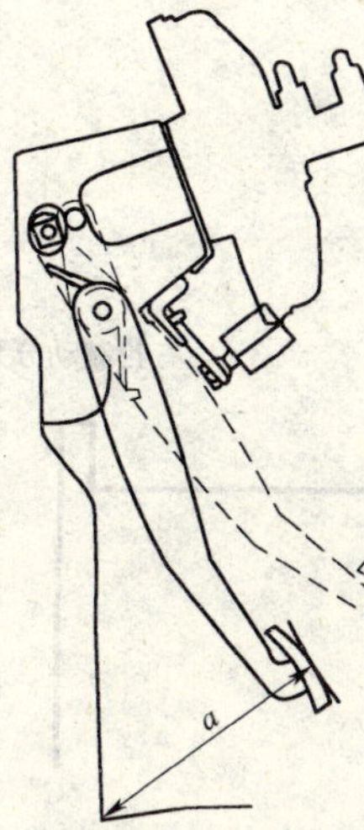

图 2-42　制动踏板自由高度

a. 制动踏板到车前围板内壁的距离

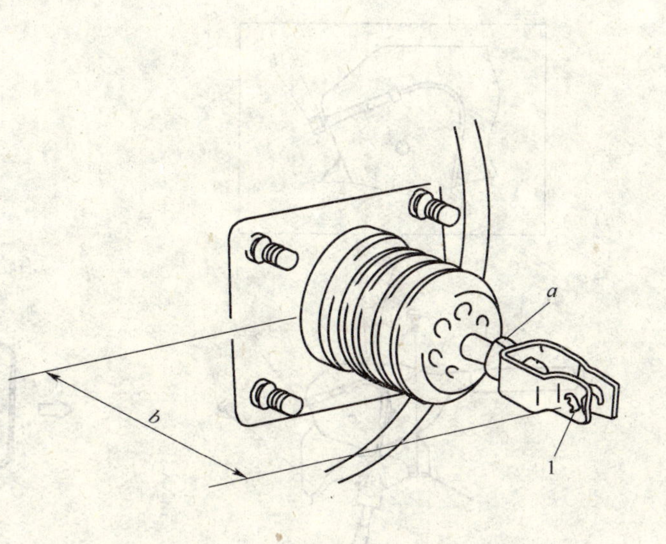

图 2-43　检查并调整真空助力器安装表面和 U 形销孔中心之间的距离

1. 拉杆 U 形销　a. 螺母　b. 距离

②检查制动灯开关位置，如果不符合技术要求，应进行调整。

4. 制动灯开关总成与踏板臂间隙的调整

制动灯开关总成与踏板臂间隙为 1.5～2.0mm，如图 2-44 中的 a。如果此间隙不符合规定值，应进行调整。调整时，先拧松制动灯开关总成调整螺母，把间隙 a 调整到规定值，再拧紧调整螺母。调整螺母拧紧力矩为 7.5N·m。

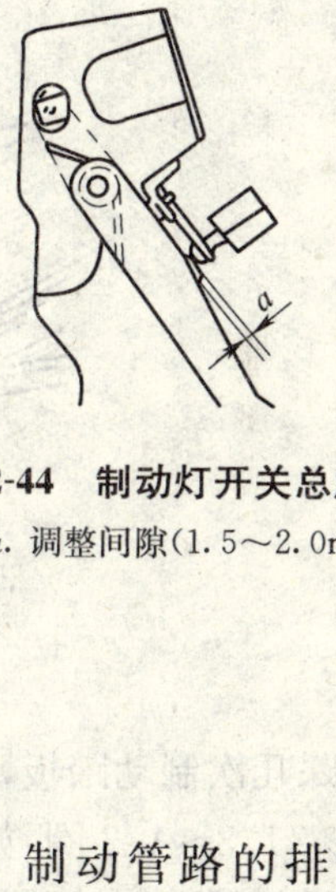

图 2-44　制动灯开关总成间隙

a. 调整间隙(1.5～2.0mm)

5. 驻车制动手柄行程的调整

握住制动手柄的中央，以约 200N 的力慢慢向上拉起驻车制动手柄直至制动器被完全制动，其行程为 4～7 齿。如果驻车制动手柄不符合规定的行程，则应调整制动拉索长度，如图 2-45 所示。

6. 制动系统的排气

如果制动系统管路进入空气，应对制动系统管路进行排气。制动管路的排气方法如下：

①制动管路的排气原则。制动管路的排气顺序如图 2-46 所示，先排距制动总泵距离最远的左轮制动分泵“C”，再分别排左、右制动分泵“A”和“B”。

②向制动总泵的储液罐加注制动液，并保证排气过程中制动液量不得少于储液罐半满状态(“MIN”刻线以上)。

③拆下放气螺塞帽，把透明导液管接到制动分泵的放气螺塞上，导液管的另一端插入容器中，如图 2-47 所示。

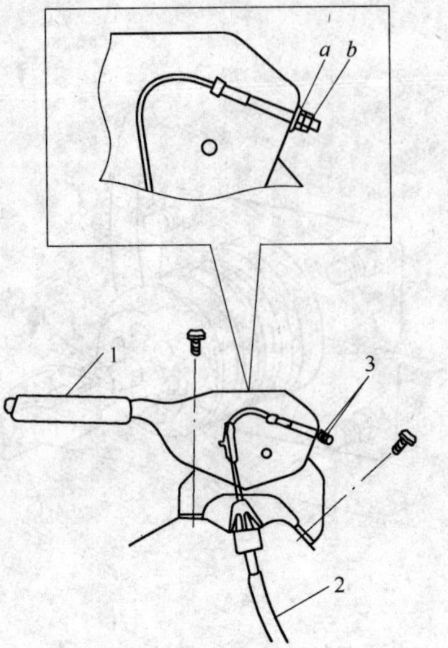

图 2-45　制动拉索的调整

1. 驻车制动手柄　2. 制动器拉索

3. 调整螺母　*a*. 调整螺母　*b*. 锁紧螺母

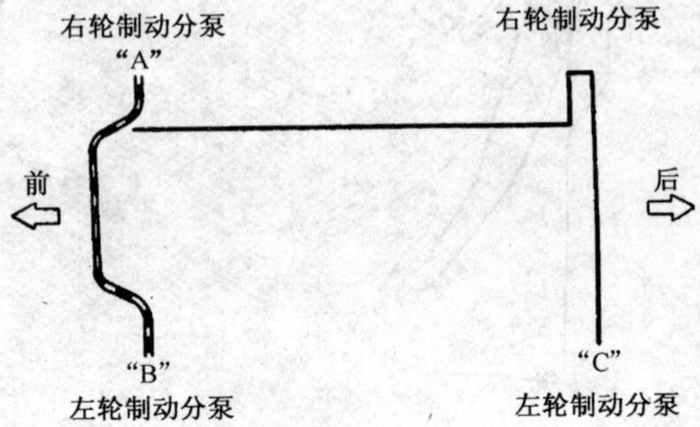

图 2-46　制动管路排气顺序

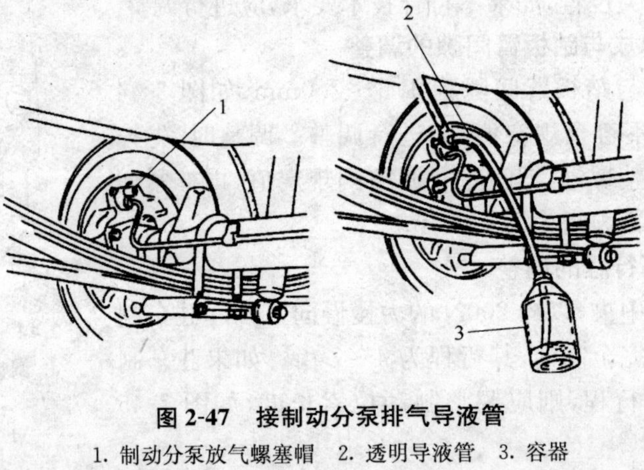

图 2-47　接制动分泵排气导液管

1. 制动分泵放气螺塞帽　2. 透明导液管　3. 容器

④踩几次制动踏板，使总泵和储液罐中的制动液部分进入制动管路，然后踩住踏板，拧松放气螺塞 1/3～1/2 圈，如图 2-48 所示。

⑤反复踩动制动踏板，直到透明导液管流出的制动液无任何气泡为止，然后踩住踏板，拧紧制动分泵的放气螺塞，如图 2-49 所示。

☞ 维修提示：在排气过程中，要随时加注制动液，使储液罐中的制动液量保持在"MIN"刻线以上，以防止空气进入制动总泵。

⑥取下制动液导液管，检查有无制动液渗漏。确认管路密封良好后，装回制动分泵放气螺塞帽。

⑦向储液罐里加注制动液，并使液位达到储液罐的"MAX"刻线，但不宜超过该刻线，以免制动液溢出腐蚀其他零部件。

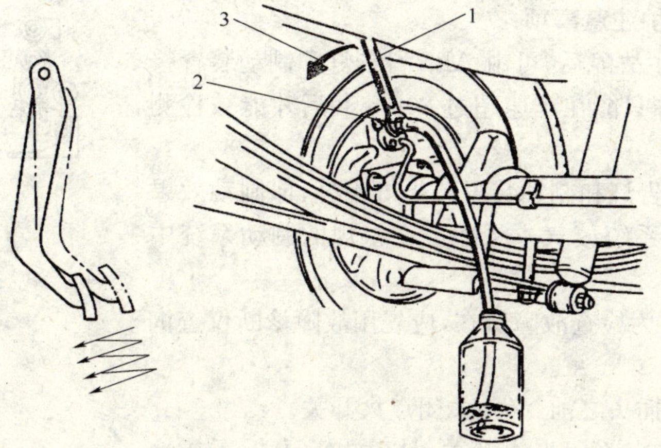

图 2-48　进行制动系统放气

1. 开口扳手　2. 分泵放气螺塞　3. 旋松方向

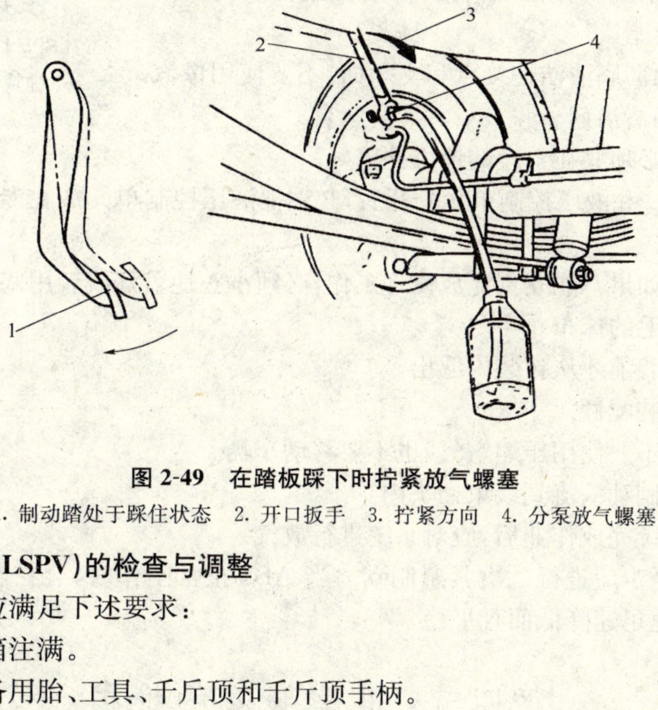

图 2-49　在踏板踩下时拧紧放气螺塞

1. 制动踏处于踩住状态　2. 开口扳手　3. 拧紧方向　4. 分泵放气螺塞

7. 感载比例阀(LSPV)的检查与调整

检查与调节前应满足下述要求：

①用燃油将油箱注满。

②汽车应装有备用胎、工具、千斤顶和千斤顶手柄。

③汽车无任何其他负载。

汽车满足上述条件后，再对感载比例阀进行检查与调整。

①把汽车置于平地上。

②用手向上推动 LSPV 杆直到其停止，拉出螺旋弹簧时，测量其长度(图 2-50 中的 L)。

③弹簧长度 L 应符合下述规定：弹簧长度“L”为 243mm。

注意测量弹簧长度时，不得踩动制动踏板。

④如果弹簧长度不符合规定，应通过改变螺栓 a 的位置，将其调节到规定的尺寸。调节后，按规定扭矩拧紧螺栓 a，拧紧力矩为 23N・m。

注意检查确保 LSPV 座和制动管接头不漏液。如果有泄漏，应更换损坏元件。

8. ABS系统维护注意事项

①ABS系统发生故障后，可由ABS警告灯和制动装置警告灯指示。某些故障只能在车速超过20km/h后才能被检测到。

②如果ABS警告灯和制动装置警告灯不亮，但制动效果仍不理想，则可能是系统放气不干净或在常规的制动系统中存在故障。

③ABS修理前，为检查故障所在，应先用故障诊断仪查询故障代码。

④拔ABS电气插头之前，必须关闭点火开关。

⑤开始修理前，应关闭点火开关，从蓄电池上拆下接地线。

⑥防抱死制动系统工作必须清洁，不要使用含矿物油的物质，例如机油或油脂。

⑦拆卸前，必须彻底清洁连接点和支承面，不要使用像汽油、稀释剂等类似的清洁剂。

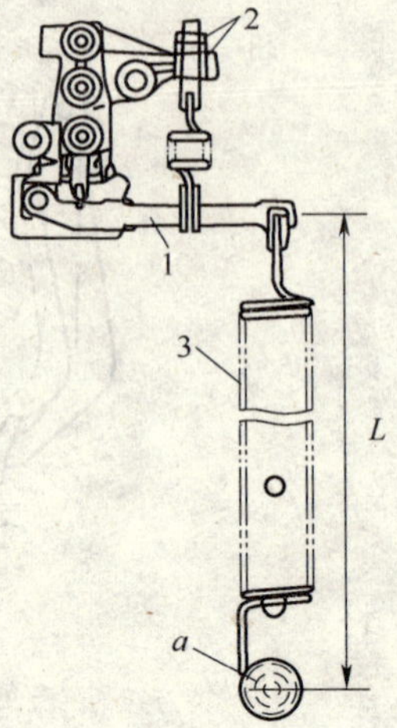

图2-50 感载比例阀的检查与调整

1. LSPV杆 2. 螺母 3. 弹簧 L. 弹簧长度 a. 调整螺栓

⑧拆下的零件必须放在干净的地方并盖好。

⑨把ABS ECU和液压控制单元分开后，必须把液压控制单元放在专用支架上，以免在搬运中碰坏阀体。

⑩拆下的元件如果不能立刻完成修理工作，必须小心地盖好或者用塞子封闭。

⑪不要使用起毛的抹布。

⑫配件要在安装前才从包装内取出。

⑬必须使用原装配件。

⑭系统打开后不要使用压缩空气，也不要移动车辆。

⑮注意不要让制动液流到线束插头内。

⑯打开制动系统完成作业后，应对系统进行放气。

⑰在试车时，至少应进行一次紧急制动。当ABS正常工作时，会在制动踏板上感到有反弹，并可感觉到车速迅速降低而且平稳。

第四节 电器设备的维护

一、蓄电池的维护

1. 蓄电池电解液液面高度的检查

①对于免维护蓄电池，电解液液面低于下线时，则应更换蓄电池；电解液液面高于下线时，则应发动机运转时检查蓄电池电压。

如果电压低于9.6V，则应对蓄电池进行再充电或更换蓄电池。注意：检查蓄电池电压前，应关闭所有用电器（前照灯、鼓风机电动机、后除雾器等）。

②对于非免维护蓄电池，电解液液面高度可用玻璃管测量，如图2-51所示。电解液液面应高出极板10～15mm。电解液不足时，应加注蒸馏水。注意：除非确定液面降低是由于电解液

溅出所致，否则，一般不允许加入硫酸溶液。

2. 蓄电池电解液相对密度和温度的测量

①电解液的相对密度用吸式密度计测定，如图 2-52 所示。先用密度计吸入电解液，使密度计浮子浮起，电解液液面所在的刻度即为相对密度值。注意在测量密度时，应同时测量电解液温度，并将测得的电解液相对密度值转换到 25℃进行修正。

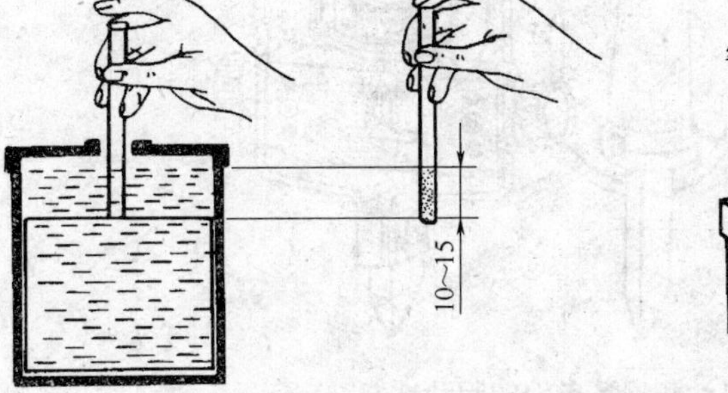

图 2-51　用玻璃管测量电解液液面高度

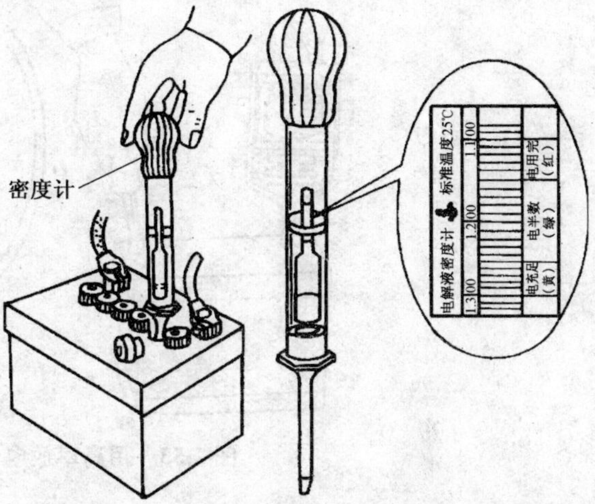

图 2-52　测量电解液的相对密度和温度

实际经表明，相对密度每减小 0.01，相当于蓄电池放电 6%。所以，从测得的电解液相对密度就可以粗略估算出蓄电池的放电程度。需要注意的是，在强电流放电和加注蒸馏水后，由于电解液混合不匀，不应立即测量电解液相对密度。

②用高率放电计测量放电电压。高率放电计由一个 3V 电压表和一个定值负载电阻组成。高率放电计是模拟接入起动机负荷，测量蓄电池在大电流（接近起动机起动电流）放电时的端电压，用以判断蓄电池的放电程度和起动能力。

如图 2-53 所示，测量时，应将两叉尖紧压在单体电池的正、负接线柱上，历时 5s 左右，观察大负荷放电情况下蓄电池所能保持的端电压。一般技术状况良好的蓄电池，用高率放电计测量时，单体蓄电池电压应在 1.5V 以上，并在 5s 内保持稳定；如果 5s 内电压迅速下降或某一单体电池的电压比其他单体电池低 0.1V 以上时，表示该单体电池有故障，应进行修理。

不同牌号的放电计负荷电阻值不同，放电电流和电压表读数也就不同。使用时，应参照原厂说明书的规定。

3. 蓄电池端子和熔丝的检查

检查蓄电池端子是否松动或腐蚀。如果端子腐蚀，则应清洁端子。蓄电池端子及内部金属零件周围的锈蚀应使用铁丝刷子或细砂纸打磨干净，凝结在接线端子的锈皮可用热水清除干净。

4. 蓄电池的维护

为使蓄电池经常处于完好状态，延长其使用寿命，对使用中的蓄电池需进行下列维护工作：

①观察蓄电池外壳表面有无电解液漏出。

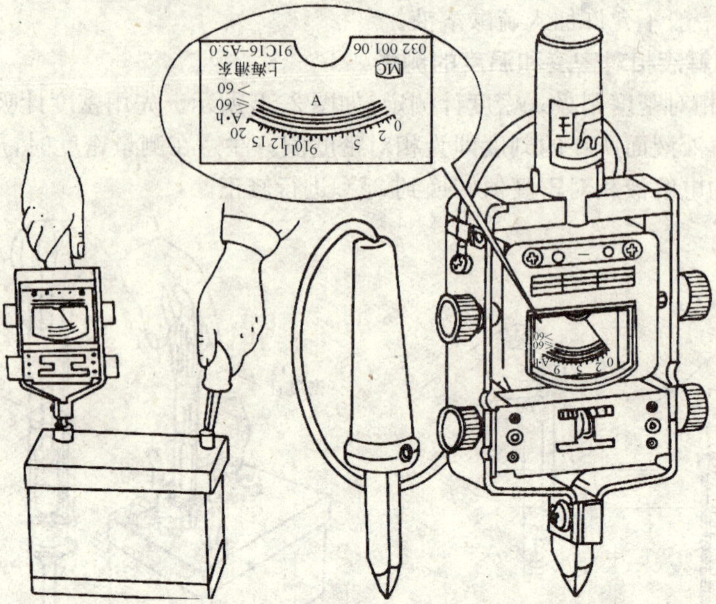

图 2-53 用高率放电计测量蓄电池的起动性能

②检查蓄电池在车上安装是否牢靠，导线接头与电桩的连接是否紧固。

③经常清除蓄电池盖上的灰尘泥土，擦去蓄电池顶上的电液，疏通加液孔盖上的气孔，清除电桩和导线接头上的氧化物。

④定期检查和调整电解液的相对密度及液面高度。

⑤经常检查蓄电池放电程度。超过规定时，应立即充电。

5. 蓄电池的储存

①暂不使用的蓄电池进行湿储存的方法是先将电池充足电，电解液相对密度达 1.285，液面至正常高度，密封加液塞通气孔后放置室内暗处。储存的时间不宜超过 6 个月，其间应定期检查电解液相对密度和用高率放电计检查容量。如果低于 25%，应立即充电。交付使用前也要先充足电。

②存放期长的蓄电池最好以干储法储存。先将蓄电池以 20h 放电率完全放电，倒出电解液，用蒸馏水多次冲洗至水中无酸性，倒尽水滴，晾干后旋紧加液塞后密封储存。启用前的准备和新蓄电池相同。

二、发电机与调节器的维护

①要定期对发电机进行维护。维护时，不必拆开前后端盖，仅需拆下防护罩便可更换电刷等易损件，并对整流元件、电容、调节器等零部件进行检查和必要的测试。

②蓄电池的搭铁极性必须与交流发电机的极性相一致，都是负极搭铁。否则，蓄电池将通过发电机的硅二极管大量放电，烧坏二极管。

③发电机运转时，禁止将发电机电枢接线柱与搭铁接线柱短路检查发电机是否发电，否则会使二极管烧坏或烧坏熔丝及线路。

④蓄电池正极与发电机正极之间线路的连接要牢固可靠。在发电机高速运转时，如果充电线路突然断开，会因电压过高而击穿二极管或损坏其他电子元件。

⑤经常检查发电机 V 形带的张紧程度、损坏程度及发电机 V 形带与带轮的啮合情况

（图 2-54）。

a. 发电机的动力由发动机通过 V 形带传递。发电机的 V 形带的布置如图 2-55 所示。当 V 形带工作不正常时，会影响发电机正常工作。使用中听到 V 形带发出啸叫声时，应对 V 形带进行检查。检查 V 形带张紧度的方法是用拇指将 V 形带下压，其挠度在 2mm（新）～5mm（旧）为合适。如果不符合规定，应进行调整。一旦发现有损坏迹象，要及时更换 V 形带。

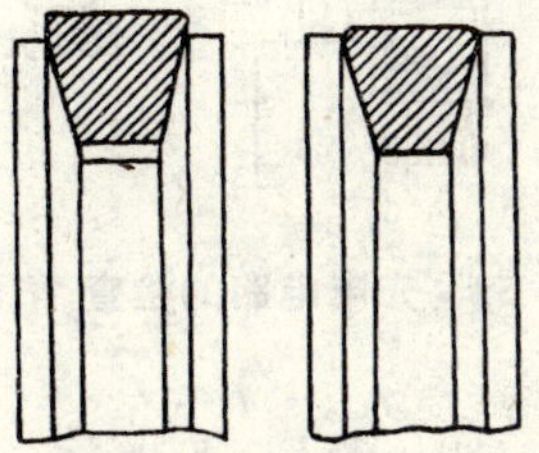

图 2-54　检查发电机 V 形带啮合情况

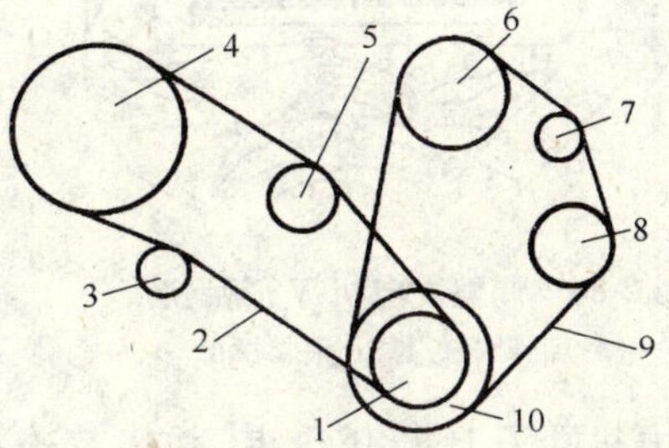

图 2-55　检查发电机 V 形带挠度

1. 曲轴正时带轮　2. 正时带　3、7. 张紧轮　4. 凸轮轴正时带轮　5. 中间轴正时带轮　6. 发电机 V 形带轮　8. 水泵 V 形带轮　9. V 形带　10. 曲轴 V 形带轮

b. 风扇和发电机传动带的检查。

检查传动带有无磨损、裂纹或其他损坏。如果发现任何损坏，则予以更换。如果发现下列任何损坏（图 2-56），则应更换传动带：传动带破裂或露出线束；不止一处出现露出线束的破裂情况；传动带棱缺损严重。应检查并确认传动带正确安装在楔形槽中，如图 2-57 所示。

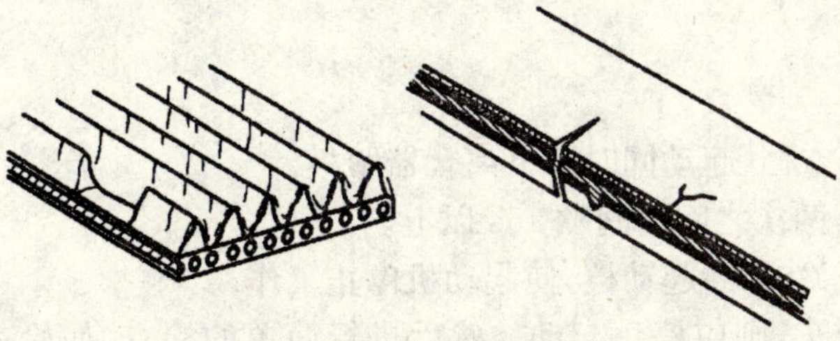

图 2-56　传动带破损情况

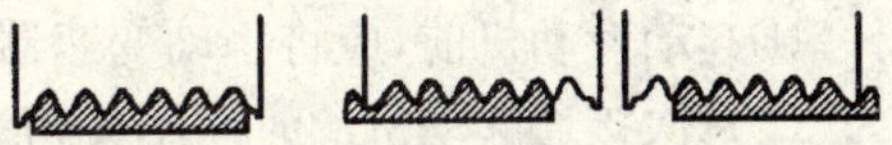

图 2-57　传动带的安装情况

c. 发电机 V 形带挠度的调整如图 2-58 所示。拧松张紧卡板 A 和发电机上的所有紧固螺栓（至少松开一圈，紧固螺栓松开后，发电机靠自重倒向一侧），用扭力扳手转动张紧螺母 B，使 V 形带挠度符合规定数值（新带需要 8N・m，旧带需要 4N・m），然后用 35N・m 力矩拧紧张紧螺母 B 上的紧固螺栓，将张紧螺栓紧固，用 20N・m 的力矩将支架紧固在气缸盖吊耳上。

⑥充电电路的检查。发动机运转时，检查并确认发电机没有异响。目视检查发电机线束，确认线束状况是否良好。检查充电警告灯电路，将点火开关转至 ON 档，检查充电警告灯是否亮起。起动发动机并检查警告灯是否熄灭。如果警告灯工作情况不符合规定，则应对充电警告灯电路进行故障排除。

a. 充电电路的检查。如图 2-59 所示，将电压表和电流表连接到充电电路上。

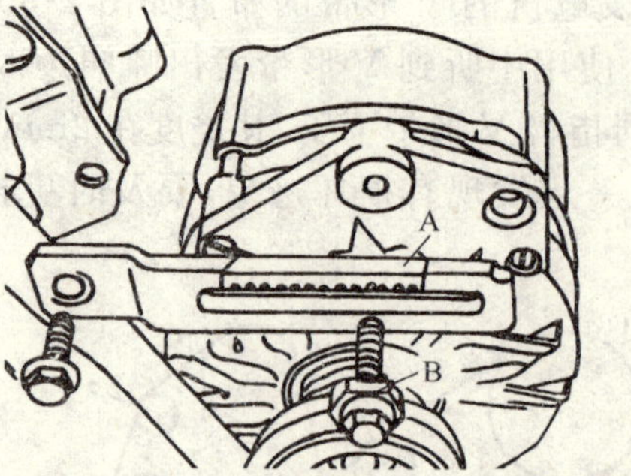

图 2-58 调整发电机 V 形带挠度

A. 张紧卡板 B. 张紧螺母

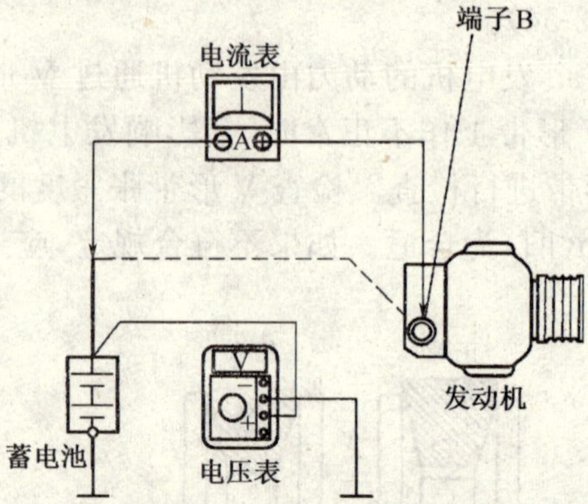

图 2-59 充电电路的检查

从发电机端子 B 断开线束，并将其连接到电流表的负极（－）引线上。将电流表的正极（＋）引线连接到发电机端子 B。将电压表的正极（＋）引线连接到蓄电池正极（＋）端子。将电压表负极（－）引线搭铁。

b. 检查不带负载的充电电路。将发动机转速保持在 2000r/min，检查电流表和电压表的读数。标准电流为 10A 或更小；标准电压为 13.2～14.8V。如果结果不符合规定，则应更换发电机。注意：如果蓄电池没有充满电，则电流表读数可能大于标准安培值。

c. 检查带负载的充电电路。将发动机转速保持在 2000r/min，打开远光前照灯并将加热器鼓风机开关转至"HI"位置。检查电流表的读数，标准电流为 30A 或更大。如果电流表读数小于标准电流，则应更换发电机。注意：如果蓄电池充满电，则电流表读数可能会小于标准电流。在此情况下，可使刮水器电动机和车窗除雾器工作，以增大电气负载，然后再次检查充电电路。

三、起动机的维护

①起动发动机前，应将手动变速器挂上空档，起动同时踩下离合器踏板。

②每次接通起动机的时间不得超过 5s，两次之间应间歇 15s 以上。

③当发动机起动后，应立刻松开点火开关，切断起动档，使起动机停止工作。

④经过三次起动，发动机仍没有起动着车，则应停止起动。然后进行简单的检查，如检查蓄电池的容量、接线柱的连接、发动机油路和电路等工作情况，排除故障后再起动发动机。否则，蓄电池的容量将严重下降，起动发动机可能会变得更加困难。

⑤在拆卸起动机之前，应先拆下蓄电池的搭铁电缆线。

四、点火系统的维护

1. 火花塞的维护

火花塞的作用是将点火线圈所产生的脉冲高压电引进燃烧室，利用电极产生的电火花点燃混合气完成燃烧。火花塞的间隙是其主要工作技术指标。间隙过大，点火线圈产生的高压电难以跳过，导致发动机起动困难；间隙过小，会导致火花微弱，同时易发生漏电。

（1）火花塞的检查

①火花塞的拆卸：将火花塞上的高压分线依次拆下，并在原始位置做上标记，以免安装时位置错乱。在拆卸中，注意事先清除火花塞孔处的灰尘及杂物，以防止杂物落入气缸。拆卸

时，用火花塞套筒套牢火花塞，转动套筒将其卸下，并依次排好。

②火花塞的检查：火花塞的电极正常颜色为灰白色。如果电极烧黑并附有积炭，则说明存在故障。检查时，可将火花塞与缸体导通，用中央高压线触接火花塞的接线柱，然后打开点火开关，观察高压电跳火位置。如果电跳位置在火花塞间隙，则说明火花塞作用良好。否则，即需更换新的火花塞。

③火花塞电极间隙的调整：微型客车火花塞间隙一般在 0.7～1.0mm 之间。检查间隙大小，可用火花塞量规或薄的金属片进行。如果间隙过大，可用旋具柄轻轻敲打旁电极，使其间隙正常；间隙过小时，则可利用旋具或金属片插入电极向外扳动。

④火花塞的更换：火花塞属易消耗件，一般行驶 20000～30000km 即应更换。火花塞更换的标志是不跳火或电极放电部分因烧蚀而成圆形。另外，如果在使用中发现火花塞经常积炭、断火，一般是因为火花塞太冷，需换用热型火花塞；如果有炽热点火现象或气缸中发出冲击声，则需选用冷型火花塞。

⑤火花塞的清洁：火花塞存有油污或积炭时，应及时予以清洗，但不要用火焰烧烤。如瓷芯损坏、破裂，则应进行更换。

2. 点火线圈的使用注意事项

点火线圈如果使用方法不当，会造成点火线圈损坏。因此，应注意以下几点：

①防止点火线圈受热或受潮。

②发动机不运转时，不要开点火开关。

③经常检查、清洁、紧固线路接头，避免其短路或搭铁。

④控制发电机性能，防止电压过高。

⑤火花塞不得长期“吊火”。

⑥点火线圈上的水分只能用布擦干，绝不能用火烘烤，否则会损坏点火线圈。

五、空调系统的维护

1. 空调系统维护注意事项

①首先应检查发动机的冷却系统、燃油供给系统和电气系统。它们必须处于正常工况，再检修空调系统。

②如果在车上修理并拆卸制冷系统零部件，操作时必须戴手套及防护眼镜，以免制冷剂造成人体暴露部位的伤害。

③制冷剂无色无嗅且比空气密度大，会在通风条件差的场所使人造成窒息。因此，应将制冷剂排放到远离工作场所的地方，最好收集到密封的容器中。

④制冷剂排放前，切勿锡焊、气焊制冷系统零部件，避免制冷剂遇热分解成对人体健康不利的物质。正式装配前，系统各部件的密封塞不得拆除，以免水汽或异物进入而影响系统正常工作。

2. 空调系统的日常维护

日常维护是通过目测进行常规检查。这种检查是巡视性的，发现问题应及时排除。日常维护项目如下：

①检查冷凝器翅片上是否有污泥、杂物。必要时，应予以清理、修整。

②检查制冷系统管路是否与其他零件发生干涉，各接头处是否有制冷剂泄漏的痕迹。必要时，应予以检修。

③检查制冷系统管路和电路接头处是否可靠。

④检查压缩机皮带的张紧度是否合适。必要时，应予以调整。

⑤检查压缩机进、排气口管的温度是否正常。可由制冷系统排出的冷风来判断温度是否正常。

⑥从储液干燥器视液镜处观察制冷剂量是否充足。

3. 空调系统的定期维护

空调系统定期维护的项目和内容见表 2-8。

表 2-8　空调系统定期维护的项目和内容

维护项目	检查内容	维护周期				
	(每周进行)	周	月	季	年	更换时间
制冷剂量是否充足	从储液器视液镜处进行观察					
制冷系统管路	检查管路接头处是否有油迹、是否有制冷剂泄漏		●			
	检查管路固定夹是否有松动现象			●		
	检查高低压软管是否有损伤、老化或与其他零件相干涉			●		3 年
冷凝器表面	有无杂物、污泥。若有，清洁其表面，并修整变形的翅片	●				
鼓风机电机	测量 I、V 是否正常				●	4 年
蒸发器表面	清除污物				●	
膨胀阀	感温贴紧情况				●	
储液器	检查储液器是否有脏物堵塞，若其干燥剂吸湿能力已经饱和，而且有脏物时则必须更换				●	维修时最好更换
压缩机	轴的油封处是否有泄漏		●			
压缩机安装、调整支架	是否有松动现象		●			
压缩机电磁离合器	电磁离合器工作是否正常，电磁离合器间隙是否正常		●			
压缩机皮带	检查压缩机皮带张力是否符合要求		●			
空调控制元件	检查 A/C 开关、继电器、压力开关、风速开关、风速电阻器的功能是否正常				●	
暖风控制机构	检查模式控制旋钮、温度控制旋钮是否到位				●	
电气线路	检查电气线路的插接件是否插接可靠		●			
空调器壳体	检查其接缝处是否漏气、减振垫是否脱落，壳体是否有裂纹、损坏				●	
暖风导管	检查暖风导管是否有变形、裂坏、损伤				●	

注：●表示需要维护。

4. 空调系统使用注意事项

正确使用空调对其性能及寿命、发动机的工作稳定及功耗、乘员的舒适性都有很大影响。

①为保证取暖和通风正常进行，挡风玻璃前的进风口应避免被障碍物遮盖。

②空调的设计使用温度应在环境温度 5℃以上，故使用时的环境温度应高于 5℃。在使用前，应检查系统中制冷剂的量是否合适，是否存在泄漏部位，冷凝器冷却风扇能否正常工作。如果发现问题，要在修复后方可使用。

③使用空调必须保持系统的清洁，特别是需经常清除冷凝器和蒸发器散热片中的灰尘，以保持良好的热交换效果。

④当车辆在太阳下停放时间过长、车厢内温度很高时，应首先打开车门、车窗，开启空调驱散热气，然后关闭门、窗，以提高空调制冷效果。

⑤空调系统应在发动机冷却水温度正常时使用。如果发动机因大负荷工作引起水温过高，需暂停使用空调，直至水温正常再重新开启。

⑥应避免在停车时，或在怠速、高温下长时间使用空调，以免因系统温度和压力过高而损坏。

⑦使用 R-134a 制冷剂的空调系统不允许与 R-12(氟利昂)混用，否则，会引起制冷性能下降和系统损坏。

⑧在不使用空调的季节，每周也需使空调工作 5～10min，以便润滑空调系统，防止压缩机等部件内部生锈，保持良好的技术状态。

5. 空调系统维修注意事项

①在打开制冷系统时，必须戴手套及防护眼镜，以免制冷剂损伤皮肤。一旦皮肤上溅到制冷剂时，要立即用大量冷水清洗，千万不可用手去搓。

②制冷剂的排放应远离工作场所并保持工作场所通风良好，以免造成窒息危险。制冷剂不要靠近火焰，以免产生对人体有害的物质。

③制冷系统打开后，一定要及时加盖或包扎密封，防止潮气或杂质进入。

④更换制冷部件后，要先为系统补充冷冻机油(注意不同品牌的冷冻机油不能混用)，然后再加注制冷剂。

⑤拧紧或拧松螺纹接头时，必须同时使用两把扳手。

⑥为防止电路短路，应拆下与蓄电池负极相连的电线。

⑦安装空调时，注意不要夹住电线。电线连接必须可靠，固定牢靠，并且不应与尖锐物体接触，电线要远离热源 50mm 以上，离开燃油管 100mm 以上。

6. 空调系统的常规检查

由于不同的制冷剂的特性不同，要求系统配制不同的冷冻机油、干燥剂、橡胶密封材料、连接软管以及不同的压缩机、膨胀阀、恒温控制器、压力开关等部件。因此，空调系统进行维护时，首先要确认该系统采用了何种制冷剂，以便采取相适应的措施和材料。这一点非常重要。

(1)空调系统常规检查(指不打开制冷系统)的内容

①检查制冷剂是否有泄漏。

②检查制冷量是否正常。

③检查电路是否接通，各控制元件是否正常工作。

④检查冷凝器是否有明显污垢、杂物，是否通畅。

⑤检查压缩机传动带张力是否正常。

⑥检查软管及连接处是否牢固。

⑦检查系统运行时是否有异响和气味。

(2)检查方法

检查方法主要有：用手感觉各部分温度是否正常；目视检查表面情况及泄漏部位；听、闻检查有否异常响声和气味；通过储液干燥器上的窥视镜判断系统工作状况。

①用手检查温度。在正常情况下，低压管路呈低温状态，高压管路呈高温状态。压缩机出口→冷凝器→储液干燥器→膨胀阀进口处均是制冷系统的高压区。这些部件应该先暖后烫

(注意:手摸时要小心被烫伤)。如果有特别热的部位(如冷凝器表面),则说明此部位有问题,散热不好。如果有特别凉的部位(如膨胀阀入口处),也说明此部位有问题,可能有堵塞。储液器进出口之间若有明显温差,则说明此处有堵塞或者制冷剂量不正常。膨胀阀出口→蒸发器→压缩机进口处均是低压区。这些部位表面应该由凉到冷,但膨胀阀处不能发生霜冻现象。

②目视检查泄漏情况。制冷剂的泄漏有可能出现在所有连接部位、冷凝器表面及蒸发器表面被损坏处、膨胀阀进出口连接处、压缩机轴封、前后盖密封垫等处。上述部位一旦出现油渍,一般说明此处有制冷剂泄漏(但压缩机前轴封处漏油可能是轴承漏油),应尽快采取措施修理。

③通过干燥器窥视镜判断工况。通过窥视镜判断工况要在发动机运转、空调工作时进行。从窥视镜中看到的工作情况有如下几种:

a. 清晰、无气泡,但出风口冷,说明制冷量适当,制冷系统正常;出风口不冷,说明制冷剂漏光;出风口不够冷,而且关掉压缩机 1min 后仍有气泡慢慢流动或在关压缩机的一瞬间就清晰无气泡、无流动,说明制冷剂太多。

b. 偶尔出现气泡,如果有膨胀阀结霜现象,说明系统中有水分;如果无膨胀阀结霜现象,可能是制冷剂缺少或有空气。

c. 有气泡、泡沫不断流过,说明制冷剂不足;如果气泡很多,可能有空气。

d. 有长串油纹偶尔带有成块机油条纹,出风口不冷,说明几乎没有制冷剂。有泡沫较混浊,说明冷冻油太多或干燥剂失效。

第三章　微型客车常见故障的维修技巧

第一节　发动机常见故障的维修技巧

一、发动机综合故障的诊断与排除

(一)发动机常见故障诊断一览表

发动机的故障诊断一览表见表 3-1。

表 3-1　发动机的故障诊断

故障现象	故障原因		故障排除方法
起动困难	起动机不运转	(1)主熔丝烧断 (2)起动机电磁开关不良 (3)蓄电池电压小于 9V (4)起动继电器损坏 (5)蓄电池电极连接松动 (6)起动机电刷损坏 (7)蓄电池导线连接松动 (8)起动机的磁场电路或电枢的电路断开	(1)更换 (2)修理或更换 (3)充电 (4)修理或更换 (5)拧紧 (6)更换 (7)拧紧 (8)修理或更换
	火花塞无火花	(1)火花塞故障 (2)高压导线发生短路(搭铁) (3)点火开关没有闭合好或开关断路 (4)熔丝松动或烧断 (5)点火线圈损坏	(1)调整间隙或更换 (2)修理或更换导线 (3)更换 (4)修理或更换 (5)更换
	进气和排气系统有故障	(1)空气滤清器堵塞 (2)排气管堵塞 (3)进气系统漏气	(1)清理或更换 (2)清理 (3)调整
	发动机的内部状态出现反常	(1)气缸垫破损 (2)气门间隙没有调整好 (3)气门弹簧变弱或断掉 (4)支管松动,使空气流进来 (5)活塞环和气缸筒过度磨损 (6)气门定时齿形带损坏 (7)气门封闭不良 (8)使用了不同种类的机油 (9)气门烧蚀	(1)更换 (2)调整 (3)更换 (4)拧紧 (5)更换零件或镗缸 (6)更换 (7)修理或更换 (8)清洗更换 (9)更换
	电喷系统故障	(1)曲轴位置传感器故障 (2)进气温度压力传感器故障 (3)水温传感器故障 (4)步进电机故障 (5)电动燃油泵总成故障 (6)ECU 总成故障	(1)检查线路及是否损坏 (2)检查线路及是否损坏 (3)检查线路 (4)检查接线 (5)检查线路及是否工作 (6)检查 ECU 是否损坏

续表 3-1

故障现象		故障原因	故障排除方法
功率不足	进气量	(1)空气滤清器肮脏和堵塞 (2)气门间隙没有调整好 (3)气门与气门座接触不良 (4)气门杆卡住 (5)气门弹簧已损坏或弹力变弱 (6)活塞环卡死在槽里或损坏 (7)活塞、活塞环和气缸筒磨损 (8)气缸垫漏	(1)清理或更换 (2)根据判断进行调整 (3)修理 (4)更换 (5)更换 (6)更换 (7)更换零件或镗缸 (8)更换
	点火部分	(1)点火正时没有调整好 (2)火花塞损坏 (3)有些气缸的高压导线绝缘不良,漏电 (4)点火线圈老化	(1)根据判断进行调整 (2)更换 (3)更换 (4)更换
	燃油系统	(1)电动燃油泵损坏或供油压力不足 (2)汽油滤清器堵塞 (3)油门控制拉线工作不正常 (4)燃油管堵塞 (5)燃油系统的连接处松动	(1)修理或更换 (2)更换 (3)调整 (4)清理或更换 (5)拧紧
	排气系统	消声器被积炭堵塞	清理或更换
	电喷系统	(1)节气门位置传感器故障 (2)进气温度压力传感器故障 (3)油轨总成故障 (4)水温传感器故障	(1)检查线路或更换 (2)检查线路或更换 (3)检查相关零件是否完好 (4)检查或更换
	其他	(1)制动器有阻力 (2)离合器打滑 (3)蓄电池电压过低导致电喷系统无法正常工作	(1)调整 (2)调整或更换 (3)充电或更换蓄电池
在高速行驶中,速度突然下降	电气系统	(1)火花塞间隙太大 (2)点火线圈发生劣化或裂纹,引起泄漏 (3)高压导线绝缘不良 (4)点火正时没有调整好	(1)调整 (2)更换 (3)更换 (4)调整
	燃油系统	(1)电动燃油泵损坏 (2)燃油管路破裂	(1)更换 (2)更换
	电喷系统	(1)发动机转速超过断油转速 (2)电子控制器总成是否因短路而击穿 (3)电子控制器总成常供电电源线是否断路 (4)曲轴位置传感器断路或损坏	(1)检查档位是否过低 (2)更换 (3)修理 (4)修理或更换
	其他	(1)由于气缸垫泄漏,气缸压缩力下降 (2)由于活塞、活塞环、气缸磨损或气门烧蚀使压缩压力太低	(1)更换 (2)更换,如有必要镗缸

续表 3-1

故障现象	故障原因		故障排除方法
加速迟滞	点火系统	(1)点火正时没有调整好 (2)火花塞损坏或火花塞间隙没有调整好 (3)高压导线绝缘不良,漏电	(1)调整 (2)调整 (3)更换
	电喷系统	(1)节气门位置传感器故障 (2)进气温度压力传感器故障	(1)检查线路或更换 (2)检查线路或更换
	其他	(1)空气滤清器肮脏和堵塞 (2)排气道有积炭 (3)消声器被积炭堵塞 (4)压缩压力太低 (5)气门接触不良 (6)气门间隙没有调整好 (7)活塞卡住 (8)轴承衬瓦卡住	(1)清理 (2)清理 (3)清理 (4)更换零件或镗缸 (5)修理 (6)调整 (7)更换活塞或镗缸 (8)更换
怠速不稳定	点火系统	(1)点火正时没有调整好 (2)火花塞损坏或间隙太大 (3)高压导线绝缘不良	(1)调整 (2)更换或调整 (3)更换
	电喷系统	(1)步进电机工作不良 (2)电子控制器总成不良 (3)进气温度压力传感器不良	(1)检查线路或更换 (2)更换 (3)检查线路或更换
	其他	(1)空气滤清器肮脏和堵塞 (2)进气系统漏气 (3)排气支管被积炭堵塞 (4)气门间隙没有调整好 (5)气门接触不良 (6)气缸垫损坏	(1)清理 (2)调整 (3)清理或更换 (4)调整 (5)修理 (6)更换
异常敲击声(爆燃、早燃、燃烧滞后)	点火系统	(1)火花塞过热 (2)点火正时没有调整好	(1)更换火花塞 (2)调整
	燃油系统	油质有问题	更换符合标准的燃油
	电喷系统	(1)爆燃传感器故障 (2)进气温度压力传感器故障	(1)更换 (2)更换
	其他	(1)活塞顶或气缸盖上积炭太多 (2)气缸垫损坏,以致压缩压力太低 (3)气门间隙没有调整好 (4)气门卡住 (5)气门弹簧变弱	(1)清理 (2)更换 (3)调整 (4)修理或更换 (5)更换
发动机过热	点火系统	(1)点火正时没有调整好 (2)火花塞热值不符合要求	(1)调整 (2)更换合适的火花塞
	排气系统	排气管孔堵塞	清理

续表 3-1

故障现象		故障原因	故障排除方法
发动机过热	冷却系统	(1)冷却液不足 (2)风扇皮带变松或损坏 (3)节温器工作没有规律 (4)水泵的性能太差 (5)散热器泄漏	(1)注入冷却液 (2)调整或更换 (3)更换 (4)更换 (5)修理或更换
	润滑系统	(1)机油滤堵塞 (2)集油器滤网堵塞 (3)机油泵性能太差 (4)机油盘或油泵漏油 (5)使用不同种类的机油 (6)机油盘中机油不足	(1)更换 (2)清理 (3)更换 (4)修理 (5)更换 (6)补充
	电喷系统	(1)氧传感器故障 (2)电动燃油泵供油压力不足 (3)水温传感器故障	(1)更换 (2)调整或更换 (3)更换
	其他	(1)制动器有阻力 (2)离合器滑动 (3)气缸垫损坏	(1)调整 (2)调整或更换 (3)更换
发动机异响	曲柄轴异响	(1)主轴颈衬瓦已磨损,造成过大的运动间隙 (2)连杆轴颈衬瓦磨损 (3)连杆变形 (4)曲轴轴颈磨损 (5)曲轴连杆轴颈磨损	(1)更换 (2)更换 (3)修理或更换 (4)修理或更换曲轴 (5)研磨修理或更换曲轴
	活塞、活塞环、活塞销或气缸引起的异响	(1)气缸套异常磨损 (2)活塞、活塞环或活塞销磨损 (3)活塞卡住 (4)活塞环损坏	(1)镗缸或更换缸体 (2)更换 (3)更换 (4)更换
	其他	(1)凸轮轴止推间隙太大 (2)曲轴止推间隙太大 (3)气门间隙太大 (4)机油不足	(1)更换 (2)调整 (3)调整 (4)补充
燃油消耗量高	点火系统	(1)点火正时没有调整好 (2)高压导线绝缘不良 (3)火花塞热值不符合要求	(1)调整 (2)更换 (3)更换适当的火花塞
	燃油系统	(1)燃油箱、燃油管泄漏燃油 (2)空气滤清器肮脏或堵塞	(1)修理或更换 (2)清理或更换
	发动机状态不正常	(1)气缸盖泄漏燃烧气体 (2)气门接触不良 (3)气门间隙没有调整好	(1)拧紧或更换气缸垫 (2)修理 (3)调整
	其他	(1)制动器有阻力 (2)离合器滑动	(1)调整 (2)调整或更换

续表 3-1

故障现象		故障原因	故障排除方法
机油消耗量太大	漏油	(1)放油螺堵松动 (2)机油盘固定螺钉变松 (3)机油盘衬垫损坏 (4)油密封圈泄漏机油 (5)气缸垫损坏 (6)机油滤网安装位置不平或松动	(1)拧紧 (2)拧紧 (3)更换 (4)更换 (5)更换 (6)重新安装并拧紧
	机油进入燃烧室	(1)油环磨损或损坏 (2)活塞环对口没错开 (3)环槽磨损 (4)活塞或气缸磨损	(1)更换 (2)调整环的位置 (3)更换活塞 (4)更换活塞或镗缸
	气门杆周围漏油	(1)气门杆油封损坏 (2)气门杆或气门杆导套磨损过大	(1)更换 (2)更换

(二)发动机异响的故障诊断技巧

在正常情况下,发动机以不同的转速运转时,虽发出声响的频率、波长、声级、衰减系数不同,但都有一定的规律和范围,一般来说属于正常声响现象。如果运转中伴随有其他声响(如间歇的金属敲击声、连续的金属敲击声、金属的干摩擦声等等),即表明发动机出现异响。

1. 发动机异响的故障类型及原因

发动机的异响包括曲柄连杆机构异响、活塞组件或气缸引起的异响、配气机构引起的异响等。发动机异响的故障类型及原因如图 3-1 所示。

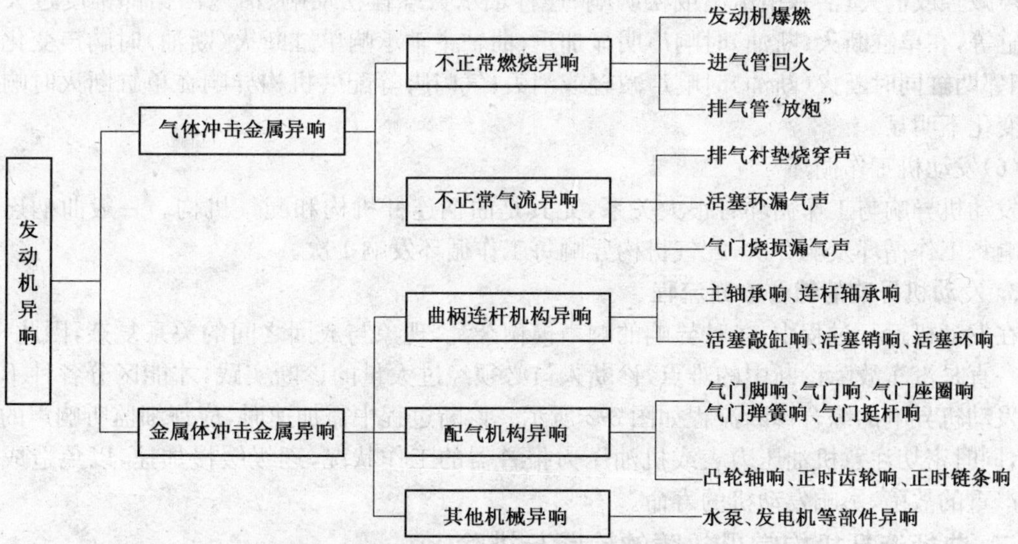

图 3-1　发动机异响的故障类型及原因

2. 引起发动机异响的主要因素

引起发动机异响的主要因素有发动机转速、负荷、温度、缸位、工作循环、润滑条件等。发动机异响部位不同,其振动区域、声调特征、伴随现象也不相同。

(1)发动机转速

一般情况下,发动机转速越高异响越严重。但发动机高速运转时响声混杂,反而不易于听诊,诊断异响应在响声最明显的转速范围内进行。异响部位不同,响声最为清晰的转速范围也不相同。如活塞敲缸响、活塞销响、气门脚响等在怠速或低速时,异响较为明显;连杆轴承响、气门座圈响、气门烧损响、凸轮轴响等在中速时,异响较为明显;而曲轴轴承响、连杆轴承响、活塞环响等在稳定转速下运转时,异响不明显,急加速时,较为明显。

(2)发动机负荷

许多异响与发动机负荷有关,如曲轴主轴承响、连杆轴承响、活塞敲缸响、点火敲击响等均随负荷增大(爬坡、加速、满载等)而增强,随负荷减小而减弱。而有些异响与负荷无关,如气门响、凸轮轴响等,负荷变化时响声基本不变。

(3)发动机温度

有些异响与发动机温度有关,而有些异响与发动机温度无关或关系不大,如活塞冷敲缸响在低温时响声明显,温度升高后异响减弱或消失;发动机过热引起的早燃突爆声,活塞因变形、配合间隙过小引起的敲缸异响等在低温时响声不明显,温度升高后异响明显加重;主轴承响、连杆轴承响、气门脚响等受温度影响较小。

(4)发动机润滑条件

如果润滑不良,曲柄连杆机构和配气机构异响均会明显加重。而有些异响又会导致润滑条件进一步恶化,如曲轴主轴承异响和连杆轴承异响,往往会造成机油压力过低、润滑不良。

(5)发动机缸位

单缸断火(断油)或复火(复油)时响声有明显变化的现象称为异响上缸,即异响与缸位有关。如连杆轴承响、活塞环响、因气缸配合间隙过大造成的活塞敲缸异响等在单缸断火(断油)时响声减轻或消失;活塞销窜出或松旷响、连杆轴承盖螺栓松动响、活塞因裙部锥度过大造成的敲缸等,在单缸断火(断油)时响声明显加重;曲轴主轴承响单缸断火(断油)时响声变化不明显,相邻两缸同时断火(断油)时响声减轻或消失;气门脚等配气机构异响在单缸断火时响声不变或变化不明显。

(6)发动机工作循环

发动机异响与工作循环有很大关系,尤其是曲柄连杆机构和配气机构。一般曲柄连杆机构异响每工作循环发响 2 次,配气机构异响每工作循环发响 1 次。

3. 发动机异响的综合诊断流程

在发动机运行过程中,各种异响的响声模糊杂乱,现象与成因之间的关系复杂,因此,异响诊断一直是汽车故障诊断中的难点,诊断人员必须经过大量的诊断实践,才能区分各种不同异响。发动机异响的综合诊断流程如图 3-2 所示。诊断过程中需加速时,应仔细监听响声的变化情况,同时密切注意机油压力表或机油压力报警器的工作状况,逐级缓慢加速,以免造成新的更为严重的故障,影响发动机的寿命。

二、曲柄连杆机构常见故障的诊断与排除

(一)曲轴主轴承响

1. 故障现象

①发动机转速突然变化时,发出低沉连续“镗镗”的金属敲击声,严重时发动机机体发生振动。

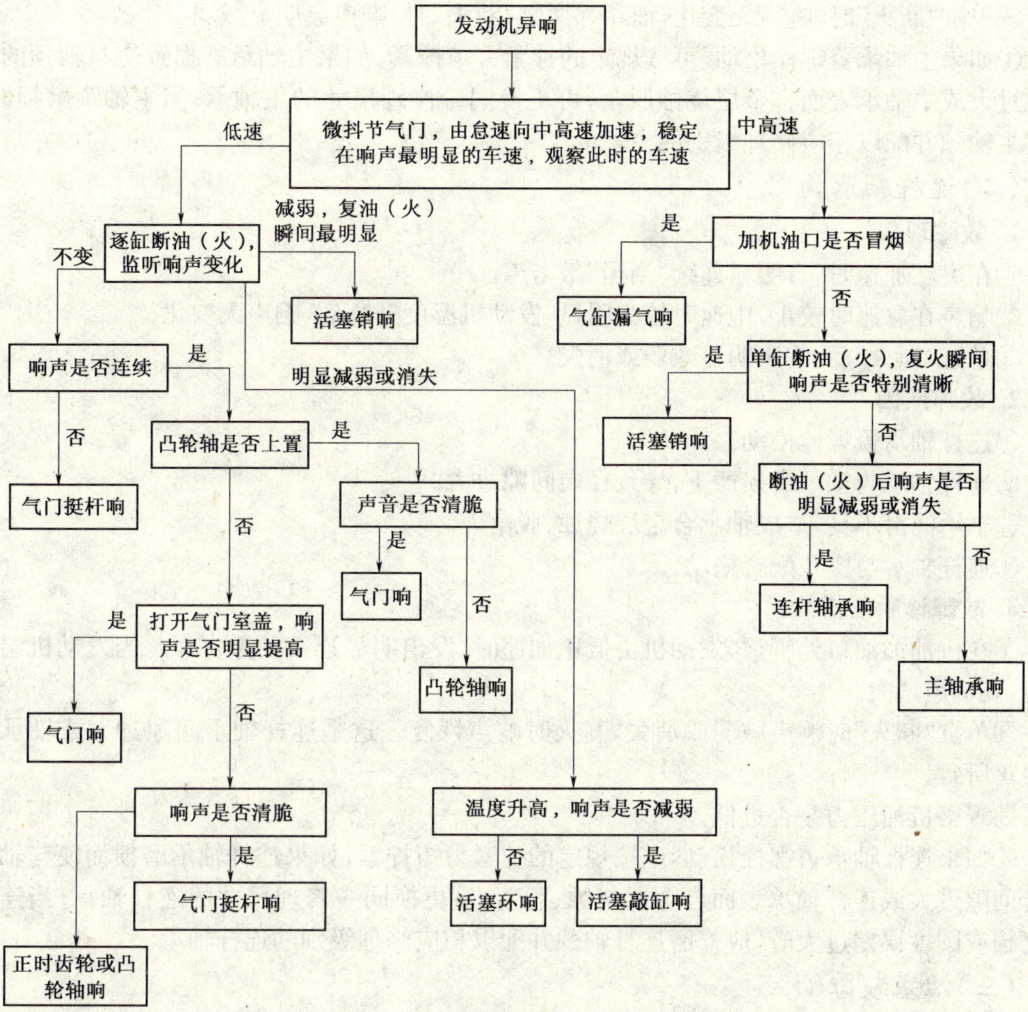

图 3-2 发动机异响的综合诊断流程

②响声随发动机转速提高而增大且随负荷的增大而增大，产生响声的部位在气缸的下部。

③单缸“断火”时，响声无明显变化，相邻两缸“断火”时，响声会明显减弱。

④观察机油压力表，机油压力明显降低。

2. 故障原因

①轴承与轴颈磨损而导致配合间隙过大。

②主轴承盖螺栓松动。

③主轴承与座孔配合松动。

④轴承润滑不良，使轴承合金层烧蚀脱落。

3. 故障诊断与排除

①在气缸体下部用听诊仪听诊或在机油加油口处听，并反复改变发动机转速。当突然加速或减速，如果有明显的沉重响声，则是主轴承响。

②发动机在正常工作温度情况下，当转速由低速加速到中速，出现有节奏而沉重的响声，发动机温度越高响声越明显。

③单缸“断火”时，响声无变化，而相邻两缸“断火”时，响声会明显减弱。

④如果主轴承盖螺栓松动，可按规定的拧紧力矩拧紧；如果主轴承磨损致使与轴颈的配合间隙过大或主轴承表面合金层烧蚀脱落，可更换同一修理尺寸的主轴承；当主轴颈磨损时，应修磨主轴颈并配以相应修理级别的主轴承。

(二)连杆轴承响

1. 故障现象

①在突然加速时，有明显连续“当当”敲击声。

②响声在怠速时较小，中速时较为明显，发动机温度升高后，响声无变化。

③单缸“断火”后，响声明显减弱或消失。

2. 故障原因

①连杆轴承盖螺栓松动。

②连杆轴承与轴颈磨损严重，导致径向间隙过大。

③轴承润滑不良，造成轴承合金层烧蚀、脱落。

④连杆轴承与座孔配合松动。

3. 故障诊断与排除

①在机油加油口处听诊，发动机由低速加速时，发出明显连续的敲击声。当发动机温度升高时，其响声增大。

②单缸“断火”时响声减弱或消失，复火时响声恢复。这是连杆轴承间隙过大或轴承合金层脱落所致。

③观察机油压力是否过低。

④如果连杆轴承盖螺栓松动，应按规定的拧紧力矩拧紧；如果连杆轴承磨损而使与轴颈的配合间隙过大或连杆轴承表面合金层烧蚀、脱落，可更换同一修理尺寸的连杆轴承；当连杆轴颈磨损或圆度误差过大时，应修磨连杆轴颈并配以相应修理级别的连杆轴承。

(三)活塞敲缸响

1. 故障现象

①发动机怠速时，气缸的上部发出清晰的“嗒嗒嗒”敲击声。

②冷车时响声明显，热车时响声减弱或消失。

③该缸“断火”后，响声减弱或消失。

2. 故障原因

①活塞与气缸壁的间隙过大，活塞在气缸内摆动，导致撞击气缸壁而发出响声。

②活塞销与连杆衬套装配过紧。

③活塞顶碰到气缸衬垫。

④连杆变形。

3. 故障诊断与排除

①用听诊器在气缸体上部听诊，声响明显。

②响声在冷车时明显，热车时减弱或消失。

③该缸“断火”后，响声减弱或消失。

④为进一步证明某缸敲缸，可向怀疑发响的气缸内注入少量机油，使机油附于气缸壁和活塞之间，再起动发动机听诊。如果敲击声减轻或消失，但运转短时间后又出现，则判断是该缸

活塞敲缸响。这是由活塞与气缸壁间隙过大所致。

⑤如果是连杆变形或连杆衬套与活塞销装配过紧而产生的响声，应重新矫正连杆或修刮连杆衬套；当活塞与气缸壁的配合间隙过大时，如果因活塞磨损过大而产生异响，可更换同一修理级别的新活塞；如果气缸磨损过大，则应镗磨气缸并配以相应修理级别的活塞。

（四）活塞销响

1. 故障现象

①怠速和中速时响声比较明显、清脆，为有节奏的“嗒、嗒”声。

②发动机转速变化时，响声的周期也随着变化。

③发动机温度升高后，响声不减弱。

④该缸“断火”后，响声减弱或消失；恢复该缸工作时的瞬间，会出现明显的响声或连续两个响声。

2. 故障原因

①活塞销与连杆小端衬套配合松旷。

②活塞销与活塞销座孔配合松旷。

3. 故障诊断与排除

①当发动机转速变化时，将听诊器触及气缸体上部，可听到清脆连续的响声。

②该缸“断火”后，响声减弱或消失；在复火瞬间，响声会突然恢复并出现双响。

③如果活塞销与连杆小端衬套配合间隙过大，应更换新的活塞销和连杆衬套后重新铰削；如果活塞销与活塞销座孔配合松旷，应更换新的活塞销和活塞。

三、配气机构常见故障的诊断与排除

配气机构传动链长、零件多，旋转、往复运动频繁，运动规律特殊，润滑条件相对较差，工作中由于磨损使各配合副、摩擦副的间隙增大，都会影响发动机的技术性能。配气机构常见故障有气门脚响、气门漏气、凸轮轴响、液力挺柱响等。

（一）气门脚响

气门脚响是因为气门间隙过大而发出的一种连续而有节奏的金属敲击声。

1. 故障现象

发动机发出清脆有节奏的“哒哒”响声，响声随转速而变化，与温度变化无关。

2. 故障原因

该响声在发动机任何转速下均能听到，并且随发动机转速升高而响声增大，尤其在怠速、中速时响声更加清晰，其响声不随温度改变和“断火”而变化。

3. 故障诊断与排除

响声在缸盖处比较明显，拆下气门室盖，发动机怠速运转，用塞尺依次插入气门间隙处检查。如果插入一个气门后，响声减弱或消失，即为气门间隙过大而发响。

4. 排除方法

重新调整气门间隙。

（二）气门漏气

气门漏气是指气门与气门座工作面密封不良、产生气体渗漏、导致气缸压力下降等现象。

1. 故障现象

发生该故障时，发动机会出现起动困难、进气管回火、排气管“放炮”、冒烟、燃油消耗增加

以及出现异响等现象。

2. 故障原因

①气门与气门座工作面磨损、烧蚀、密封不良而漏气。

②气门与气门座工作面有积炭，气门关闭不严而漏气。

③气门与气门导管间隙过大，气门杆晃动，导致气门关闭不严而漏气。

④气门杆在气门导管内发涩或卡住，气门不能上下移动。

⑤气门弹簧失去弹性或弹簧折断。

3. 故障诊断方法

在排除点火系统、燃料供应系统故障原因后，尚不能确定故障时，测量气缸压力或测量进气支管的真空度，可以比较准确地确定该故障。测量气缸压力时，气门漏气的气缸压力较其他气缸偏低。

4. 故障排除方法

拆卸缸盖，修理气门组零件，修磨或更换损坏的气门等零件。

（三）凸轮轴响

1. 故障现象

发动机缸盖处出现有节奏而较钝的“嗒嗒”响声，发动机一般无其他异常现象。

2. 故障原因

凸轮轴及其轴承配合松旷；凸轮轴弯曲变形；凸轮轴轴向间隙过大。

3. 故障诊断方法

在缸盖处可听到有节奏而较钝的“嗒嗒”响声，发动机中速时比较明显，高速时消失，作单缸断火试验，声响依旧。

4. 故障排除方法

拆检配气机构，更换故障零件。

（四）液力挺柱响

1. 故障现象

发动机发出类似普通机械气门脚响的现象。

2. 故障原因

①发动机机油油面过高或过低，导致有气泡的机油进到液压挺柱中，形成弹性体而产生异响。

②机油压力过低。

③机油泵、集滤器损坏或破裂，使空气吸到机油中去。

④液力挺柱失效。

⑤使用质量低劣的机油。

3. 故障诊断方法

发动机运转时，出现有节奏的“嗒嗒”声，怠速时明显，中速以上减弱或消失。

4. 故障排除方法

拆卸油底壳，检查更换机油泵、集滤器；调整机油液面或更换机油；拆检配气机构，更换液压挺柱或气门导管。

四、冷却系统常见故障的诊断与排除

1. 冷却系统中冷却液消耗异常故障诊断

冷却系统通常处于密封状态，在正常情况下，不需经常添加冷却液，否则，说明有冷却液消耗异常故障。冷却液消耗异常的主要原因是冷却液泄漏。

冷却液消耗异常应先检查有无泄漏痕迹，根据泄漏部位查明原因。如果无外部泄漏痕迹，应检查润滑油中是否有水。如果有水，则可能是气缸垫损坏、气缸盖或气缸体有裂纹、气缸盖或气缸体平面的平面度误差过大。

2. 发动机过热的故障诊断

发动机在运行中，如果冷却液温度表指针长时间指向高温（90 ℃以上）范围并出现冷却液沸腾（俗称“开锅”），即为发动机过热。发动机过热可分为运行中突然过热和经常过热。

(1)突然过热

发动机工作中突然出现过热现象，一般是风扇传动带断裂或风扇电路故障、水泵轴与叶轮脱转、节温器主阀门脱落或冷却液严重泄漏。

(2)经常过热

发动机工作中经常出现过热现象，其原因可归纳为两方面：一是冷却系统冷却强度不足，二是发动机传热损失过大。

由冷却系统的组成和各部分的功用不难分析出导致冷却强度下降的原因。缺少冷却液、风扇传动带打滑、风扇叶片角度调整不当、散热器堵塞或散热片倾倒过多、节温器故障或水泵故障致使冷却液循环不良、水套积垢严重等。发动机过热，应首先对上述可能原因进行排查。

如果发动机过热，但冷却系统无故障，则可能是发动机传热损失过大所致，其原因可能是点火过迟、混合气过稀或过浓、燃烧室积炭过多、润滑油不足等；发动机传热损失过大通常伴有动力不足、油耗大、进气管回火、排气管“放炮”、爆燃等异常现象。这些异常现象可作为确定故障诊断范围的依据。此外，汽车顺风行驶或高温季节长时间低速大负荷行驶等，也会引起发动机过热。注意：如果只是冷却液温度表指示温度过高，但发动机无其他异常现象，应检查冷却液温度传感器和冷却液温度表是否有故障。

3. 发动机工作温度过低的故障诊断

在汽车行驶中，如果冷却液温度表长时间指示在发动机正常工作温度以下，即可判定为发动机工作温度过低。

对一定的发动机而言，不可能因发生故障而导致冷却强度增大或传热损失减少，从而使发动机工作温度过低。发动机工作温度过低，通常是自然因素或冷却系统的冷却强度调节装置失效所致。为此，发动机出现工作温度过低的现象时，应进行如下检查：

①环境温度较低时，检查百叶窗是否关闭、是否采取了有效的保温措施。

②检查风扇控制装置是否失效。如果冷却系统装有风扇离合器或装用电动风扇，可在发动机工作温度较低时，通过观察风扇的运转状态来确定风扇控制装置是否失效。

③检查节温器是否正常。在发动机工作温度较低时，通过测试散热器的温度来判断冷却液是否进行大循环，以诊断节温器是否正常。

④如果冷却液温度表指示温度低，但发动机工作中无其他异常现象，应对冷却液温度表和冷却液温度传感器进行检查。

五、润滑系统常见故障的诊断与排除

1. 机油压力始终过低的故障诊断

机油压力传感器通常安装在主油道中。如果机油压力表和机油压力传感器正常，而机油压力表指示压力过低，可根据润滑系统的组成和油路对故障可能原因进行分析。如果将油路按油流方向以机油压力传感器为界分成前、后两部分，导致机油压力过低的原因则可分成两方面。一是机油压力传感器前的油路不畅（如滤清器堵塞）或供油不足（如机油量不足），二是机油压力传感器后的油路泄油过快（如曲轴轴承间隙过大）。尽管不同发动机润滑系统的组成和油路有一定的差别，但按上述思路，不难对机油压力过低故障进行诊断。

机油压力始终过低时，通常先抽出机油尺检查机油量。如果机油量充足，可拆下机油压力传感器，短时间起动发动机观察喷油情况。如果机油压力传感器安装座孔喷油无力，应依次拆检机油滤清器、旁通阀、限压阀、集滤器、油管路和机油泵；如果喷油有力，则应检查机油压力表和机油压力传感器是否正常。

此外，在发动机工作中，如果机油压力始终过低，且有曲轴主轴承异响、连杆轴承异响或凸轮轴轴承异响等现象，应对上述产生异响的轴承间隙进行检查。试验表明，曲轴主轴承间隙每增大 0.01mm，机油压力就会降低 0.01MPa。

2. 刚起动时压力正常、运转一段时间后机油压力迅速降低的故障诊断

诊断这类故障可通过分析发动机润滑系统发生的变化，来确定可能的故障原因。

发动机刚起动时，由于起动前大部分机油流回油底壳，所以，油底壳内油量比较充足。而运转一段时间后，由于部分机油被泵入油道进行循环，所以油底壳内的油量减少。此外，刚起动时，机油温度较低，而运转一段时间后，机油温度随发动机温度升高。而温度对润滑系统的影响主要是机油黏度，随温度升高机油黏度下降。如果机油黏度过低，在各轴承间隙一定时，对机油的节流作用变弱，机油压力也会降低。

由上述分析可知，导致发动机刚起动时机油压力正常，而运转一段时间后机油压力又迅速下降的可能原因是机油量不足或机油黏度过低。发生此故障时，可先抽出机油尺检查机油量。如果机油量充足，则可确定是机油黏度过低，应更换机油。

注意：如果因冷却液或汽油进入油底壳稀释机油，导致其黏度降低，应查明漏水或漏油的原因，将故障排除后再更换新的机油。

3. 机油压力突然降低的故障诊断

机油压力突然降低的故障一般是机油严重泄漏或机油泵损坏所致。

应立即使发动机熄火，以免造成严重机械事故，然后拆下发动机油底壳，重点检查泄漏部位和机油泵。

4. 机油压力过高的故障诊断

在使用中，若机油压力表指示压力长时间高于正常标准即为机油压力过高。

①按机油压力始终过低故障的分析思路，如果机油压力表和机油压力传感器正常，机油压力传感器前给主油道供油过多（如限压阀故障）或传感器后油路不畅（如油路堵塞），均会导致机油压力过高，可能的原因有限压阀故障、传感器之后的油道堵塞、轴承间隙过小、机油黏度过大、机油压力表或机油压力传感器损坏等。

②对于新装配的发动机，如果出现机油压力过高，应重点检查曲轴主轴承、连杆轴承、凸轮轴轴承的配合间隙。如果点火开关打开但不起动发动机时，机油压力表指针不回位，应重点检

查机油压力表和机油压力传感器。

5. 机油消耗异常的故障诊断

发动机在使用时，如果机油平均消耗量超过 0.1～0.5mL/100km，即为机油消耗异常。

机油消耗异常的原因一般是外部泄漏或机油进入燃烧室被燃烧所致。如果机油消耗异常，应首先检查有无漏油部位。如果无漏油部位，可对发动机进行急加速试验，急加速时排出大量蓝烟，说明烧机油严重。机油进入燃烧室通常有两个渠道，一是因活塞与气缸间密封不良导致机油进入燃烧室；二是由于气门油封损坏导致机油由气门进入燃烧室。活塞与气缸间的密封情况可通过测气缸压力或观察曲轴箱窜气情况等方法检查，以此可区别机油进入燃烧室的渠道，以便有针对性地查明故障原因。

诊断机油消耗异常故障还应注意以下两点：

①对于采用气压制动的汽车，空气压缩机磨损严重也会导致机油消耗异常。松开储气筒放污螺塞，如果有大量油污排出，则说明空气压缩机磨损严重。

②发动机曲轴箱通风装置不良，也会导致机油消耗异常。

6. 机油变质的故障诊断

由于高温和氧化作用，即使在正常情况下，机油也会变质，这种现象称为“老化”。老化的机油含有酸性化合物，不但使机油变黑、黏度下降，而且腐蚀机件。

在使用中，如果不到换油周期，机油就出现老化（即变质），应查明原因予以排除。机油变质的原因一般是机油被污染、机油质量差、滤清器失效、机油温度过高等。机油被污染通常是油底壳中有水或汽油进入，可通过沉淀和气味判断机油中是否有水或汽油。此外，曲轴箱通风不良，窜入曲轴箱的废气、可燃混合气也会污染机油。

六、五菱微型客车发动机电控系统故障的诊断

（一）发动机电控系统故障诊断（OBD）系统的检查（表 3-2）

表 3-2　发动机电控系统故障诊断（OBD）系统的检查

步骤	检查方法	是	否
1	（1）重要注意事项 ①在继续诊断前，检查相应的维修通讯。 ②在执行该诊断表中步骤时，切勿关闭点火开关。 ③如果没有驾驶性能状况存在，不得执行该测试。 ④除非特别说明，切勿清除任何诊断故障码。 （2）发动机关闭情况下打开点火装置 （3）观察故障指示灯 故障指示灯是否点亮	至步骤 2	检查故障指示灯，有故障不能工作
2	（1）断开点火起动开关 （2）安装故障诊断仪 （3）发动机熄火时，接通点火装置 （4）用故障诊断仪显示发动机控制模块数据 故障诊断仪是否显示发动机控制模块数据	至步骤 3	检查数据链接接头
3	起动发动机 发动机是否起动	至步骤 4	检查发动机不能起动
4	发动机是否起动并继续运行	至步骤 5	检查发动机起动但不运行

表 3-2

步骤	检查方法	是	否
5	(1)如果故障诊断仪指示所有诊断故障代码设置，记录下冻结故障状态/故障记录 (2)使用故障诊断仪以便显示诊断故障代码(DTC) 故障诊断仪是否指示已经设置任何诊断故障代码	至相应的诊断故障代码表	至步骤 6
6	使用故障诊断仪，将发动机控制模块数据与故障诊断仪数据列表进行比较 故障诊断仪是否指示发动机控制模块值等于或在典型范围内	系统正常	进行相应故障诊断与排除

(二)发动机电控系统故障码(DTC)

1. 故障码类型

(1)故障诊断仪 N200(UAES)项目中采用的故障类型

故障诊断仪 N200 项目中采用的故障类型有 Class 5、Class 31 和 Class 33。其中，Class 5 为选定故障类型，Class 31 与 Class 33 为自定义故障类型。

①Class 5：故障一经产生便进入故障内存，诊断仪可读。故障消失后经 40 次起动暖机后，将被从内存中删除，故障被确认后故障指示灯不亮。此类故障的确认需起动发动机。

②Class 31：故障一经产生便进入故障内存，起动 3 次后(每次起动后发动机工作大于5s)，故障指示灯亮，诊断仪可读，故障出现又消失后经一次起动暖机后，故障指示灯灭，再经 40 次起动暖机后，将被从内存中删除。

③Class 33：故障一经产生便进入故障内存，诊断仪可读，故障消失后经 40 次起动暖机后，将被从内存中删除，故障被确认后故障指示灯不亮。此类故障的确认不需起动发动机。

(2)故障诊断仪 N200(SIEMENS)项目中采用的故障类型

在 3 个连续点火循环中诊断运行并成功通过后，控制模块将熄灭故障指示灯。当诊断运行并且通过时，则清除当前故障诊断码(即未通过上次测试的故障诊断码)。

如果在连续 40 个预热循环中，该诊断以及其他和排放有关的诊断都成功通过了测试，则清除历史故障诊断码。用故障诊断仪关闭故障指示灯并清除故障诊断码。

2. 发动机电控系统故障码(表 3-3)

表 3-3 发动机电控系统故障码(DTC)

故障码含义	联合电子发动机电控系统故障码	西门子发动机电控系统故障码	故障诊断仪 N200 显示的故障码	联合电子发动机电控系统故障类型
氧传感器加热电路电压低	P0031	P0031(s)		
氧传感器加热电路电压高	P0032	P0032(s)		
进气压力传感器信号故障	P0105		P0105(U)	31
进气压力传感器信号不合理	P0106		P0106(U)	31
进气压力传感器电路电压过低	P0107	P0107	P0107	31
进气压力传感器电路电压过高	P0108	P0108	P0108	31
进气温度传感器信号故障	P0110		P0110(U)	31
进气温度传感器信号不合理	P0111		P0111(U)	31

续表 3-3

故障码含义	联合电子发动机电控系统故障码	西门子发动机电控系统故障码	故障诊断仪N200显示的故障码	联合电子发动机电控系统故障类型
进气温度传感器指示温度过高	P0112	P0112	P0112	31
进气温度传感器指示温度过低	P0113	P0113	P0113	31
发动机冷却液温度传感器信号故障	P0115		P0115(U)	31
发动机冷却液温度传感器信号不合理故障	P0116		P0116(U)	31
发动机冷却液温度传感器指示温度过高	P0117	P0117	P0117	31
发动机冷却液温度传感器指示温度过低	P0118	P0118	P0118	31
节气门位置传感器电路故障	P0120		P0120(U)	31
节气门位置传感器电路故障(最小)	P0122	P0122	P0122	31
节气门位置传感器电路故障(最大)	P0123	P0123	P0123	31
氧传感器信号电路电压过低	P0131	P0131	P0131	31
三元催化转换器前氧传感器不合理故障	P0130	P0130	P0130	31
氧传感器信号电路电压过高	P0132	P0132	P0132	31
氧传感器电路活动不足(信号故障)	P0134		P0134(U)	31
氧传感器加热电路故障	P0135		P0135(U)	31
空燃比闭环控制自适应乘法部分超限信号故障和不合理故障	P0170		P0170(U)	5
空燃比闭环控制自适应加法部分超限信号故障和不合理故障	P0170		P0170(U)	5
空燃比闭环控制自适应乘法部分超限最大故障	P0171		P0171(U)	5
空燃比闭环控制自适应加法部分超限最大故障	P0171		P0171(U)	5
空燃比闭环控制自适应乘法部分超限最小故障	P0172		P0172(U)	5
空燃比闭环控制自适应加法部分超限最小故障	P0172		P0170(U)	5
一缸喷油器电路故障	P0201		P0201(U)	31
二缸喷油器电路故障	P0202		P0202(U)	31
三缸喷油器电路故障	P0203		P0203(U)	31
四缸喷油器电路故障	P0204		P0204(U)	31
油泵继电器控制电路故障	P0230	P0230	P0230	31
一缸喷油器电路输出低		P0261	P0261(S)	
一缸喷油器电路输出高		P0262	P0262(S)	
二缸喷油器电路输出低		P0264	P0264(s)	
二缸喷油器电路输出高		P0265	P0265(S)	
三缸喷油器电路输出低		P0267	P0267(S)	
三缸喷油器电路输出高		P0268	P0268(S)	
四缸喷油器电路输出低		P0270	P0270(S)	
四缸喷油器电路输出高		P0271	P0271(S)	
爆燃零漂测试故障	P0324		P0324(U)	5

续表 3-3

故障码含义	联合电子发动机电控系统故障码	西门子发动机电控系统故障码	故障诊断仪N200显示的故障码	联合电子发动机电控系统故障类型
爆燃电压补偿故障	P0324		P0324(U)	5
爆燃测试脉冲故障	P0324		P0324(U)	5
爆燃传感器电路故障	P0325		P0325(U)	31
曲轴位置传感器信号故障	P0335	P0335	P0335	33
曲轴位置传感器信号不合理		P0336		
相位传感器故障	P0340	P0340	P0340	31
相位传感器最小故障	P0342		P0342(U)	31
相位传感器最大故障	P0343		P0343(U)	31
一缸点火线圈电路故障		P0351	P0351(S)	
二缸点火线圈电路故障		P0352	P0352(S)	
三缸点火线圈电路故障		P0353	P0353(S)	
四缸点火线圈电路故障		P0354	P0354(S)	
炭罐控制阀驱动级控制电路故障(信号故障和不合理故障)	P0443		P0443(U)	31
炭罐控制阀驱动级控制电路电压过低	P0444	P0444	P0444	31
炭罐控制阀驱动级控制电路电压过高	P0445	P0445	P0445	31
空调冷却风扇继电器控制电路故障	P0480		P0480(U)	31
空调冷凝器风扇继电器控制电路故障		P0481		
冷却风扇继电器控制电路故障		P0482		
车速信号不合理故障	P0500		P0500(U)	31
车速信号不合理故障		P0501	P0501(S)	31
怠速控制转速偏离目标转速故障	P0505	P0505	P0505	31
怠速转速低于目标怠速值	P0506		P0506(U)	31
怠速转速高于期望值	P0507		P0507(U)	31
怠速调节器控制电路电压过低	P0508		P0508(U)	31
怠速调节器控制电路电压过高	P0509		P0509(U)	31
怠速调节器控制电路故障	P0511		P0511(U)	31
系统电压信号不合理	P0560	P0560	P0560	31
系统电压过低	P0562		P0562(U)	31
系统电压过高	P0563		P0563(U)	31
诊断数据识别码未编程故障	P0602		P0602(U)	31
ECU 内部控制模块(只读存储器)故障		P0605	P0605(S)	
空调压缩机继电器控制电路故障	P0645		P0645(U)	31
空调压缩机继电器控制电路电压过低	P0646		P0646(U)	31
空调压缩机继电器控制电路电压过高	P0647		P0647(U)	31
故障灯控制电路故障		P0650	P0650(S)	

续表 3-3

故障码含义	联合电子发动机电控系统故障码	西门子发动机电控系统故障码	故障诊断仪N200显示的故障码	联合电子发动机电控系统故障类型
空调蒸发器温度传感器故障	P1530		P1530(U)	5
空调蒸发器温度传感器温度过高		P1535	P1535(S)	
空调蒸发器温度传感器温度过低		P1536	P1536(S)	
空调压缩机继电器控制电路故障		P1545	P1545(S)	
故障灯控制电路故障	P1651		P1651(U)	5

(三)发动机电控系统常见故障的诊断

1. 外观检查

①检查发动机控制模块(ECU)接地处是否清洁、紧固且位置正确。

②检查真空软管是否有裂口、扭结以及是否按照车辆排放控制信息标签所示正确连接，彻底检查任何形式的泄漏或堵塞情况。

③检查进气管是否出现塌陷或损坏。

④检查节气门体安装部位是否泄漏空气。

⑤检查线束是否接触不良、卡紧、划痕或其他损坏。

⑥检查传感器是否损坏或松脱。

2. 间歇(间断)性故障的诊断

间歇性故障是指故障在当前未出现，但以往诊断故障代码中已经指明；或有客户投诉，但症状不能正确再现(如果故障与故障码无关)。间断(间歇)故障诊断见表 3-4。

表 3-4 间歇间断性故障的诊断

检查	检查方法
初步检查	(1)在起动发动机前，先进行外观检查 (2)必须在故障出现时，才能用诊断故障代码表确定故障的位置
线束/连接器检测	许多电路因振动、发动机扭矩、撞击，道路不平等引起线束/连接器移动，而容易产生间断性断路和短路。基本检查方法如下： (1)移动相关的连接器和线束，同时监视相应的故障诊断仪数据 (2)移动相关的连接器和线束，用故障诊断仪指令部件打开(和关闭)，观察部件的操作 (3)当发动机运行时，移动相关的连接器和线束，同时监视发动机的操作 如果线束或接头的移动会影响显示的数据、部件/系统操作或发动机的操作，则对线束连接，进行必要的检查和修理
故障诊断仪快检	用故障诊断仪快检可用参数。快检功能记录一定期间内的实时数据，记录的数据可以回放和分析。故障诊断仪还能绘制单参数图和参数组合图，以便进行比较。快检既可在注意到症状时手动触发，也可设置为在诊断故障代码设置时提前触发。记录数据中捕获的异常值，可能指示系统或部件需要进一步检查
电气连接和导线	(1)检查插头是否配合不良，或是端子未完全插入到连接器壳体中(脱出) (2)检查端子是否变形或损坏。测试端子张力是否不足 (3)检查导线与端子是否接触不良，包括卷曲在绝缘体上的端子。该测试需要将端子从连接器壳体上卸下 (4)检查是否出现腐蚀、进水 (5)导线夹紧、切断或擦破 (6)布线不正确，距离高电压、高电流装置，如次级点火部件、电动机、发电机等太近。这些部件会在电路中诱发电噪声，干扰电路的正常操作 (7)非制造厂(售后)加装的附件安装不当

续表 3-4

检查	检查方法
故障指示灯间断和无诊断故障代码	(1)因继电器、ECU 驱动的电磁线圈或开关功能失效导致的电气系统干扰。它们可引起强烈的电气波动。通常，当有故障的部件工作时就会出现这样的问题 (2)非制造厂(售后)加装的附件安装不当，如车灯、收音机、电动机等 (3)故障指示灯电路接地间断性短路 (4)ECU 接地不良
存储的诊断故障代码丢失	按如下顺序测试检测诊断故障代码内存是否丢失： (1)断开发动机冷却液温度(ECT)传感器 (2)起动发动机 (3)用故障诊断仪监视诊断故障代码的状态，观察是否出现 DTC (4)使发动机怠速运行，直到 DTC 出现 (5)关闭点火钥匙开关并等待至少 30s (6)打开点火开关 (7)监视故障诊断仪上是否出现诊断故障代码 即使关闭点火装置至少 30s，ECU 也应保存信息并将该信息保持在存储器中(只要 ECU 蓄电池输入和接地电路不受干扰，信息应被随机储存)。如果未保持诊断故障代码信息，而且 ECU 电源和接地都正常，则 ECU 有故障
附加检查	(1)测试空调压缩机离合器上跨接的二极管和其他二极管是否断路 (2)非制造厂(售后)加装的附件安装不当，如车灯、收音机、电动机等 (3)测试发电机整流器是否损坏

3. 发动机起动困难故障的诊断(表 3-5)

表 3-5　发动机起动困难故障的诊断

检查	检查方法
初步检查	(1)进行动力系统车载诊断(OBD)系统检查 (2)起动前先进行间断性故障检查
传感器	(1)检查发动机冷却液温度(ECT)传感器值是否符合标准 (2)在故障诊断仪上检查曲轴位置传感器。如果无响应，则检查传感器输入电路 (3)检查 MAP 传感器是否正确安装和连接 (4)用故障诊断仪检查怠速空气控制(IAC)的操作
燃油系统	(1)检查燃油泵继电器电路的操作是否正常 (2)检查燃油压力是否过低 (3)检查燃油喷油器是否有故障。拆卸喷油器，用喷油器专用清洗分析仪检查喷油器是否存在泄漏或堵塞现象 (4)检查燃油是否被污染
点火系统	(1)如果火花塞上未出现火花，检查如下内容： ①检查线圈是否损坏。线圈电阻规定值为 11～15kΩ ②检查火花塞导线是否有跳火/交叉放电的现象，导线是否断裂、火花塞损坏或火花塞导线电阻值超出规定的范围等现象。火花塞导线电阻应为 1968Ω/m ③点火模块损坏 ④点火系统导线与点火模块输入或接地松开或系统导线损坏 (2)拆卸火花塞并检查以下内容： ①火花塞积炭 ②断裂 ③磨损 ④间隙不正确 ⑤电极烧损或损坏 ⑥型号是否正确 (3)如果火花塞受汽油或机油污染，在更换火花塞前，应确定引起污染的原因

续表 3-5

检查	检查方法
发动机机械	(1)大量机油进入燃烧室—气门密封面泄漏 (2)气缸压力过低 (3)检查发动机零部件是否有故障 ①缸盖 ②凸轮轴和气门组件 ③活塞等

4. 发动机喘气、功率下降、运转不稳定故障的诊断(表 3-6)

表 3-6　发动机喘气、功率下降、运转不稳定故障的诊断

检查	检查方法
初步检查	(1)先进行动力系统车载诊断系统检查 (2)进行间断性故障检查
传感器	(1)检查加热型氧传感器(HO_2S) (2)在故障诊断仪上检查曲轴位置(CKP)传感器。如果无响应,检查传感器输入电路 (3)检查节气门位置传感器和相关导线 (4)检查 MAP 传感器和相关导线
燃油系统	(1)检查燃油是否被污染 (2)检查喷油器
点火系统	(1)如果火花塞上未出现火花,检查如下内容: ①检查线圈是否损坏。线圈电阻规定值为 11～15kΩ ②检查火花塞导线是否有跳火/交叉放电的现象,导线是否断裂、火花塞损坏或火花塞导线电阻值超出规定范围等现象。火花塞导线电阻应为 1968Ω/m ③点火模块损坏 ④点火系统导线与点火模块输入或接地松开或系统导线损坏 (2)拆卸火花塞并检查以下内容: ①火花塞积炭 ②断裂 ③磨损 ④间隙不正确 ⑤电极烧损或损坏 ⑥型号是否正确 (3)如果火花塞受汽油或机油污染,在更换火花塞前,应确定引起污染的原因

5. 发动机断火、缺火故障的诊断(表 3-7)

表 3-7　发动机断火缺火故障的诊断

检查	检查方法
初步检查	(1)先进行动力系统车载诊断系统检查 (2)进行间断性故障检查
燃油系统	(1)检查系统燃油压力 (2)检查燃油喷油器 (3)检查燃油是否污染 (4)检查燃油压力调节器真空软管中是否有燃油

续表 3-7

检查	检查方法
传感器	(1)检查导致怠速不正确的条件 ①节气门体堵塞、沉积物过多或损坏 ②进气系统堵塞 ③真空泄漏 (2)检查节气门位置传感器及相关的电路导线 (3)检查曲轴箱强制通风的操作是否正常 (4)行驶车辆并将自动变速器操纵手柄置于直接档或超速档,检查变速器档位选择开关输入信号 (5)检查如下零件是否损坏: ①曲轴减振器损坏 ②曲轴位置传感器损坏
点火系统	(1)如果火花塞上未出现火花,检查如下内容: ①检查线圈是否损坏。线圈电阻规定值为 11～15kΩ ②检查火花塞导线是否有跳火/交叉放电的现象,导线是否断裂、火花塞损坏或火花塞导线电阻值超出规定的范围等现象。火花塞导线电阻应为 1968Ω/m ③点火模块损坏 ④点火系统导线与点火模块输入或接地松开或系统导线损坏 (2)拆卸火花塞并检查以下内容: ①火花塞积炭 ②断裂 ③磨损 ④间隙不正确 ⑤电极烧损或损坏 ⑥型号是否正确 (3)如果火花塞受汽油或机油污染,在更换火花塞前,应确定引起污染的原因
发动机机械	(1)检查发动机气缸压缩压力是否符合标准 (2)检查配气机构中以下部件: ①气门是否关闭不严 ②检查凸轮轴凸尖磨损情况 ③检查气门正时 ④检查摇臂磨损情况 ⑤检查气门弹簧是否折断 ⑥检查气门油封是否损坏 (3)检查发动机的缸盖和活塞等部件的工作情况
附加检查	(1)检查排气系统管路是否损坏或塌陷 (2)检查消音器的热疲劳或可能的内部故障 (3)检查三元催化转换器是否堵塞

6. 发动机燃油经济性差故障的诊断(表 3-8)

表 3-8 发动机燃油经济性差故障的诊断

检查	检查方法
初步检查	(1)先进行动力系统车载诊断系统检查 (2)进行间断性故障检查 (3)观察用户的驾驶习惯 ①空调是否使用频繁 ②轮胎气压是否正确 ③轮胎是否阻滞 ④车辆负载是否过重 ⑤加速踏板是否踩得过快、过于频繁

续表 3-8

检查	检查方法
燃油系统	(1)检查燃油压力 (2)检查燃油喷油器 (3)检查燃油是否被污染 (4)确保各条喷油器线束正确连接到相应的喷油器上 (5)检查燃油压力调节器真空软管中是否有燃油
传感器	(1)在故障诊断仪上检查曲轴位置传感器 (2)检查空气进气系统及曲轴箱是否泄漏空气 (3)检查车速表标度是否正确
点火系统	(1)如果火花塞上未出现火花,检查如下内容: ①检查线圈是否损坏。线圈电阻规定值为 11～15kΩ ②检查火花塞导线是否有跳火/交叉放电的现象,导线是否断裂、火花塞损坏或火花塞导线电阻值超出规定的范围等现象。火花塞导线电阻应为 1968Ω/m ③点火模块损坏 ④点火系统导线与点火模块输入或接地松开或系统导线损坏 (2)拆卸火花塞并检查以下内容: ①火花塞积炭 ②断裂 ③磨损 ④间隙不正确 ⑤电极烧损或损坏 ⑥型号是否正确 (3)如果火花塞受汽油或机油污染,在更换火花塞前,应确定引起污染的原因
发动机冷却系统	(1)检查发动机冷却液液面高度 (2)检查发动机节温器
发动机机械	(1)检查发动机气缸压缩压力是否符合标准 (2)检查配气机构中以下部件: ①气门是否关闭不严 ②检查凸轮轴凸尖磨损情况 ③检查气门正时 ④检查摇臂磨损情况 ⑤检查气门弹簧是否折断 ⑥检查气门油封是否损坏 (3)检查发动机的缸盖和活塞等部件的工作情况
附加检查	(1)检查排气系统管路是否损坏或塌陷 (2)检查三元催化转换器是否堵塞

七、长安微型客车发动机电控系统故障的诊断

(一)故障自诊断

(1)JL474Q7 发动机电控系统故障代码(表 3-9)。

表 3-9　JL474Q7 发动机及控制系统故障代码(DTC)表

故障码(DTC)		故障指示灯闪烁状况	故障诊断内容
故障诊断仪显示	MIL 显示		
P0105	11	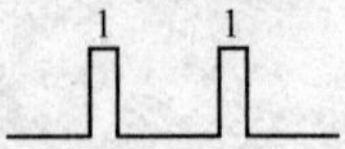	进气支管绝对压力传感器
P0120	13	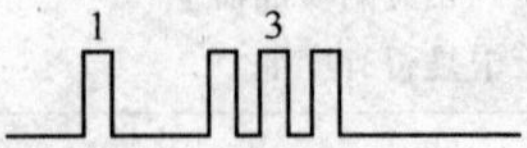	节气门位置传感器电路
P1935	14	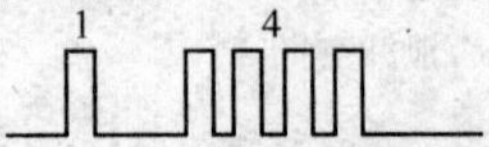	氧传感器(带预热)电路
P0340	15		凸轮轴位置传感器电路
P0500	16	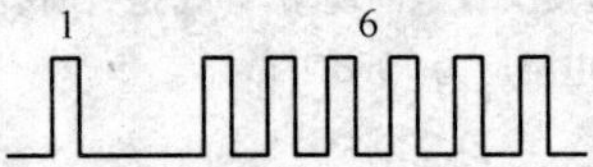	车速传感器电路
P0110	18	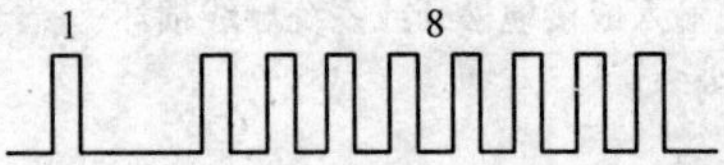	进气温度传感器电路
P0115	19	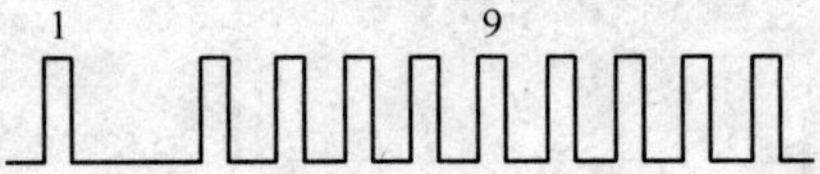	发动机冷却液温度传感器电路
P1570	21	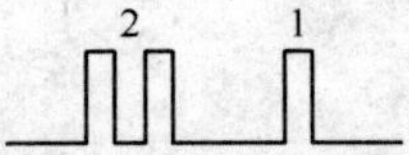	ABS 信号电路
P0335	23	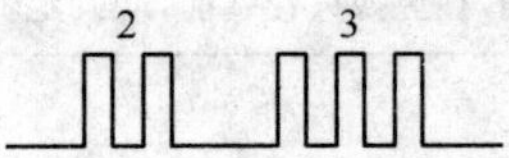	曲轴位置传感器电路
—	12	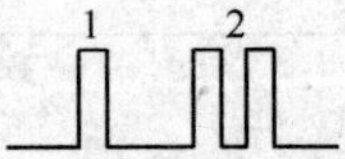	正常

(2)CM8 型车发动机电控系统发动机电控系统故障码(表 3-10)

表 3-10　CM8 车型发动机电控系统发动机电控系统故障码表

序号	故障码	故障码说明
1	P0107	进气压力传感器电路电压过低
2	P0108	进气压力传感器电路电压过高
3	P0111	进气压力传感器指示温度不合理故障
4	P0112	进气温度传感器指示温度过低
5	P0113	进气温度传感器指示温度过高
6	P0115	冷却液温度传感器电路故障
7	P0116	冷却液温度传感器指示温度不合理故障
8	P0117	冷却液温度传感器指示温度过低
9	P0118	冷却液温度传感器指示温度过高

续表 3-10

序号	故障码	故障码说明
10	P0122	节气门位置传感器电路电压过低
11	P0123	节气门位置传感器电路电压过高
12	P0130	氧传感器信号不合理故障
13	P0132	氧传感器电路电压过高
14	P0134	氧传感器电路故障
15	P0135	氧传感器加热电路故障
16	P0171	空燃比闭环控制自适应值超上限
17	P0172	空燃比闭环控制自适应值超下限
18	P0201	1 缸喷油器电路故障
19	P0202	2 缸喷油器电路故障
20	P0203	3 缸喷油器电路故障
21	P0204	4 缸喷油器电路故障
22	P0230	油泵控制电路故障
23	P0325	爆燃传感器电路故障
24	P0335	曲轴位置传感器电路故障
25	P0336	曲轴位置传感器信号不合理故障
26	P0340	相位传感器电路故障
27	P0342	相位传感器电路电压过低
28	P0343	相位传感器电路电压过高
29	P0443	炭罐控制阀驱动级控制电路故障
30	P0444	炭罐控制阀驱动级控制电路电压过低
31	P0445	炭罐控制阀驱动级控制电路电压过高
32	P0480	散热器风扇继电器控制电路故障
33	P0500	车速信号不合理故障
34	P0506	怠速转速低于目标怠速值
35	P0507	怠速转速高于目标怠速值
36	P0508	怠速执行器控制电路电压过低
37	P0509	怠速执行器控制电路电压过高
38	P0511	怠速执行器控制电路故障
39	P0560	系统信号电压不合理
40	P0562	系统信号电压过低
41	P0563	系统信号电压过高
42	P0601	电控单元校验码未编程错误
43	P1530	空调蒸发器温度传感器电路故障
44	P1651	发动机故障灯(SVS)电路故障

(二)发动机电控系统故障码的故障诊断

1. 故障码 11/P0105—支管绝对压力(MAP)传感器电路(信号电压低、高或性能故障)

支管绝对压力传感器控制电路如图 3-3 所示,故障码 11/P0105 故障排除见表 3-11。

维修提示:进行故障诊断与排除时,不要将 MAP 传感器插接器的 b 端子与 c 端子连接起来,否则可能会造成 ECM 故障。

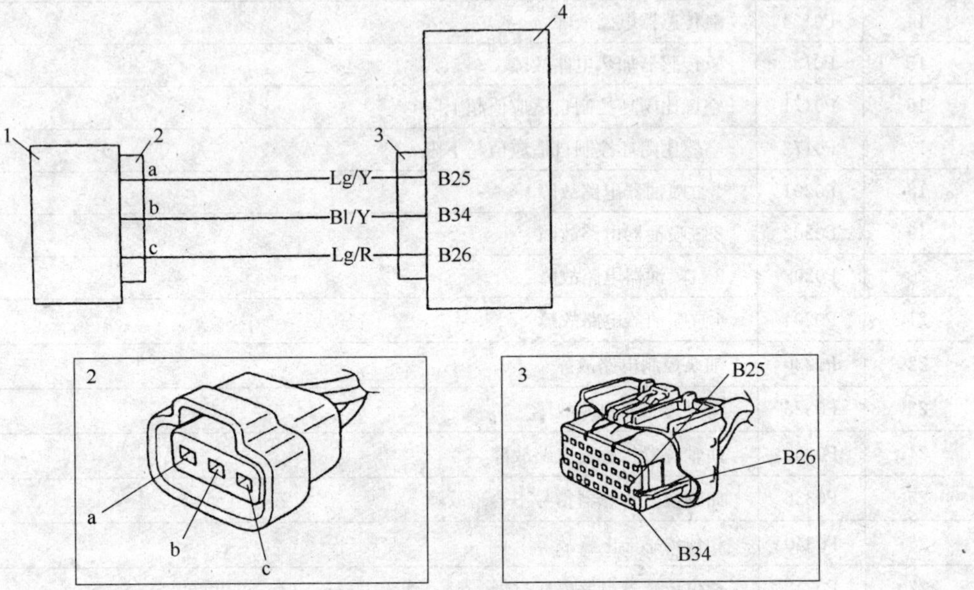

图 3-3　MAP 传感器电路图

1. MAP 传感器　2. MAP 传感器插接器　3. ECM 插接器(B)　4. ECM

表 3-11　故障码 11/P0105 故障排除流程

步骤	检查方法	是	否
1	(1)关闭点火开关,断开 MAP 传感器插接器 (2)接通点火开关,发动机不运转 (3)测量 MAP 传感器插接器 c 端子与搭铁之间的电压。电压是否在 4～5V 之间	进入第 2 步	(1)"Lg/R"线断路或短路 (2)ECM 插接器端子接触不良 (3)如果接触良好,则应更换 ECM 并重新检查
2	测量 MAP 传感器插接器"a"与搭铁之间的电压。电压值是否在 4～5V 之间	进入第 3 步	(1)"Lg/Y"线断路或短路 (2)ECM 插接器端子接触不良 (3)如果接触良好,则应更换 ECM 并重新检查
3	(1)用跨接线将 MAP 传感器插接器端子"a"与"b"相连 (2)测量 MAP 传感器插接器端子"a"与搭铁电压。电压是否在 0.15V 以下	进入第 4 步	(1)"Bl/Y"线断路或短路 (2)ECM 插接器端子接触不良 (3)如果接触良好,则应更换 ECM 并重新检查
4	(1)拆下 MAP 传感器 (2)目测 MAP 传感器空气压力进气通道内,观察是否有障碍物	清扫空气通道或更换	进入第 5 步

续表 3-11

步骤	检查方法	是	否
5	检查 MAP 传感器，电压是否在规定范围内	(1)MAP 传感器插接器端子接触不良 (2)如果接触良好，应更换 ECM 并重新检查	MAP 传感器有故障

说明：在检查和修理工作完成之后，清除 DTC，起动发动机，保持发动机在 2000r/min 转速下运转 5s，再次检查 DTC，以确定该故障被排除

2. 故障码 13/P0120—节气门位置(TP)传感器电路(信号电压低或高)

TP 传感器电路如图 3-4 所示，故障码 13/T0120 故障排除见表 3-12。

维修提示：进行故障诊断与排除时，不要将 TP 传感器插接器的 a 端子与 b 端子连接起来，否则，可能会造成 ECM 故障。

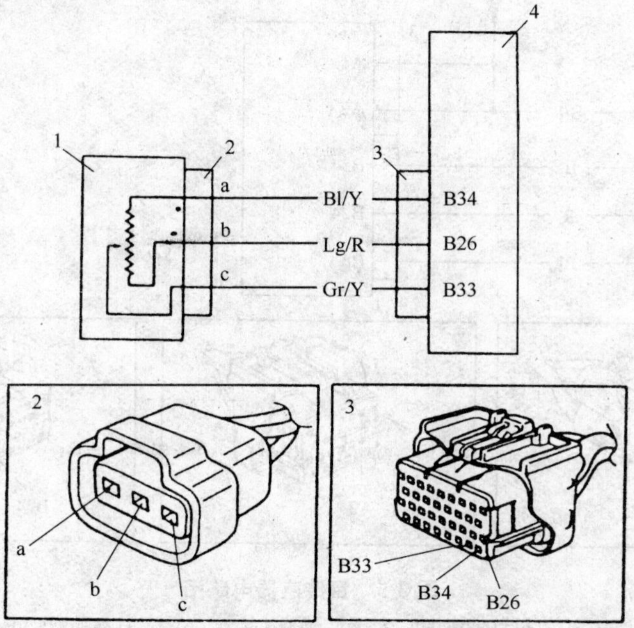

图 3-4　TP 传感器电路图

1. TP 传感器　2. TP 传感器插接器　3. ECM 插接器(B)　4. ECM

表 3-12　故障码 13/P0120—TP 传感器电路故障排除流程

步骤	检查方法	是	否
1	(1)关闭点火开关，断开 TP 传感器插接器 (2)用万用表测量 TP 传感器插接器 a 端子对搭铁电阻是否小于 1Ω	进入第 2 步	(1)"Bl/W"导线断路或插接器接触不良 (2)如果接触良好，则应更换 ECM，并重新检查
2	打开点火开关，用万用表测量 TP 传感器插接器 b 端子与搭铁电压是否为 4～5V	进入第 3 步	(1)Lg/R 导线断路或插接器端子接触不良 (2)如果接触好，应更换 ECM 并重新检查

续表 3-12

步骤	检查方法	是	否
3	用跨接线将 TP 传感器插接器端子"a"与"c"相连。测量 TP 传感器插接器端子"c"与搭铁间的电压，电压是否在 0.15V 以下	进入第 4 步	(1)"Gr/Y"线断路 (2)ECM 插接器端子接触不良 (3)如果接触良好，则应更换 ECM 并重新检查
4	测量 TP 传感器端子 a 与 b 之间的电阻是否在规定值范围内	(1)TP 传感器插接器端子接触不良 (2)如果接触良好，应更换 ECM 并重新检查	TP 传感器有故障，应予以更换
说明：在完成检查和修理工作之后，清除 DTC，接通点火开关 5s 或更长时间，再次检查 DTC，以确定该故障已排除			

3. 故障码 14/P1935—氧传感器(带预热)电路(信号电压低)

氧传感器电路如图 3-5 所示，故障码 14/T1935 故障排除见表 3-13。

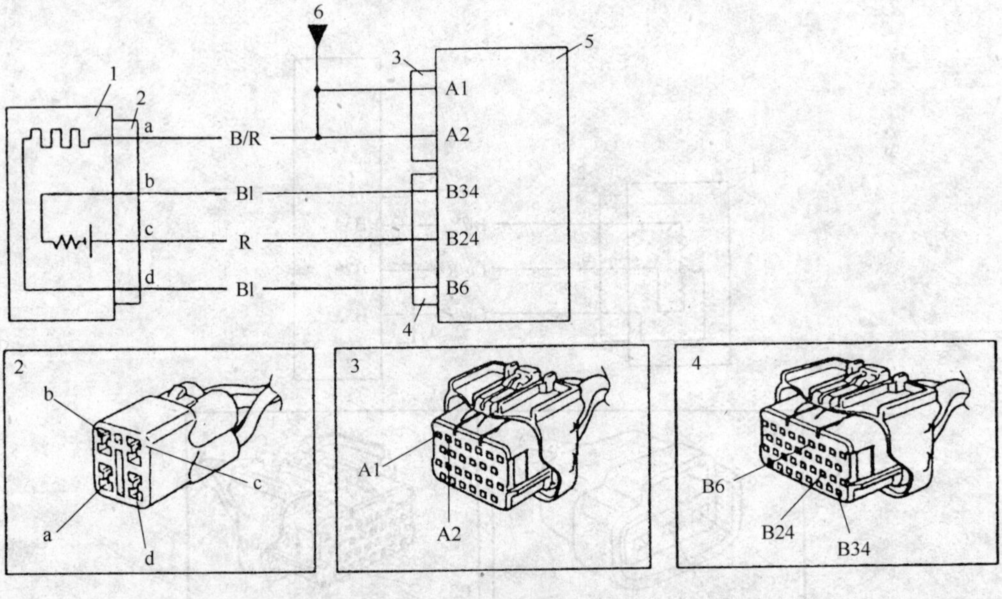

图 3-5　氧传感器电路图

1. 氧传感器(带预热)　2. 氧传感器插接器　3. ECM 插接器(A)
4. ECM 插接器(B)　5. ECM　6. 主继电器提供的电源

☞维修提示：在故障诊断排除以前，进行检查以确保下列系统及零部件状态良好：

①空气滤清器(被堵塞)。

②真空泄漏(空气吸入)。

③火花塞(弄脏、间隙)。

④高压线(产生裂缝，老化)。

⑤点火正时。

⑥发动机压缩压力。

⑦其他任何可影响 A/F 混合或燃烧的系统及零部件。

如果故障码 14/P1935 与其他故障码一起显示，则优先考虑其他故障码。

表 3-13 故障码 14/P1935—氧传感电路故障排除流程

步骤	检查方法	是	否
1	氧传感器(带预热)电路检查 (1)关闭点火开关,安装故障诊断仪 起动发动机,使发动机达到正常工作温度 (2)保持发动机转速在 2000r/min 下 60s (3)用故障诊断仪数据显示功能,在发动机转速为 2000r/min 时,观察氧传感器输出压"O_2S"显示的电压是否在 0.55V 左右	间歇性故障或 ECM 有故障	进入第 2 步
2	氧传感器检查 (1)起动发动机,使发动机达到正常工作温度 (2)关闭点火开关并断开氧传感器插接器。检查氧传感器插接器的每个端子连接是否合适 (3)如果连接情况良好,则将电压表正极连接到氧传感器插接器"c"端子,将电压表负极连接到"b"端子 (4)起动发动机,并使发动机在 2000r/min 转速下保持 60s (5)发动机反复空转时,检查电压(连续反复踩下加速踏板 5～6 次,使混合气加浓),电压表是否立刻显示 0.55V 甚至更高	进入第 3 步	更换氧传感器
3	电线线束检查 (1)关闭点火开关,分别将 ECM 上的插接器及氧传感器插接器断开 (2)检查"R"和"Bl"线是否断路或短路	(1)ECM 插接器接触不良或混合气过稀/过浓 (2)检查 MAP 传感器、ETC 传感器、燃油压力或喷油器	修理或更换

说明:在完成检查和修理工作之后,清除 DTC,将点火开关旋至 OFF 位置,安装故障诊断仪,起动发动机并使发动机在 2000r/min 转速运转 60s。使用故障诊断仪检测发动机在 2000r/min 时的氧传感器输出电压,确认氧传感器输出电压在 0.55V 以上不变动。否则,应重新检查并排除故障

4. 故障码 15/P0340—凸轮轴位置(CMP)传感器(从 CKP 传感器接收到 30 个脉冲时,CMP 传感器无信号)

CMP 传感器电路如图 3-6 所示,故障码 15/P0340—CMP 传感器电路故障排除见表 3-14。

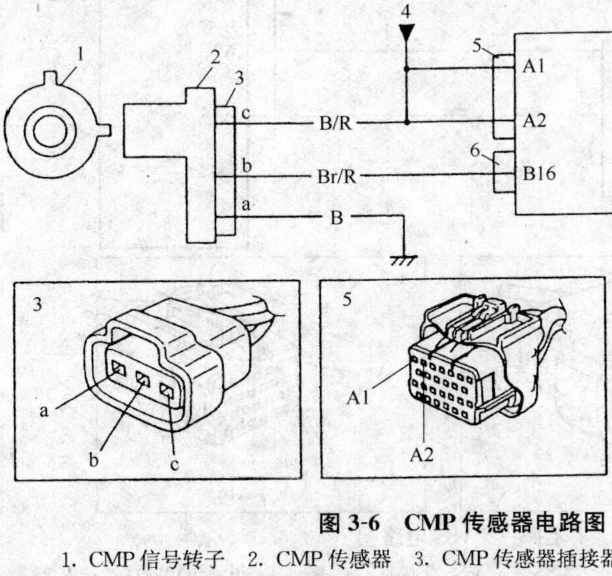

图 3-6 CMP 传感器电路图

1. CMP 信号转子 2. CMP 传感器 3. CMP 传感器插接器 4. 来自主继电器的电源
5. ECM 插接器(A) 6. ECM 插接器(B) 7. ECM

维修提示：进行故障诊断与排除时，不要将 CMP 传感器插接器端子“a”与“c”连接。因为这样会引起电源电路的故障。

表 3-14　故障码 15/P0340—CMP 传感器电路故障排除流程

步骤	检查方法	是	否
1	(1)关闭点火开关，拆下 CMP 传感器插接器 (2)接通点火开关，发动机不运转 (3)测量 CMP 传感器插接器端子“c”与“a”之间的电压，电压值是否在 10～14V 之间	进入第 2 步	(1)“B/R”或“B”线断路或短路 (2)ECM 插接器端子接触不良
2	测量 CMP 传感器插接器端子“b”与搭铁之间的电压，电压是否在 4～5V 之间	进入第 3 步	(1)“Br/R”线断路或短路 (2)ECM 插接器端子接触不良 (3)如果接触良好，则应更换 ECM 并重新检查
3	(1)断开点火开关，拆下 CMP 传感器 (2)转动曲轴，目测 CMP 传感器信号转子的损坏情况。CMP 传感器信号转子是否良好	进入第 4 步	CMP 传感器信号转子有故障
4	(1)更换新的 CMP 传感器 (2)起动发动机并使它运转 5s (3)使发动机停止运转并检查 DTC，是否显示故障码 15/P0340	(1)CMP 传感器插接器端子接触不良 (2)如果接触良好，则应更换 ECM 并重新检查	CMP 传感器有故障

说明：在完成检查和修理工作之后，清除 DTC，起动发动机并使它运转 5s 或更长时间，然后停止并重新检查 DTC，以确定该故障已排除

5. 故障码 16/P0500—车速传感器(VSS)电路(即使燃油已切断 4s 多，也无车速传感器信号)

VSS 电路如图 3-7 所示，故障码 16/P0500—VSS 电路故障排除见表 3-15。

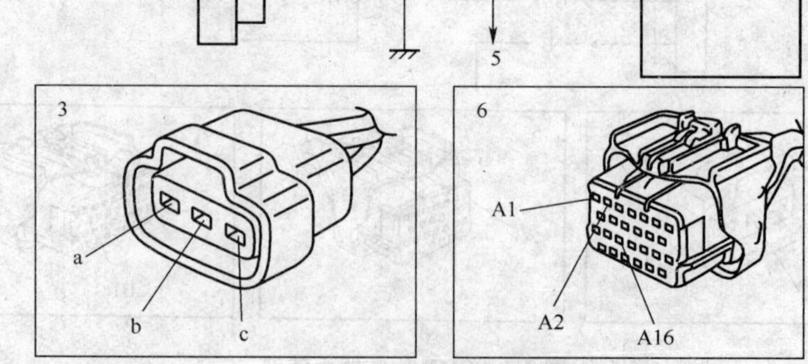

图 3-7　VSS 电路图

1. VSS 信号转子　2. VSS　3. VSS 插接器　4. 来自主继电器的电源
5. 车速表，车速报警蜂鸣器，P/S 控制模块　6. ECM 插接器(A)　7. ECM

维修提示：进行故障诊断与排除时，不要将VSS传感器端子“a”与“b”相连。因为它可能会引起电源电路的故障。

表3-15　故障码15/P0500—VSS电路故障排除流程

步骤	检查方法	是	否
1	观察车速表是否显示车速	(1)“Y”线断路或ECM上的端子A16接触不良 (2)如果Y线通路及A16接触良好，则存在间歇性故障或ECM有故障	进入第2步
2	(1)断开点火开关，拆下VSS插接器 (2)接通点火开关，发动机不运转 (3)测量VSS插接器端子“a”与“b”之间的电压，电压是否在10～14V之间	进入第3步	“B/R”或“B/Y”线断路或短路
3	测量VSS插接器端子“c”与搭铁之间的电压，电压是否高于4V	进入第4步	进入第5步
4	(1)拆下VSS (2)目测VSS传感器信号转子是否损坏	VSS信号转子有故障	(1)VSS插接器端子接触不良 (2)如果接触良好，则应更换ECM并重新检查
5	(1)关闭点火开关，断开组合仪表插接器、断开车速报警器电子插接件(选装)、断开P/S控制模块插接件(选装) (2)接通点火开关，发动机不运转 (3)测量VSS插接件端子“c”与搭铁之间的电压，电压是否在4～5V范围内	(1)车速表有故障 (2)车速报警器有故障 (3)P/S电控单元有故障(选装)	(1)“Y”线断路或短路 (2)ECM插接器端子接触不良 (3)如果接触良好，则应更换ECM并重新检查

说明：在完成检查和修理工作之后，清除DTC，起动发动机并使发动机运转到正常工作温度。然后上路试车，手动变速器选用3档，自动变速器选用2档，提高发动机转速到4000r/min，松开加速踏板，在发动机采用制动情况下保持车辆滑行7～10s，直到发动机转速度为2000r/min。重复上述步骤3次或更多次，停车并再次检查DTC，确定此故障已排除

6. 故障码18/P0110—进气温度传感器(IAT)电路(信号电压低或高)

IAT传感器电路如图3-8所示，故障码18/P0110—IAT传感器电路故障排除见表3-16。

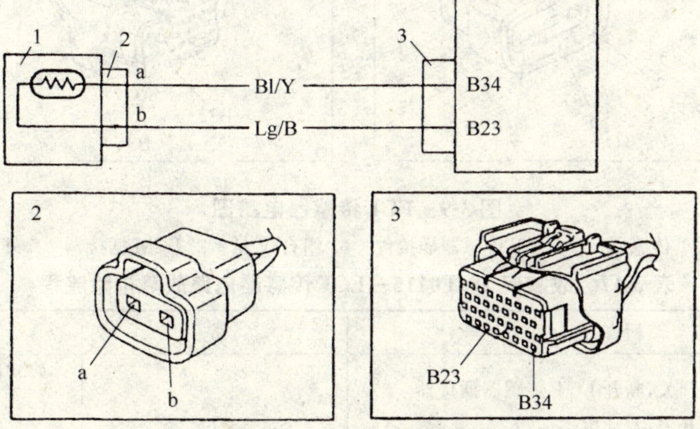

图3-8　IAT传感器电路图

1. 进气温度传感器　2. 进气温度传感器插接器　3. ECM插接器　4. ECM

表 3-16　故障码 18/P0110—IAT 传感器电路故障排除流程

步骤	检查方法	是	否
1	(1)关闭点火开关，断开 IAT 传感器插接器 (2)接通点火开关，发动机不运转 (3)测量传感器插接器端子“b”与搭铁之间的电压，电压是否在 4～5V 范围内	进入第 2 步	(1)“Lg/B”线断路或短路 (2)ECM 插接器端子接触不良 (3)如果接触良好，则应更换 ECM 并重新检查
2	(1)在 IAT 传感器插接器端子“a”与“b”之间用跨接线连接 (2)测量 IAT 传感器插接器端子“b”与搭铁之间的电压，电压是否在 0.15V 以下	进入第 3 步	(1)“Bl/Y”线断开 (2)ECM 插接器端子接触不良 (3)如果接触良好，则应更换 ECM 并重新检查
3	检查 IAT 传感器，电阻是否在规定值范围内	IAT 传感器插接器端子接触不良 如果接触良好，则应更换 ECM 并重新检查	IAT 传感器有故障

说明：在完成检查和修理工作之后，清除 DTC，接通点火开关 5s 或更长时间，再次检查 DTC，以确定此故障已排除

7. 故障码 19/P0115—发动机冷却液温度传感器(ECT)电路(信号电压低或高)

ECT 传感器电路如图 3-9 所示，故障码 19/P0115—ECT 传感器电路故障排除见表 3-17。

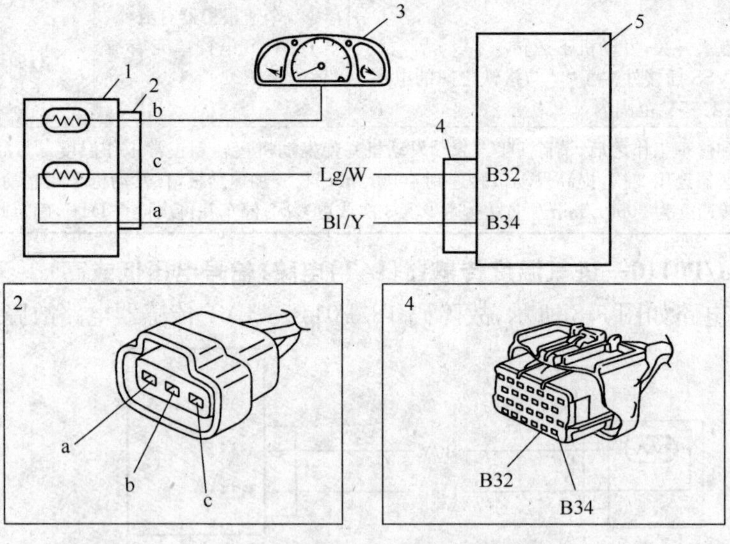

图 3-9　ECT 传感器电路图

1. ECT 传感器　2. ECT 传感器插接件　3. 组合仪表　4. ECM 插接器　5. ECM

表 3-17　故障码 19/P0115—ECT 传感器电路故障排除流程

步骤	检查方法	是	否
1	(1)关闭点火开关，断开 ECT 传感器插接器 (2)接通点火开关，发动机不运转 (3)测量 ECT 传感器插接器端子“c”与搭铁之间的电压，电压是否在 4～5V 范围内	进入第 2 步	(1)“Lg/W”线断路或短路 (2)ECM 插接器端子接触不良 (3)如果接触良好，则应更换 ECM 并重新检查

续表 3-17

步骤	检查方法	是	否
2	(1)用跨接线将 ECT 传感器插接器端子"a"与"c"相连 (2)测量 IAT 传感器插接器端子"c"与搭铁之间的电压,电压是否在 0.15 以下	进入第 3 步	(1)"Bl/Y"线断路或短路 (2)ECM 插接器端子接触不良 (3)如果接触良好,则应更换 ECM 并重新检查
3	检查 ECT 传感器,电阻是否在规定值范围内	ECT 传感器插接器端子接触不良 如果接触良好,则应更换 ECM,并重新检查	ECT 传感器有故障

说明:在完成检查和修理工作之后,清除 DTC,接通点火开关 5s 或更长时间,再次检查 DTC,以确定此故障已排除

8. 故障码 21/P1570—ABS 信号器电路(发动机起动时输入的 ABS 信号)

ABS 信号电路如图 3-10 所示,故障码 21/P1570-ABS 信号电路故障排除见表 3-18。

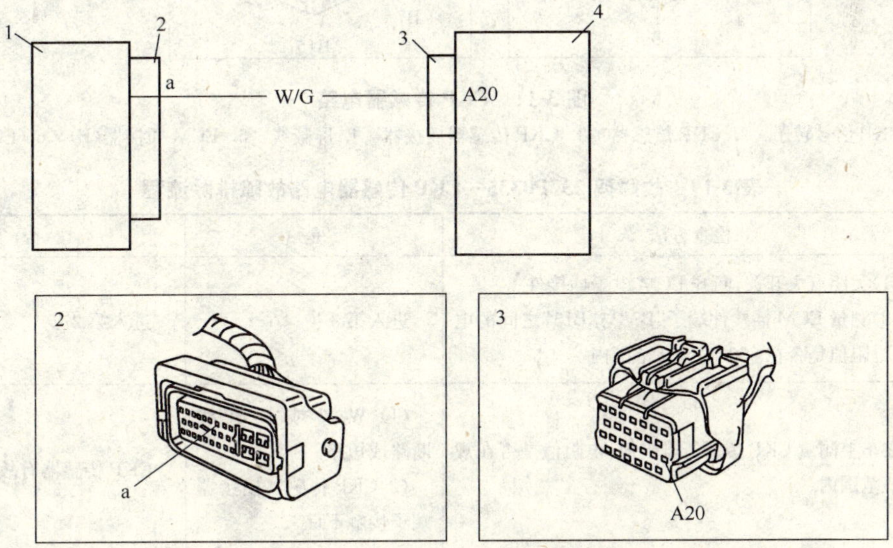

图 3-10　ABS 信号电路

1. ABS 控制模块　2. ABS 控制模块插接器　3. ECM 插接器 A　4. ECM

表 3-18　故障码 21/P1570—ABS 信号电路故障排除流程

检查方法	是	否
(1)关闭点火开关,断开 ABS 控制模块电子插接件 (2)打开点火开关,发动机不运转 (3)测量 ABS 控制模块插接器端子"a"与搭铁面之间的电压,电压是否在 10～14V 之间	更换新的 ABS 电控单元,并重新检查	(1)"W/G"线断路或短路 (2)如果线路通路,则应更换 ECM 并重新检查

说明:在完成检查和修理工作之后,清除 DTC,起动发动机并使其运转 5s 甚至更长时间,然后停止,再次检查 DTC,以确定此故障已排除

9. 故障码 23/P0335-曲轴位置(CKP)传感器电路(即使发动机起动信号已输入了 2s 多,仍未有 CKP 传感器信号)

CKP 传感器电路如图 3-11 所示,故障码 23/P0335—CKP 传感器电路故障排除见表 3-19。

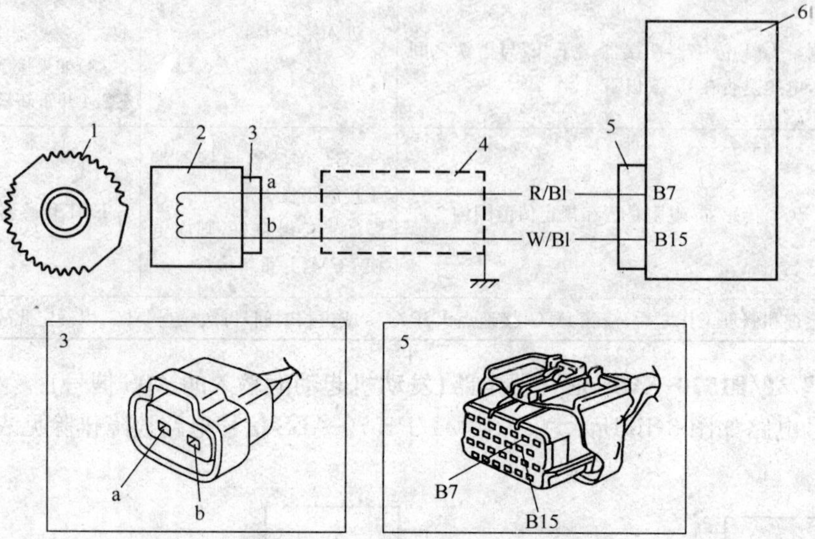

图 3-11　CKP 传感器电路

1. CKP 信号转子　2. CKP 传感器　3. CKP 传感器插接器　4. 屏蔽线　5. ECM 插接器(B)　6. ECM

表 3-19　故障码 23/P0335—CKP 传感器电路故障排除流程

步骤	检查方法	是	否
1	(1)关闭点火开关,断开 ECM 电子插接件 (2)测量 ECM 插接件端子“B7”与“B15”之间的电阻,电阻值是否在 360～460Ω 范围内	进入第 3 步	进入第 2 步
2	在车上测量 CKP 传感器电阻值,电阻值是否在规定值范围内	(1)“W/Bl”或“R/Bl”线断路或短路 (2)CKP 传感器插接器端子接触不良	CKP 传感器有故障
3	(1)拆下 CKP 传感器 (2)目测 CKP 传感器信号转子损坏情况	CKP 传感器信号转子有故障	(1)ECT 插接器端子接触不良 (2)如果接触良好,则应更换 ECM 并重新检查

说明:在完成检查和修理工作之后,清除 DTC,起动发动机并运转 3s,再次检查 DTC,以确定此故障已排除

八、哈飞微型客车发动机电控系统故障的诊断

说明:故障自诊断注意事项、故障指示灯(MIL)检查、用故障诊断仪读取与清除故障码(DTC)、发动机电控系统主要部件的检查等,参见长安微型客车的相关内容。

发动机电控系统故障代码的内容如下:

1. BOSCH M1.5.4 发动机电控系统故障码(表 3-20)

2. 德尔福 DELPHI MT20 发动机电控系统故障码(表 3-21)

表 3-21 德尔福 DELPHI MT20 发动机电控系统故障码

故障代码	含义
P0105	支管压力传感器电压过高或过低
P0110	进气温度传感器读数过高或过低
P0115	水温传感器读数过高或过低
P0120	节气门位置传感器电压过高或过低
P0130	氧传感器电压无变化
P0130	氧传感器过稀
P0170	氧传感器过浓
P0170	喷油器电路故障
P0200	油泵电路对搭铁短路
P0230	油泵电路对蓄电池电压短路
P0230	曲轴位置传感器电路故障
P0335	点火线圈 A 电路对蓄电池电压短路
P0351	点火线圈 A 电路对搭铁短路
P0351	点火线圈 A/B 断路
P0352	点火线圈 B 电路对蓄电池电压短路
P0352	点火线圈 B 电路对搭铁短路
P0443	炭罐控制阀电路故障
P0505	怠速控制系统故障
P0560	系统电压过高
P1362	防盗器故障
P1530	空调离合器继电器电路
P1532	空调蒸发器温度传感器读数过低
P1533	空调蒸发器温度传感器读数过高
P1604	EEPROM 故障
P1605	内存芯片故障
P1640	QDSM 芯片故障

表 3-20 BOSCH M1.5.4 发动机电控系统故障码

故障代码	含义
11	无任何故障
14	节气门位置传感器
15	爆燃传感器
16	进气压力传感器
17	氧传感器
18	进气温度传感器
19	水温传感器
21	喷油器 4
22	喷油器 1
23	喷油器 2
24	喷油器 3
25	炭罐控制阀
31	空燃比修正
33	最高发动机转速超限
34	控制器坏
35	空燃比自学习
36	空燃比自学习
37	空燃比自学习
38	蓄电池电压
45	故障指示灯
61	步进电机线圈 1
62	步进电机线圈 2

3. Motronic M7 发动机电控系统故障码(表 3-22)

表 3-22 Motronic M7 发动机电控系统故障码

故障码	含义	故障码	含义
P0107	进气压力传感器信号电路电压过低	P0117	发动机冷却液温度传感器指示温度过低
P0108	进气压力传感器信号电路电压过高	P0118	发动机冷却液温度传感器指示温度过高
P0112	进气温度传感器指示温度过低	P0122	节气门位置传感器信号电路电压过低
P0113	进气温度传感器指示温度过高	P0123	节气门位置传感器信号电路电压过高

续表 3-22

故障码	含义	故障码	含义
P0130	氧传感器信号不合理故障	P0444	炭罐控制阀驱动级控制电路电压过低
P0132	氧传感器信号电路电压过高	P0445	炭罐控制阀驱动级控制电路电压过高
P0134	氧传感器信号电路故障	P0480	空调冷凝器冷却风扇继电器控制电路故障
P0135	氧传感器加热电路故障	P0500	车速信号不合理故障
P0171	空燃比闭环控制自适应值超上限	P0506	怠速控制转速低于目标怠速值
P0172	空燃比闭环控制自适应值超下限	P0507	怠速控制转速高于目标怠速值
P0201	一缸喷油器电路故障	P0508	怠速调节器控制电路电压过低
P0202	二缸喷油器电路故障	P0509	怠速调节器控制电路电压过高
P0203	三缸喷油器电路故障	P0511	怠速调节器控制电路故障
P0204	四缸喷油器电路故障	P0560	系统电压信号不合理
P0230	油泵控制电路故障	P0562	系统电压信号过低
P0325	爆燃传感器电路故障	P0563	系统电压信号过高
P0335	转速传感器信号故障	P0601	电子控制单元校验码未编程错误
P0336	转速传感器信号不合理故障	P0602	电子控制单元诊断数据识别码未编程错误
P0340	相位传感器信号故障	P0645	空调压缩机继电器控制电路故障
P0342	相位传感器电路电压过低	P0646	空调压缩机继电器控制电路电压过低
P0343	相位传感器电路电压过高	P0647	空调压缩机继电器控制电路电压过高
P0443	炭罐控制阀驱动级控制电路故障	P1651	发动机故障灯(SVS)电路故障

第二节 底盘常见故障的维修技巧

一、离合器

1. 离合器打滑的故障诊断与排除

(1)故障现象

汽车低速档起步，放松离合器踏板后，汽车不能起步或起步困难；汽车加速行驶时，车速不能随发动机转速的提高而提高，感到行驶无力，严重时产生焦煳味或冒烟等现象。

(2)故障原因

①离合器踏板没有自由行程，分离轴承压在分离杠杆上。

②从动盘摩擦片、压盘或飞轮工作面磨损严重，离合器盖与飞轮的连接松动，使压紧力减弱。

③从动盘摩擦片油污、烧蚀、表面硬化、铆钉外露、表面不平，使摩擦系数下降。

④压力弹簧疲劳或折断，膜片弹簧疲劳或开裂，使压紧力下降。

⑤离合器操纵杆系卡滞，分离轴承套筒与导管间油污、尘腻严重，甚至造成卡滞，使分离轴承不能回位。

⑥分离杠杆弯曲变形，出现运动干涉，不能回位。

(3)故障诊断与排除

①检查离合器踏板自由行程。如果不符合规定，应予以调整。

②如果自由行程正常，应拆下变速器壳，检查离合器与飞轮的连接螺栓是否松动。如果松动，则应拧紧。

③如果离合器仍然打滑，应拆下离合器检查从动盘摩擦片的状况。如果有油污，一般可用汽油清洗并烘干，然后找出油污来源并设法排除。如果摩擦片磨损严重或有铆钉外露，应更换从动盘。

④如果从动盘完好，则应分解离合器，检查压紧弹簧。如果弹力过软，则应更换。

2. 离合器分离不彻底的故障诊断与排除

(1)故障现象

发动机怠速运转时，踩下离合器踏板，挂档有齿轮撞击声且难以挂上；如果勉强挂上档，则在离合器踏板尚未完全放松时，发动机熄火。

(2)故障原因

①离合器踏板自由行程过大。

②分离杠杆弯曲变形、支座松动、支座轴销脱出，使分离杠杆内端高度难以调整。

③分离杠杆调整不当，其内端不在同一平面或内端高度太低。

④双片离合器中间压盘限位螺钉调整不当，个别分离弹簧疲劳、高度不足或折断，中间压盘在传动销上或在离合器驱动窗口内轴向移动不灵活。

⑤从动盘钢片翘曲、摩擦片破裂或铆钉松动。

⑥新换的摩擦片太厚或从动盘正反装错。

⑦从动盘花键孔与变速器第一轴花键轴卡滞。

⑧离合器液压操纵机构漏油、有空气或油量不足。

⑨膜片弹簧弹力减弱。

⑩发动机支承磨损或损坏，发动机与变速器不同心。

(3)故障诊断与排除

①检查离合器踏板自由行程。如果自由行程过大，则应进行调整。否则，检查液压操纵机构是否储液罐油量不足或管路中有空气。如果有空气，则应进行必要的排除。如果不是上述问题，应继续检查。

②检查分离杠杆内端高度。如果分离杠杆高度太低或不在同一平面，则应进行调整。否则，应检查从动盘是否装反。如果都没问题，则应继续检查。

③检查从动盘是否翘曲变形、铆钉是否脱落、从动盘是否轴向运动卡滞等。如果是，则应进行更换或修理。

3. 车辆起步发抖的故障诊断与排除

(1)故障现象

汽车用低速档起步时，按操作规程逐渐放松离合器踏板并徐徐踩下加速踏板，离合器不能平稳接合且产生抖振，严重时甚至整车产生抖振现象。

(2)故障原因

①分离杠杆内端高度不处在同一平面内。

②从动盘或压盘翘曲变形，飞轮工作端面的端面圆跳动严重。

③从动盘摩擦片厚度不均匀、油污、烧焦、表面不平整、表面硬化，铆钉头露出、铆钉松动或

切断，波形弹簧片损坏。

④压紧弹簧的弹力不均、疲劳或个别折断，膜片弹簧疲劳或开裂。

⑤从动盘上的缓冲片破裂或减振弹簧疲劳、折断。

⑥发动机支架、变速器、飞轮、飞轮壳等的固定螺栓松动。

⑦分离轴承套筒与导管油污、尘腻严重，使分离轴承不能回位。

(3)故障诊断与排除

①检查离合器踏板、分离轴承等回位是否正常。如果正常，则应继续检查。

②检查发动机支架、变速器、飞轮、飞轮壳等的固定螺栓是否松动。如果是，则应紧固螺栓，否则应继续检查。

③检查分离杠杆的内端是否处在同一平面。如果是，则应继续检查。

④检查压盘、从动盘是否变形，铆钉是否松动、外露，压紧弹簧的弹力是否不在允许范围内。如果是，则应更换或修理。

4. 离合器异响的故障诊断与排除

(1)故障现象

离合器分离或接合时发出异响。

(2)故障原因

①分离轴承缺少润滑剂，造成干磨或轴承损坏。

②分离轴承与分离杠杆内端之间无间隙。

③分离轴承套筒与导管之间油污、尘腻严重或分离轴承回位弹簧与踏板回位弹簧疲劳、折断、脱落，使分离轴承回位不佳。

④从动盘花键孔与花键轴配合松旷。

⑤从动盘减振弹簧退火、疲劳或折断。

⑥从动盘摩擦片铆钉松动或铆钉头外露。

⑦双片离合器传动销与中间压盘和压盘的销孔磨损松旷。

(3)故障诊断与排除

①稍稍踩下离合器踏板，使分离轴承与分离杠杆接触，如果有“沙沙”的响声，则为分离轴承响；如果加油后仍响，说明轴承磨损过度、松旷或损坏，应予以更换。

②踩下、抬起离合器踏板，如果出现间断的碰撞声，说明分离轴承前后窜动，应更换分离轴承回位弹簧。

③连踩踏板，如果离合器刚接合或刚分开时有异响，说明从动盘铆钉松动或铆钉头外露，应更换从动盘。

二、手动变速器

1. 手动变速器跳档的故障诊断与排除

(1)故障现象

汽车在加速、减速、爬坡或汽车剧烈振动时，变速杆自动跳回空档位置。

(2)故障原因

①自锁装置的钢球未进入凹槽内或挂档后齿轮未达到全齿长啮合。

②自锁装置的钢球或凹槽磨损严重，自锁弹簧疲劳，弹力过软或折断。

③齿轮沿齿长方向磨损成锥形。

④一、二轴轴承过于松旷，使一、二轴和曲轴三者轴线不同心或变速器壳与离合器壳接合平面相对于曲轴轴线产生的垂直变动。

⑤二轴上的常啮合齿轮轴向或径向间隙过大。

⑥各轴轴向或径向间隙过大。

(3)故障诊断与排除方法

先确知跳档档位，全车走热后，采用连续加、减速的方法逐档进行路试便可确定。

将变速杆挂入跳档档位，发动机熄火，小心拆下变速器盖，观察跳档齿轮的啮合情况。

①未达到全长啮合，则故障由此引起。

②达到全长啮合，应继续检查。

③检查啮合部位磨损情况。如磨损成锥形，则故障可能由此引起。

④检查二轴上该档齿轮和各轴的轴向和径向间隙，间隙过大，则故障可能由此引起。

⑤检查自锁装置。如果自锁装置的止动阻力很小，甚至手感钢球未插入凹槽(把变速器盖夹在虎钳上，用手摇动换档杆)，则故障为自锁效能不良；否则，故障为离合器壳与变速器壳接合平面对曲轴轴线产生的垂直变动等引起。

2. 手动变速器乱档的故障诊断与排除

(1)故障现象

在离合器技术状况正常的情况下，变速器同时挂上两个档或挂需要档位时，结果挂入别的档位。

(2)故障原因

①互锁装置失效，如拨叉轴、互锁销或互锁钢球磨损严重等。

②变速杆下端弧形工作面磨损严重或拨叉轴上拨块的凹槽磨损严重。

③变速杆球头定位销折断或球孔、球头磨损而过于松旷。

总之，乱档的主要原因是变速器操纵机构失效。

(3)故障诊断与排除方法

①挂需要档位时结果挂入了别的档位，摇动变速杆检查其摆转角度。如果超出正常范围，则故障由变速杆下端球头定位销与定位槽配合松旷或球头、球孔磨损过大引起。变速杆摆转360°则为定位销折断。

②如果摆转角度正常而仍挂不上档或摘不下档，则故障由变速杆下端从凹槽中脱出所致(脱出的原因是下端弧形工作面磨损或导槽磨损)。

③同时挂入两个档，则故障由互锁装置失效引起。

3. 手动变速器挂档困难的故障诊断与排除

(1)故障现象

离合器技术状况良好，但挂档时不能顺利挂入档位，常发生齿轮撞击声。

(2)故障原因

①同步器故障。

②拨叉轴弯曲、锁紧弹簧过硬、钢球损伤等。

③一轴花键损伤或一轴弯曲。

④齿轮油不足或过量、齿轮油不符合规格。

(3)故障诊断与排除方法

①检查同步器是否散架、锥环内锥面螺旋槽是否磨损、滑块是否磨损、弹簧弹力是否过软等。

②如果同步器正常，应检查一轴是否弯曲、花键是否磨损严重。

③检查拨叉轴是否移动正常。

4. 手动变速器异响的故障诊断与排除

(1)故障现象

变速器异响。

(2)故障原因

①齿轮异响。齿轮磨损严重变薄，间隙过大，运转中有冲击；齿面啮合不良，如修理时没有成对更换齿轮。

新、旧齿轮搭配不当，齿轮不能正确啮合；齿面有金属疲劳剥落或个别齿损坏折断；齿轮与轴上的花键配合松旷或齿轮的轴向间隙过大；轴弯曲或轴承松旷引起齿轮啮合间隙改变。

②轴承响。轴承磨损严重；轴承内(外)座圈与轴颈(孔)配合松动；轴承滚珠碎裂或有烧蚀麻点。

③其他原因发响。如变速器内缺油，润滑油过稀、过稠或质量变坏；变速器内掉入异物；某些紧固螺栓松动；里程表软轴或里程表齿轮发响等。

(3)故障诊断与排除

①变速器发出金属干摩擦声，即为缺油和油的质量不好。应加油和检查油的质量，必要时更换。

②行驶时，换入档如果响声明显，即为该档齿轮轮齿磨损；如果发生周期性的响声，则为个别齿损坏。

③空档时响，而踩下离合器踏板后响声消失，一般为一轴前、后轴承或常啮合齿轮响；如果换入任何档都响，多为二轴后轴承响。

④变速器工作时发生突然撞击声，多为轮齿断裂，应及时拆下变速器盖检查，以防机件损坏。

⑤行驶时，变速器只有在换入某档时齿轮发响。在上述情况完好的前提下，应检查啮合齿轮是否搭配不当，必要时，应重新装配一对新齿轮。此外，也可能是同步器齿轮磨损或损坏，应视情况修复或更换。

⑥换档时，齿轮相互撞击而发响，则可能是离合器不能分离或离合器踏板行程不正确、同步器损坏、怠速过大、变速杆调整不当或导向衬套紧等。遇到这种情况，先检查离合器能否分离，再分别调整怠速或变速杆位置，检查导向衬套与分离轴承配合的松紧度。

如果经上述检查并将不正常现象排除后，变速器仍发响，则应检查各轴轴承与轴孔的配合情况、轴承本身的技术状态等；如果完好，再查看里程表软轴及齿轮是否发响，必要时予以修理或更换。

5. 手动变速器漏油的故障诊断与排除

(1)故障现象

变速器周围出现齿轮润滑油，变速器齿轮箱的油量减少，则可判断为润滑油泄漏。

(2)故障原因及排除方法

①润滑油选用不当，产生过多泡沫，或润滑油油量太多。此时，需更换润滑油或调节润滑

油油量。

②侧盖太松、密封垫损坏、油封损坏，密封和油封损坏，应更换新件。

③放油塞和变速器箱体及盖的固定螺栓松动，应按规定力矩拧紧。

④变速器壳体破裂或延伸壳油封磨损而引起的漏油，必须更换。

⑤里程表齿轮限位器松脱破损，必须锁紧或更换；变速杆油封漏油，应更换油封。

三、万向传动装置

1. 传动轴动不平衡的故障诊断与排除

(1)故障现象

在万向节和伸缩叉技术状况良好时，汽车行驶中发出周期性的响声且速度越高响声越大，甚至伴随有车身振动，握转向盘的手感觉麻木。

(2)故障原因

①传动轴上的平衡块脱落。

②传动轴弯曲或传动轴管凹陷。

③传动轴管与万向节叉焊接不正或传动轴未进行过动平衡试验和校准。

④伸缩叉安装错位，造成传动轴两端的万向节叉不在同一平面内、不满足等速传动条件。

(3)故障诊断与排除方法

①检查传动轴管是否凹陷。有凹陷，则故障由此引起；无凹陷，则应继续检查。

②检查传动轴管上的平衡片是否脱落。如果脱落，则故障由此引起；否则，应继续检查。

③检查伸缩叉安装是否正确。不正确，则故障由此引起；否则，应继续检查。

④拆下传动轴进行动平衡试验，动不平衡，则应校准以消除故障；弯曲应校直。

2. 万向节松旷的故障诊断与排除

(1)故障现象

在汽车起步或突然改变车速时，传动轴发出“吭”的响声；在汽车缓行时，发出“咣当、咣当”的响声。

(2)故障原因

①凸缘盘连接螺栓松动。

②万向节主、从动部分游动角度太大。

③万向节十字轴磨损严重。

(3)故障诊断与排除方法

①用榔头轻轻敲击各万向节凸缘盘连接处，检查其松紧度。如太松旷，则故障由连接螺栓松动引起；否则，应继续检查。

②用双手分别握住万向节主、从动部分转动，检查游动角度。如游动角度太大，则故障由此引起。

3. 中间支承松旷的故障诊断与排除

(1)故障现象

汽车运行中出现一种连续的“呜呜”响声，车速越高响声越大。

(2)故障原因

①滚动轴承缺油烧蚀或磨损严重。

②中间支承安装方法不当，造成附加载荷而产生异常磨损。

③橡胶圆环损坏。

④车架变形，造成前后连接部分的轴线在水平面内的投影不同线，而产生异常磨损。

(3)故障诊断与排除方法

①给中间支承轴承加注润滑脂，响声消失，则故障由缺油引起；否则，应继续检查。

②松开夹紧橡胶圆环的所有螺钉，待传动轴转动数圈后再拧紧。如果响声消失，则故障由中间支承安装方法不当引起。否则，故障可能是橡胶圆环损坏或滚动轴承技术状况不佳，或车架变形等引起。

4. 传动轴异响的故障诊断与排除

(1)故障现象

汽车行驶中传动装置发出周期性的响声，车速越高响声越大，严重时伴随有车身振抖。

(2)故障原因

主要原因是传动轴动不平衡、传动轴变形或平衡块脱落等；其次是中间支承吊架固定螺栓松动或万向节凸缘盘连接螺栓松动，使传动轴偏斜。

(3)故障诊断与排除

除按“传动轴动不平衡”故障诊断方法外，再检查中间支承吊架固定螺栓和万向节凸缘盘连接螺栓是否松动。如果有松动，则异响由此引起。

四、驱动桥

1. 驱动桥过热的故障诊断与排除

(1)故障现象

汽车行驶一段里程后，用手探试驱动桥壳中部或主减速器壳，有无法忍受的烫手感觉。

(2)故障原因

①齿轮油变质、油量不足或牌号不符合要求。

②轴承调整过紧。

③齿轮啮合间隙和行星齿轮与半轴齿轮啮合间隙调整太小。

④推力垫片与主减速器从动齿轮间隙过小。

⑤油封过紧和各运动副、轴承润滑不良而产生干(或半干)摩擦。

(3)故障诊断

检查驱动桥中各部分受热情况。

①局部过热。

油封处过热，则故障由油封过紧引起；轴承处过热，则故障由轴承损坏或调整不当引起；油封和轴承处均不过热，则故障由推力垫片与主减速器从动齿轮间隙过小引起。

②普遍过热。

a. 检查齿轮油油面高度。油面太低，则故障由齿轮油油量不足引起；否则，应检查齿轮油的规格、黏度或润滑性能。

b. 如检查结果不符合要求，则故障由齿轮油变质或规格不符引起；否则，应检查主减速器齿轮啮合间隙的大小。

c. 松开驻车制动器，变速器置于空档，轻轻转动主减速器的凸缘盘；如果转动角度太小，则故障由主减速器齿轮啮合间隙太小引起；如果转动角度正常，则故障由差速器行星齿轮与半轴齿轮啮合间隙太小引起。

2. 驱动桥漏油的故障诊断与排除

(1)故障现象

从驱动桥加油口、放油口螺塞处或油封、各接合面处可见到明显的漏油痕迹。

(2)故障原因

①加油口、放油口螺塞松动或损坏。

②油封磨损、硬化,油封装反,油封与轴颈不同轴,油封轴颈磨成沟槽。

③接合平面变形、加工粗糙,密封衬垫太薄、硬化或损坏,紧固螺钉松动或损坏。

④通气孔堵塞。

⑤桥壳有铸造缺陷或裂纹。

⑥齿轮油加注过多,运转中壳体内压增高,使齿轮油渗出。

(3)故障诊断

根据漏油痕迹部位判断漏油的具体原因。

3. 驱动桥异响的故障诊断与排除

(1)故障现象

①行驶时驱动桥有异响,脱档滑行时异响减弱或消失。

②行驶时驱动桥有异响,脱档滑行时亦有异响。

③汽车直线行驶时无异响,当汽车转弯时驱动桥处有异响。

④汽车上坡或下坡时后桥有异响,或上、下坡时驱动桥都有异响。

⑤车轮有运转噪声或沉重的异响。

(2)故障原因

①圆锥和圆柱主、从动齿轮,行星齿轮,半轴齿轮啮合间隙过大;半轴齿轮花键槽与半轴的配合松旷;主、从动锥齿轮啮合不良;圆锥和圆柱主、从动齿轮啮合间隙不均;齿轮齿面损伤或轮齿折断。

②主动锥齿轮轴承松旷;主动圆柱齿轮轴承松旷;差速器圆锥滚子轴承松旷;后桥中某个轴承由于预紧力过大,导致间隙过小;主、从动锥齿轮调整不当,间隙过小。

③差速器行星齿轮与半轴齿轮不匹配,使其啮合不良;行星齿轮、半轴齿轮磨损或折断;差速器十字轴轴颈磨损;行星齿轮支承垫圈磨薄;行星齿轮与差速器十字轴卡滞或装配不当(如行星齿轮支承垫圈过厚),使行星齿轮转动困难;减速器从动齿轮与差速器壳的紧固铆钉松动。

④驱动桥某一部位的齿轮啮合间隙过小,导致汽车上坡时发响;后桥某一部位的齿轮啮合间隙过大,导致汽车下坡时发响;后桥某一部位的齿轮啮合印痕不当或齿轮轴支承轴承松旷,导致汽车上、下坡时都发响。

⑤车轮轮毂轴承损坏,轴承外圈松动;制动鼓内有异物;车轮轮辋破碎;车轮轮辋轮胎螺栓孔磨损过大,使轮辋固定不牢。

(3)故障诊断

根据异响部位的不同判断异响的具体原因。

五、轮胎

1. 轮胎的胎肩或胎面中间磨损的故障诊断与排除

(1)故障现象

如图 3-12 所示,轮胎的胎肩和胎面出现了磨损。

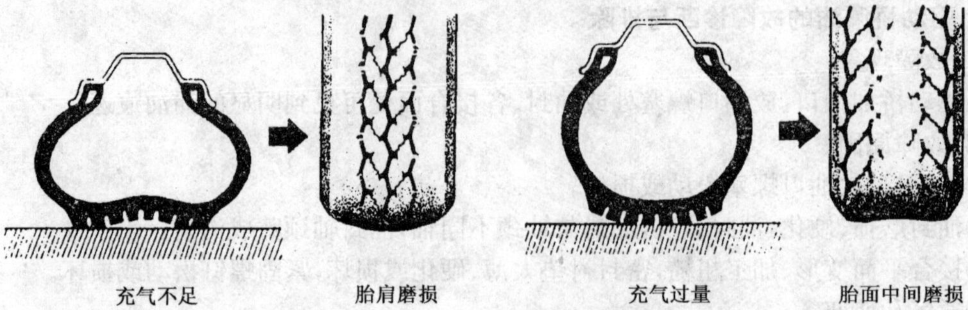

图 3-12　轮胎胎肩或胎面中间磨损

(2)故障原因

轮胎充气压力过低或过高。

(3)故障排除步骤

①检查是否超载。

②检查充气压力。如果充气过量或充气不足，应调整充气压力。

③调换轮胎位置。

2. 轮胎的内侧或外侧磨损的故障诊断与排除

(1)故障现象

图 3-13 所示为轮胎的内侧或外侧磨损。

(2)故障原因

①在过高的车速下，转弯会造成转弯磨损。转弯时轮胎滑动，便产生了斜形磨损。

②悬架部件变形或间隙过大，会影响前轮定位，造成不正常的轮胎磨损。

③如果轮胎面某一侧的磨损快于另一侧的磨损，其主要原因可能是外倾角不正确。

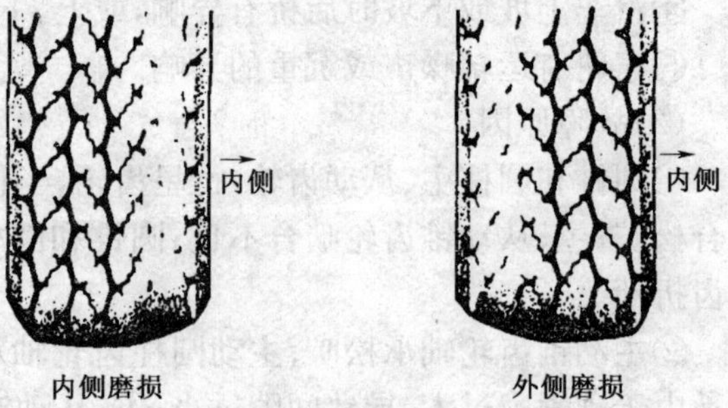

图 3-13　轮胎内侧或外侧磨损

(3)故障诊断与排除

①询问驾驶员是否经常高速转弯。如果是，则要避免。

②检查悬架部件。如果松动，则应将其紧固；如果变形和磨损，应修理或更换。

③检查外倾角。如果不正常，应校正。

④调换轮胎位置。

3. 轮胎羽状磨损的故障诊断与排除

(1)故障现象

如图 3-14 所示，轮胎出现了羽状磨损。

(2)故障原因

胎面的羽状磨损主要是由于前束调节不当所致。过量的前束会迫使轮胎向外滑动，并使胎面的接触面在路面上朝内拖动，造成前束磨损，胎面呈明显的羽毛形，用手指从轮胎的内侧至外侧划过胎面，便可加以辨别。另一方面，过量的后束会将轮胎向内拉动，并使胎面的接触面在路面上朝外拖动，造成后束磨损。

(3)故障诊断与排除

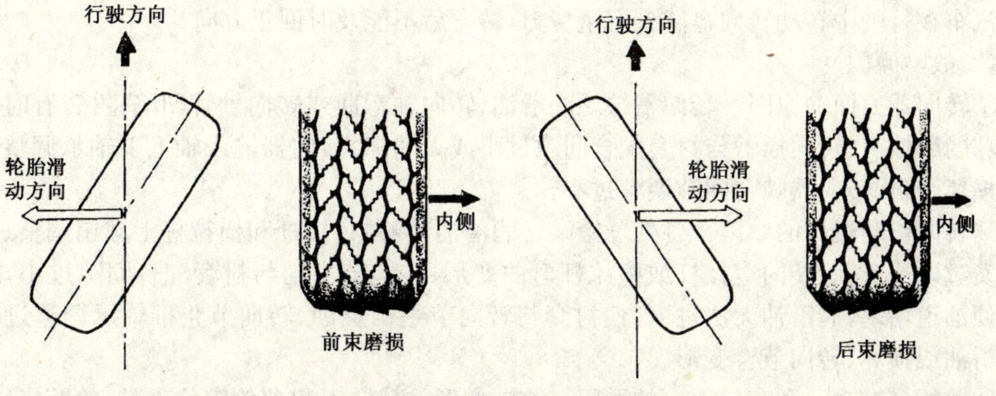

图 3-14　轮胎前束和后束磨损

①检查前束和后束。如果前束过量或后束过量,应加以调整。

②调换轮胎位置。

4. 轮胎的前端和后端磨损的故障诊断与排除

(1)故障现象

图 3-15 所示为前端和后端磨损。

(2)故障原因

①前端和后端磨损是一种局部磨损,常常出现在具有横向花纹和区间花纹的轮胎上,胎面上的区间发生斜向磨损(与鞋跟的磨损方式相同),最终变成锯齿状。

②具有纵向折线花纹的胎面,磨损时会产生波状花纹。

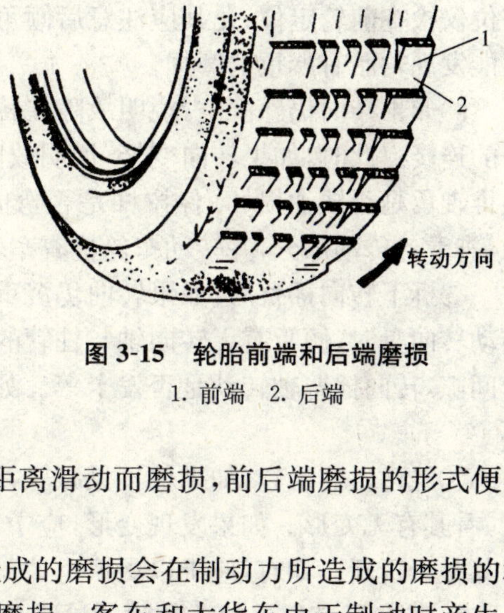

图 3-15　轮胎前端和后端磨损

1. 前端　2. 后端

③非驱动轮的轮胎只受制动力的影响,而不受驱动力的影响,因此,往往会有前后端形式的磨损。如果反复使用和放开制动器,便会使轮胎每次发生短距离滑动而磨损,前后端磨损的形式便与这种磨损相似。

④另一方面,如果是驱动轮的轮胎,则驱动力所造成的磨损会在制动力所造成的磨损的相反的方向上出现。所以,驱动轮轮胎极少出现前后端磨损。客车和大货车由于制动时产生了大得多的摩擦力,故具有横向花纹的轮胎便会出现与非驱动轮相似的前后端磨损。

(3)故障诊断与排除

①检查充气压力。如果充气不足,应将其充至规定值。

②检查车轮轴承。如果磨损或松动,应予以更换或调整。

③检查外倾角和前束。如果不正确,应予以调整。

④检查轴颈或悬架部件。如果损坏,应予以修理或更换。

⑤调换轮胎位置。

六、转向系统

1. 转向系统转向沉重的故障诊断与排除

(1)故障现象

汽车在行驶中转动转向盘感到沉重费力，转弯后不能及时回正方向。

(2)故障原因

①转向器方面的原因。转向器缺乏润滑油、转向轴弯曲或转向轴管凹陷碰擦，有时会发出“吱吱”的摩擦声、转向摇臂与衬套配合间隙过小或无间隙、转向器输入轴上下轴承调整过紧或轴承损坏受阻、转向器啮合间隙调整过小。

②转向传动机构的原因。各处球销缺乏润滑油、转向直拉杆和横拉杆上球销调整过紧，压紧弹簧过硬或折断、转向直拉杆或横拉杆弯曲变形、转向节主销与衬套配合间隙过小，或衬套转动使油道堵塞，润滑油无法进入，使衬套与转向节主销烧蚀、转向节止推轴承调整过紧或缺少润滑油或损坏、转向节臂变形。

③前桥(转向桥)和车轮方面的原因。前轴变形、扭转，引起前轮定位失准、轮胎气压不足、前轮轮毂轴承调整过紧、转向桥或驱动桥超负荷。

④其他部位的原因。车架弯曲、扭转变形、前钢板弹簧或是前悬架变形、前轮定位不正确。

(3)故障诊断与排除

①顶起前桥，转动转向盘。如果感到转向盘变轻，则说明故障部位在前桥、车轮或其他部位。此时，应首先检查轮胎气压。如果气压偏低，则应充气使之达到正常值。接下来应用前轮定位仪检查前轮定位，尤其应注意后倾角和前束值。如果因为前束过大造成的转向沉重，同时还能发现轮胎有严重的磨损。

②如果转向仍感沉重，说明故障在转向器或转向传动机构，可进一步拆下转向摇臂与直拉杆的连接。此时，如果转向变轻，说明故障在转向传动机构，应检查各球头销是否装配过紧或止推轴承是否缺油损坏，各拉杆是否弯曲变形等。通常检查时，可用手扳动两个车轮左右转动，查看各传动部分，并转动车轮检查车轮轴承松紧度。

③拆下转向摇臂后，如果转向仍沉重，则表明转向器本身有故障，可检查转向器是否缺油。转动转向盘时，倾听有无转向轴与柱管的碰擦声，检查调整转向器主动轴上下轴承预紧度和啮合间隙，转向摇臂轴转动是否发卡等。如果不能解决，就将转向器解体，检查内部有无部件损坏。

④经过上述检查，如果仍不见减轻，可检查车桥、车架或下控制臂(独立悬架式)与转向节臂，看其有无变形。如果发现变形，应予以修整或更换。同时检查前弹簧(板簧或螺旋弹簧)，看其是否折断。如有，应予以更换。

2. 转向系统低速摆头故障的诊断与排除

(1)故障现象

汽车在低速行驶时，感到方向不稳，产生前轮摆振。

(2)故障原因

①转向器传动副啮合间隙过大。

②转向传动机构横、直拉杆各球头销磨损松旷，弹簧折断或调整过松。

③转向节主销与衬套的配合间隙过大或前轴主销孔与主销配合间隙过大。

④前轮轮毂轴承装配过松或紧固螺母松动。

⑤后轮胎气压过低。

⑥车辆装载货物超长，使前轮承载过小。

⑦前悬架弹簧错位、折断或固定不良。

(3)故障诊断与排除

①外观检查。检查车辆是否装载货物超长而引起前轮承载过小;检查后轮胎气压是否过低。如果轮胎气压过低,应充气使之达到规定值;检查前悬架弹簧是否错位、折断或固定不良。如果错位,应拆卸修复;如果折断,应更换;如果固定不良,应按规定力矩拧紧。

②检查转向盘自由行程。

a. 由一人握紧转向摇臂,另一人转动转向盘试验。如果自由行程过大,说明转向器啮合传动副间隙过大,应予以调整。

b. 放开转向摇臂仍由一人转动转向盘,另一人在车下观察转向拉杆球头销。如果有松旷现象,说明球头销或球碗磨损严重、弹簧折断或调整过松,应先更换损坏的零件,再进行调整。

③通过以上检查均正常,可支起前桥并用手沿转向节轴轴向推拉前轮,凭感觉判断是否松旷。如果有松旷感觉,可由另一人观察前轴与转向节连接部位。

a. 如果此处松旷,说明转向节主销与衬套的配合间隙过大或前轴主销孔与主销配合间隙过大,应更换主销及衬套。

b. 如果此处不松旷,说明前轮毂轴承松旷,应重新调整轴承的预紧度。

3. 转向系统高速摆头故障的诊断与排除

(1)故障现象

汽车行驶中出现转向盘发抖,车头在横向平面内左右摆动、行驶不稳等,具体有下面两种情况:在高速范围内某一转速时出现;转速越高,上述现象越严重。

(2)故障原因

①转向轮动不平衡。

②前轮定位不正确。

③车轮偏摆量大。

④转向传动机构运动干涉。

⑤车架、车桥变形。

⑥悬架装置出现故障。左右悬架刚度不等、弹簧折断,减振器失效,导向装置失效等。

(3)故障诊断与排除

①外观检查。检查减振器是否失效。如果漏油或失效,应予以更换;检查左右悬架弹簧是否折断、刚度是否一致。如果有折断或弹力减弱,应予以更换;检查悬架弹簧是否固定可靠,转向传动机构有无运动干涉等。如果有,应予以排除。

②支起驱动桥,用三角架塞住非驱动轮,起动发动机并逐步使汽车换入高速档,使驱动轮达到车身摆振的车速。

a. 如果此时车身和转向盘出现抖动,说明传动轴严重弯曲或松旷、转向轮动不平衡或偏摆量大(前驱动)。

b. 如果此时车身和转向盘不抖动,说明故障在车架、车桥变形或前轮定位不正确。

③检查前轮是否偏摆。

a. 支起前桥,在前轮轮辋边上放一划针,慢慢地转动车轮,查看轮辋是否偏摆过大。如果轮辋偏摆量过大,应予以更换。

b. 拆下前轮,在车轮动平衡仪上检查前轮的动平衡情况。如果不平衡量过大,应加装平衡块予以平衡。

④经上述检查均正常后，应检查车架、车桥是否变形，并用前轮定位仪检查调整前轮定位。

4. 转向系统行驶跑偏故障的诊断与排除

(1)故障现象

汽车直线行驶时，转向盘不居中间位置；必须紧握转向盘，预先校正一角度后，汽车才能保持直线行驶，如果稍放松转向盘，汽车会自动向一侧跑偏。

(2)故障原因

①左右前轮气压不相等或轮胎直径不等。

②两前轮的定位角不等。

③两前轮轮毂轴承的松紧度不等。

④前束过大或过小。

⑤前桥(整轴式)弯曲变形或下控制臂(独立悬架式)安装位置不一致。

⑥前后车轴不平行。

⑦车架变形或左右轮距相差太大。

⑧一边车轮制动拖滞。

⑨转向轴两侧悬架弹簧弹力不等。

(3)故障诊断与排除

①外观检查。

a. 检查左、右两前轮轮胎气压是否一致。如果不一致，应按规定充气，使两前轮轮胎气压保持一致。

b. 检查左、右两前轮轮胎的磨损程度。如果磨损程度不一致，应更换磨损严重的轮胎。

c. 检查左、右两前轮轮胎的花纹是否一致。如果花纹不一致，应更换轮胎，使花纹一致。

d. 将汽车停放在平坦的地面上，查看汽车前部高度是否一致。如果高度不一致，说明悬架弹簧折断或弹力不一致，应予以更换。

②用手触摸跑偏一方的车轮制动鼓和轮毂轴承部位，感觉温度情况。

a. 如果感觉车轮制动鼓特别热，说明该轮制动器间隙过小或制动回位不彻底，应检查调整。

b. 如果感觉轮毂特别热，说明该轮轴承过紧，应重新调整轴承预紧度。

③测量前后桥左右两端中心的距离是否相等。如果不相等，说明轴距短的一边钢板弹簧错位，车轴或半轴套管弯曲等，应检查维修。

④用前轮定位仪检查前轮定位是否正确。如果不正确，应予以调整。

5. 转向系统单边转向不足故障的诊断与排除

(1)故障现象

汽车转弯时，有时会出现转向盘左右转动量或车轮转角不等。

(2)故障原因

①转向摇臂安装位置不对。

②转向角限位螺钉调整不当。

③前钢板弹簧、U形螺栓松动或中心螺栓松动。

④直拉杆弯曲变形。

⑤钢板弹簧安装时位置不正或是中心不对称的前钢板弹簧装反。

(3)故障诊断与排除

①如果汽车转向原来良好，由于行驶中的碰撞而造成转向角不足或一边大一边小时，应检查直拉杆、前轴、前钢板弹簧有无变形和中心螺栓是否折断等。

②如果维修后出现转角不足，可架起前桥，先检查转向摇臂安装是否正确。将转向盘从左边极限位置转到右边极限位置，记住总圈数，再回转总圈数的一半，查看转向轮是否处于直线行驶位置。如果不是，则应重新安装转向摇臂。

a. 如果左右转向角不等，则应相应调整。

b. 当前轮转向已靠到转向限位螺栓时，最大转向角还不够，则转向限位螺栓过长，应予以调整或更换。

c. 如果前钢板弹簧中心不对称，则应检查是否装反。

七、制动系统

(一)常规制动系统故障的诊断与排除(表 3-23)

表 3-23　常规制动系统常见故障的诊断与排除

故障现象	可能原因	排除方法
制动不灵、踏板行程过大	(1)制动器间隙自调机构失效，间隙过大 (2)后轮制动器制动摩擦片过度磨损 (3)踏板自由行程过大 (4)制动蹄弯曲变形 (5)液压系统中有空气	(1)修理或更换自调机构零件 (2)更换制动蹄摩擦片 (3)调整踏板自由行程 (4)更换制动蹄 (5)排出系统中的空气
以恒定的力踩踏板，踏板碰到地板	(1)液压系统泄漏 (2)液压系统中有空气 (3)使用非标准牌号的制动液 (4)制动主缸活塞皮圈过度磨损或刮伤 (5)制动主缸缸筒过度磨损或被腐蚀	(1)查找泄漏部位，修理或更换零件 (2)排除系统中的空气 (3)加注标准牌号的制动液 (4)更换制动主缸皮圈 (5)更换制动主缸
第一次制动踏板碰地板，继续踩则正常	制动钳导向套上有污垢或被腐蚀	清除污垢或更换导向套
制动踏板过硬，并可能伴随制动衰退现象	(1)真空助力器连接管松脱或漏气 (2)制动衬块或蹄片不符合规定或质量差 (3)制动蹄弯曲或扭曲 (4)制动钳粘连或卡住 (5)制动蹄片卡在制动底板上 (6)制动主缸活塞粘结或卡在缸筒内 (7)制动轮缸活塞粘结或卡在缸筒内 (8)真空助力器内部卡住 (9)制动主缸旁通孔被堵塞 (10)制动软管、油管或接头堵塞 (11)制动液被不合适的油类污染 (12)发动机真空度低	(1)紧固连接处或更换软管 (2)更换制动衬块或制动蹄片 (3)更换制动蹄 (4)清洁导向套并润滑 (5)清理支承凸台并润滑或更换底板 (6)修理或更换零件 (7)修理或更换零件 (8)修理或更换真空助力器 (9)疏通旁通孔 (10)疏通或更换零件 (11)更换橡胶件并清洗液压系统 (12)调整或修理发动机

续表 3-23

故障现象	可能原因	排除方法
制动器发咬	(1)制动踏板无自由行程 (2)驻车制动器拉线调整不当或卡住 (3)制动蹄片不合适或蹄片松脱 (4)制动钳固定螺栓松动 (5)制动蹄卡在制动底板上 (6)制动底板松动 (7)制动踏板卡在销轴上 (8)真空助力器内部卡住 (9)制动蹄回位弹簧过软、松脱或折断 (10)制动器间隙自调机构失效 (11)制动钳、主缸或轮缸活塞粘结卡住 (12)制动主缸旁通孔堵塞	(1)调整踏板自由行程 (2)调整拉线或更换拉线 (3)更换制动蹄 (4)紧固螺栓 (5)清理支承凸台并润滑或更换底板 (6)紧固固定螺栓 (7)松开并加润滑脂 (8)修理或更换真空助力器 (9)更换回位弹簧 (10)调整或更换自调机构 (11)修理或更换零件 (12)疏通旁通孔
制动时跑偏	(1)左右轮胎气压不一致 (2)轮毂轴承磨损或损坏 (3)一边制动衬块或蹄片被染污 (4)一边制动蹄弯曲变形 (5)一边制动底板变形或松动 (6)一边制动钳固定螺栓松动 (7)一边制动钳活塞粘结或卡住 (8)悬架零部件安装或固定件的螺栓松动	(1)调整轮胎气压 (2)更换轮毂轴承 (3)清理制动衬块或蹄片 (4)更换制动蹄 (5)紧固或更换制动底板 (6)紧固固定螺栓 (7)修理或更换制动钳 (8)紧固螺栓,更换悬架零部件
制动时抖动或震颤	(1)制动蹄变形、弯曲 (2)制动钳固定螺栓松动 (3)制动鼓失圆 (4)制动盘端面跳动过大 (5)制动盘磨损过大,厚度过小	(1)更换制动蹄 (2)紧固螺栓 (3)更换制动鼓 (4)修磨或更换制动盘 (5)更换制动盘
制动噪声	(1)制动蹄弯曲变形 (2)制动盘表面有铁锈 (3)制动衬块被压裂或松动 (4)制动衬块被压裂 (5)制动底板支承凸台不平或缺润滑脂 (6)制动盘或鼓破裂、磨出沟槽或刮伤	(1)更换制动蹄 (2)去掉铁锈 (3)更换制动衬块或制动蹄片 (4)更换制动衬块 (5)润滑支承凸台 (6)更换制动盘或制动鼓

(二)ABS 系统故障诊断的一般程序

1. ABS 系统故障诊断的一般程序

不同车型甚至同一系列不同年代生产的汽车,由于装用的 ABS 型号不一样,其具体诊断方法与步骤均不尽相同。ABS 故障诊断的一般程序如图 3-16 所示。

2. 无故障码时 ABS 系统故障的诊断

电子控制单元的故障诊断系统是检测它的输入、输出信号是否在规定的范围内变化。如果信号超出了规定的范围,则判定为故障。但有时输入、输出信号虽然在规定范围内,却不能正确反映系统的工况,造成 ABS 系统工作不良。此时,应借助测试仪读取系统各传感器的数据并与标准数据比较,进一步检查各传感器或开关信号是否正常,以确认故障原因和部位。而

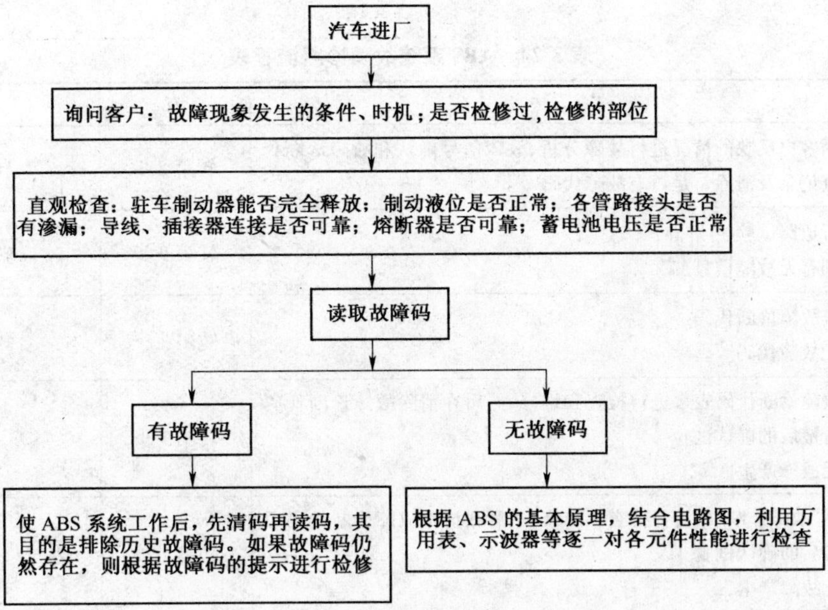

图 3-16　ABS 故障诊断的一般程序

且，系统中的机械故障也不能通过电子回路反映出来，因此，应根据其表现出来的现象进行分析，以确认故障原因和部位。

3. ABS 系统偶发性故障的诊断

在电子控制系统中，在电气线路和输入、输出信号的地方，可能出现瞬时接触不良问题，从而导致偶发性故障或在 ABS 电子控制单元自检时留下故障码。如果故障原因持续存在，那么，只要按照故障码诊断步骤就可以发现不正常的部位。不过，有时候故障发生的原因会自行消失，所以，不容易找出问题的原因。在这种情况下，可按下列方式模拟故障，检查故障是否再现：

①当怀疑振动可能是主要原因时，可将接头、线束和传感器轻轻地上下左右摇动。注意传感器在车辆上运动时因悬架系统的上下移动，可能造成短暂的开/短路。因此，在检查传感器信号时，必须进行实车行驶试验。

②当怀疑过热或过冷可能是主要原因时，可用吹风机加热被怀疑有故障的部件或用冷喷雾剂检查是否有冷焊现象。

③当怀疑电源回路接触电阻过大可能是主要原因时，可打开所有电器开关，包括前照灯和后窗除霜开关。

如果通过上述模拟故障原因，故障还是没有出现，则应等到下次故障再次出现时才能诊断故障。

（三）长安微型客车 ABS 系统故障的诊断

1. ABS 系统故障诊断流程（表 3-24）

2. ABS 系统故障码的读取

①先进行路试，让车辆以 40km/h 的速度行驶 1min 以上。

②使车辆停止，打开点火开关，如图 3-17 所示，将诊断座连接器端子 3、4 短接，并将 ABS

二极管拆下。

表 3-24　ABS 系统故障诊断流程表

步骤	检查方法	有	无
1	根据客户反映的情况进行故障分析、故障信号确认和故障诊断代码检查记录及清除。是否有故障代码	转第 2 步	转第 5 步
2	进行道路试验 判别有无故障信号	转第 3 步	转第 6 步
3	检查故障诊断代码 有无故障代码	转第 4 步	转第 5 步
4	用故障诊断代码表来进行检查和维修，然后在清除故障诊断代码后进行最后的确认试验 有无故障产生	转第 7 步	结束
5	根据“故障诊断”来进行检查和维修，然后在清除故障诊断代码后进行最后的确认试验 有无故障产生	转第 7 步	结束
6	根据“间歇中断及接触不良”和第 3 步中记录的故障代码相关电路来检查间歇中断，然后在清除故障诊断代码后进行最后的确认试验 有无故障产生	转第 7 步	结束
7	进行故障诊断代码检查和清除 有无故障代码	转第 4 步	转第 5 步

③此时，仪表板上的 ABS 警告灯开始闪亮。如果系统无故障，则 ABS 警告灯均匀闪亮；如果系统有故障，则输出由两位数字组成的故障码。

④ABS 警告灯闪烁的规律是故障码的十位数。ABS 警告灯每隔 0.3s 闪一次。十位数闪完后，间隔 1s 转换成每隔 0.3s 闪一次故障码个位数。故障码与故障码之间停止闪烁 3s。故障码 21(DTC21)的闪烁情况如图 3-18 所示。

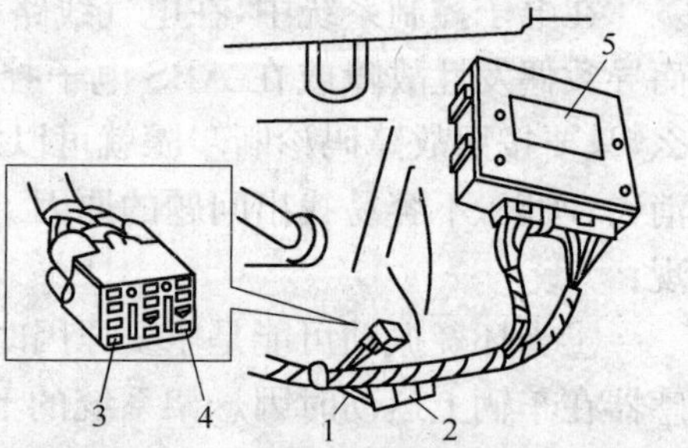

图 3-17　ABS 诊断座位置图

1. 诊断座　2. ABS 二极管　3. 搭铁端子
4. 故障诊断触发连接器　5. ABS 电控单元

3. ABS 系统故障码的清除

维修和更换故障部件后应清除故障码，方法如下。

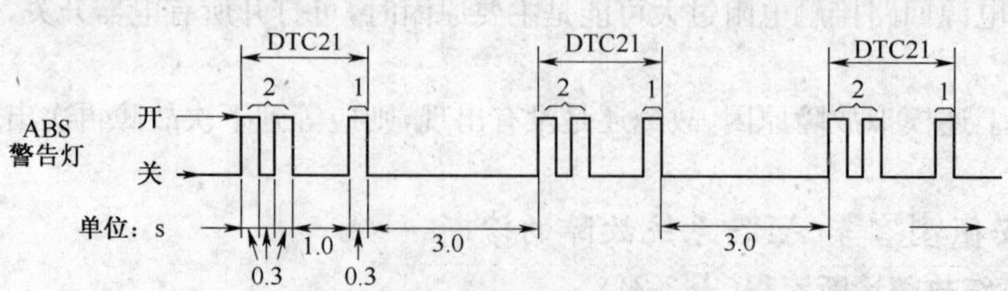

图 3-18　故障码 21 的闪烁情况

①关闭点火开关。

②将故障诊断触发连接器与搭铁端子相连。

③打开点火开关，在 10s 内将搭铁端子连接线接通/断开 5 次以上，且接通时间在 0.1s 以下。

④关闭点火开关，并拆下连接线。

⑤再读取故障码，看 ABS 是否仍有故障码。如果有，则应排除故障后再清除故障码。

4. ABS 故障码表(表 3-25)

表 3-25　ABS 故障码表

故障码	ABS 警告灯闪烁方式	诊断项目	
12	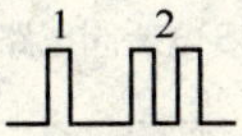		正常
16	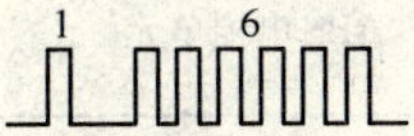		停车灯开关电路
21	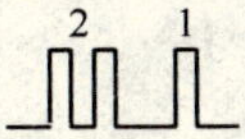	右前(RF)	车轮转速传感器电路或传感器齿圈
25	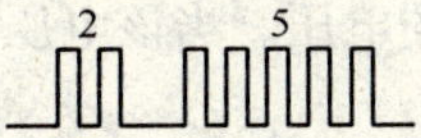	左前(LF)	
31	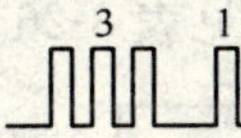	右后(RR)	
35	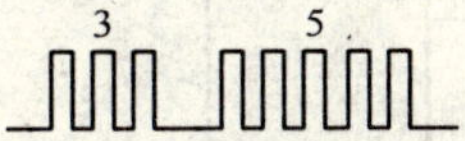	左后(LR)	
22	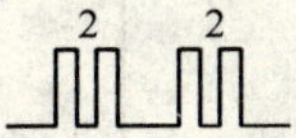	右前(RF)	
26	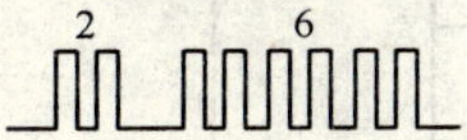	左前(LF)	
32	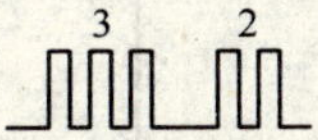	右后(RR)	
36		左后(LR)	
41	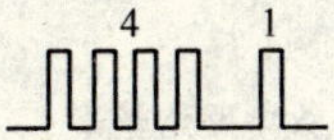	右前(RF)	ABS 电磁阀电路
42			
45	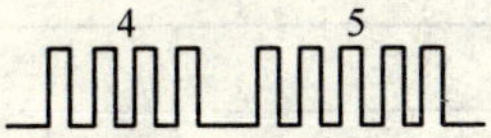	左前(LF)	
46			
55	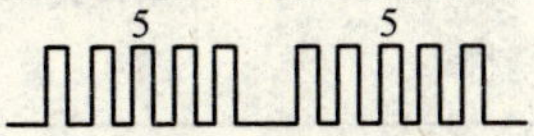	后部(R)	
56	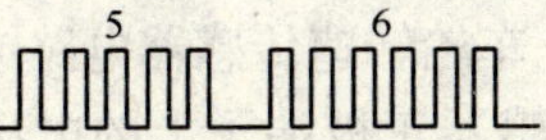		

续表 3-25

故障码	ABS 警告灯闪烁方式	诊断项目
57		电源
61	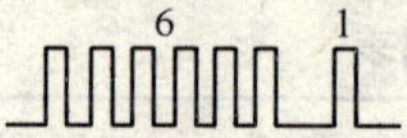	ABS 泵电机/电机继电器电路
63		ABS 电磁阀电路
71	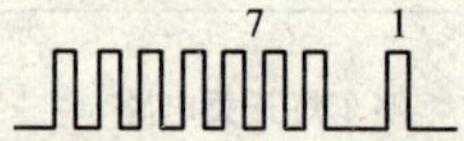	ABS 电控单元

5. 故障码(DTC)诊断

(1)DTC16—制动灯开关电路故障

当点火开关位于 ON 时，ABS 电控单元监测制动灯上的电压。当该电压未在规定范围时，将显示 DTC16。

制动灯开关控制电路如图 3-19 所示，DTC16 故障诊断流程见表 3-26。

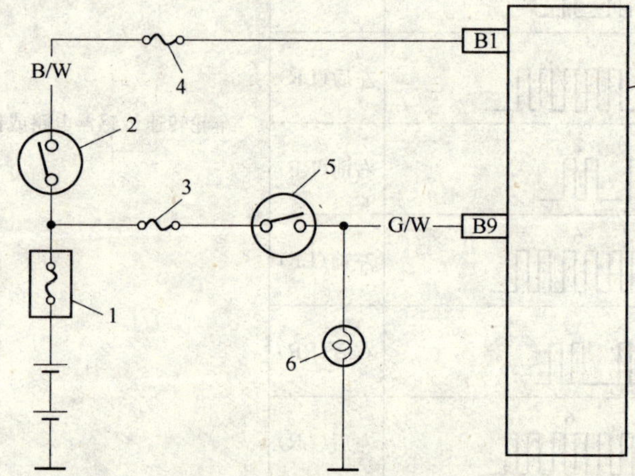

图 3-19　制动灯开关控制电路

1. 熔丝　2. 点火开关　3. 尾灯电路熔丝　4. 点火电路熔丝
5. 制动灯开关　6. 制动灯　7. ABS 系统电控单元

表 3-26　DTC16 故障诊断流程

检查方法	是	否
(1)断开点火开关 (2)踩下制动踏板 (3)测量停车灯端子“B9”和搭铁端子间的电压，看其是否在 3.3～9.4V	“G/W”电路断开	更换 ABS 电控单元并重新检查

(2)DTC21/22、DTC25/26、DTC31/32、DTC35/36—车轮转速传感器电路或传感器齿环

当点火开关位于 ON 时，ABS 电控单元监控每一传感器正极端子上的电压。该电压未达

到规定的范围之内时，应显示对应的 DTC。如果在起动或运转时，没有传感器信号输入，则又显示一组对应的 DTC。

注意：当汽车有下述情况中的任一种时，也有可能显示故障码：

a. 汽车行驶时，驻车制动器未完全松开。

b. 汽车行驶时制动器卡住。

c. 汽车行驶时车轮打滑。

d. 汽车被顶起后，车轮被转动过。

车轮转速传感器控制电路如图 3-20 所示，DTC21/22、DTC25/26、DTC31/32、DTC35/36 故障诊断流程见表 3-27。

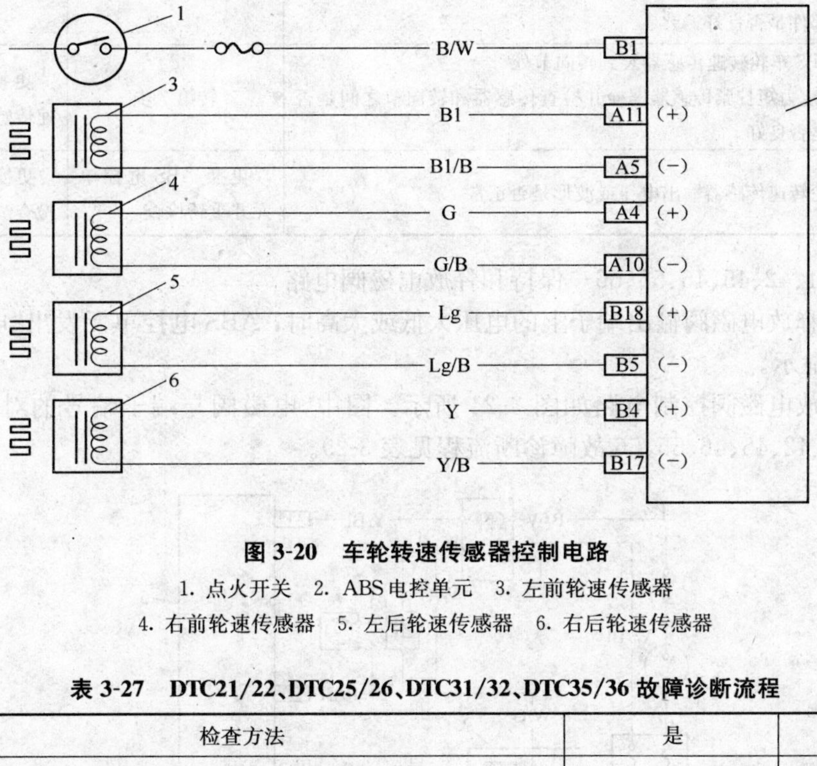

图 3-20　车轮转速传感器控制电路

1. 点火开关　2. ABS 电控单元　3. 左前轮速传感器
4. 右前轮速传感器　5. 左后轮速传感器　6. 右后轮速传感器

表 3-27　DTC21/22、DTC25/26、DTC31/32、DTC35/36 故障诊断流程

步骤	检查方法	是	否
1	(1)在点火开关断开时，取下 ABS 车轮转速传感器 (2)测量 ABS 车轮转速传感器插接件端子间电阻是否在 1.4～1.8kΩ 范围之内	转第 2 步	更换 ABS 车轮转速传感器总成
2	(1)断开点火开关 (2)断开 ABS 电控单元插接件 (3)检查每一个传感器端子是否与 ABS 电控单元正确连接 (4)如果连接良好，则闭合点火开关并测量模块插接头的传感器正极端子和搭铁端子间的电压是否为 0V	转第 3 步	ABS 车轮转速传感器正极电路与电源短路
3	(1)断开点火开关 (2)连接 ABS 车轮传感器插接件 (3)测量 ABS 车轮转速传感器正极端子和模块负极插接头之间，正极端子和搭铁之间的电阻。检查所测得的电阻值是否达到上面第 1 步所规定的范围	转第 4 步	电路搭铁断路式短路

续表 3-27

步骤	检查方法	是	否
4	(1)拆卸 ABS 车轮速度传感器 (2)检查传感器损坏情况或是否有异物。看其是否处于良好工作状态	转第 5 步	清洁、修理或更换
5	目测 ABS 车轮转速传感器安装孔(前轮)或拆下后鼓(后轮)并检查以下内容: (1)转子齿是否缺或损坏 (2)是否有异物附着 (3)转子是否偏心 (4)车轮轴承是否间隙过大 以上零部件是否良好	转第 6 步	清洁、修理或更换
6	(1)将 ABS 车轮转速传感器装到转向节处 (2)按规定力矩拧紧传感器螺栓并检查传感器和转向节之间是否无间隙。是否良好	转第 7 步	更换 ABS 车轮转速传感器
7	检查前轮转速传感器输出电压或波形是否正常	更换 ABS 电控单元并重新检查	更换传感器并重新检查

(3)DTC41、42、45、46、55、56—保持和释放电磁阀电路

当保持和释放电磁阀输出端子上的电压太低或太高时，ABS 电控单元发出“电磁阀关闭”信号,DTC 会显示。

保持和释放电磁阀控制电路如图 3-21 所示。图中,电磁阀与端子编号的对应关系见表 3-28。DTC41、42、45、46、55、56 故障诊断流程见表 3-29。

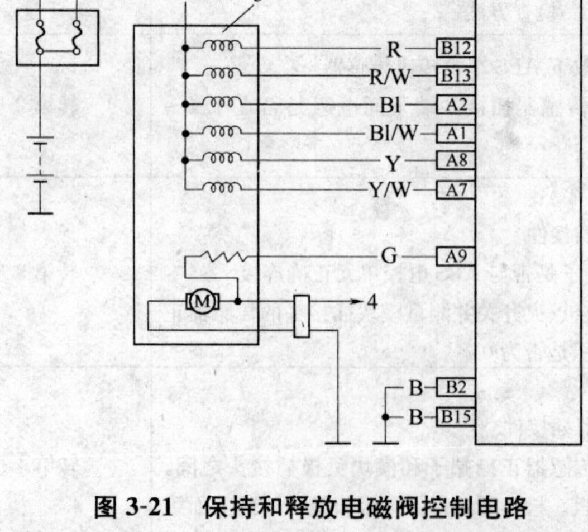

图 3-21　保持和释放电磁阀控制电路

1. 点火开关　2. ABS 电磁阀继电器　3. ABS 电控单元　4. 至 ABS 泵电机继电器电路　5. 电控单元电磁阀

表 3-28 电磁阀与端子编号的对应关系

电磁阀	端子编号	导线颜色
右前轮电磁阀吸持电路	B12	R
左前轮电磁阀吸持电路	A2	Bl
后轮电磁阀吸持电路	A8	Y
右前轮电磁阀释放电路	B13	R/W
左前轮电磁阀释放电路	A1	Bl/W
后轮电磁阀释放电路	A7	Y/W

表 3-29 DTC41、42、45、46、55、56 故障诊断流程

步骤	检查方法	是	否
1	(1)将点火开关断开,从 ABS 电控单元上取下插接件 (2)检查 ABS 电控单元电磁阀端子连接是否正确 (3)如果正确,则检查电磁阀电阻和对搭铁是否短路、状态是否良好	转第 2 步	更换 ABS 电控单元
2	(1)断开点火开关 (2)测量线束侧电磁阀插接件端子"W/G"和搭铁之间的电阻	进入 3 步	"W/G"电路断路
3	(1)拆下 ABS 电控单元接头 (2)检查 ABS 电控单元的接线端"A1"、"A2"、"A7"、"A8"、"B12"、"B13"是否与电流阀电路正确连接好 (3)如果连接良好,则测量模块端子 A1、A2、A7、A8、B12 或 B13 与对搭铁电压(点火开关闭合时),检查是不是 0V	转第 4 步	"R"、"R/W"、"Bl"、"Bl/W","Y"或"Y/W"电路与电源短路
4	(1)断开点火开关 (2)将插接件接到 ABS 电控单元上 (3)测量模块端子 A1、A2、A7、A8、B12 或 B13 对搭铁的电阻,检查是否导通	更换 ABS 电控单元并重新检查	"R"、"R/W"、"Bl"、"Bl/W","Y"或"Y/W"电路断路,接触不良或搭铁短路

(4)DTC57—电源电路故障

ABS 电控单元监控端子"B1"处的电源电压变得过低时,该 DTC 将显示;一旦该电压升高或降低到规定值,该 DTC 将被清除。

ABS 电源的控制电路如图 3-22 所示。DTC57 故障诊断流程见表 3-30。

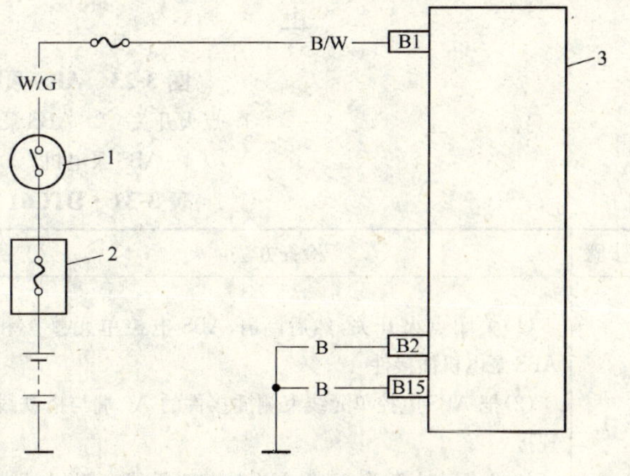

图 3-22 ABS 电源的控制电路

1. 点火开关 2. 熔丝 3. ABS 系统电控单元

(5)DTC61—ABS 泵电机电路故障

当 ABS 电控单元发出的电机工作信号到达 ABS 泵电机时,如果端子"A9"上的电压太低或太高,DTC 都会显示;在 ABS 电控单元刚向 ABS 泵电机发出"停机"信号，而该泵电机的惯性转矩所产生的电动势（电压）未能输入“A9”端子时，DTC 同样会显示。

ABS 泵电机控制电路如图 3-23 所示，DTC61 故障诊断流程见表 3-31。

表 3-30 DTC57 故障诊断流程

步骤	检查方法	是	否
1	(1)在蓄电池正极和搭铁之间连接一个电压表 (2)起动发动机并测量发动机高速空转时最大电压是否在 14V 以上	检查充电系统	转第 2 步
2	使发动机高速运转，测量 ABS 电控单元端子 B1 和搭铁(所有插接件连好)间的电压是不是一直在 9V 以下	(1)检查充电系统 (2)B/W 电线电阻增大 (3)B/W 和搭铁线之间绝缘不良	(1)ABS 电控单元端子 B1、B2 或 B15 接触不良 (2)“B”线的电阻增大 如果上述各项状态良好，则更换 ABS 电控单元并重新检查

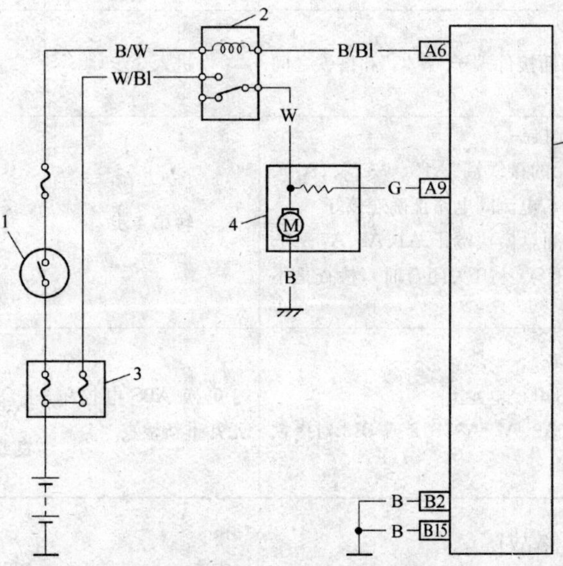

图 3-23 ABS 泵电机控制电路

1. 点火开关 2. ABS 泵电机继电器 3. 熔丝
4. ABS 泵电机 5. ABS 电控单元

表 3-31 DTC61 故障诊断流程

步骤	检查方法	是	否
1	(1)关闭点火开关，然后断开 ABS 电控单元接头和 ABS 泵电机插接件 (2)把 ABS 电控单元线束侧插接件的 A6 端与搭铁线连接 (3)关闭点火开关，测量 ABS 电机动性线束侧“A9”端的对搭铁电压检查电压是否在 10～14V	转第 2 步	转第 4 步

续表 3-31

步骤	检查方法	是	否
2	检查泵电机继电器状态是否良好	转第 3 步	更换 ABS 泵电机继电器
3	(1)断开点火开关并让“A6”端子与地脱离 (2)安装 ABS 泵电机继电器 (3)拆卸 ABS 电控单元接头并闭合点火开关，ABS 泵电机运转是否正常	“W”电路与电源电路短路	检查 ABS 泵电机搭铁是否良好，如果正确，则更换 ABS 电控单元并重新检查
4	(1)断开点火开关 (2)检查 ABS 泵电机继电器是否正确连接好 (3)如果连接良好，则检查泵电机继电器工作状态是否良好	转第 5 步	更换 ABS 泵电机继电器
5	(1)检查连接到 ABS 泵电机上的接头是否接好 (2)如果接好，则检查 ABS 泵电机的电机状态是否良好	转第 6 步	更换 ABS 泵电机
6	(1)断开 ABS 电控单元接头、ABS 泵继电器和 ABS 泵电机 (2)检查 A6、A9 端子是否连接好 (3)如果连好，则检查“B/Bl”“W”和“G”电路是否断路以及对搭铁短路	转第 7 步	“B/Bl”“W”工“G”电路断路或对搭铁短路
7	(1)检查“G”和“W/Bl”电路是否断路	转第 8 步	“G”或“W/Bl”电路断路
8	(1)连接 ABS 泵电机插接件 (2)测量模块接头端子 A9 对搭铁电阻，检查其是否导通	更换 ABS 电控单元并重新检查	电机“B”电路断路

(6)DTC63—ABS 电磁阀继电器电路故障

即使 ABS 电控单元发出“电磁阀继电器闭合”信号，但如果无电流流到电磁阀，DTC 会显示；反之，有电流流过到磁阀，但模块发出“继电器断开”信号，DTC 也会显示。

ABS 电磁阀继电器控制电路如图 3-24 所示，DTC63 故障诊断流程见表 3-32。

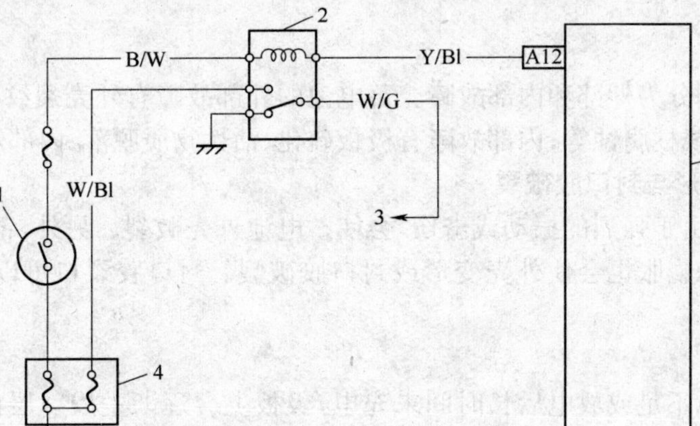

图 3-24　ABS 电磁阀继电器控制电路

1. 点火开关　2. ABS 电磁阀继电器　3. 至电磁阀(ABS 液压单元)　4. 熔丝　5. ABS 电控单元

表 3-32　DTC63 故障诊断流程

步骤	检查方法	是	否
1	(1)断开点火开关 (2)拆卸 ABS 电磁阀继电器 (3)检查电磁阀继电器接头连接是否完好 (4)如果连好,则检查 ABS 电磁阀继电器状态是否良好	转第 2 步	更换 ABS 电磁阀继电器
2	测量"Y/Bl"电路的电阻,检查其是否导通	转第 3 步	"Y/Bl"电路断路
3	(1)安装电磁阀继电器 (2)拆卸 ABS 电控单元接头 (3)检查 ABS 电控单元端子 A1、A2、A7、A8、A9、A12、B12 和 B13 连接是否完好 (4)如果完好,在点火开关闭合情况下,测量模块端子"A12"对搭铁电压是否为 10～14V	更换 ABS 电控单元并作重新检查	"B/Bl"电路断路或对搭铁短路

(7)DTC71—ABS 电控单元故障

当 ABS 电控单元有内部故障时,该 DTC 显示。

DTC71 故障诊断流程见表 3-33。

表 3-33　DTC71 故障诊断流程

检查方法	是	否
清除所有的 DTC,接通点火开关并检查 DTC 是否是 DTC71	更换 ABS 电控单元	可能是 ABS 电控单元暂时故障

第三节　电器设备常见故障的维修技巧

一、蓄电池

蓄电池常见故障分为外部和内部故障。蓄电池的外部故障有外壳裂纹、封口胶干裂、接线松脱、接触不良或接线柱腐蚀等;内部故障有极板硫化、活性物质脱落、内部短路和自放电等。

1. 外壳裂损、变形与封口胶破裂

汽车在行驶中,由于强烈的振动或击伤,会使蓄电池外壳破裂。另外,蓄电池发热、气体压力过大或电解液冰冻膨胀也会使外壳变形或封口胶破裂。封口胶裂口可以重新填补,外壳破裂需换新。

2. 极板硫化

蓄电池长期充电不足或放电后长时间未充电,极板上会逐渐生成一层白色粗晶粒的硫酸铅,在正常充电时不能转化为二氧化铅和海绵状铅。这种现象称为"硫酸铅硬化",简称"硫化"。这种粗而坚硬的硫酸铅晶体导电性差、体积大,会堵塞活性物质的细孔,阻碍电解液的渗透和扩散,使蓄电池的内阻增加,起动时不能供给大的起动电流,以至不能起动发动机。

产生极板硫化的主要原因有以下几点:

①蓄电池长期充电不足或放电后未及时充电。

②蓄电池内电解液液面太低,使极板上部与空气接触而强烈氧化(主要是负极板),造成极

板的上部硫化。

③电解液相对密度过高，电解液不纯、外部气温剧烈变化时也将促进硫化。

为避免极板硫化，蓄电池应经常处于充足电状态，放完电的蓄电池应及时送去充电，电解液相对密度要恰当，液面高度应符合规定。

对于已硫化的蓄电池，较轻者可按过充电方法进行处理，较严重者可用小电流充电法或去硫化充电法消除硫化。

3. 自行放电

充足电的蓄电池放置不用会逐渐失去电量，这种现象称为蓄电池的“自行放电”。

如果一昼夜容量损失不超过0.7%时，属于正常自放电。铅蓄电池的正常自放电是由于蓄电池本身因素所造成的一种不可避免的现象。如果一昼夜自行放电量超过了2%～3%时，则属于故障性自放电。这主要是由于使用维护不当所造成的。造成故障性自放电的原因很多，主要有以下几个方面：

①电解液杂质含量过多，这些杂质在极板周围形成局部回路而产生自行放电。

②蓄电池内部短路引起的自放电。例如，隔板或壳体隔壁破裂、极板活性物质大量脱落而沉于极板下部，都将使正负极板短路而引起自放电。

③蓄电池盖上洒有电解液时，会造成自放电，同时，还会使接线柱或连接条腐蚀。

因此，为减少自放电，电解液的配制应符合要求，并使液面不致过高，使用中，还应经常保持蓄电池表面的清洁。

自行放电严重的蓄电池，可将其完全放电或过度放电，使极板上的杂质进入电解液，然后将电解液倾出，用蒸馏水将电池仔细清洗干净，最后注入新电解液重新充电。

4. 极板活性物质大量脱落

活性物质脱落一般多发生在正极板上，其特征为电解液中有沉淀物，充电时，电解液有褐色物质自底部上升，但电压上升快，电解液沸腾现象比正常蓄电池出现的早，充电时间大大缩短，放电容量却明显下降。

故障产生的原因有以下几点：

①极板本身质量太差。

②充、放电时，活性物质的体积总在不断地膨胀和收缩。

③充足电后极板孔隙中逸出大量气泡，在极板内部造成压力，从而使活性物质容易脱落。

因此，如果使用不当，如充、放电电流过大，使电解液温度太高，或经常过充电，都将导致极板过早损坏。另外，蓄电池受剧烈震动时，也会引起活性物质脱落。

5. 极板拱曲

极板拱曲多发生于正极板。极板拱曲后，将会造成内部短路等故障。

造成极板拱曲的原因主要有以下几点：

①极板在制造过程中铅膏涂填不匀，使充放电时极板各部分所引起的电化学反应强弱不匀，导致极板膨胀和收缩不一样。

②经常大电流放电，使极板表面各部分电流密度不同而造成弯曲。

③蓄电池过量放电时，使极板内层深处生成硫酸铅，充电时得不到恢复，造成内部膨胀而导致极板拱曲。

④电解液中含有杂质，在引起局部电化学作用时，仅有小部分活性物质转变为硫酸铅，导

致整个极板的活性物质体积变化不一致，造成极板拱曲。

极板轻度拱曲时，可用木夹板夹紧校正；如果极板拱曲严重，则应更换新极板。

6. 极板短路

极板短路的故障现象为断路电压较低，大电流放电时端电压迅速下降，甚至到零；充电过程中，电压与电解液相对密度上升缓慢，甚至保持很低的数值就不再上升了，充电末期气泡很少，但电解液温度却迅速升高。

极板短路的原因主要有以下几点：

①隔板质量不高或损坏，使正负极板相接触而短路。

②活性物质在蓄电池底部沉积过多，金属导电物落入正负极板之间，造成蓄电池内部极板短路。

短路的蓄电池必须拆开，查明原因而将其排除。

二、交流发电机及电压调节器

1. 充电电流过小的故障诊断与排除

(1)故障现象

发动机在中速以上转速运转时，充电指示灯能熄灭，打开前照灯时灯光暗淡。

(2)故障原因

①发电机 V 带打滑。

②充电线路接触不良。

③电刷与集电环接触不良。

④电枢绕组局部短路。

⑤个别整流二极管或励磁二极管断路、击穿。

⑥定子绕组断路或局部短路。

⑦电压调节器工作不良。

(3)故障的判断与排除

充电电流过小故障的判断与排除如图 3-25 所示。

2. 充电电流过大的故障诊断与排除

(1)故障现象

蓄电池电解液消耗过快，发电机及点火线圈容易过热，灯泡易烧坏。

(2)故障原因

电压调节器内部短路。

(3)故障的判断与排除

更换电压调节器。

3. 充电不稳的故障诊断与排除

(1)故障现象

发动机在怠速以上转速运转时，充电指示灯时亮时灭。

(2)故障原因

①发电机 V 带打滑。

②充电线路或磁场接线柱松动。

③电刷与集电环接触不良。

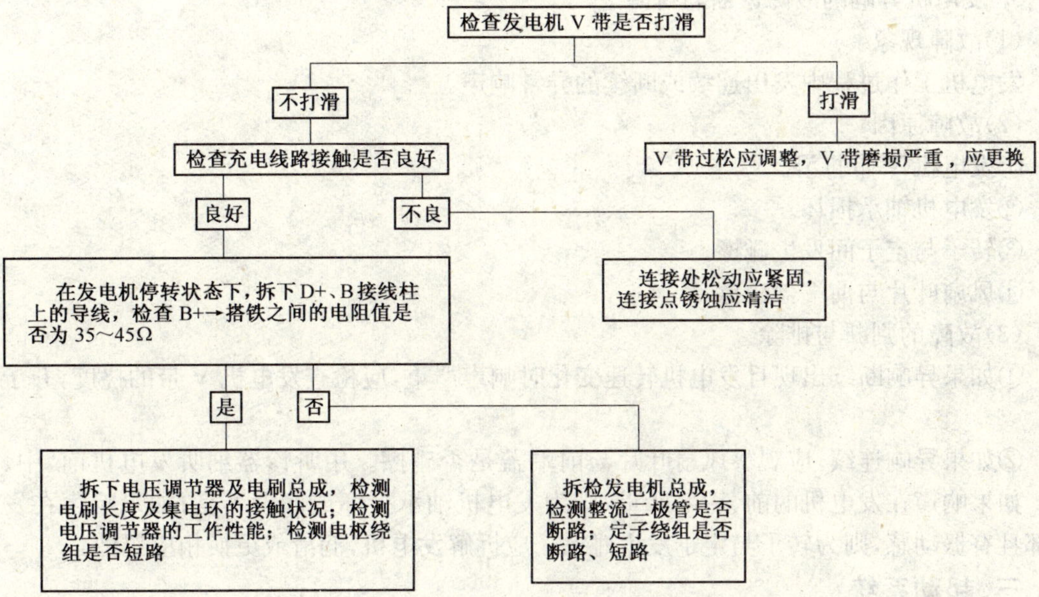

图 3-25　充电电流过小故障的判断与排除流程图

④发电机内部导线连接松动。

⑤电压调节器内部元件损坏。

(3)故障的判断与排除

①检查并调整 V 带的挠度。如果 V 带磨损严重，应予以更换。

②检查充电线路、励磁线路是否松动或锈蚀，并视情予以紧固和清洁。

③拆下电刷总成，检查电刷的高度是否符合标准、与集电环接触面是否有油污、在电刷架内运动有无卡滞现象、弹簧弹力是否过小等，并视情予以更换或修理。

④拆解发电机，检查电枢绕组、定子绕组连接导线是否松动或脱焊，视情重新焊接。

⑤以上检查均正常，则应更换电压调节器。

4. 发电机过热的故障诊断与排除

(1)故障现象

发电机运转过程中温度过高，严重时烧坏磁场绕组或定子绕组。

(2)故障原因

①发电机前、后端轴承润滑不良。

②发电机电枢爪极与定子铁心相互摩擦。

③交流发电机与发动机不匹配，最高转速过低。

(3)故障的判断与排除

①如果非原装发电机，应比较现装与原装的最高允许转速及 V 带轮直径。如果现装发电机的最高允许转速低于原装发电机的最高允许转速且差值较大，或 V 带轮直径小于原装 V 带轮直径，应按标准进行更换。

②如果为原装发电机，则应拆解发电机。检查前、后端轴承是否破裂、润滑是否良好、转子爪极与定子铁心之间有无摩擦剐蹭。

5. 发电机异响的故障诊断与排除

(1)故障现象

发电机工作过程中发出连续或断续的异常响声。

(2)故障原因

①发电机V带打滑。

②发电机轴承损坏。

③转子与定子间发生碰擦。

④风扇叶片与前端盖碰擦。

(3)故障的判断与排除

①如果异响断续出现且发电机转速变化时响声严重，应检查发电机V带的挠度，并予以调整。

②如果异响连续，应观察风扇叶片与前端盖是否碰擦。用听诊器细听发电机前、中、后端部。如果响声在发电机的前、后部严重，则为发电机轴承损坏或润滑不良；如果响声在发电机中部且有振动感，则为转子与定子发生碰擦。应拆解发电机，润滑或更换相应部件。

三、起动系统

起动系统的故障诊断与排除见表3-34。

表3-34　起动系统的故障诊断与排除

故　障	故障原因	诊断方法
起动机不运转	(1)电磁开关无工作声	
	①蓄电池没电	充电
	②蓄电池性能下降而导致蓄电池电压太低	更换蓄电池
	③蓄电池接线柱接触不良	拧紧或更换
	④搭铁线接头松动	拧紧
	⑤熔丝松动或熔断	拧紧或更换
	⑥点火开关和电磁开关接触不良	更换
	⑦引线连接处松动	拧紧
	⑧点火开关和电磁开间电路断开	修理
	⑨吸合线圈电路断开	更换电磁开关
	⑩电刷定位松动或磨损	修理或更换
	⑪柱塞或小齿轮滑动不良	修理
	(2)电磁开关有工作声	
	①蓄电池电量不足	充电
	②蓄电池性能下降至电压过低	更换蓄电池
	③蓄电池接线松动	拧紧
	④电源触点烧坏或电磁开关接触不良	更换电磁开关
	⑤电刷定位松动或磨损	修理或更换
	⑥电刷弹簧弹力减弱	更换
	⑦整流器烧坏	更换电枢
	⑧线圈搭铁不良	修理
	⑨电枢隔层短路	修理
	⑩曲轴转动受阻	修理

续表 3-34

故　障	故障原因	诊断方法
起动机运转太慢	如蓄电池和导线都无问题,则应检查起动电机 ①电磁开关触点接触不良 ②电枢隔层断路 ③整流器断开、烧坏或磨损 ④线圈搭铁不良 ⑤电刷磨损 ⑥电刷弹簧弹力减弱 ⑦端部衬套烧坏或异常磨损	 更换电磁开关 更换 修理或更换电枢 修理 更换电刷 更换弹簧 更换衬套
起动机工作,但发动机不能起动	①小齿轮尖部磨损 ②超速离合器滑动不良 ③超速离合器打滑 ④小齿轮磨损	更换过载离合器 修理 修理 更换飞轮
起动机有噪声	①电刷异常磨损 ②小齿轮磨损或小齿轮传动齿磨损 ③小齿轮滑动不良(不能回位) ④零件缺润滑油	更换 更换小齿轮或飞轮 修理或更换 润滑
起动机不停机	①电磁开关触点熔化 ②电磁开关线圈间短路(隔层短路) ③点火开关回位故障	更换电磁开关 更换电磁开关 更换

四、照明与信号系统

下面以五菱微型客车为例,介绍照明系统常见故障的诊断与排除技巧。

1. 高位制动信号灯不工作(除基本型)的故障诊断方法(表 3-35)

表 3-35　高位制动信号灯不工作(除基本型)的故障诊断方法

步骤	措　施	是	否
1	检查熔丝 F5 是否已熔断	至步骤 4	至步骤 2
2	将测试灯与制动信号灯开关的两端子连接,测试灯是否亮	至步骤 5	至步骤 3
3	1. 将测试灯与中心高位制动信号灯的两端子连接 2. 踩住制动踏板不放 测试灯是否亮	至步骤 6	至步骤 7
4	更换熔丝 F5	—	—
5	更换制动信号灯开关	—	至"内部照明系统检查"
6	更换高位制动信号灯	—	至"内部照明系统检查"
7	修理接触不良的线路	—	至"内部照明系统检查"

2. 车顶灯不工作的故障诊断方法(表 3-36)

表 3-36　车顶灯不工作的故障诊断方法

步骤	措　施	是	否
1	检查车顶灯灯泡灯丝是否熔断	至步骤 4	至步骤 2
2	检查熔丝 F4 是否熔断	至步骤 5	至步骤 3

续表 3-36

步骤	措 施	是	否
3	分别用测试灯连接顶灯开关(接通门控)的两端子与其电源端子,测试灯是否亮	至步骤 6	至步骤 7
4	更换灯泡	—	至"内部照明系统检查"
5	更换熔丝	—	至"内部照明系统检查"
6	更换顶灯开关	—	至"内部照明系统检查"
7	修理接触不良的线路	—	至"内部照明系统检查"

3. 车顶灯不能关闭的故障诊断方法

注意:车顶灯不能关闭故障的前提条件有以下两点:

①所有车门关闭。

②照明灯开关关闭。

排除故障的步骤如下:

①检查左前侧接触开关。如果出现故障,将其更换。

②检查右前侧接触开关。如果出现故障,将其更换。

③检查左后侧接触开关。如果出现故障,将其更换。

④检查右后侧接触开关。如果出现故障,将其更换。

⑤检查照明灯开关。如果出现故障,将其更换。

4. 阅读灯不工作的故障诊断方法(表 3-37)

表 3-37 阅读灯不工作的故障诊断方法

步骤	措 施	是	否
1	检查阅读灯灯泡灯丝是否熔断	至步骤 4	至步骤 2
2	检查熔丝 F4 是否熔断	至步骤 5	至步骤 3
3	分别用测试灯连接阅读灯开关两端子,测试灯是否亮	至步骤 6	至步骤 7
4	更换灯泡	—	至"内部照明系统检查"
5	更换熔丝	—	至"内部照明系统检查"
6	更换阅读灯开关	—	至"内部照明系统检查"
7	修理接触不良的线路	—	至"内部照明系统检查"

注意:在检查的时候,阅读灯开关保持在中间位置。

5. 阅读灯、顶灯不能关闭的故障诊断方法

注意:阅读灯不能关闭故障的前提条件有以下两点:

①所有车门关闭。

②照明灯开关关闭。

排除故障的步骤如下:

(1)检查左前侧接触开关。如果出现故障,将其更换。

(2)检查右前侧接触开关。如果出现故障,将其更换。

(3)检查左后侧接触开关。如果出现故障,将其更换。

(4)检查右后侧接触开关。如果出现故障,将其更换。

(5)检查照明灯开关。如果出现故障，将其更换。

6. 远/近光灯故障的诊断方法

所有的远/近光灯都不工作的故障诊断方法见表3-38。

表3-38　所有的远/近光灯都不工作的故障诊断方法

A：所有的远/近光灯都不工作	是	否
1. 将灯开关拨至“”位置，将远/近光开关拨至远光位置。检查熔丝F2是否完好	至步骤2	至步骤3
2. 测量熔丝F2的电压是否正常	至步骤7	至步骤4
3. 更换受损熔丝，它是否还会损坏	至步骤7	至步骤2
4. 检查远/近灯开关，确认没有问题	至步骤5	更换开关
5. 检查灯开关，确认没有问题	至步骤6	更换开关
6. 检查远光信号装置是否工作	至步骤8	参见组合仪表诊断
7. 检查远/近灯及其与电线线束的接插件，确认它是否完好	至步骤9	修理接插件
8. 检查灯接插件，确认电线接地良好	至步骤10	修理接插件
9. 检查远/近光灯泡是否完好	—	更换灯泡

只有远光灯不工作的故障诊断方法见表3-39。

表3-39　只有远光灯不工作的故障诊断方法

B：只有远光灯不工作	是	否
1. 检查远光信号装置是否工作(仅对于远光)	至步骤2至步骤3	—
2. 检查灯及其与电线线束的接插件，确保在调至远光位置时没有问题	至步骤3	—
3. 检查远/近光开关以及从开关到熔丝的线束接口	至步骤4	修理端子接口
4. 检查远光灯灯泡	—	更换灯泡

只有近光灯不工作的故障诊断方法见表3-40。

表3-40　只有近光灯不工作的故障诊断方法

C：只有近光灯不工作	是	否
1. 检查近光灯灯泡，确认没有问题	至步骤2	更换灯泡
2. 检查远/近光开关以及从开关到主线束的连接	—	修理端子

7. 所有驻车灯/尾灯都不工作的故障诊断方法(表3-41)

表3-41　所有驻车灯/尾灯都不工作的故障诊断方法

所有驻车灯/尾灯都不工作	是	否
1. 将灯开关拨到“”位置。检查熔丝F5是否完好	至步骤2	至步骤3
2. 利用数字万用表测量熔丝F5的电压是否正确	至步骤4	至步骤7
3. 更换熔丝，它是否仍会损坏	至步骤4	至步骤1
4. 检查底盘线束和左后部线束连接器D4、底盘线束和右后部线束连接器D5以及主线束和底盘线束连接器Z1是否完好	至步骤6	至步骤5

续表 3-41

所有驻车灯/尾灯都不工作	是	否
5. 维修或者更换线束或者接插件	—	—
6. 检查主线束和左、右后部线束	—	—
7. 拆下灯开关并且进行检查，是否工作良好	至步骤 9	至步骤 8
8. 更换灯开关	—	—
9. 检查灯泡	—	更换灯泡

8. 前、后雾灯故障的诊断方法

前、后雾灯都不工作的故障诊断方法见表 3-42。

表 3-42　前、后雾灯灯都不工作的故障诊断方法

A. 下面是前/后雾灯的诊断程序	是	否
1. 将灯开关拨到“”位置，打开前雾灯开关。检查开关上的指示器是否完好	至步骤 8	至步骤 2
2. 检查熔丝 F5、F7 是否完好	至步骤 4	至步骤 3
3. 更换受损熔丝	至步骤 4	—
4. 拆下小灯继电器，测量继电器 30 号和 86 号端子的电压是否正常	至步骤 6	至步骤 5
5. 根据电路图检查主线束前雾灯开关，线路是否正常？必要时应进行维修	—	—
6. 拆下雾灯继电器，测量继电器 30 号和 86 号端子的电压是否正常	至步骤 7	—
7. 更换继电器，雾灯是否正常	—	至步骤 8
8. 检查雾灯接插件，确保电压和接地针没有问题	至步骤 9	更换灯泡
9. 根据电路图检查从继电器到雾灯的主线束	—	—

近光灯打开时、后雾灯不工作的故障诊断方法见表 3-43。

表 3-43　近光灯打开时、后雾灯不工作的故障诊断方法

近光灯打开时、后雾灯不工作	是	否
1. 拆下后雾灯继电器，打开近光灯，测量继电器上 87 号端子的电压是否正常	至步骤 3	至步骤 2
2. 根据电路图检查灯开关和后雾灯继电器之间仪表板线束和主线束。必要时应进行维修	—	—
3. 更换继电器并且检查主线束	—	—

前雾灯打开时、后雾灯不工作的故障诊断方法见表 3-44。

表 3-44　前雾灯打开时、后雾灯不工作的故障诊断方法

前雾灯打开时、后雾灯不工作	是	否
1. 拆下后雾灯继电器，打开前雾灯，测量继电器 85 号端子的电压是否正常	至步骤 2	至步骤 4
2. 更换继电器，后雾灯是否正常	—	至步骤 3
3. 检查至继电器上 86 号端子的仪表板线束和主线束	—	
4. 检查从后雾灯开关到继电器的仪表板线束是否有问题	更换开关	更换后雾灯

前雾灯和后雾灯打开时、后雾灯不工作的故障诊断方法见表3-45。

表3-45　前雾灯和后雾灯打开时、后雾灯不工作的故障诊断方法

前雾灯和后雾灯同时打开的时候，后雾灯不工作	是	否
1. 打开近光灯和前雾灯，打开后雾灯的开关，开关的指示器是否工作	至步骤2	至步骤6
2. 检查后雾灯以及至电线线束的接插件，确保电压和接地端子没有问题	至步骤3	至步骤11
3. 检查仪表板和主线束之间接插件227上的8号、22号端子，测量电压是否正确	至步骤4	至步骤5
4. 检查从接插件Z1至后雾灯的底盘线束、左后部线束和尾门线束。必要时应进行维修	—	—
5. 检查从后雾灯开关到接插件227的仪表板线束。必要时应进行维修	—	—
6. 拆下后雾灯的开关，测量电线线束上接插件的端子1的电压是否正常	至步骤7	至步骤8
7. 请更换后雾灯的开关，后雾灯是否正常	—	至步骤3
8. 更换继电器，后雾灯是否正常	—	至步骤9
9. 检查从继电器(端子86)至开关(端子1)的仪表板线束，确保其没有问题	至步骤10	—
10. 检查至后雾灯继电器的仪表板线束和主线束。必要时应进行维修	—	—
11. 更换后雾灯	—	—

9. 倒车灯不工作的故障诊断方法

倒车灯不工作的故障诊断方法见表3-46。

表3-46　倒车灯不工作的故障诊断方法

倒车灯不工作	是	否
1. 检查F11号熔丝是否完好	至步骤3	至步骤2
2. 更换受损熔丝，倒车灯是否完好	—	至步骤3
3. 检查底盘和右后部线束之间的接插件D5。测量端子18的电压是否正常	至步骤4	至步骤6
4. 检查倒车灯及其到电线线束的接插件，确保其没有问题	至步骤5	至步骤10
5. 检查从接插件(D5)到倒车灯的右后部线束		
6. 分开倒车灯开关的接插件，测量端子的电压是否正常	至步骤8	至步骤7
7. 检查从熔丝F11到倒车灯开关的主线束和发动机线束（经过28）	—	—
8. 检查从倒车灯开关的至接插件28的发动机线束和28至Z1的主线束，确保其没有问题	至步骤9	—
9. 检查倒车灯开关，如果有，需要加以维修	—	—
10. 更换倒车灯	—	—

10. 制动灯的故障诊断方法

制动灯都不工作的故障诊断方法见表3-47。

表3-47　制动灯不工作的故障诊断方法

所有的制动灯和高位制动灯都不工作	是	否
1. 将点火开关拨到ON位置，检查F5号熔丝，此熔丝是否完好	至步骤3	至步骤2
2. 更换熔丝，它是否仍是损坏的	至步骤5	至步骤3
3. 测量熔丝的电压是否正常	至步骤5	至步骤4
4. 检查主线束	—	—
5. 分开制动器开关接插件并且检查制动器开关，确保制动器开关没有问题。测量端子的电压是否正常	至步骤7	至步骤6
6. 检查从制动器开关到熔断丝的主线束	—	—
7. 检查主线束和底盘线束之间接插件Z1(1)及底盘线束和左后部线束之间的接插件D4(3)，确保它没有问题	至步骤8	—
8. 检查从接插件D4至制动灯的后车身线束	至步骤9	—
9. 检查制动灯及其至电线线束的接插件	至步骤10	—
10. 检查底盘线束和左后部线束D4(8)，检查底盘线束接地点。确保它接地良好	—	—

11. 转向信号灯和危险警告灯的故障诊断方法

转向信号灯和危险警告灯的故障诊断方法见表3-48。

表3-48　转向信号灯和危险警告灯的故障诊断方法

当打开转向信号灯或者危险警告灯的时候，所有的灯都不工作	是	否
1. 检查F4和F11号熔丝是否完好	至步骤3	至步骤2
2. 更换受损熔丝	至步骤	
3. 拆下闪光继电器，使用数字万用表(DMM)测量继电器上端子的电压是否正常	至步骤7	至步骤4
4. 拆下危险警告灯开关，使用数字万用表测量开关上端子15和端子4的电压是否正常	至步骤5	至步骤6
5. 检查危险警告灯开关和从危险警告灯开关(端子12)到闪光继电器的主线束和仪表板线束	—	—
6. 检查从熔断丝(1号和21号)到危险警告开关的主线束和仪表板线束	—	—
7. 检查闪光继电器，确保其没有问题；检查继电器上的接地线，确保其接地良好	至步骤8	—
8. 检查从继电器至危险警告开关(端子4)和转向信号开关(端子2)的仪表板线束和主线束。如果必需要加以修理，确保其没有问题	至步骤9	—
9. 检查危险警告开关以及转向信号灯开关，如果必要，应加以更换并且确保没有问题	至步骤10	—
10. 检查转向信号灯及其至电线线束的接插件	至步骤11	—

续表 3-48

当打开转向信号灯或者危险警告灯的时候,所有的灯都不工作	是	否
11. 检查主线束、仪表板线束以及底盘线束、右后部线束和左后部线束。如必要应加以维修	至步骤 12	—
12. 检查仪表板和主线束之间的接插件 Z28、主线束至底盘线束接插件 Z1、底盘线束至右后部线束接插件 D5 和底盘线束至左后部线束接插件 D40	—	至步骤 13
13. 检查灯泡是否有问题	更换灯泡	—

五、安全气囊

(一)五菱微型客车安全气囊的故障诊断

1. 安全气囊的故障码

安全气囊的故障码见表 3-49。

表 3-49　安全气囊的故障码

故障码	故障码含义	故障码	故障码含义
DTC B0021	驾驶座气囊回路阻值过高	DTC B0043	驾驶员安全带预紧回路对地短路
DTC B0022	驾驶座气囊回路阻值过低	DTC B0044	驾驶员安全带预紧回路对电源短路
DTC B0024	驾驶座气囊回路对地短路	DTC B0051	碰撞纪录
DTC B0025	驾驶座气囊回路对电源短路	DTC B0054	超过最大循环使用次数
DTC B0031	电源电压过高	DTC B0061	故障指示灯失效
DTC B0032	电源电压过低	DTC B0071	SDM 内部故障
DTC B0042	驾驶员安全带预紧回路阻值过低		

2. 安全气囊典型故障码的故障诊断

(1)故障码 DTC B0021 的诊断见表 3-50。设置故障码的条件是安全气囊阻值太大,阻值大于 3.0Ω。

表 3-50　DTC B0021 故障码的诊断

步骤	操　　作	是	否
1	用 X-431 检测 SDM 模块时,故障代码是否是 B0021	至步骤 2	其他
2	关掉电源,检查 SDM 模块连接器是否插好(线束连接是否完好?)	至步骤 3	至步骤 6
3	断开蓄电池负极电缆 30s 以上,检查驾驶员安全气囊连接器是否插好(线束连接是否完好)	至步骤 4	至步骤 6
4	驾驶员安全气囊阻值是否正常(典型数值 2.364～3.036Ω)	至步骤 5	至步骤 6
5	更换驾驶员安全气囊	—	—
6	修复后接通电源,观察故障灯状态。此时故障灯亮 4s 后应该熄灭	至步骤 7	至步骤 1
7	已排除故障,用 X-431 清除故障码		

(2)故障码 DTC B0061 的诊断见表 3-51。设置故障码的条件是故障指示灯回路对地短路、对电源短路、故障灯线束断开或组合 SDM 故障灯损坏。

表 3-51　故障码 DTC B0061 的诊断

步骤	操　作	是	否
1	用 X-431 检测 SDM 模块时，故障代码是否是 B0061	至步骤 2	其他
2	关掉电源，检查 SDM 线束连接是否正常	至步骤 3	至步骤 7
3	检查 SDM 模块连接器故障指示灯线是否连好	至步骤 4	至步骤 7
4	检查组合仪表发光二极管是否正常	至步骤 5	至步骤 6
5	更换 SDM 模块	至步骤 7	—
6	更换组合仪表	至步骤 7	—
7	修复后接通电源，观察故障灯状态。此时故障灯亮 4s 后应该熄灭	至步骤 8	至步骤 1
8	已排除故障，用 X-431 清除故障码	—	—

(二)长安微型客车安全气囊的故障诊断

1. 故障码的读取与清除

(1)故障码的读取

当电控式安全气囊系统有故障时，安全气囊电控单元检测到系统存在故障后，仪表板上的安全气囊警告灯闪烁，以提示存在故障。可使用故障诊断仪读取故障码，根据故障码的提示进行检修。

(2)故障码的清除

当故障排除后，使用故障诊断仪清除所有的故障码。

2. 电控式安全气囊系统故障码表(表 3-52)

表 3-52　电控式安全气囊系统故障码

故障码	故障码内容	故障码	故障码内容
0103	驾驶员安全气囊点火回路断路	0340	安全气囊警告灯正极线路连接错误
0104	前排乘客安全气囊点火回路断路	0DC0	安全气囊电控单元发出点火信号
0203	驾驶员安全气囊点火回路对搭铁短路	1142	蓄电池或供电线路间歇性接触不良
0204	前排乘客安全气囊点火回路对搭铁短路	1242	电压失常(过高或过低)
0303	驾驶员安全气囊点火回路对电源短路	……	安全气囊电控单元内部故障
0304	前排乘客安全气囊点火回路对电源短路	0301	
0C03	驾驶员安全气囊点火回路短路	0DCl	
0C04	前排乘客安全气囊点火回路短路	0DCB	
0240	安全气囊警告灯负极线路连接错误		

六、发动机防盗系统

下面以长安微型客车(如长安 CM8)为例，介绍发动机防盗系统的故障诊断。

1. 防盗系统控制电路

防盗控制器电路原理如图 3-26 所示，防盗系统控制电路如图 3-27 所示。

2. 防盗控制器端子布置及端子含义

发动机防盗控制器共有 8 端子和 3 端子两个连接器，其中，8 端子连接器端子布置如图 3-28所示，端子含义见表 3-53；3 端子连接器端子布置如图 3-29 所示，端子含义见表 3-54。

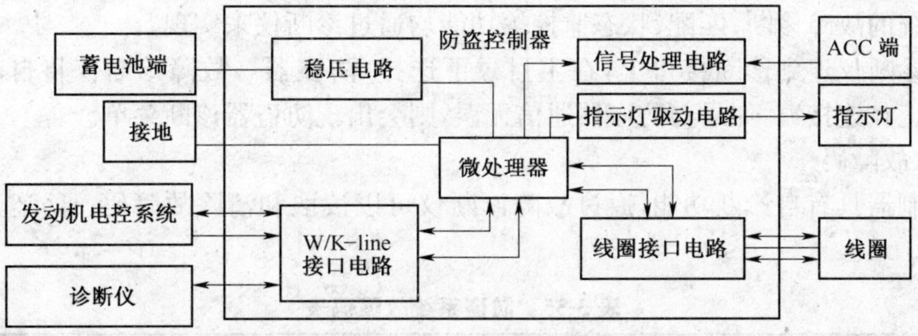

图 3-26　防盗控制器电路原理图

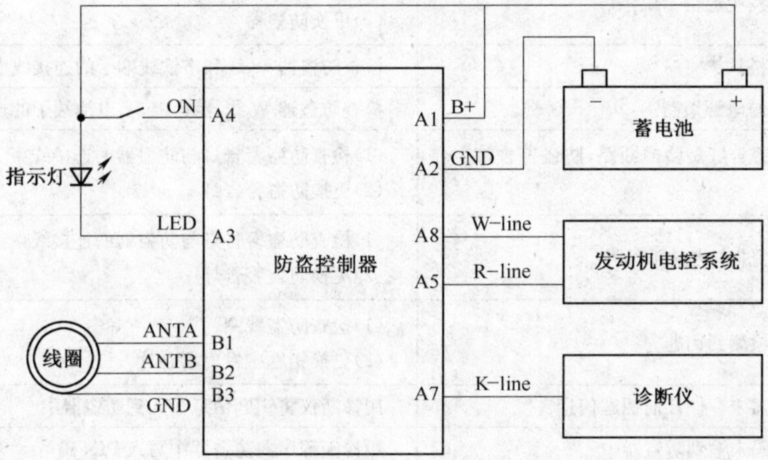

图 3-27　防盗系统控制电路

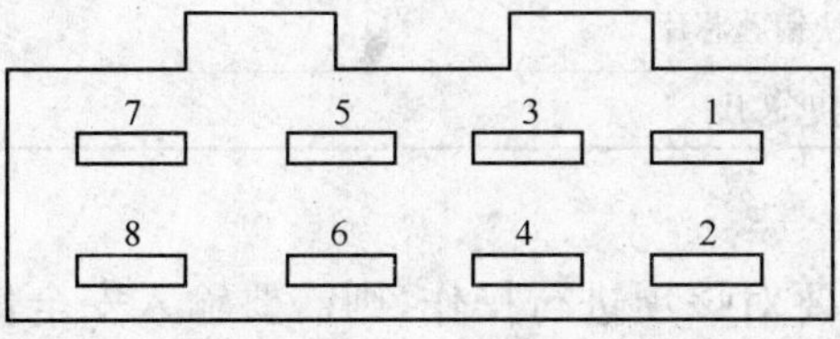

图 3-28　8 端子连接器端子布置

表 3-53　8 端子连接器端子含义

端子号	端子含义	额定电压(V)
1	接 B+	12
2	搭铁	0
3	接防盗警告灯	12
4	接 ON 端	12
5	接 R 线	12
6	空	—
7	接 K 线	12
8	接 W 线	12

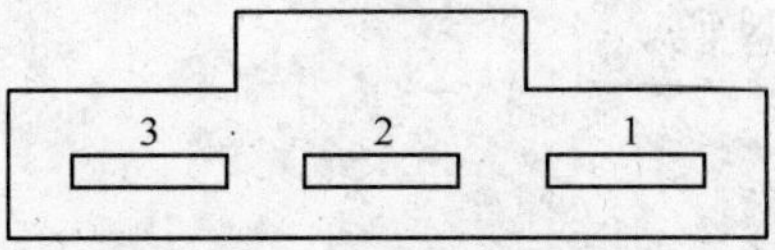

图 3-29　3 端子连接器端子布置

表 3-54　3 端子连接器端子含义

端子号	端子说明
1	线圈接头 A
2	线圈接头 B
3	搭铁

3. 故障自诊断

防盗系统的故障诊断、匹配、状态监控等功能均通过诊断仪来实现。

将故障诊断仪连到诊断接口上，在主目录下选择“防盗器”，故障诊断仪将自动连接防盗器，并显示“正在连接”。如果与防盗器通信无误，则会出现防盗器诊断菜单。

(1)读取故障码

防盗控制器具有自诊断功能，通过故障诊断仪可以读取和清除故障码。防盗系统故障码表见表3-55。

表3-55 防盗系统故障码表

故障码	故障原因	故障排除方法
9000	防盗器内部故障	更换防盗器
3010	W线发生通信错误	(1)检查防盗器W线端子的连接线束 (2)更换防盗器
B042	W线搭铁	检查防盗器W线和搭铁线端子的连接线束
B043	W线与电源短路	检查防盗器W线、点火器、蓄电池端子的连接线束
B045	防盗警告灯短路或断路，防盗警告灯工作异常	(1)检查防盗警告灯与防盗器的连接线束 (2)更换防盗警告灯
B048	防盗警告灯与电源短路	(1)检查防盗警告灯与防盗器的连接线束 (2)更换防盗警告灯
B055	没有检测到钥匙	(1)检查防盗线圈 (2)更换钥匙中发射器芯片
B056	防盗器未存储任何钥匙信息	用诊断仪将钥匙信息输入到防盗器中
B057	PIN码未输到防盗器中	用诊断程序向防盗器中写入PIN码
B059	未收到来自发动机电控系统的请求信号	检查防盗器R线端子的连接线束
B060	收到非法钥匙信息	(1)重新对该钥匙进行匹配 (2)更换钥匙芯片
B061	与钥匙通信被干扰	(1)检查防盗线圈 (2)更换钥匙芯片
B077	检测到只读的钥匙信息	更换钥匙芯片

(2)清除故障码

该选项将清除防盗器中存储的故障码，如果需要对该项进行操作，则需要输入安全代码(PIN码)；如果未输入安全代码，那么会自动弹出“输入安全代码”的对话框；如果安全代码未设置，那么会弹出“设置安全代码”的对话框。

(3)读基本信息

①车辆识别码：读出每个车辆的识别码，也就是VIN码。

②生产日期：防盗器的生产日期。

③硬件号：防盗器硬件的版本号。

④软件号。

(4)读系统状态

①点火电源。检测防盗器是否收到点火电源信号，收到显示 Y，没有收到显示 N。

②钥匙检测。检测是否检测到钥匙，收到显示 Y，没有收到显示 N。

③钥匙存储空间。显示防盗器中的存储状态。防盗器中有 5 个寻访钥匙的位置，如果相应的位置为"空"，则该位置未存储钥匙；如果相应的位置为"当前"，则表示当前钥匙存储在该位置。

④防盗器工作状态。显示防盗系统的工作状态。如果防盗系统中"收到发动机电控系统请求"、"钥匙验证"、"发动机电控系统验证"这 3 项全部为 Y，则通过防盗认证，车辆可以起动；如果有一项为 N，则说明该项出现了问题，车辆不能起动。

⑤匹配信息。显示钥匙的匹配信息和防盗器的匹配信息。

⑥安全代码。显示安全代码是否被设置，是否出错太多被锁定，还有几次重试的机会。

⑦发动机电控系统故障反馈。查看发动机电控系统的反馈故障。

(5)输入代码

①设置安全代码(PIN 码)。如果防盗器为新的防盗器，则需要设置安全代码。安全代码一旦被设置，就不能更改。

②输入安全代码。如果防盗器的安全代码被设置，那么在进行防盗器匹配操作或者防盗警告灯诊断或者故障码清除的时候，就需要输入安全代码。

③车辆识别码。给防盗器设置车辆识别码。

七、组合仪表

下面以五菱微型客车为例，介绍组合仪表的维修技巧。

1. 组合仪表的综合故障诊断(表 3-56)

表 3-56 组合仪表的综合故障诊断

步骤	措施	数值	是	否
1	将点火开关旋到 START(起动)位置。 使用数字式万用表在下列组合仪表电源电路和接地之间进行背面探测： 组合仪表端子 B9 电压是否等于规定数值	12V	至步骤 2	至步骤 3
2	使用一个测试灯在 B+和下列每个电路之间进行背面探测： 组合仪表端子 A6 接地 该电路的测试灯是否亮	—	至步骤 5	至步骤 4
3	在故障组合仪表的电源电路中修理下列故障： 接触不良 熔丝故障 检查系统 维修是否完成	—	系统正常	—
4	在故障组合仪表的接地电路中修理下列故障： 接触不良 熔丝故障 检查系统 维修是否完成	—	系统正常	—

续表 3-56

步骤	措施	数值	是	否
5 (如装备)	在发动机起动或汽车开动以后检查气囊指示灯是否有下列情况: 不工作 一直亮 闪烁 气囊指示灯是否出现任何上述情况	—	参见“辅助充气保护(气囊)诊断系统检查”	至步骤 6
6 (如装备)	在发动机起动或汽车开动以后检查防抱死制动系统指示灯是否有下列情况: 该防抱死制动系统指示灯是否不工作	—	参见“防抱死制动系统指示灯不工作”	至步骤 7
7 (如装备)	在发动机起动或汽车开动以后检查防抱死制动系统指示灯是否有下列情况: 一直亮 闪烁 防抱死制动系统指示灯是否出现任何上述情况	—	参见“防抱死制动系统指示灯常亮”	至步骤 8
8	检查制动器警告灯 制动警告指示灯是否常亮	—	参见“制动警告指示灯常亮”	至步骤 9
9	设驻车制动档 设驻车制动档以后制动警告指示灯是否亮	—	至步骤 10	参见“制动警告指示灯不工作”
10	检查制动液 当制动液不足时制动警告指示灯是否亮	—	至步骤 11	参见“制动警告指示灯不工作”
11	检查制动警告指示灯 该指示灯是否工作	—	参见“制动警告指示灯不工作”	至步骤 12
12	将点火开关旋到 START(起动)位置或开动汽车。 检查充电指示灯有无下列情况: 一直亮 闪烁 充电指示灯是否出现任何上述情况	—	参见“蓄电池充电指示灯不工作”	至步骤 13
13	将点火开关旋到 START(起动)位置或开动汽车。 检查充电指示灯有无下列情况: 不工作 充电指示灯是否出现任何上述情况	—	参见“蓄电池充电指示灯不工作”	至步骤 26
14	将点火开关旋到 START(起动)位置或开动汽车。 检查发动机冷却液温度表有无下列情况: 不工作 不准确 工作不稳定 温度表是否出现任何上述情况	—	参见“发动机冷却液温度表不准或不工作”	至步骤 15
15	将点火开关旋到 START(起动)位置或开动汽车。 检查燃油表有无下列情况: 不工作 不准确 工作不稳定 燃油表是否出现任何上述情况	—	参见“燃油表不准确或不工作”	至步骤 16

续表 3-56

步骤	措　施	数值	是	否
16	将点火开关旋到开的位置或开动汽车。 检查远光指示灯有无下列情况： 不工作 一直亮 远光指示灯是否出现任何上述情况	—	参见“远光常亮/不工作”	至步骤 17
17	将点火开关旋到 START(起动)位置。 为了调暗组合仪表的背景灯，可调节 Dimmer(灯光调节)开关 组合仪表的背景灯是否正常调节	—	至步骤 18	参见“组合仪表背景灯不工作”
18	将点火开关旋到起动的位置或开动汽车。 检查燃油表指示至少 1/8 满量程。 低油量指示灯是否亮	—	参见“低油量指示灯常亮”	至步骤 19
19	将点火开关旋到起动的位置或开动汽车。 检查燃油表指示至少位于 1/8 满以上。 低油量指示灯是否工作	—	参见“低油量指示灯不工作”	至步骤 20
20	将点火开关旋到开的位置或开动汽车。 检查机油压力指示灯有无下列情况： 一直亮 闪烁 机油压力指示灯是否出现任何上述情况	—	参见“发动机油压指示灯常亮”	至步骤 21
21	将点火开关旋到 START(起动)位置。 检查机油压力指示灯。 机油压力指示灯是否工作	—	参见“发动机油压指示灯不工作”	至步骤 22
22	将点火开关旋到起动的位置或开动汽车。 “检查发动机”指示灯有无下列情况： 一直亮 闪烁 “检查发动机”指示灯是否出现任何上述情况	—	参见“检查发动机指示灯常亮”	至步骤 23
23	将点火开关旋动 START(起动)位置。 检查“检查发动机”指示灯。 检查“检查发动机”指示灯是否工作	—	参见“检查发动机指示灯不工作”	至步骤 24
24	将点火开关旋到 START(起动)位置或开动汽车。 检查车速表/里程表。 车速表/里程表指示灯工作是否准确或稳定	—	参见“车速表或里程表不准确”	至步骤 25
25	将点火开关旋到 START(起动)位置或开动汽车。 检查车速表/里程表。 该车速表/里程表指示灯是否工作	—	参见“车速表或里程表不工作”	至步骤 26
26	将点火开关旋到 START(起动)位置或开动汽车。 检查转速表。 转速表工作是否准确或稳定	—	参见“转速表不准”	至步骤 27

续表 3-56

步骤	措 施	数值	是	否
27	将点火开关旋到 START(起动)位置或开动汽车。 检查转速表。 转速表指示灯是否工作	—	参见“转速表不工作”	至步骤 28
28	将点火开关旋到 START(起动)位置或开动汽车。 检查左转向信号指示灯。 左转向信号指示灯是否工作	—	参见“左转向信号指示灯不工作”	至步骤 29
29	将点火开关旋到 START(起动)位置或开动汽车。 检查右转向信号指示灯。 右转向信号指示灯是否工作	—	参见“右转向信号指示灯不工作”	至步骤 30
30	执行在组合仪表诊断系统检查中的所有操作步骤。 检查是否完成	—	系统正常	—

2. 制动器指示灯常亮或不工作的故障诊断(表 3-57)

表 3-57 制动器指示灯常亮或不工作的故障诊断

步骤	措 施	数值	是	否
1	将点火开关旋至 RUN(运转)位置。 制动器指示灯是否一直是亮	—	至步骤 2	至步骤 7
2	检查是否使用了驻车制动器	—	至步骤 3	至步骤 6
3	在不使用驻车制动器时在驾车过程中检查制动器指示灯是否一直亮	—	至步骤 4	至“系统检查”
4	用数字式万用表检查组合仪表接头(端子 B10)的电压	0V	到“制动系统检查制动液控制开关和驻车制动开关”	至步骤 5
5	更换组合仪表。参见“仪表板组合仪表更换”。 维修是否完成	—	至“系统检查”	—
6	检查制动液液面是否太低	—	至步骤 3	至步骤 4
7	用数字式万用表检查组合仪表接头(端子 B10)的电压	12V	至步骤 8	至步骤 5
8	用数字式万用表检查组合仪表接头(B10)和驻车制动开关、制动液面报警开关之间的电路是否断路	—	至步骤 2	至“制动系统检查制动液控制开关和驻车制动开关”
9	修理组合仪表接头(B10)和开关间的断路—黄/绿线。 维修是否完成	—	至“系统检查”	—

3. 安全气囊指示灯的故障诊断(表 3-58)

表 3-58 制动器指示灯常亮或不工作的故障诊断

步骤	措 施	数值	是	否
1	将点火开关旋至 RUN(运转)位置,让发动机熄火。 气囊指示灯是否还能亮几秒钟	—	至步骤 2	至步骤 5
2	将点火开关旋至 START(起动)位置,让发动机开着 气囊指示灯是否会熄灭	—	至“气囊控制单元中的系统检查”	至步骤 3

续表 3-58

步骤	措施	数值	是	否
3	用数字式万用表检查组合仪表接头(端子 A4)的电压	0V	至“气囊控制单元中的系统检查”	至步骤 4
4	更换组合仪表。参见“仪表板组合仪表更换” 维修是否完成	—	至“系统检查”	—
5	用数字式万用表检查组合仪表接头(端子 A4)的电压	0V	至步骤 4	至步骤 6
6	用数字式万用表检查气囊控制单元的电压	0V	至步骤 7	至“气囊控制单元中系统检查”
7	修理在组合仪表接头(端子 A4)和气囊控制单元之间的断路。 维修是否完成	—	至“系统检查”	—

4. 发动机冷却液温度表不准确或不工作的故障诊断(表 3-59)

表 3-59　发动机冷却液温度表不准确或不工作的故障诊断

步骤	措　施	数值	是	否
1	是否进行过“组合仪表诊断系统检查”	—	至步骤 2	至“系统检查”
2	检查发动机冷却液系统(参见“发动机冷却液系统诊断”)。 是否正常	—	至步骤 3	至“发动机冷却液系统修理”
3	更换发动机冷却液温度传感器。参见“温度传感器更换”。 问题是否解决了	—	系统正常	至步骤 4
4	用数字式万用表测试组合仪表(端子 A3)和温度传感器(端子 1)之间的电路。 电路是否断路	—	至步骤 5	至步骤 6
5	修理组合仪表(端子 A3)和温度传感器(端子 1)之间的电路。 问题是否解决了	—	系统正常	至步骤 6
6	更换组合仪表。参见“组合仪表更换”。 维修是否完成	—	系统正常	—

5. 燃油表不准确或不工作的故障诊断(表 3-60)

表 3-60　燃油表不准确或不工作的故障诊断

步骤	措　施	数值	是	否
1	是否进行过“组合仪表诊断系统检查”	—	至步骤 2	至“系统检查”
2	用数字式万用表测试组合仪表(端子 A1)和燃油传感器(端子 D)之间的电路。 电路是否断路	—	至步骤 3	至步骤 3
3	修理组合仪表和温度传感器之间的电路。 问题是否解决了	—	系统正常	至步骤 4
4	更换燃油传感器。 参见“传动系统-燃油传感器更换”。 问题是否解决了	—	系统正常	至步骤 4
5	更换组合仪表。 参见“组合仪表更换”。 维修是否完成	—	系统正常	—

6. 车速表和里程表不准确或不工作的故障诊断(表 3-61)

表 3-61　车速表和里程表不准确或不工作的故障诊断

步骤	措　施	数值	是	否
1	是否进行过“组合仪表诊断系统检查”	—	至步骤 2	至“系统检查”
2	用 Tech2 检查汽车速度。 是否测到车速	—	至步骤 4	至步骤 3
3	更换车速传感器。 问题是否解决	—	系统正常	至步骤 2
4	用数字式万用表检查组合仪表(端子 A7)和车速传感器(端子 1)之间的电路。 电路是否断开	—	至步骤 5	至步骤 6
5	修理断开的电路。 问题是否解决	—	系统正常	至步骤 6
6	更换组合仪表。 参见“组合仪表更换”。 修理是否完成	—	至“系统检查”	—

7. 转速表不准确的故障诊断(表 3-62)

表 3-62　转速表不准确的故障诊断

步骤	措　施	数值	是	否
1	是否进行过“组合仪表诊断系统检查”	—	至步骤 2	至“系统检查”
2	安装一个 Tech2。 将点火开关旋到 START(起动)位置,起动发动机。 在主菜单上选择特殊功能。 转速表指示灯是否与 ECM 输出完全相同	—	至“发动机控制中的传动系统车上诊断系统检查”	至步骤 3
3	更换组合仪表。参见“组合仪表(IRC)更换”。 检查系统。 维修是否完成	—	至“系统检查”	—

8. 转速表不工作的故障诊断(表 3-63)

表 3-63　转速表不工作的故障诊断

步骤	措　施	数值	是	否
1	是否进行过“组合仪表诊断系统检查”	—	至步骤 2	至“系统检查”
2	安装一个 Tech2。 将点火开关旋到 START(起动)位置,起动发动机。 在主菜单上选择特殊功能。 发动机控制模块是否有转速表输出	—	至步骤 3	至“发动机控制中的传动系统车上诊断系统检查”
3	用数字式万用表检查组合仪表接头(端子 A8)和发动机控制模块(西门子发动机端子 A68 或联合电子发动机端子 8)之间的电路。 电路是否断路	—	至步骤 4	至步骤 5
4	修理断路的线束。 维修是否完成	—	至“系统检查”	—
5	更换组合仪表。 参见“组合仪表更换”。 维修是否完成	—	至“系统检查”	—

9. 蓄电池充电指示灯不工作的故障诊断(表 3-64)

表 3-64　蓄电池充电指示灯不工作的故障诊断

步骤	措　施	数值	是	否
1	是否进行过“组合仪表诊断系统检查”	—	至步骤 2	至“系统检查”
2	指点火开关旋到 RUN(运转)位置。 指令发出后蓄电池充电指示灯是否亮	—	至步骤 3	至步骤 4
3	将点火开关旋至 START(起动)位置,让发动机起动。 指令发出后蓄电池充电指示灯是否熄灭	—	至“系统检查”	至步骤 8
4	用数字式万用表检查组合仪表接头(端子 A2)的电压	0V	至步骤 5	至步骤 6
5	更换组合仪表。 参见“组合仪表更换”。 维修是否完成	—	至“系统检查”	—
6	用数字式万用表检查在组合仪表接头(端子 A2)和交流发电机接头(端子 11)之间的电路 电路是否断开	—	至步骤 7	至“交流发电机系统检查”
7	修理断开的电路。 维修是否完成	—	至“系统检查”	—
8	用数字式万用表检查交流发电机接头(端子 11)的电压	12V	至步骤 5	至“交流发电机系统检查”

10. 发动机机油压力指示灯常亮或不工作的故障诊断(表 3-65)

表 3-65　发动机机油压力指示灯常亮或不工作的故障诊断

步骤	措　施	数值	是	否
1	是否进行过“组合仪表诊断系统检查”吗	—	至步骤 2	至“系统检查”
2	将点火开关旋至“运转”位置,让发动机熄火。 低油压指示灯是否还亮	—	至步骤 3	至步骤 4
3	将点火开关旋至 START(起动)位置,让发动机起动。 低油压指示灯是否熄灭	—	至“系统检查”	至步骤 10
4	用数字式万用表检查组合仪表接头(端子 B5)的电压	0V	至步骤 7	至步骤 5
5	用数字式万用表检查仪表线束与主线束连接器 Z27(端子 6)和主线束与发动机线束连接器 Z8(端子 4)的电压	0V	至步骤 8	至步骤 6
6	用数字式万用表检查机油压力开关的输出	0V	至步骤 9	至“发动机系统检查之油压传感器”
7	更换组合仪表。 参见“组合仪表更换”。 维修是否完成	—	至“系统检查”	—
8	修理仪表线束与主线束连接器 Z27(端子 6)和主线束与发动机线束连接器 Z8(端子 4)之间的黄黑色线的断路。 维修是否完成	—	至“系统检查”	—
9	修理主线束与发动机线束连接器 Z8(端子 4)和机油压力开关之间的黄黑色线的断路。 维修是否完成	—	至“系统检查”	—
10	用数字式万用表检查油压传感器的输出	12V	至步骤 7	至“发动机系统检查之油压传感器”

11. 左右转向信号指示灯不工作的故障诊断(表 3-66)

表 3-66　左右转向信号指示灯不工作的故障诊断

步骤	措　施	数值	是	否
1	打开转向信号开关,以打开左右转向信号灯。 用数字式万用表检查组合仪表接头(端子 B1)的电压	12V	至步骤 2	至步骤 5
2	拆下组合仪表。 检查组合仪表接头和左右转向信号指示灯,查找有无断路或连接不紧。 组合仪表接头和左右转向信号指示灯工作状态是否正常	—	至步骤 3	至步骤 4
3	更换组合仪表。参见“组合仪表更换”。 维修是否完成	—	至“系统检查”	—
4	修理组合仪表接头或更换左转向信号指示灯。 维修是否完成	—	至“系统检查”	—
5	修理在组合仪表接头和转向信号开关之间的断路。 维修是否完成	—	至“系统检查”	—

12. 组合仪表背景灯不工作的故障诊断(表 3-67)

表 3-67　组合仪表背景灯不工作的故障诊断

步骤	措　施	数值	是	否
1	进行过“组合仪表诊断系统检查”吗	—	至步骤 2	至“系统检查”
2	将点火开关旋到 START(起动)位置。 将车灯开关打到驻车位置。 背景灯是否亮	—	至步骤 2	至步骤 4
3	移动变光器控制。 观察背景灯是否随变光器控制的调节而变化	—	系统正常	至步骤 8
4	用数字式万用表检查组合仪表接头(端子 B11)是否有电压	—	至步骤 7	至步骤 5
5	用数字式万用表检查变光器控制是否有电压输出	—	至步骤 6	至“内部照明系统检查之开关”
6	修理在组合仪表接头(端子 B11)和变光器控制之间的断路。 维修是否完成	—	至“系统检查”	—
7	更换组合仪表。 参见“组合仪表更换”。 维修是否完成	—	至“系统检查”	—
8	在组合仪表接头(端子 B11)和变光器控制之间连接一个测试灯泡。 测试灯泡是否随移动变光器控制而闪烁	—	至步骤 7	至“内部照明系统检查之开关”

八、刮水器和洗涤器

下面以五菱微型客车刮水器和洗涤器为例,介绍刮水器和洗涤器的故障诊断方法。

1. 刮水器和清洗器不工作的故障诊断(表 3-68)

表 3-68　刮水器和清洗器不工作的故障诊断

步骤	检查方法	是	否
1	检查 F14 号熔丝是否受损	至步骤 3	至步骤 2
2	拆下刮水器开关并且进行检查,确保其没有问题。用数字万用表测量导线线束连接器处至刮水器开关的电压,电压是否正常	至步骤 5	至步骤 4
3	更换受损熔丝	至步骤 2	—
4	检查从熔丝 F14 到刮水器开关的主线束导线。如有必要,进行修理	至步骤 5	—
5	确保刮水器开关以及导线线束连接器接触良好,将导线线束与刮水器电机分离,根据示意图检查从刮水器开关和熔丝 F14 到刮水器电机的主线束。如果有必要,加以修理	至步骤 6	—
6	检查刮水器电机。如果有必要,加以修理;确保刮水器电机没有问题。确认到刮水器电机的连接器接触良好	至步骤 7	—
7	检查主线束处刮水器电机的接地线。如果有必要,加以维修	至步骤 8	—
8	系统完好	—	—

2. 刮水器和清洗器只有高档不工作的故障诊断(表 3-69)

表 3-69　刮水器和清洗器只有高档不工作的故障诊断

步骤	检查方法	是	否
1	将导线线束连接器从刮水器电机上分隔开。利用数字万用表来测量导线线束处端子 9 的电压是否正常 导线线束侧处端子 9 的电压是否正常	至步骤 2	至步骤 3
2	检查刮水器电机的内部结构。如有必要,需加以更换或者修理	—	—
3	拆下刮水器开关并且进行检查,确保其没有问题。检查从刮水器开关(端子 9)至刮水器电机(端子 2)的主线束。如果有必要,需修理主线束	—	—

3. 刮水器和清洗器只有中档不工作的故障诊断(表 3-70)

表 3-70　刮水器和清洗器只有中档不工作的故障诊断

步骤	检查方法	是	否
1	将导线线束连接器从刮水器电机上分隔开。用数字万用表测量导线线束侧处端子 1 的电压是否正常	至步骤 2	至步骤 3
2	检查刮水器电机的内部结构。如有必要,应加以更换或者修理	—	—
3	拆下刮水器开关并进行检查。如果有必要,应进行更换或者修理,确保刮水器开关没有问题	至步骤 4	—
4	检查从刮水器开关(端子 5)到刮水器电机(端子 1)的主线束。如有必要,应修理主线束	—	—

4. 刮水器和清洗器只有间歇档不工作的故障诊断(表 3-71)

表 3-71　刮水器和清洗器只有间歇挡不工作的故障诊断

步骤	检查方法	是	否
1	拆下刮水器继电器,将点火装置拨到“ON”位置,将刮水器开关拨到内部挡位置。用数字万用表测量继电器上端子 53J 上的电压是否正常	至步骤 4	至步骤 2
2	拆下刮水器开关并且进行检查,确保其没有问题;否则,如有必要,应加以更换或者修理	至步骤 3	—
3	检查从刮水器开关(端子 7)到刮水器继电器(53J)的主线束。如有必要,应加以修理	—	至步骤 7
4	检查继电器(端子 31)处的接地线,该线是否接地良好	至步骤 6	至步骤 5
5	修理接地线,确保它接地良好	—	—
6	更换导线继电器,系统是否完好	—	—
7	检查从刮水器开关(端子 6)至继电器(端子 53E)的主线束,确保其没有问题	至步骤 8	至步骤 10
8	拆下新刮水器继电器,用数字万用表测量继电器上端子 15 的电压是否正常	至步骤 10	—
9	检查主线束。如有必要,应加以修理,确保其没有问题	至步骤 10	—
10	检查从继电器(端子 318)到刮水器电机的主线束。如有必要,应予以修理,确保其没有问题,系统完好	—	—

5. 刮水器一直工作的故障诊断(表 3-72)

表 3-72　刮水器一直工作的故障诊断

步骤	检查方法	是	否
1	检查 F14 熔丝是否完好	至步骤 2	至步骤 3
2	更换受损熔丝	至步骤 3	—
3	拆下刮水器开关,使用数字万用表测量开关上端子 6 的电压是否正常	至步骤 5	至步骤 4
4	检查从熔丝 F14 到刮水器开关的主线束。如有必要,应加以修理	至步骤 5	至步骤 6
5	检查刮水器开关的内部结构。如有必要,应加以更换或者修理。确保其没有问题,系统是否完好	—	至步骤 10
6	将连接器从刮水器电机上分开,将点火开关拨到“ON”位置,将刮水器开关拨到高挡,利用数字万用表测量(导线线束侧)连接器处端子 2 的电压是否正常	至步骤 7	至步骤 10
7	检查从刮水器开关到继电器(53E)的主线束,确保其没有问题	至步骤 8	至步骤 9
8	用数字万用表确认刮水电机接地线是否接地良好	—	—
9	拆下刮水器电机,对其进行更换或者修理,系统完好	—	至步骤 10
10	根据电路图检查从刮水器开关到刮水器电机的主线束。如有必要,应加以修理,确保其没有问题,系统是否完好	—	—

6. 刮水器刮片不停在原来的位置上的故障诊断(表3-73)

表3-73 刮水器刮片不停在原来的位置上的故障诊断

步骤	刮水器刮片不停在原来的位置上	是	否
1	拆下刮水器开关,检查刮水器开关的内部结构。如有必要,应加以修理或者更换,确保其没有问题	至步骤2	—
2	断开刮水器电机连接器,用数字万用表测量导线线束侧端子3的电压是否正常	至步骤4	至步骤3
3	根据电路图检查熔丝F14到刮水器电机主线束,确保其没有问题	至步骤4	—
4	拆下刮水器电机,检查结构。如有必要,应加以修理或者更换,系统完好	—	—

7. 清洗器不工作的故障诊断(表3-74)

表3-74 清洗器不工作的故障诊断

步骤	检查方法	是	否
1	拆下刮水器/清洗器开关,将点火开关拨到“ON”位置。用数字万用表测量开关原位处端子3的电压是否正常	至步骤3	至步骤2
2	检查从熔丝F14到刮水器/7清洗器开关的主线束。如有必要,应加以修理,确保其没有问题	至步骤3	—
3	检查刮水器开关的内部结构。如有必要,应加以修理或者更换,确保其没有问题,系统是否完好	—	至步骤4
4	安装刮水器/清洗器开关,将清洗器电机连接器分开,将刮水器/清洗器开关拨到“清洗器”位置。用数字万用表测量清洗器电机连接器处(导线线束侧)端子1的电压是否正常	至步骤6	至步骤5
5	根据电路图检查、修理从刮水器/清洗器(端子4)到清洗器电机(端子1)的导线线束	至步骤6	—
6	根据电路图检查从副水器电机(端子1)到刮水器/清洗器开关(端子1)的主线束是否完好	至步骤7	—
7	更换清洗器电机	—	—

8. 后刮水器和清洗器不工作的故障诊断(表3-75)

表3-75 后刮水器和清洗器不工作的故障诊断

步骤	检查方法	是	否
1	检查熔丝F14是否受损	至步骤3	至步骤2
2	拆下后刮水器开关并且进行检查,确保其没有问题。用数字万用表测量导线线束连接器处(端子1)至刮水器开关的电压是否正常	至步骤5	至步骤4
3	更换受损熔丝	至步骤2	—
4	请检查从熔丝F14到后刮水器开关的主线束	至步骤5	—
5	根据电路图检查主线束内从刮水器开关至刮水器后车窗的导线,确保其完好。如有必要,应加以修理	至步骤6	—

续表 3-75

步骤	检查方法	是	否
6	确保刮水器开关和导线线束接插件接触良好并将主线束与后刮水器电机分开，后刮水器开关经过主线束与底盘线束连接器 Z1（端子 15）、底盘线束与左后部线束连接器 D4（端子 4、10），检查从刮水器开关和熔丝 F14 至刮水器电机的各线束总成。如有必要，应加以修理	至步骤 7	—
7	检查刮水器电机。如有必要，应加以修理，确保刮水器电机没有问题。确保到刮水器电机的连接器接触良好	至步骤 8	—
8	检查底盘线束处刮水器电机的接地线以及后刮水器处的车身接地线。如有必要，应加以修理	至步骤 9	—
9	系统是否完好		

九、音响

下面以五菱微型客车为例，介绍音响的故障诊断方法。

1. 收音机接收效果差的故障诊断（表 3-76）

表 3-76　收音机接收效果差的故障诊断

步骤	操　作	数值	是	否
1	是否检查过系统操作	—	到步骤 2	转到诊断系统操作
2	1. 打开收音机。 2. 用一台数字万用表一端接天线放大器的常电源端，一端接地，进行测量。 电压是否等于规定数值	12V	到步骤 4	到步骤 3
3	1. 打开收音机。 2. 用一台数字万用表，一端接收音机的常电源端（端子 5），另一端接地（端子 9）。 电压是否等于规定数值	12V	到步骤 5	到步骤 6
4	检查天线放大器和收音机（端子 3）之间的信号电缆是否正常，同轴电缆是否正常	—	到步骤 7	到步骤 8
5	修理天线放大器常电源端和收音机常电源端（端子 5）之间的断路，修理是否完成？ 同轴电缆是否正常	—	见系统操作	—
6	修理收音机常电源端和电池之间的断路，异常状态是否恢复	—	系统正常	到步骤 9
7	更换天线放大器。参阅“天线放大器更换的维修程序”，修理是否完成	—	见系统操作	—
8	更换信号电缆。参见“信号电缆更换的维修程序”，修理是否完成	—	见系统操作	—
9	更换收音机。参见“收音机更换的维修程序”，修理是否完成	—	见系统操作	—

2. 收音机不工作的故障诊断(表 3-77)

表 3-77　收音机不工作的故障诊断

步骤	操　　作	数值	是	否
1	你是否检查过系统操作	—	到步骤 2	转到系统操作
2	1. 将大灯开关旋转到“关”的位置。打开收音机。 2. 扬声器是否有声音	—	到步骤 3	到步骤 4
3	更换收音机,参见“收音机更换的维修程序”。 状态是否恢复	—	系统正常	到步骤 6
4	用一台数字万用表一端接收音机电源(端子 6),一端接地(端子 9)进行测量。 电压是否等于规定数值	12V	到步骤 3	到步骤 5
5	检查熔丝或修理收音机电源和点火电源之间的断路。 修理是否完成	—	见系统操作	—
6	检查扬声器和收音机之间的电路。它是否断开	—	到步骤 7	到步骤 8
7	修理扬声器和收音机之间的断路。修理是否完成	—	见系统操作	—
8	更换扬声器。参见“扬声器更换的维修程序”	—	见系统操作	—

3. 磁带放音机不工作的故障诊断(表 3-78)

表 3-78　磁带放音机不工作的故障诊断

步骤	操　　作	数值	是	否
1	把一盒好的磁带放入放音机中。 磁带是否声音太弱,走得太慢或跑调	—	到步骤 3	到步骤 2
2	通过磁带门检查磁带放音机是否有障碍物。 是否有障碍物	—	到步骤 4	到步骤 5
3	用 J39916-A 中的用于维修程序的诊断测试磁带进行电机速度测试。 电机速度是否正常	—	到步骤 4	到步骤 5
4	1. 去掉上述障碍物。 2. 检查运动部件和磁头。 3. 清洁运动部件和磁头。参见“磁带放音机保养和清洁的维修程序”。 4. 插入一盘清洗带。 5. 使用一盘来自 J39916-A 用于维修程序的诊断带。 该测试带工作是否正常	—	系统正常	到步骤 5

十、空调系统

下面以五菱微型客车为例介绍空调系统的故障诊断。

1. 初步检查

①检查空调系统的熔丝。如果有必要,应进行更换。

②检查空调系统鼓风机的运行。如有必要,应进行维修。

③检查离合器线圈的电气连接。如有必要,应进行维修。

④检查空调V带。如果V带已经损坏,应进行更换。

⑤检查电动冷却风扇的运行,进行必要的维修。

⑥检查冷凝器总成的气流是否受到限制,进行必要的清洁。

⑦检查系统在气流方面是否受到限制。

⑧检查系统压力。如果压缩机的压力等于规定数值,则说明空调系统工作正常。

2. 空调系统制冷剂压力值与故障排除(表3-79)

表3-79　空调系统制冷剂压力值与故障排除

支管压力表(MPa)		问　题	原　因	处理方法
低	高			
0.15～0.3	1.5～2.0	正常状况	—	—
负压力	0.5～0.8	低压侧读出负压力,高压侧读出极限低压力; 干燥器及膨胀阀进出管道周围冻结	膨胀阀内有尘粒卡住或水滴冻结,阻止制冷剂流动,膨胀阀热敏管道漏气,阻止制冷剂流动	清洗膨胀阀。如果不能清洗,则更换干燥罐,重新加注制冷剂
正常:0.15～0.3 异常:负压力	正常:1.5～2.0 异常:0.6～1.0	在空调工作期间,低压侧有时显示负压,有时显示正常压力;高压侧重复显示异常及正常压力	系统中有湿气,膨胀阀被冻结并暂时中断制冷循环	更换膨胀阀; 更换干燥罐; 抽空系统并重新充注制冷剂
0.05～0.1	0.69～1.0	低压及高压侧均显示低压读数;通过观察孔可以看到持续不断的气泡	制冷剂不够(制冷剂泄漏)	使用检漏仪检查泄漏情况并进行修理
0.4～0.6	0.69～1.0	低压侧压力偏高;高压侧压力偏低	压缩机内部泄漏	检修压缩机或进行更换
0.3～0.45	1.9～2.5	低压侧和高压侧的压力均偏高,即使发动机转动缓慢,也看不见气泡	制冷剂充注过量; 冷凝器散热不正常	调整制冷剂到规定量,检查并修理冷凝器
0.3～0.45	1.9～2.5	低压侧和高压侧的压力均偏高; 低压侧管道摸起来不冷; 通过观察孔可看见气泡	空调系统内存有空气	更换干燥罐; 重新抽空并充注制冷剂

3. 制冷系统的故障诊断(表 3-80)

表 3-80　制冷系统的故障诊断

故　障	原　因	处理方法
不出冷风(空调系统工作不正常)	空调系统不工作 (1)无制冷剂 (2)熔丝烧断 (3)空调及风扇电机开关故障 (4)空调热敏电阻故障 (5)高低压保护开关故障 (6)空调继电器故障 (7)线路或接地故障 (8)空调 ECU 切断开关故障	 (1)回收、抽空及充注制冷剂 (2)检查熔丝,检查是否短路 (3)检查空调及风扇电机开关 (4)检查空调热敏电阻 (5)检查高低压保护开关 (6)检查空调继电器 (7)按需要修理 (8)检查空调切断开关信号
	压缩机不工作(不运转) (1)电磁离合器故障 (2)传动皮带松弛或损坏 (3)压缩机故障	 (1)检查电磁离合器 (2)拧紧或更换传动皮带 (3)检查压缩机
不出冷风(空调系统工作不正常)	冷凝器电子扇不工作 (1)冷凝器电子扇继电器故障 (2)线路或接地故障 (3)空调冷凝器风扇电机故障	 (1)检查冷凝器电子扇继电器 (2)按需要修理 (3)检查冷凝器风扇电机
不出冷风或制冷效果不好(空调系统运转正常)	(1)制冷剂补充不足或过量 (2)冷凝器堵塞 (3)蒸发器堵塞或冻结 (4)膨胀阀故障 (5)储液干燥器故障 (6)传动皮带打滑 (7)电磁离合器故障	(1)检查制冷剂量 (2)检查冷凝器 (3)检查蒸发器和热敏电阻 (4)检查膨胀阀 (5)检查储液干燥器 (6)检查或更换传动皮带 (7)检查电磁离合器
不出冷风或冷气不足(空调系统运转正常)	(1)压缩机故障 (2)空调系统内有空气 (3)暖风机故障 (4)空调系统中压缩机油过多	(1)检查压缩机 (2)更换储液干燥器并重新充注 (3)检查暖风机 (4)排放空调系统中的压缩机油
冷气时断时续	(1)线路连接有问题 (2)膨胀阀故障 (3)空调系统内湿度过大 (4)电磁离合器故障 (5)制冷剂充注过量	(1)必要时修理 (2)检查膨胀阀 (3)更换储液干燥器并重新充注 (4)检查电磁离合器 (5)检查制冷剂充注量
只在高速运转时出冷气	(1)冷凝器堵塞 (2)制冷剂补充不够 (3)空调系统内有空气 (4)传动皮带打滑 (5)压缩机故障	(1)检查冷凝器 (2)检查补充制冷剂 (3)更换储液干燥器并重新充注 (4)检查并更换皮带 (5)检查压缩机
仅在高速运转时不出冷气	(1)制冷剂补充过量 (2)蒸发器冻结	(1)检查制冷剂量 (2)检查蒸发器和空调热敏电阻
冷气风力不足	(1)蒸发器堵塞或冻结 (2)暖风机电机故障 (3)线路或接地故障	(1)检查蒸发器和空调热敏电阻 (2)检查暖风机 (3)必要时修理

4. 暖风不足的故障诊断(表 3-81)

表 3-81 暖风不足的故障诊断

步骤	措施	是	否
1	(1)检查发动机冷却液液位 (2)检查冷却液泵的传动带张紧力 (3)检查散热器和加热器软管是否有泄漏和弯折 (4)检查散热器盖是否正常	至步骤 2	—
2	(1)把模式设定在 HEAT(暖风) (2)把鼓风机电机的速度设为高速 (3)将温度控制设定到全热 (4)把点火开关转到 ON(打开) (5)检查加热器出风口的气流 加热器出风口的气流是否很小或没有气流	至步骤 3	至步骤 7
3	检查除霜器或通风孔出口是否有气流 除霜器或通风孔出口是否气流很小或没有气流	至步骤 4	至步骤 14
4	(1)把模式设定在 DEFROST(除霜) (2)检查除霜器出风口的气流 除霜器出风口是否气流很小或没有气流	至步骤 5	至步骤 15
5	把鼓风机速度从以下位置调到 OFF(关闭)~1;1~2;2~3,然后再返回到 OFF(关闭)。 当鼓风机速度被调到 3(高速)然后随着开关转到 LO(低速)而降低时,鼓风机电机的速度是否按每个速度等级而下降	至步骤 6	至步骤 16
6	检查鼓风机进气口和强制通风口是否受到阻塞	至步骤 7	—
7	把鼓风机速度从以下位置调到 OFF(关闭)~1;1~2;2~3 然后再返回到 OFF(关闭)。 当鼓风机速度被调到 4(高速)然后随着开关转到 1(低速)而降低时,鼓风机电机的速度是否按每个速度等级而下降	至步骤 8	至步骤 16
8	(1)把鼓风机电机的速度设为 3(高速) (2)用温度计检查周围的空气温度 (3)以每小时 48 公里的速度驾驶车辆。最短的发动机预热时间为 20min (4)检查下列的加热器出风口排气温度(环境温度):54℃(环境温度为-18℃时);59℃(环境温度为-4℃时);64℃(环境温度为-10℃时),加热器出风口温度是否在规定值之内	至步骤 17	至步骤 9
9	风门执行器是否工作正常	至步骤 10	至步骤 18
10	(1)将温度控制设定到全热 (2)起动发动机 (3)触摸进气口和出风口的加热器软管 出气口的加热器软管是否感到热而出风口的加热器软管感到温热	至步骤 13	至步骤 11

续表 3-81

步骤	措　施	是	否
11	(1)断开加热器芯体上的加热器软管 (2)检查正确的加热器软管位置 (3)检查冷却液阀门。如果其工作不正常,应予以更换 加热器软管的位置是否装反	至步骤 19	至步骤 12
12	(1)冲洗加热器芯体 (2)泄放和重新加注冷却系统 (3)将温度调节器设定到全热 (4)起动发动机 (5)触摸进气口和出风口的加热器软管 出气口的加热器软管是否感到热	至步骤 24	至步骤 22
13	检查节温器的安装是否正确	至步骤 21	至步骤 20
14	检查模式风门控制器和拉索	至步骤 24	
15	检查加热器出口是否受阻	至步骤 24	
16	检查鼓风机电机	至步骤 24	
17	(1)检查车辆在以下部位是否泄漏冷气:仪表板、加热器箱、前通风孔 (2)根据需要进行维修	至步骤 24	
18	维修或更换风门线缆	至步骤 24	
19	在正确的位置重新安装加热器软管	至步骤 24	
20	重新安装节温器	至步骤 24	
21	更换节温器	至步骤 24	
22	更换加热器芯体	至步骤 24	
23	检查系统的鼓风机进气口和强制通风口之间是否受到阻塞	至步骤 24	
24	进行功能测试	系统完好	

第四章　微型客车主要部件的检查技巧

第一节　发动机机械部分的检查技巧

一、曲柄连杆机构

(一)气缸盖的检修

1. 气缸盖变形的检查

(1)缸盖接合面的检查

缸盖接合面的检查部位有缸盖与缸体连接表面的平面度、进气和排气支管接合表面的平面度。

①缸盖与缸体连接表面的平面度检查。将刀口尺按图4-1所示放于平面上,用塞尺测量刀口尺与平面间的间隙。测量平面度时,应在被测平面选取如图4-2所示的6个位置测量,取测量的最大值作为平面度误差,极限值不得超过0.05mm。

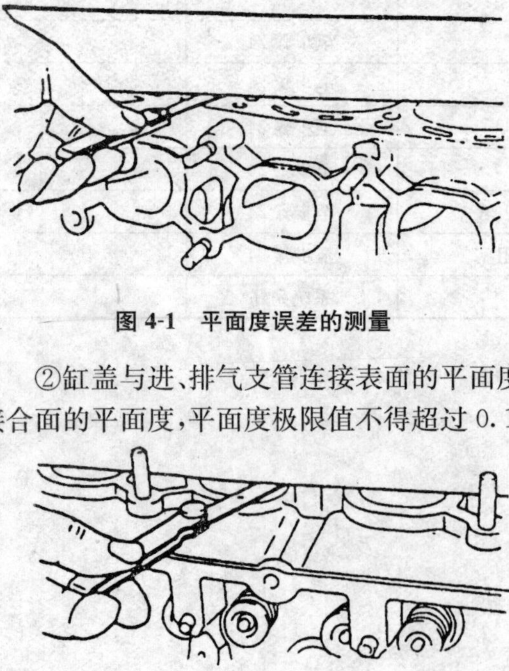

图4-1　平面度误差的测量

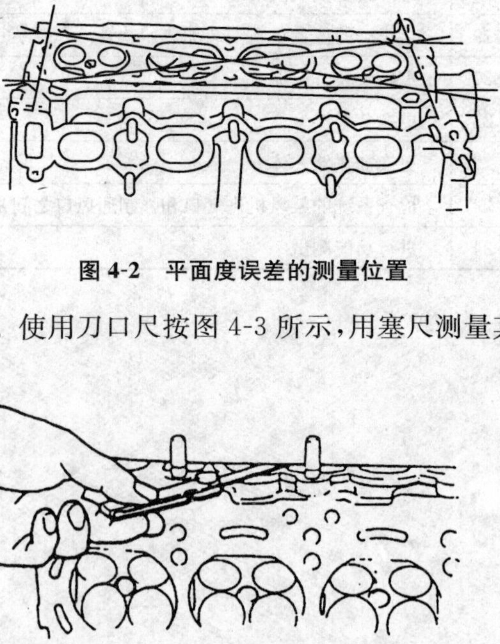

图4-2　平面度误差的测量位置

②缸盖与进、排气支管连接表面的平面度检查。使用刀口尺按图4-3所示,用塞尺测量其接合面的平面度,平面度极限值不得超过0.10mm。

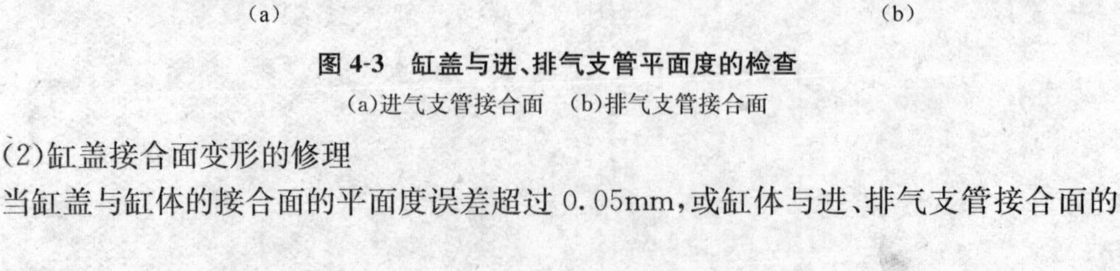

(a)　　(b)

图4-3　缸盖与进、排气支管平面度的检查

(a)进气支管接合面　(b)排气支管接合面

(2)缸盖接合面变形的修理

当缸盖与缸体的接合面的平面度误差超过0.05mm,或缸体与进、排气支管接合面的平面度误差超过 0.10mm 时,可用平板和 400 号砂纸研磨接合面高的地方,使缸盖的平面度达到规定值;如果平面变形过大,则应更换气缸盖。

2. 燃烧室积炭的清除

用煤油浸泡燃烧室积炭部位,然后用钢丝刷清除燃烧室积炭,并用清洗油清洁燃烧室表面,如图 4-4 所示。

3. 气门座的检修

(1)气门座的检查

清除气门座上的积炭后,擦干气门座圈,并在气门座圈上涂薄薄一层红丹油。将气门装回气门座上,轻轻敲打气门头,然后取出气门,观察气门头与气门座接触宽度和接触面的均匀性和连续性,如图 4-5 所示。气门座接触宽度应符合标准值,标准值为 1.3～1.5mm。如果气门座与气门头的接触宽度或接触面不均匀、连续性差时,应对气门座进行铰削、研磨,必要时更换气门座。

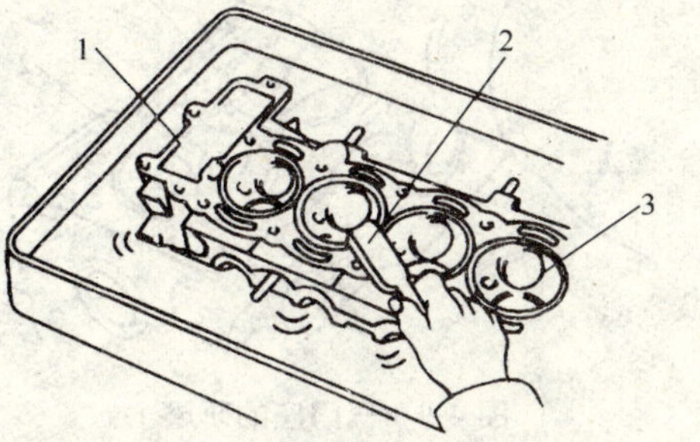

图 4-4　燃烧室积炭的清除

1. 气缸盖　2. 钢丝刷　3. 燃烧室

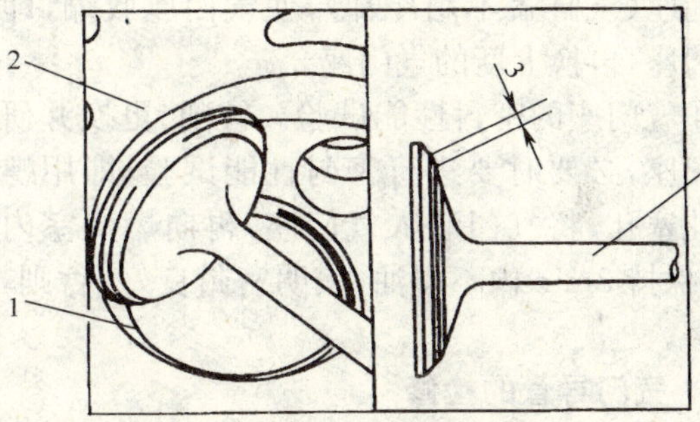

图 4-5　气门座的检查

1. 气门座　2. 气缸盖　3. 接触宽度　4. 气门

(2)气门座下陷的检查

发动机气门座下陷深度的检查如图 4-6 所示,用游标卡尺测量图中的"A"尺寸,应符合标准值。如果超过规定值,则应更换气门座圈。

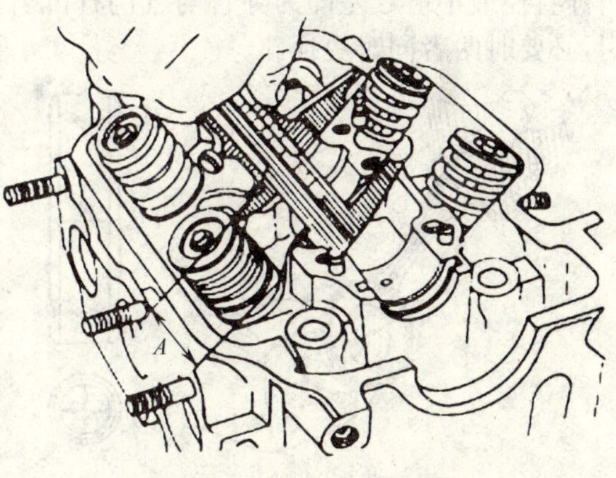

图 4-6　检查气门座下陷深度

A. 测量数据

(3)气门座的修理

①气门座的铰削。进、排气门座角度标准如图 4-7 所示。进气门座的座角为 60°、45°、15°;排气门座的座角为 75°、45°、15°。

进气门座选用铰刀的顺序为第一次用 15°角铰刀铰削其 15°座角,第二次用 60°角铰刀铰削其 60°座角,第三次用 45°角铰刀铰削 45°座角,并保证接触宽度达到 0.8～1.2mm;排气门座选用铰刀的顺序为 15°、45°、75°铰刀,接触宽度为 0.8～1.2mm。铰刀的使用方法如图 4-8 所示。

②气门座的研磨。气门座铰削后,必须进行气门和气门座的配合研磨。研磨时,先涂粗研磨膏研磨,再涂细研磨膏磨至规定要求。粗磨时用力较大,细磨时用力要小,边研磨边正反方向旋转气门,并不断改变气门转动的起点,如图 4-9 所示。

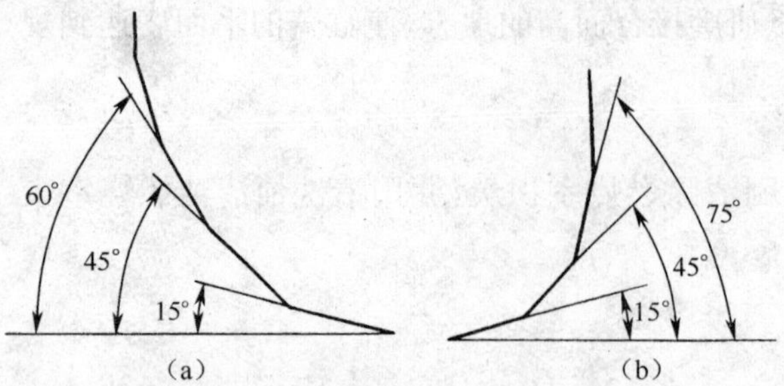

图 4-7 发动机进排气门座角示意图

(a)进气门座的座角 (b)排气门座的座角

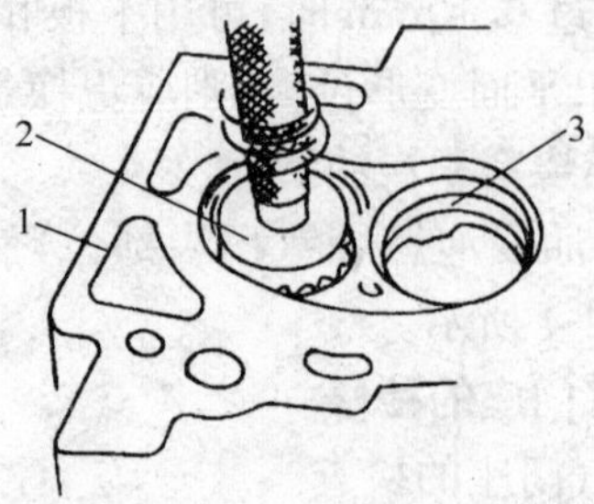

图 4-8 气门座的铰削

1. 气缸盖 2. 铰刀 3. 气门座

③气门座的更换。当气门座烧蚀、磨损严重时，应予以更换。更换气门座时，可用干冰冷却需要更换的气门座(气缸盖不用冷却)，使气门座收缩，即可取下气门座，再换上新的气门座。

④气门座的密封性能试验。铰削、更换并研磨后的气门座，必要时要进行密封性能试验，即用螺塞堵住火花塞孔，将气门装入气门座，再向燃烧室内注满煤油，保持 3min 内不漏油，表明密封良好，否则，应重新研磨。

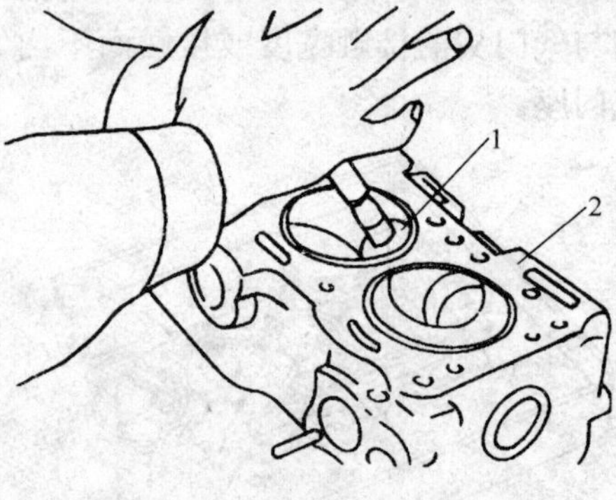

图 4-9 气门座的研磨

1. 气门橡胶吸盘 2. 气缸盖

4. 气门导管的检修

(1)气门导管的检查

如图 4-10、图 4-11 所示，分别测量气门导管的内径和气门杆直径。导管内径最大值与气门杆直径最小值之差即为导管与气门杆配合间隙，应符合规定值，否则，应更换气门导管或气门，必要时两者同时更换。

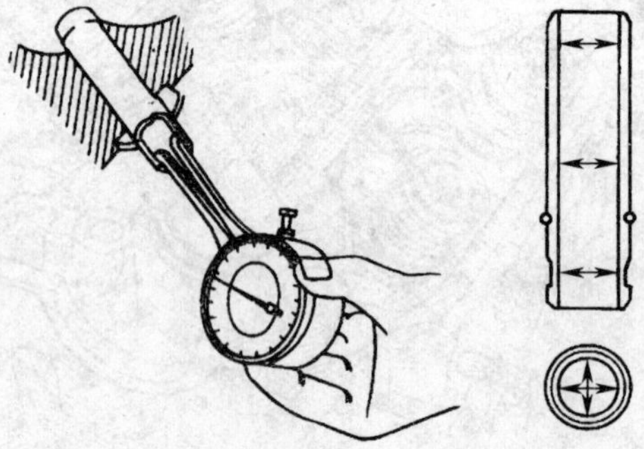

图 4-10 测量气门导管六个部位的内径

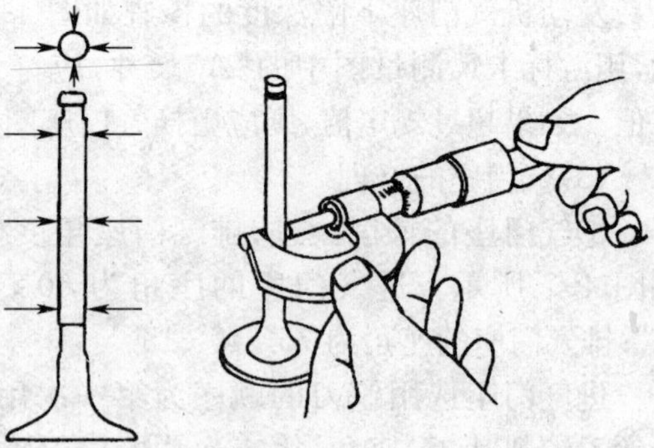

图 4-11 测量气门杆六个部位的外径

气门杆与气门导管的间隙也可用图 4-12 所示的方法测量，即测量气门杆端部的偏差。如果超过极限，则更换气门或气门导管或同时更换。

(2)气门导管的更换

用轴棒从燃烧室侧向气缸盖顶部把气门导管退出来，如图 4-13 所示，再用 12mm 的铰刀铰削气缸盖上的气门导管安装孔并除去毛刺飞边。铰扩后的导管孔直径应符合规定。铰削方法如图 4-14 所示。

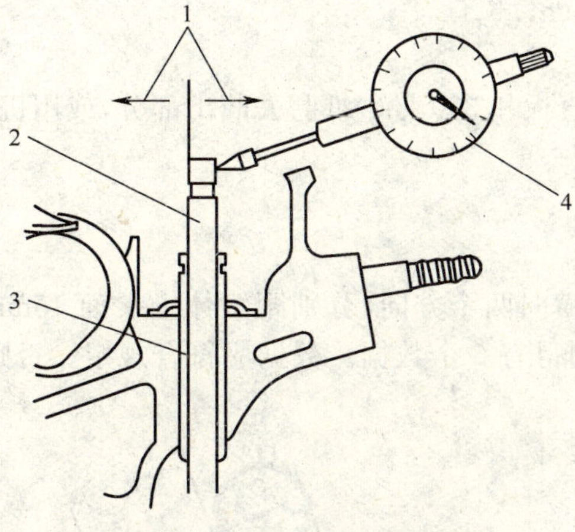

图 4-12　气门杆与导管间隙的测量

1. 气门杆端移动方向　2. 气门杆　3. 气门导管　4. 百分表

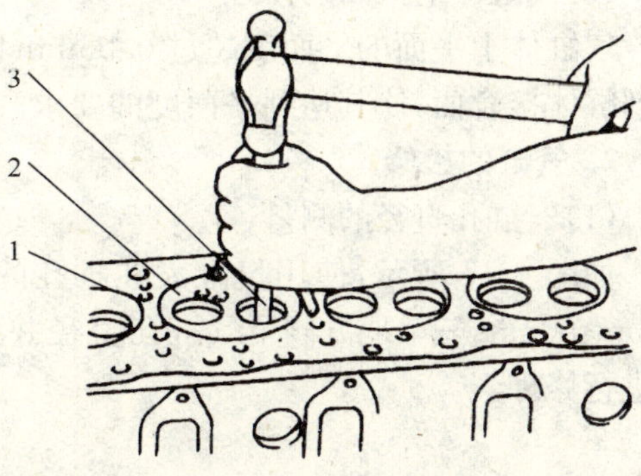

图 4-13　拆气门导管

1. 气缸盖　2. 燃烧室　3. 轴棒

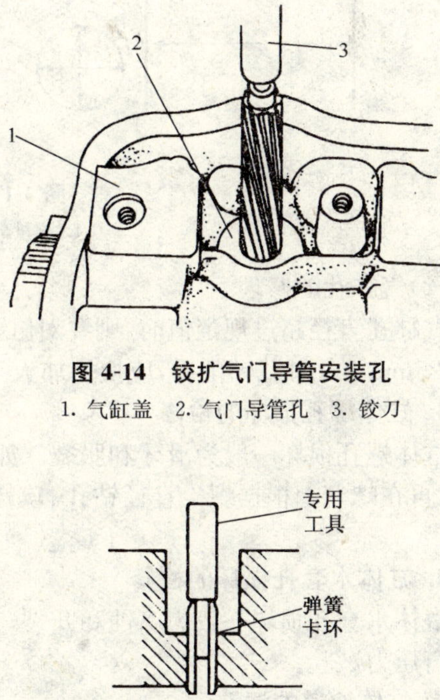

图 4-14　铰扩气门导管安装孔

1. 气缸盖　2. 气门导管孔　3. 铰刀

气门导管孔直径符合规定值后，把气缸盖加热到 80℃～100℃之间，将气门导管从气缸盖上装入导管孔中，且导管凸出缸盖高度尺寸应符合要求，如图 4-15 所示。如图 4-16 所示，用专用工具将导管压入发动机盖，直到导管上的卡环与气缸盖接触为止。

5. 缸盖水道口的检修

缸盖材料为铝合金，水道口易被腐蚀。在修理缸盖时，应检查其水道口是否被腐蚀或存在裂纹，必要时，可用环氧树脂粘补或镶补，重新开出水道并修整。

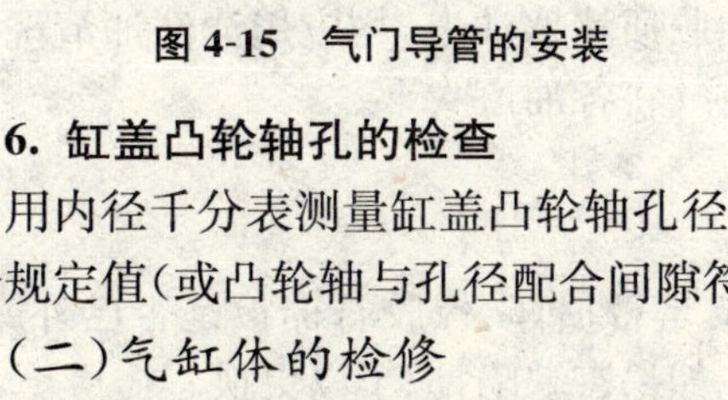

图 4-15　气门导管的安装

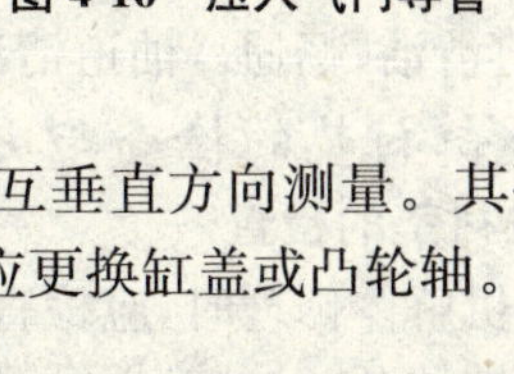

图 4-16　压入气门导管

6. 缸盖凸轮轴孔的检查

用内径千分表测量缸盖凸轮轴孔径，每个孔的两端内相互垂直方向测量。其孔径尺寸应符合规定值（或凸轮轴与孔径配合间隙符合规定值）。否则，应更换缸盖或凸轮轴。

（二）气缸体的检修

1. 缸体与缸盖接合面变形的检修

（1）缸体与缸盖接合面变形的检查

用刀口尺和塞尺参考气缸盖平面度检查方法来进行检查。

(2)气缸体上平面的修理

气缸体上平面的平面度超过 0.05mm 时,可用直板和 300 号砂纸磨去凸出部分,或用机床铣削缸体接合面,使其达到平面度的要求。

2. 气缸的检修

(1)气缸孔直径的测量

如图 4-17 所示,使用量缸表在缸孔的纵向和横向两个方向,分别距缸体上平面 15mm、45mm、90mm 三个地方测量气缸孔直径并记录其测得有 6 个数据。数据应符合规定。否则,应进行修理。

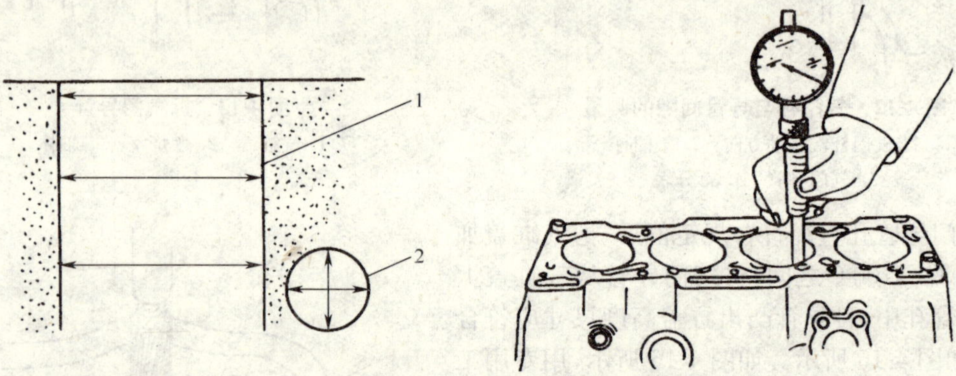

图 4-17 气缸直径的测量

1. 测量部位 2. 测量纵、横方向

(2)气缸孔的修理

气缸孔直径超过规定值时,则要对缸孔进行镗削。缸孔一般有二级修理尺寸,每一级均加大 0.25mm。气缸孔镗削后,应换用加大一级的活塞。

3. 缸体螺孔损坏的检修

缸体螺孔损坏一般为滑牙和胀裂。如果螺孔损坏后,可将损坏的螺孔钻大,镶入相应的新螺塞,再在螺塞上根据螺栓直径钻孔、攻螺纹。为防止镶入的螺塞松动,可加装止动螺钉或止动销。

4. 缸体水套孔损坏的检修

缸体水套孔损坏一般为腐蚀和开裂,其修理方法与“气缸盖水套孔的检修”相同,但修理后应进行压力试验。

5. 缸体油道的清洗

如果因发动机缺少机油导致发动机烧瓦,或者机油胶质堵塞油道,均应用清洗油清洗缸体油道,使油道清洁、畅通。油道清洗干净后,要用压缩空气将各油道吹干。

(三)气缸衬垫的检查与更换

1. 气缸衬垫的检查

在发动机解体修理时,应检查气缸衬垫的钢带骨架是否损坏、橡胶石棉板是否已外露、耐热护圈是否被冲开或冲胶、铜管铆钉有无失效等缺陷。如果有缺陷,应予以更换。

2. 气缸衬垫的更换

确认气缸衬垫损坏或经二次拆解气缸盖后,应换用新的气缸衬垫。

在更换气缸衬垫时，应注意气缸衬垫的安装方向和气缸衬垫的正反面，以防止缸垫遮挡住水套孔和机油油道孔、回油孔。

(四)曲轴的检修

1. 曲轴外观的检查

检查曲轴的主轴颈、连杆轴颈外表面有无拉伤、烧蚀、严重磨损、裂纹或其他缺陷。如果有不良情况，应予以更换。

2. 曲轴主轴颈、连杆轴颈尺寸的检测

用千分尺检测曲轴主轴颈和连杆轴颈的尺寸，如图 4-18 所示。其尺寸和形位公差应符合标准。否则，应修磨轴颈至规定修理尺寸或更换新的曲轴。

3. 曲轴径向圆跳动值的测量

用曲轴两端顶针孔支撑在曲轴的第三主轴颈处，使用千分尺测量其径向圆跳动值，如图 4-19 所示。

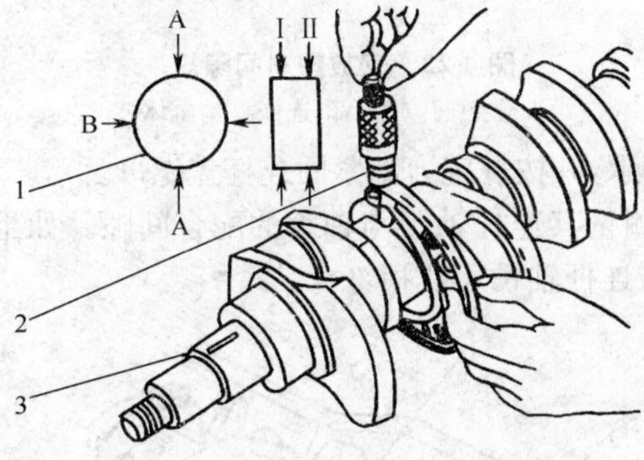

图 4-18　曲轴轴颈尺寸的测量

1. 测量位置　2. 千分尺　3. 曲轴

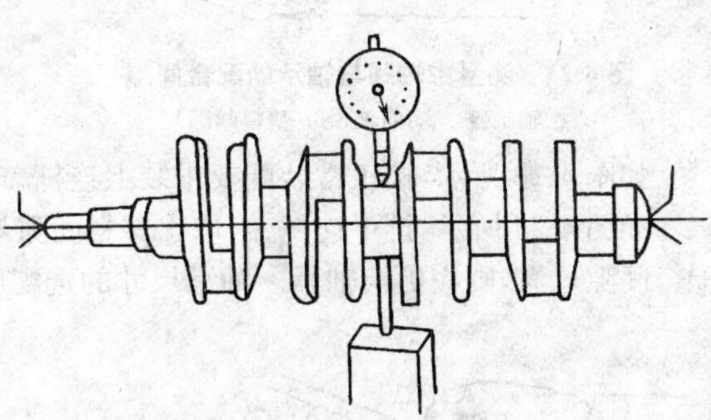

图 4-19　曲轴主轴颈的径向圆跳动值的测量

若曲轴径向圆跳动值超过使用极限，说明曲轴弯曲变形超过限度，应进行冷压校正。必要时，应予以更换。

4. 曲轴主轴颈与轴承间隙的测量

(1)测量缸体主轴承内径

测量前，主轴承、主轴承盖均应按装配要求安装到气缸体上，按规定拧紧力矩值紧固主轴承盖的螺栓。曲轴主轴颈修磨后，应选装相应的缩小修理尺寸的轴承，使轴颈的修理尺寸与轴承选配一致。主轴承、主轴承盖装配合格后，检查主轴承内径，如图 4-20 所示。

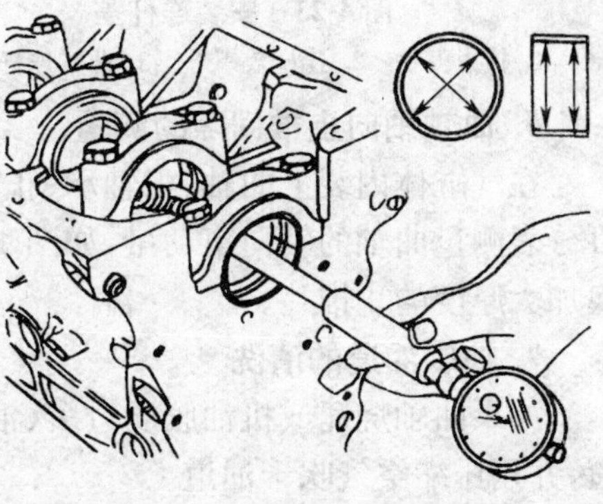

图 4-20　主轴承内径的测量

(2)主轴颈与主轴承的间隙测量

若测出了主轴颈尺寸、主轴承孔内径尺寸，两者差值即为配合间隙。但配合间隙也可用塑料间隙规来测量。其测量方法是按轴承的宽度尺寸剪好塑料间隙规，沿曲轴轴向放置在主轴颈上，避开油孔位置，再按装配要求装好轴承盖，按规定力矩拧紧螺栓，然后取下轴承盖，用千分尺测量塑料间隙规被压薄的最宽处厚度。该值即为配合间隙，如图 4-21 所示。

5. 曲轴连杆轴颈与连杆轴承间隙的测量

(1)连杆大头孔直径的测量

连杆大头孔直径的测量参见“活塞连杆组的检修”的内容。

(2)连杆轴颈与轴承的配合间隙测量

如图 4-22 所示，按连杆轴承宽度剪好塑料间隙规，然后放到连杆轴颈上。

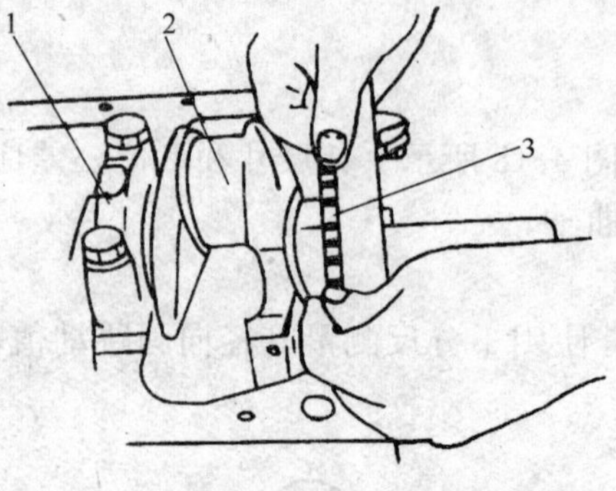

图 4-21　测量主轴颈与轴承的配合间隙

1. 主轴承盖　2. 曲轴　3. 塑料间隙规

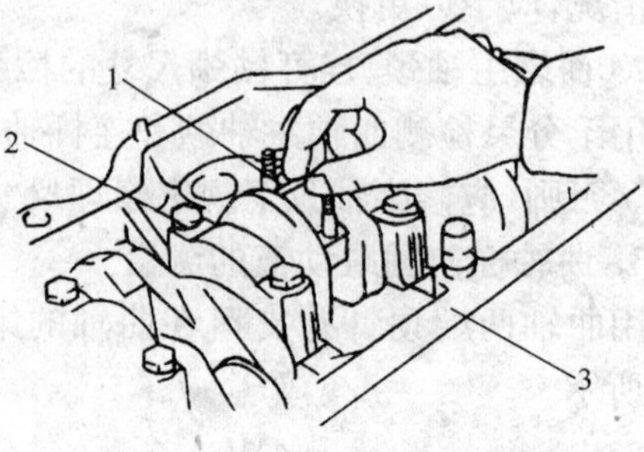

图 4-22　安放塑料间隙规

1. 塑料间隙规　2. 连杆　3. 缸体

如图 4-23 所示，按正常装配要求装上连杆盖、轴承，并按规定力矩紧固连杆盖螺母。

如图 4-24 所示，拆下连杆盖，取出塑料间隙规，测量其连杆轴颈与轴承的配合间隙。如果配合间隙过大，则应更换轴承。轴承尺寸的选配应与连杆轴颈尺寸相符合。

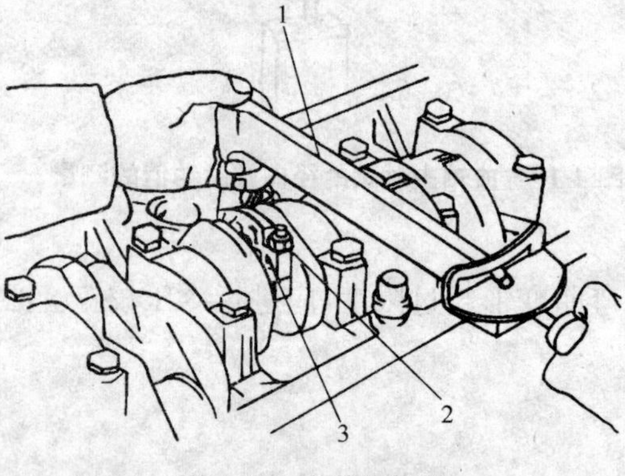

图 4-23　安装连杆盖

1. 扭力扳手　2. 连杆盖螺母　3. 曲轴连杆曲颈

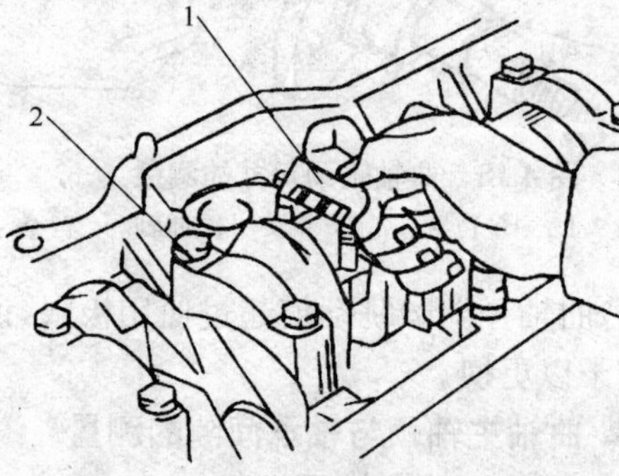

图 4-24　连杆轴颈与轴承的间隙测量

1. 塑料间隙规　2. 连杆

6. 曲轴轴向止推间隙的测量

在气缸体内装上曲轴、主轴承、止推片和主轴承盖，并按规定力矩拧紧主轴承盖螺栓。用百分表测量曲轴的轴向窜动量，如图 4-25 所示。如果曲轴的轴向止推间隙超过极限值时，应更换加大厚度的止推片。

7. 曲轴油道的清洗

如果曲轴烧瓦或机油胶质过多、油质过差时，有可能堵塞曲轴油道孔。因此，必须清洗油道，并用压缩空气吹干油道。

(五)活塞连杆组的检修

1. 活塞组的检修

(1)活塞积炭的清除

将活塞浸泡于清洗油中约 5min 后，用刷子或软金属摩擦工具擦掉活塞顶部和环槽的积炭和机油胶质等污物，如图 4-26 所示。检查活塞外观有无拉伤、裂纹等缺陷。如果有不良情况，应予以更换。

(2)活塞直径的测量

如图 4-27 所示，用外径千分尺在活塞的水平面上、垂直于活塞销轴线方向上测量活塞直径。如果测量值不符合规定值，应更换活塞。

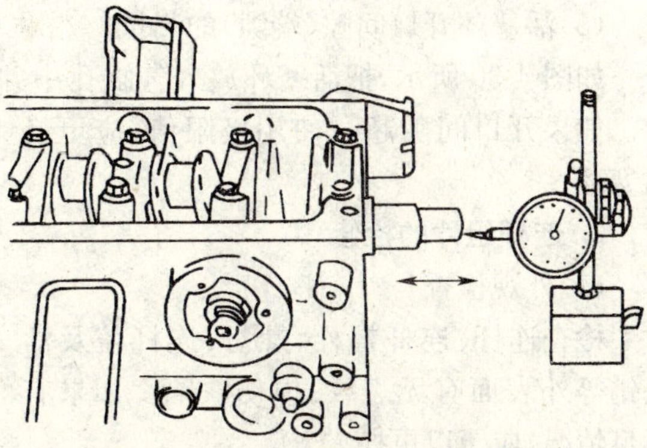

图 4-25 曲轴轴向止推间隙的测量

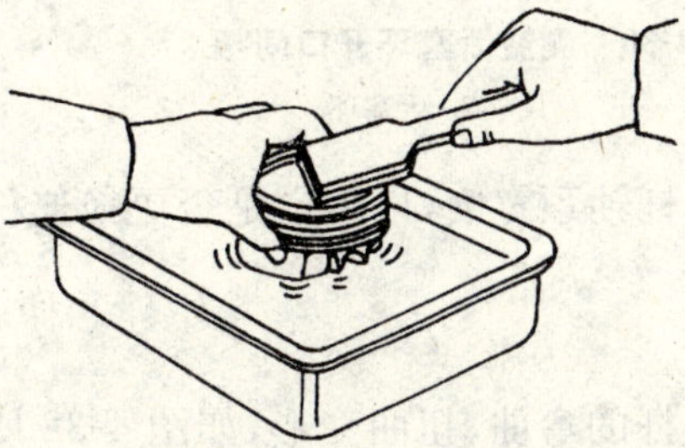

图 4-26 清除活塞积炭

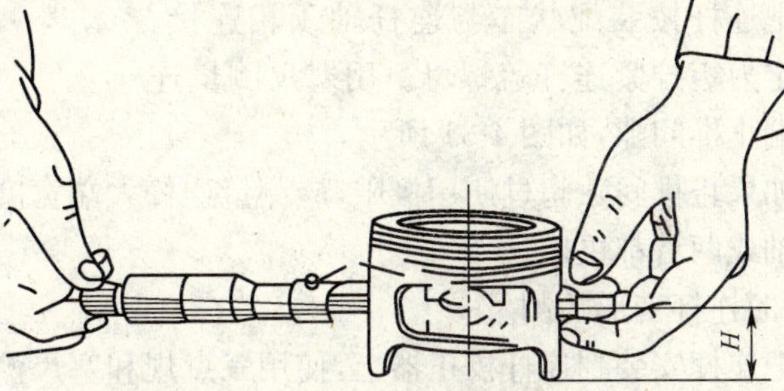

图 4-27 测量活塞直径

H. 测量部位距活塞裙部的距离

(3)活塞与气缸孔配合间隙的测量

用塞尺和拉力计测量活塞与气缸孔的配合状态，如图 4-28 所示。拉力计的标准拉力为 22.5～36.5N，活塞与气缸孔的配合间隙应符合标准。

(4)活塞环槽与活塞环间隙(侧隙)的测量

如图 4-29 所示，用塞尺测量活塞环在相应环槽内的侧隙。如果侧隙超过使用极限值时，应测定槽宽和环厚，以确定是否更换活塞或活塞环或两者都更换。

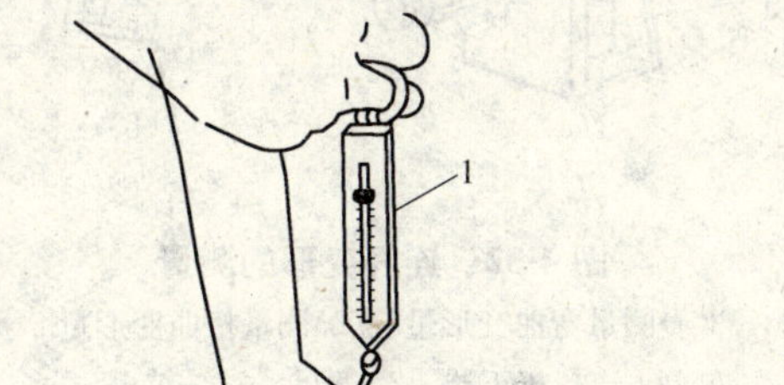

图 4-28 活塞与气缸孔配合间隙的测量

1. 拉力计 2. 塞尺 3. 活塞 4. 气缸体

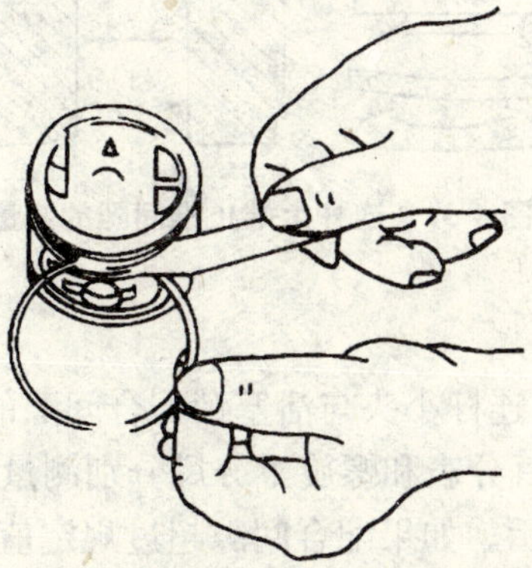

图 4-29 测量活塞环侧隙

(5)活塞环开口间隙(端隙)的测量

如图 4-30 所示,把活塞环放入气缸孔中并推入缸孔的底部,用塞尺测量活塞环的开口间隙。如果开口间隙超过使用极限值,应更换活塞环。

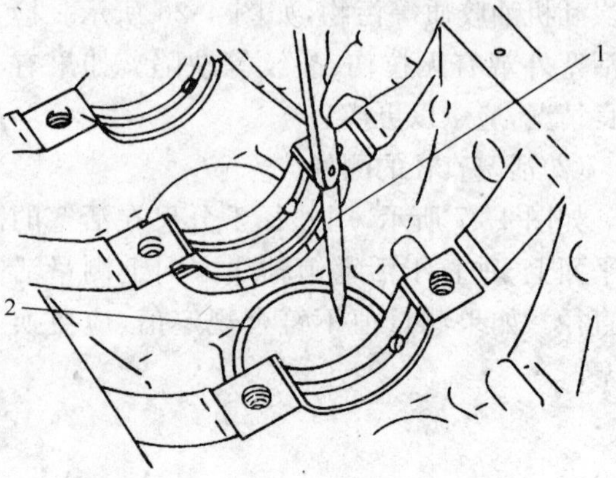

图 4-30　测量活塞环开口间隙

1. 塞尺　2. 活塞环

2. 连杆组件的检修

(1)外观检查

检查连杆、连杆螺栓、螺母、连杆盖及活塞销等外表面有无裂纹、损伤缺陷。如果有不良情况,应予以更换。

(2)连杆大端与曲轴连杆轴颈止推间隙的测量

把连杆按装配状态与连杆轴颈相连接,按规定力矩拧紧连杆盖螺母。用塞尺测量连杆大端止推间隙,如图 4-31 所示。

如果止推间隙超过使用极限,应测量连杆大端宽度和连杆轴颈宽度,以决定是否更换连杆或曲轴或两者都更换。

(3)连杆变形的测量

把连杆安装到连杆校正器上,使用三点规和塞尺测量连杆的弯曲、扭曲变形,如图 4-32 所示。如果连杆变形超过使用极限,应予以更换。

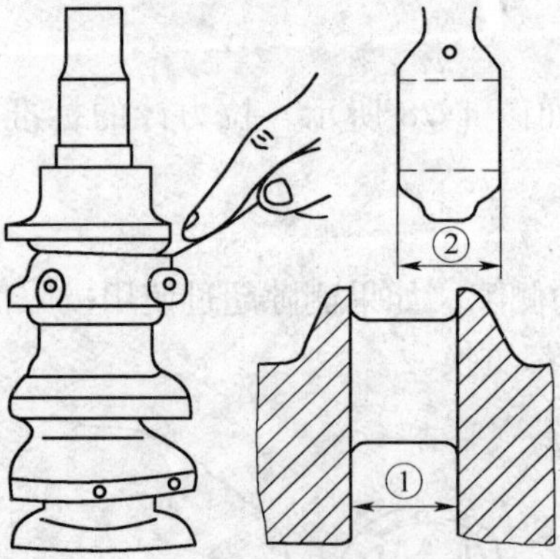

图 4-31　连杆大端止推间隙的测量

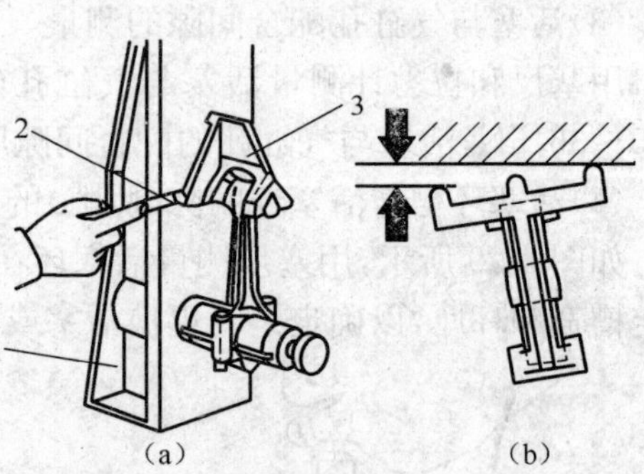

图 4-32　连杆变形的测量

(a)测量弯曲变形量　(b)测量扭曲变形量

1. 连杆校正器　2. 塞尺　3. 三点规

(4)连杆小头与活塞销配合间隙的测量

用百分表和螺旋千分尺分别测量连杆小头衬套孔和活塞销直径,以测出其配合间隙,如图 4-33 所示。如果配合间隙超过规定值,则应更换连杆小头衬套或活塞销。

(5)连杆轴颈与连杆大端配合间隙的测量

把连杆、连杆轴承、连杆盖装配在一起,用内径千分尺测量连杆轴瓦内径。其值应符合规定值,否则应更换轴承。

3. 活塞连杆总成质量分组

在选择好活塞直径与相应的气缸孔配合后，为保证发动机在运转中平稳工作，四组活塞连杆总成应按质量分组进行装配。每个发动机的四组连杆总成质量差不大于 6g。

4. 活塞与活塞环及连杆的组装

(1)活塞与连杆的组装

①活塞与连杆的相对位置。活塞销座轴线与活塞中心设计有偏心量。所以，组装时，应注意活塞和连杆的相对位置。活塞顶面的箭头指向缸体前端（曲轴带轮侧），连杆上的油孔朝向缸盖上进气口侧，如图 4-34 所示。

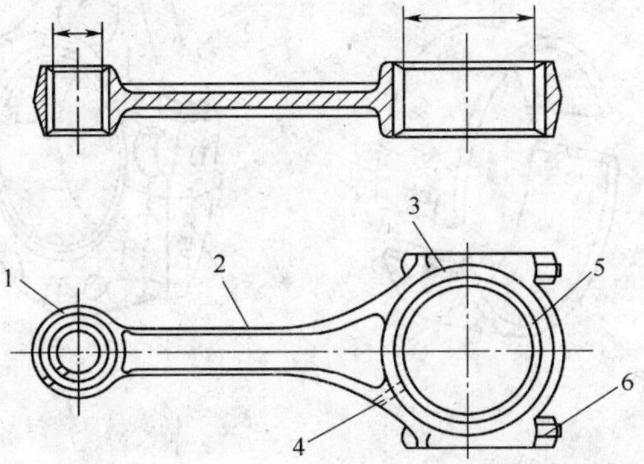

图 4-33　连杆端孔的测量

1. 连杆小头　2. 连杆　3. 连杆大头

4. 连杆油孔　5. 轴承　6. 连杆螺栓

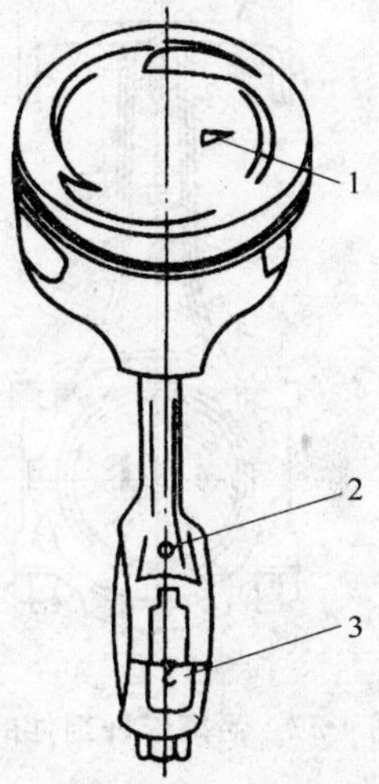

图 4-34　活塞连杆的相对位置

1. 活塞顶部箭头标记

2. 油孔　3. 对应缸号标记

②活塞预热。将活塞放入预热箱中加热到 40℃～60℃，以便于活塞销的装配，如图 4-35 所示。

③活塞、活塞销、连杆的组装。待活塞预热至 40℃～60℃时，将活塞销和连杆小头衬套孔涂抹发动机润滑油，把活塞销装入活塞销座孔和连杆小头衬套孔中，将活塞与连杆组合起来。

④装活塞销挡圈。活塞销装配到位后，安装活塞销挡圈（卡环），如图 4-36 所示。注意挡圈必须确认嵌入活塞销座孔的槽内，以防脱出而拉伤气缸壁。

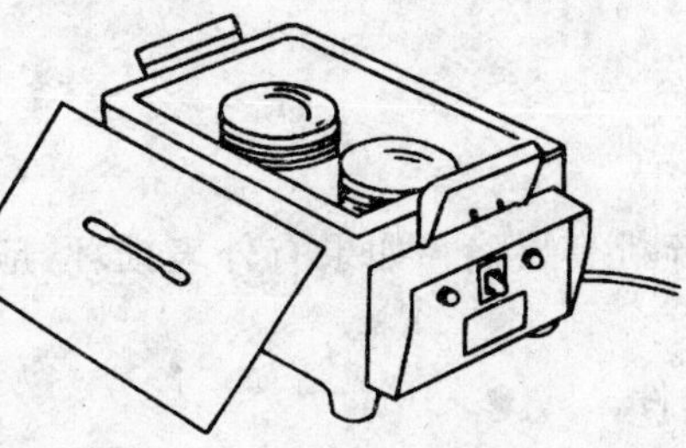

图 4-35　加热活塞

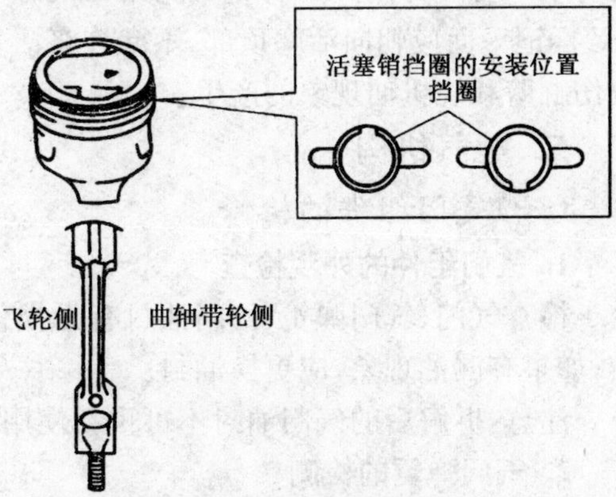

图 4-36　活塞销挡圈的安装

⑤活塞与连杆组装后的检查。活塞连杆组件装配后，应检查连杆转动是否灵活，如图 4-37 所示。如果有“发卡”，应予以排除；如果配合过松，则会产生敲击现象，应重新更换活塞销。

(2)连杆、连杆盖、连杆轴承的组装

①连杆轴承的安装。在安装连杆轴承时，要选择适当尺寸的轴承并按止口定位要求安装到连杆盖、连杆大头上，如图 4-38 所示。

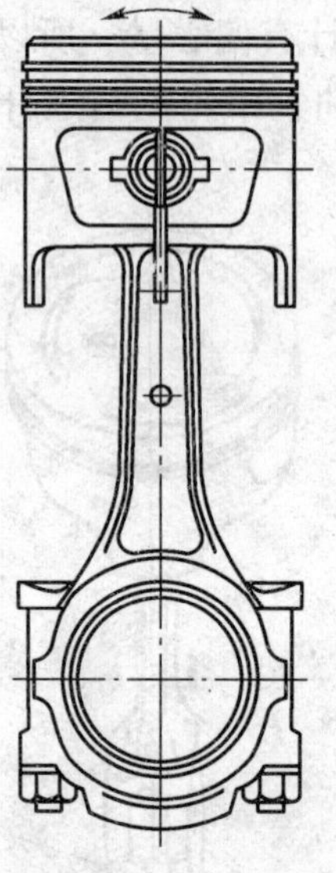

图 4-37　活塞连杆组件的检查

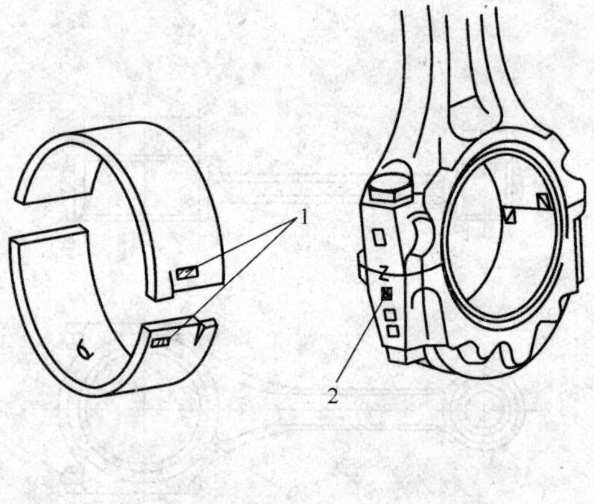

图 4-38　连杆轴承的安装位置

1. 连杆轴承标记　2. 连杆盖与连杆的缸号标记

②连杆盖的安装。在安装连杆盖时，应使连杆盖和连杆大头的两个定位在同一边，但各在一侧，如图 4-39 所示。

③连杆盖螺母的紧固。连杆盖与连杆大头组装后，旋上连杆盖螺母，并按规定力矩拧紧连杆盖螺母。

(3)活塞环的组装

用张环器将第一、第二气环和组合油环安装到活塞头部的环槽内。注意各环的安装位置和方向。有的气环上打有“RN”标记的为第一气环，打有“R”标记的为第二气环。安装时，打有“RN”或“R”标记一面应朝向活塞顶部，不允许将活塞环装错、装反，以防止拉伤缸壁和烧机油现象的产生。

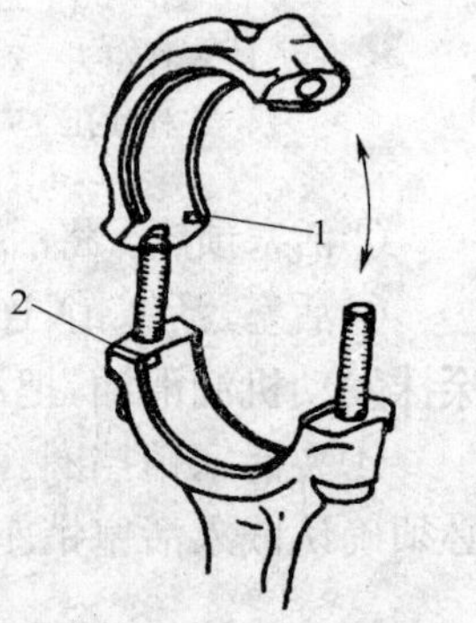

图 4-39　连杆盖的安装位置

1. 连杆盖定位　2. 连杆大头定位

二、配气机构

(一)气门组件的检修

1. 气门组件的外观检查

检查气门、气门弹簧、气门油封有无损伤、开裂、折断等缺陷。如果有外表损坏，应予以更换；如果有漏油现象，应更换油封。

注意：拆解后的气门油封不可重新使用，应更换新件。

2. 气门弹簧的检测

(1)气门弹簧自由长度的测量

用游标卡尺测量气门弹簧的自由长度尺寸，如图 4-40 所示。其自由长度应符合规定值，否则应予以更换。

(2)气门弹簧的负荷检测

把气门弹簧安装到弹簧试验仪上进行检测，如图 4-41 所示。弹簧的预负荷应符合规定值，否则应予以更换。

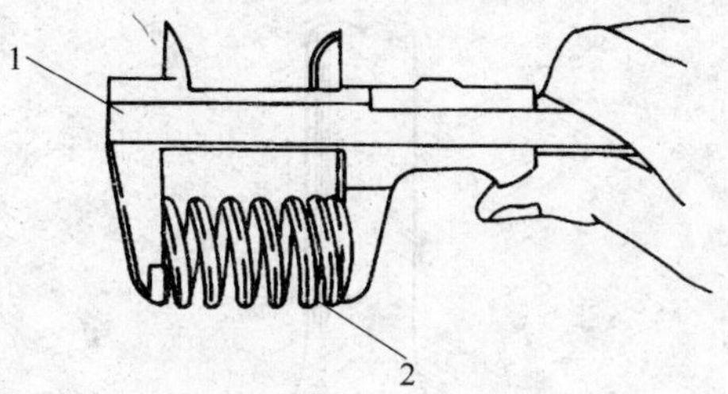

图 4-40　测量气门弹簧的自由长度

1. 游标卡尺　2. 气门弹簧

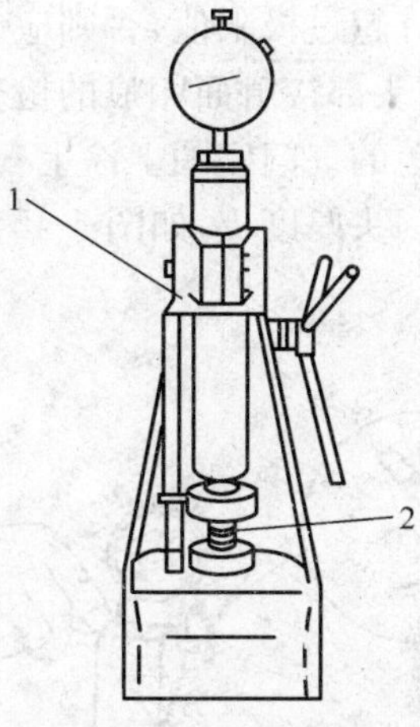

图 4-41　气门弹簧预负荷的检测

1. 弹簧测试仪　2. 气门弹簧

(3)气门弹簧垂直度的测量

用直角尺和平台测量气门弹簧的垂直度，如图 4-42 所示。其垂直度误差不应超过允许极限值，否则应更换气门弹簧。

3. 气门的检修

(1)气门杆的检修

①检查气门杆应无卡滞和损伤。如果有，应予以更换。

②检查气门杆尾端磨损情况。如果凹陷磨损超过 0.4mm 时，应修磨尾端。

(2)气门杆直径尺寸的测量

用千分尺在规定的部位和方向上测量气门杆直径尺寸，如图 4-43 所示。其值应符合规定值，否则应更换气门。

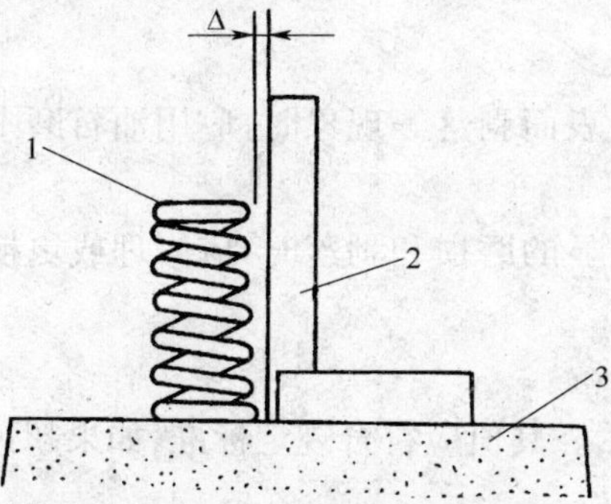

图 4-42　测量气门弹簧的垂直度

1. 气门弹簧　2. 直角尺　3. 平台

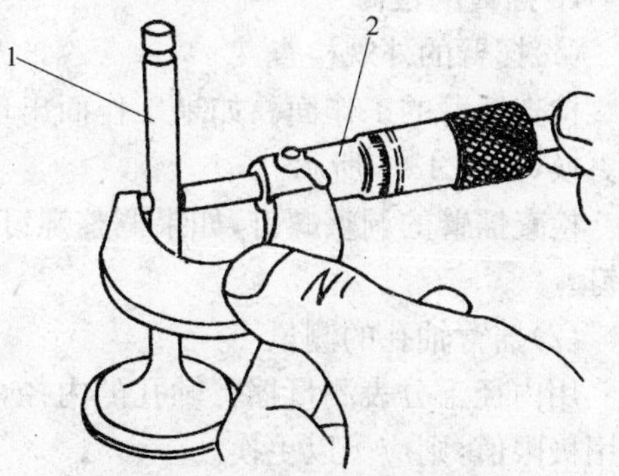

图 4-43　测量气门杆的直径

1. 气门杆　2. 千分尺

(3)气门长度尺寸的测量

用游标卡尺测量气门长度尺寸。其长度尺寸的减少不应超过允许值,否则应更换气门或堆焊气门杆。

(4)气门头部接触面的检修

将气门杆用V形架支撑,用百分表测量气门头部的斜向跳动量,如图4-44所示。其斜向跳动量不允许超过极限值,否则应予以更换。

(5)气门头部接触面印痕的检查

在气缸盖的气门座圈上涂上一层红丹,将气门装入气缸盖内,测量其接触面印痕宽度W,同时测量气门头厚度B,如图4-45所示。其值应符合规定标准,否则应更换或修磨气门。

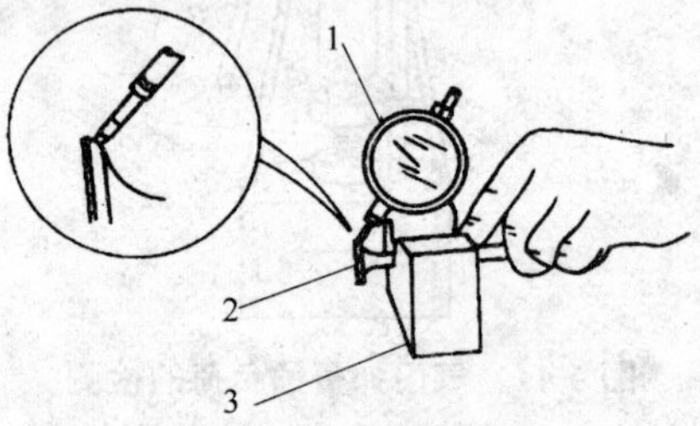

图4-44 测量气门头部接触面斜向跳动量

1. 百分表 2. 气门 3. V形架

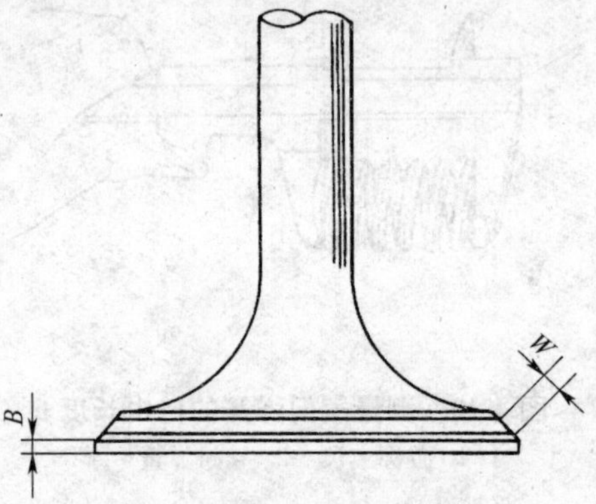

图4-45 测量气门接触面和头部厚度

W. 接触面印痕宽度 B. 气门头厚度

(6)气门的修磨

气门更换后,应对其配合表面进行配对研磨(气门的修磨方法见"气缸盖的检修"的有关内容)。

4. 气门油封的检查

检查气门油封与气门杆之间的密封性能。如果漏油,应更换气门油封总成。拆装过的气门油封总成不允许重新装配使用,必须换用新的油封,以保证密封的可靠。

(二)正时传动组件的检修

1. 摇臂的检修

(1)摇臂的外观检查

检查摇臂的工作面。如果工作面出现明显的磨损、表面剥落等现象时,应用油石磨平或予以更换,如图4-46所示。

检查摇臂的调整螺钉,如果调整螺钉的环面出现明显的磨损和剥落时,应修理或更换调整螺钉。

(2)摇臂轴孔的测量

用内径千分表测量摇臂轴孔的内径,如图4-47所示。其值应符合规定标准,如果超过允许使用极限值,则应予以更换。

2. 摇臂轴的检修

(1)摇臂轴的径向圆跳动值的测量

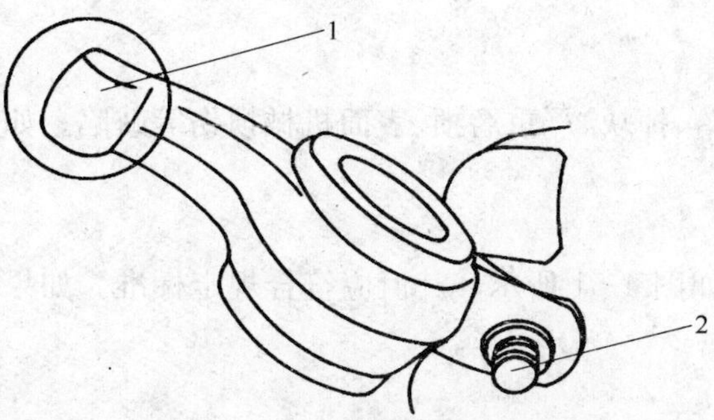

图 4-46　摇臂的检查

1. 工作面　2. 调整螺钉

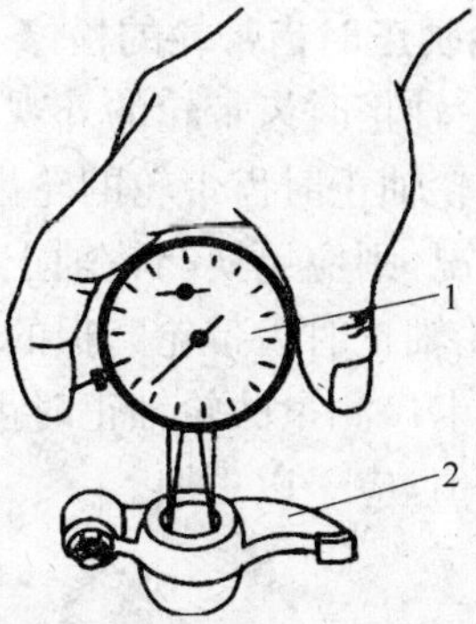

图 4-47　摇臂轴孔的测量

1. 内径千分尺　2. 摇臂

用 V 形架支撑在摇臂轴的两端，用百分表在摇臂轴的中间位置测量其径向圆跳动量，如图 4-48 所示。如果摇臂轴的径向圆跳动量超过允许值(0.06mm)，可用木槌冷校直或更换。

(2)摇臂轴直径的测量

用千分尺测量摇臂轴的直径，如图 4-49 所示。如果摇臂轴磨损，与摇臂轴孔的配合间隙超过极限值，则应根据测量结果决定更换摇臂轴或摇臂或者同时更换。

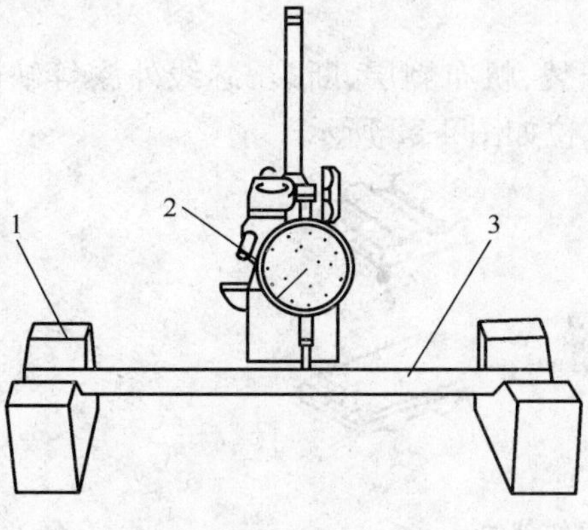

图 4-48　摇臂轴径向圆跳动量的测量

1. V 形架　2. 百分表　4. 摇臂轴

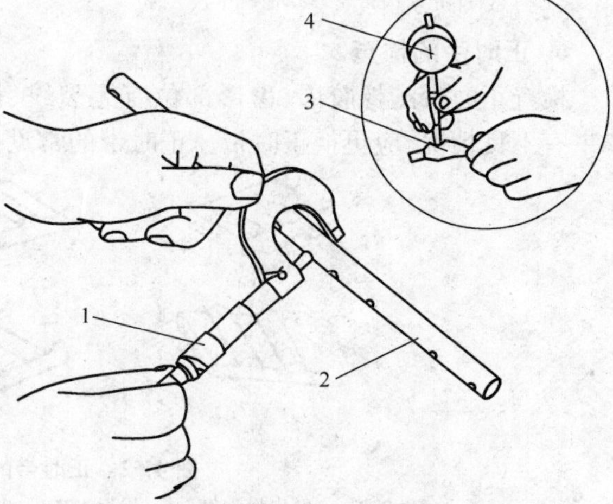

图 4-49　测量摇臂轴外径与摇臂孔内径

1. 千分尺　2. 摇臂轴　3. 摇臂　4. 千分表

3. 摇臂弹簧的检查

检查摇臂弹簧是否有损伤、裂纹或弹性变弱的现象。如果有不良情况，则应予以更换。

4. 曲轴正时齿带轮的检修

(1)曲轴正时齿带轮的外观检查

检查曲轴正时齿带轮的轮齿有无裂纹、剥落、机械损伤等缺陷。如果有不良情况，应更换曲轴正时齿带轮。

(2)曲轴正时齿带轮磨损的检查

用游标卡尺测量曲轴正时齿带轮的直径，如图 4-50 所示。其值应符合规定标准。如果超出使用极限值，则应更换曲轴正时齿带轮。

5. 凸轮轴正时齿带轮的检修

(1)凸轮轴正时齿带轮的外观检查

检查凸轮轴正时齿带轮的轮齿有无裂纹、剥落、掉块、严重磨损、表面机械损伤等缺陷。如果有不良情况,则应更换凸轮轴正时齿带轮。

(2)凸轮轴正时齿带轮磨损的检查

用游标卡尺测量凸轮轴正时齿带轮的直径,如图 4-51 所示。其值应符合规定标准。如果超出使用限值,应予以更换。

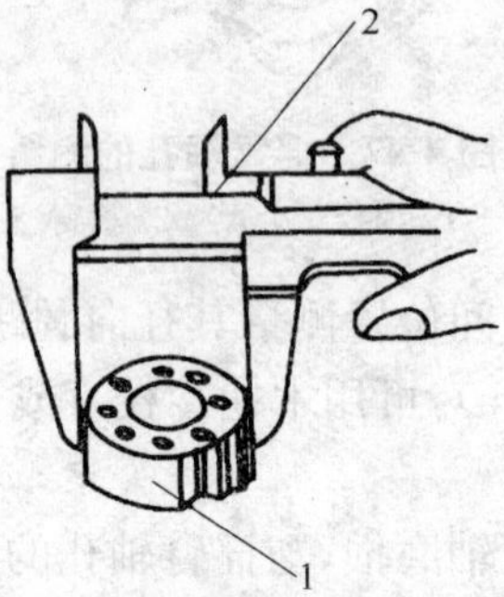

图 4-50 测量曲轴正时齿带轮的直径

1. 正时齿带轮 2. 游标卡尺

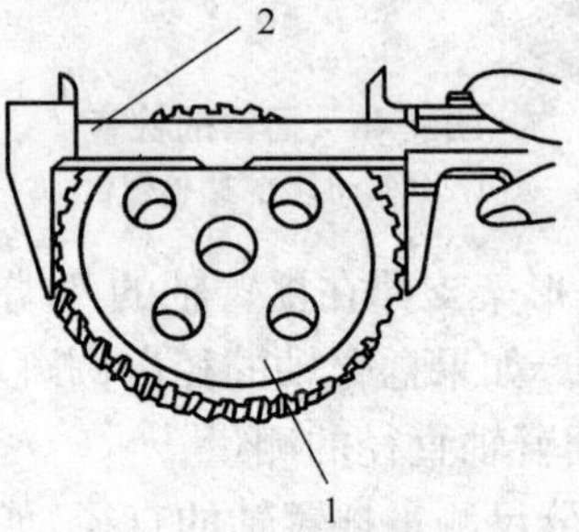

图 4-51 测量凸轮轴正时齿带轮的直径

1. 凸轮轴正时齿带轮 2. 游标卡尺

6. 正时带的检查

检查正时带的橡胶层、齿形部位有无裂纹、齿根开裂、帆布剥层、断裂、芯线外露等缺陷。如果有不良情况,应更换正时带。正时带的常见损伤部位如图 4-52 所示。

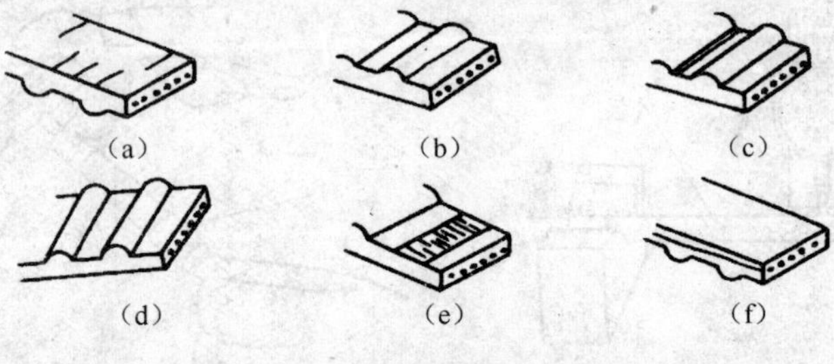

图 4-52 正时带的常见损伤部位

(a)破裂 (b)齿根裂纹 (c)齿根剥离 (d)胶质部分显露 (e)缺齿 (f)芯线显露

7. 凸轮轴的检修

(1)凸轮轴的外观检查

检查凸轮轴的外表面有无严重磨损、裂纹、机械损伤、表面腐蚀等缺陷。如果有不良情况,应更换凸轮轴。

(2)凸轮轴轴颈、凸轮高度的测量

用千分尺测量凸轮轴的轴颈、凸轮高度尺寸,如图 4-53 所示。轴颈、凸轮高度尺寸应符合规定标准。如果超过允许极限值,则应更换凸轮轴。

(3)凸轮轴的直线度检查

用两个 V 形架支撑于凸轮轴的两端,用百分表测量凸轮轴中间轴颈的径向圆跳动,如图 4-54 所示。其值应符合规定标准。如果超过允许极限值,可用木槌冷校正或予以更换。

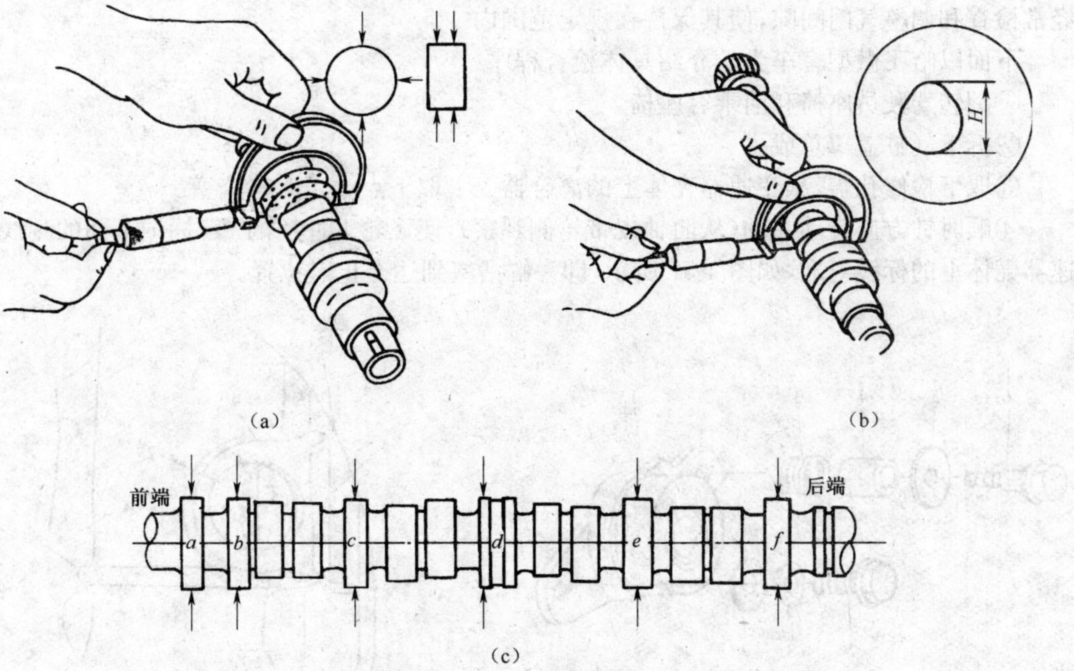

图 4-53　凸轮轴的测量

(a)轴颈的测量　(b)进、排气凸轮高度的测量　(c)凸轮轴轴颈测量部位

(4)凸轮轴轴向止推间隙的测量

将凸轮轴按装配要求安装到气缸盖上,用塞尺测量其轴向止推间隙,如图 4-55 所示。轴向止推间隙应符合规定要求。如果超过允许极限值,应更换止推板,必要时更换凸轮轴。

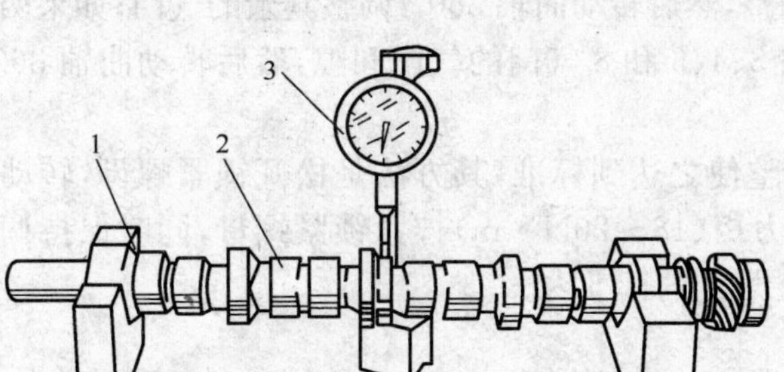

图 4-54　测量凸轮轴的径向圆跳动

1. V形架　2. 凸轮轴　3. 百分表

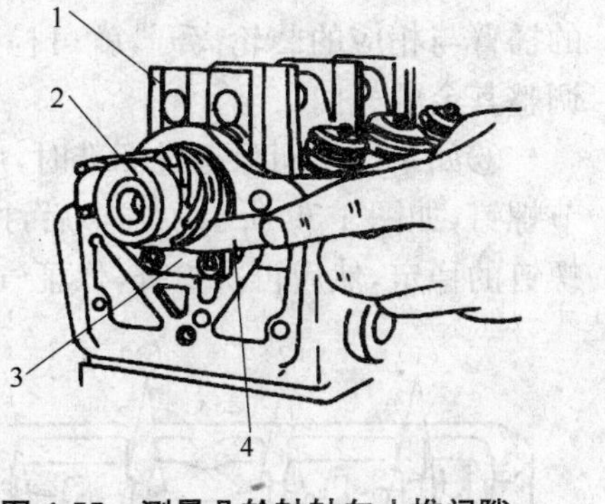

图 4-55　测量凸轮轴轴向止推间隙

1. 气缸盖　2. 凸轮轴　3. 止推板　4. 塞尺

8. 正时带张紧轮的检修

正时带张紧轮组件如图 4-56 所示。在检修发动机配气机构时,应检查张紧轮的滚轮转动是否灵活,有无异响、卡滞,扭簧的扭力是否变弱、失效或扭簧变形、裂纹,螺钉是否紧固。如果有不良情况,应予以排除或更换损伤部件。

(三)气门间隙的检查和调整

气门间隙对发动机进气和排气的效果影响很大,加之也会产生不正常的噪声,因此,需要经常检查和调整气门间隙，使其保持在规定范围内。

下面以哈飞微型客车为例介绍具体检查程序：

①翻转驾驶员座椅和前乘客座椅。

②拆下气缸盖罩总成。

③取下检修孔盖，从变速器壳体上的离合器壳上取下点火正时检查塞。

④顺时针方向转动曲轴（从曲轴皮带轮侧观察），使飞轮上冲压的“T”标记下面的刻线与变速器壳体上的标线对准，如图 4-57 所示，即一缸活塞到达上止点位置。

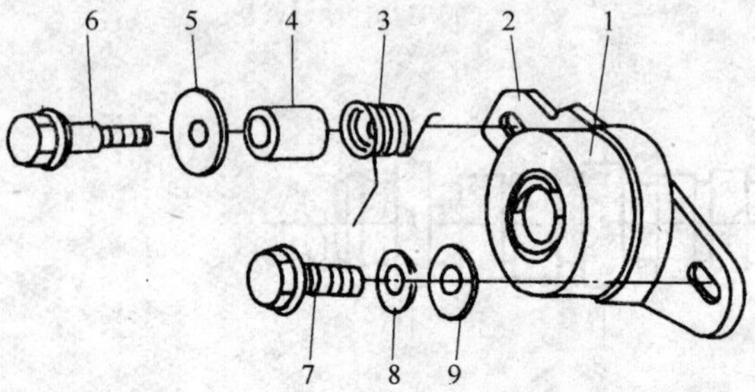

图 4-56　张紧轮组件

1. 滚轮　2. 支座　3. 扭簧　4. 扭簧衬套　5、9. 垫圈　6. 带肩螺钉　7. 带肩螺栓　8. 弹簧垫圈

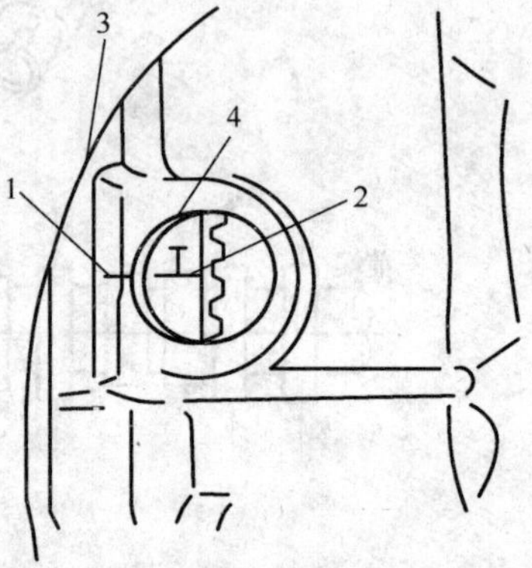

图 4-57　对正一缸活塞到达压缩上止点

1. 对准标记　2. T 标记　3. 地板　4. 点火正时检查孔

⑤检查一缸的摇臂，看摇臂是否离开凸轮轴相应的凸轮。如果是这样，就可对图 4-58 中的 1、2、5 和 7 气门共 8 个气门进行间隙检查调整，然后转动曲轴 360°，调整其余的气门；如果四缸的摇臂与相应的凸轮离开，就可检查和调整 3、4、6 和 8 气门的气门间隙，然后转动曲轴 360°，调整其余的气门。

⑥如果气门间隙超过标准时，应进行调整使之达到标准，其方法是松开锁紧螺母，转动调节螺钉，如图 4-59 所示。调整后，按规定的力矩（18～20N・m）拧紧锁紧螺母，同时保持调整螺钉的稳定，然后再次检查，保证气门间隙在规定的标准内。

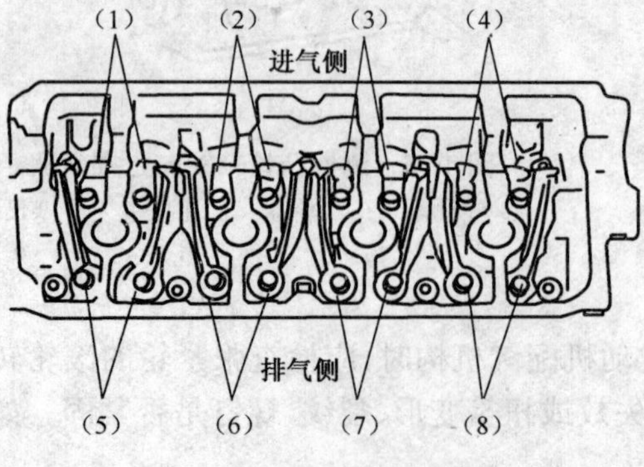

图 4-58　气门的顺序

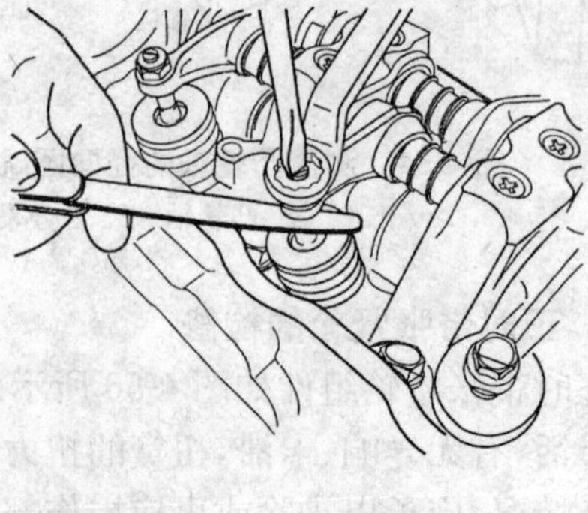

图 4-59　气门间隙的调整

维修提示：最后再转动曲轴，重新复查一次每个气门的间隙是否符合标准。

三、润滑系统

（一）机油集滤器及油底壳的检查

1. 油底壳放油螺塞的检查

检查放油螺塞处是否有漏油或渗油现象。如果有不良情况，可更换放油螺塞垫圈或放油螺塞，必要时修理油底壳螺母。

2. 机油集滤器的检查

检查机油集滤器的滤网是否堵塞、脱落、变形。如果有堵塞，应予以清洗；如果有脱落和变形，应予以更换。检查机油集滤器的密封圈是否密封可靠、老化变形、损坏等。如果有不良情况，应予以更换。

3. 油底壳的检查

检查油底壳与气缸体之间是否密封良好，油底壳是否变形、机械损伤、漏油等缺陷。如果密封不严，应更换密封垫，并按规定方法紧固；如果有缺陷，应予修复或更换油底壳。

（二）机油泵的检修

1. 内齿轮与月牙卡铁之间间隙的测量

用塞尺插入内齿轮与月牙卡铁之间的间隙处，测量其径向间隙，如图 4-60 所示。径向间隙标准值为 0.43～0.53mm。

2. 外齿圈与月牙卡铁之间的间隙检查

用塞尺插入外齿圈与月牙卡铁之间的间隙处，测量其径向间隙，如图 4-61 所示。径向间隙标准值为 0.19～0.30mm。

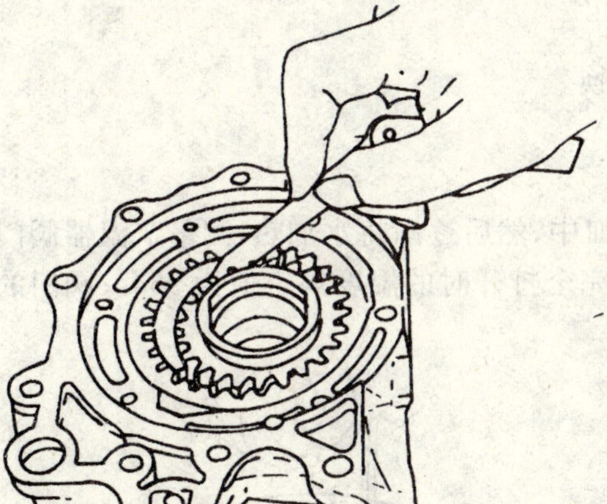

图 4-60　测量内齿轮与月牙卡铁的径向间隙

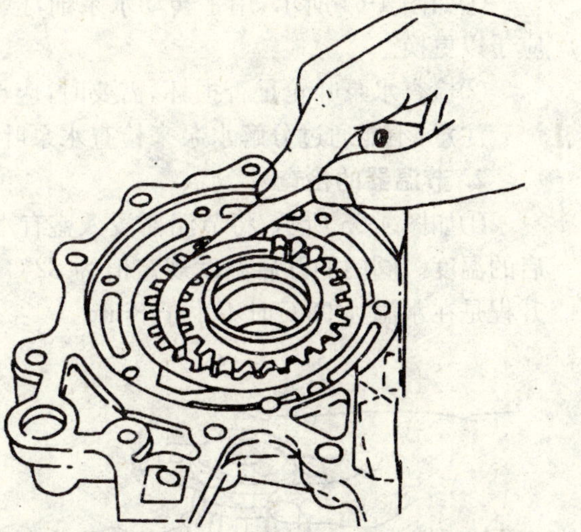

图 4-61　测量外齿圈与月牙卡铁的径向间隙

3. 外齿圈与泵体之间间隙的测量

用塞尺插入外齿圈与泵体之间的间隙处，测量其径向间隙，如图 4-62 所示。外齿圈与泵体之间的径向间隙标准值为 0.045～0.120mm，极限值为 0.17mm。

4. 内、外齿轮侧向间隙的测量

用刀口尺和塞尺测量内齿轮和外齿轮与泵体之间的侧向间隙，如图 4-63 所示。机油泵的侧向间隙标准值为 0.12～0.20mm，极限值为 0.3mm。

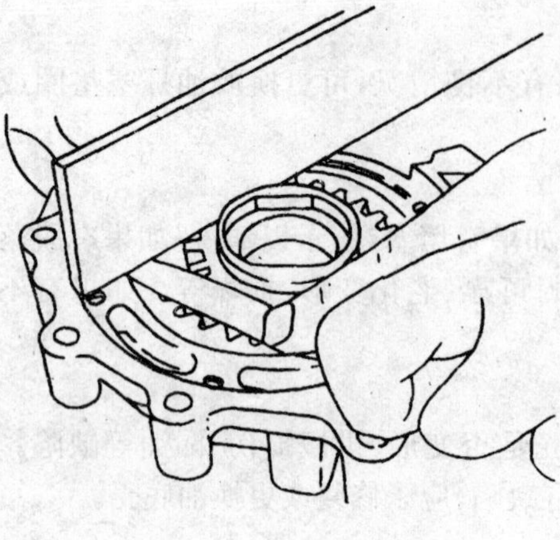

图 4-62　测量外齿圈与泵体的间隙

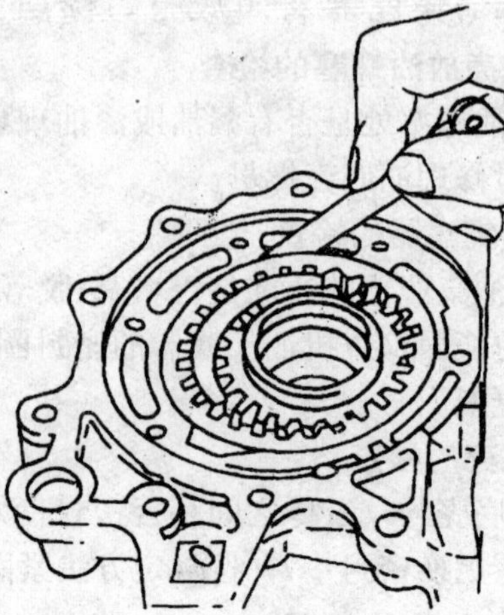

图 4-63　机油泵侧隙的测量

四、冷却系统

1. 水泵的检修

水泵是离心式水泵，装配在气缸体的前侧，主要由水泵 V 带轮座、水泵轴承、水泵密封组件、水泵转子和水泵盖等组成。

注意：不能分解水泵总成。如果水泵需要任何修理，应更换总成。

①如图 4-64 所示，用手转动水泵轴，检查是否操作灵活。如果水泵转动不灵活或有异响，应予以更换。

②检查水泵叶轮是否损坏，需要时，应予以更换。

注意：不能通过分解水泵来检查水泵叶轮。

2. 节温器的检查

①如图 4-65 所示，将节温器浸入盛有水的器皿中，然后逐渐将水加热，测量节温器阀门开启的温度。阀门的开启温度规定值为 82℃，阀门完全打开时的温度规定值为 95℃；阀门的总升程是在水温为 95℃时不小于 8mm。

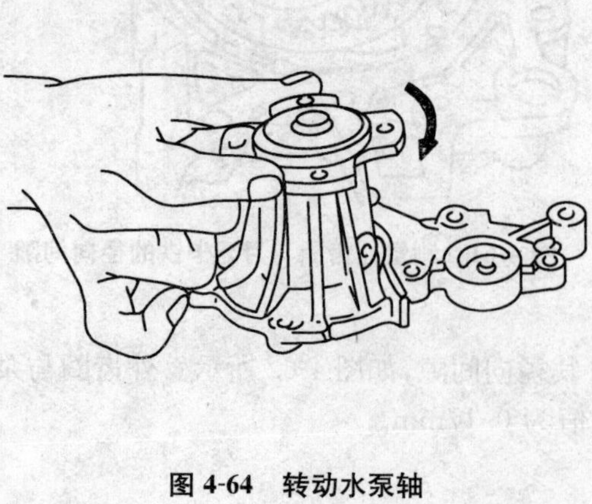

图 4-64　转动水泵轴

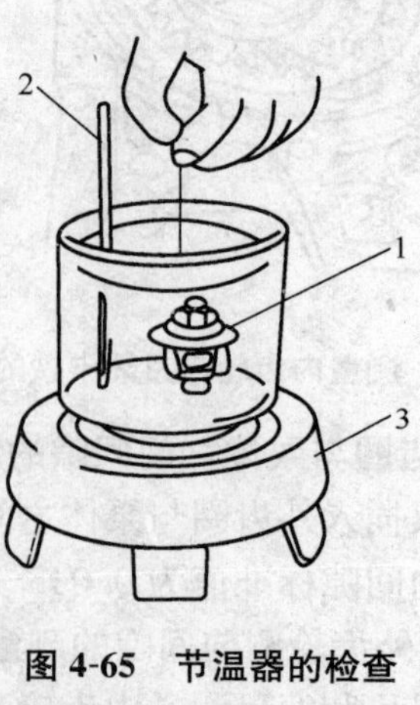

图 4-65　节温器的检查

1. 节温器　2. 温度计　3. 加热器

②如果在常温时，阀门保持开启状态或在关闭时不能紧密关闭，则应更换节温器；如果在加温检测时，检测数据不符合规定值，也应更换节温器。

第二节　发动机电控系统的检查技巧

下面以长安微型客车发动机电控系统的检查为例，介绍其检查方法与技巧。

一、发动机电控系统控制电路的检查技巧

1. 燃油泵电路的检查

燃油泵电路如图 4-66 所示。

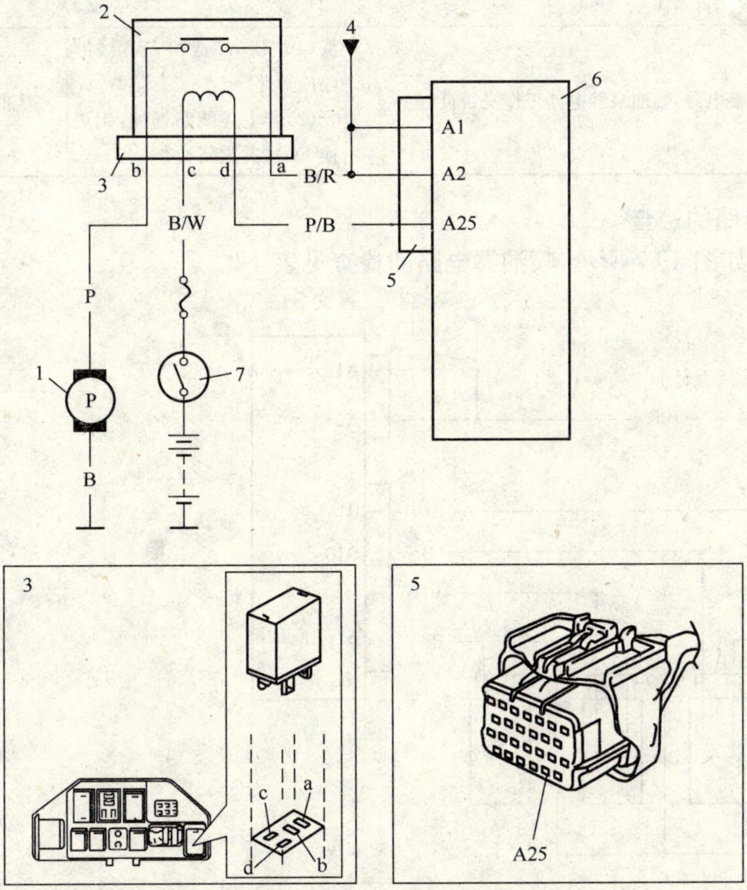

图 4-66　燃油泵电路图

1. 燃油泵　2. 燃油泵继电器　3. 燃油泵继电器插件　4. 主继电器提供的电源
5. ECM 插接件(A)　6. ECM　7. 点火开关

电路说明：在点火开关旋至 ON 位置 2s 后，当起动发动机信号输入时，以及当发动机工作时，燃油泵继电器处于接合状态。

燃油泵电路的检查见表 4-1。

表 4-1　燃油泵电路的检查

步骤	检查方法	是	否
1	(1)打开加油口盖,在燃油注油管处准备好听燃油泵工作情况 (2)接通点火开关,听燃油泵工作情况。燃油泵运行是否接近 2s	燃油泵电路状态良好	进入第 2 步
2	(1)关闭点火开关,拆下燃油泵继电器 (2)用跨接线将燃油泵继电器插接件端子"a"与"b"连接起来 (3)接通点火开关但发动机不运转。听燃油泵工作情况,判断燃油泵是否工作	进入第 3 步	(1)"B/R"、"P"或"B"线断路或短路 (2)燃油泵有故障
3	检查燃油泵继电器,燃油泵继电器工作是否良好	(1)"B/W"或"P/W"线断路或短路 (2)若上述线路畅通,则更换 ECM 并重新检查	燃油泵继电器有故障

2. 喷油器电路的检查

喷油器电路如图 4-67 所示,喷油器电路的检查见表 4-2。

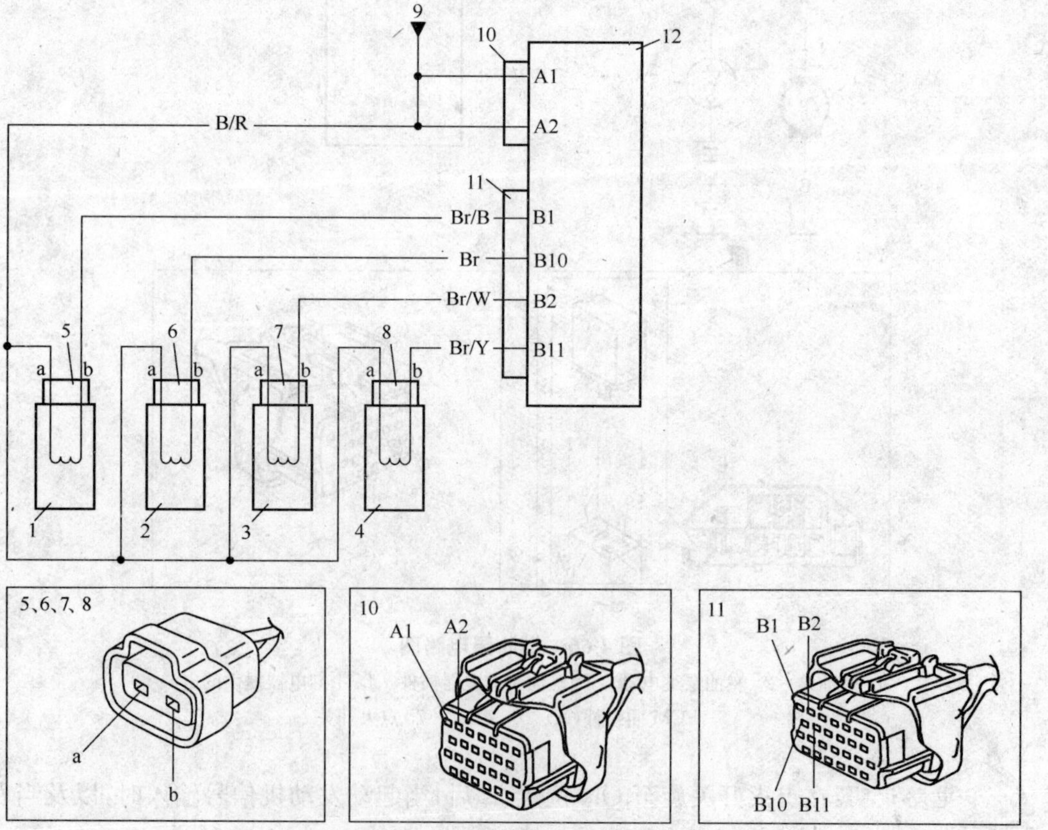

图 4-67　喷油器电路图

1. 喷油器 1　2. 喷油器 2　3. 喷油器 3　4. 喷油器 4　5. 喷油器插接件 1　6. 喷油器插接件 2　7. 喷油器插接件 3　8. 喷油器插接件 4　9. 主继电器供应的电源　10. ECM 插接件(A)　11. ECM 插接件(B)　12. ECM

表 4-2　喷油器电路的检查

步骤	检查方法	是	否
1	打开点火开关，但不起动发动机，听 4 个喷油器是否有喷油声音	进入第 2 步	进入第 3 步
2	关闭点火开关，断开 ECM 插接件 测量 A1 和 B1、A1 和 B10、A1 和 B2 及 A1 和 B11 端子之间的电阻值是否在 10～15Ω 范围内	喷油器电路状态良好	“Br/B”、“Br”、“Br/W”、“Br/Y”线路有故障
3	在进行第 2 步的检查中，4 个喷油器中是否有喷油的声音	进入第 4 步	线束有故障。 喷油器有故障。 插接件接触不良。 如果接触良好，则更换 ECM，并重新检查
4	关闭点火开关，断开 ECM 插接件 检查“B/R”、“Br/B”、“Br”“Br/W”、“Br/Y”线路断路或短路情况。控制线路是否正常	(1)插接件接触不良 (2)若接触良好，则更换 ECM，并重新检查	线束有故障

3. 怠速空气控制(IAC)系统电路的检查

怠速空气控制系统电路如图 4-68 所示，怠速空气控制系统故障的排除见表 4-3。

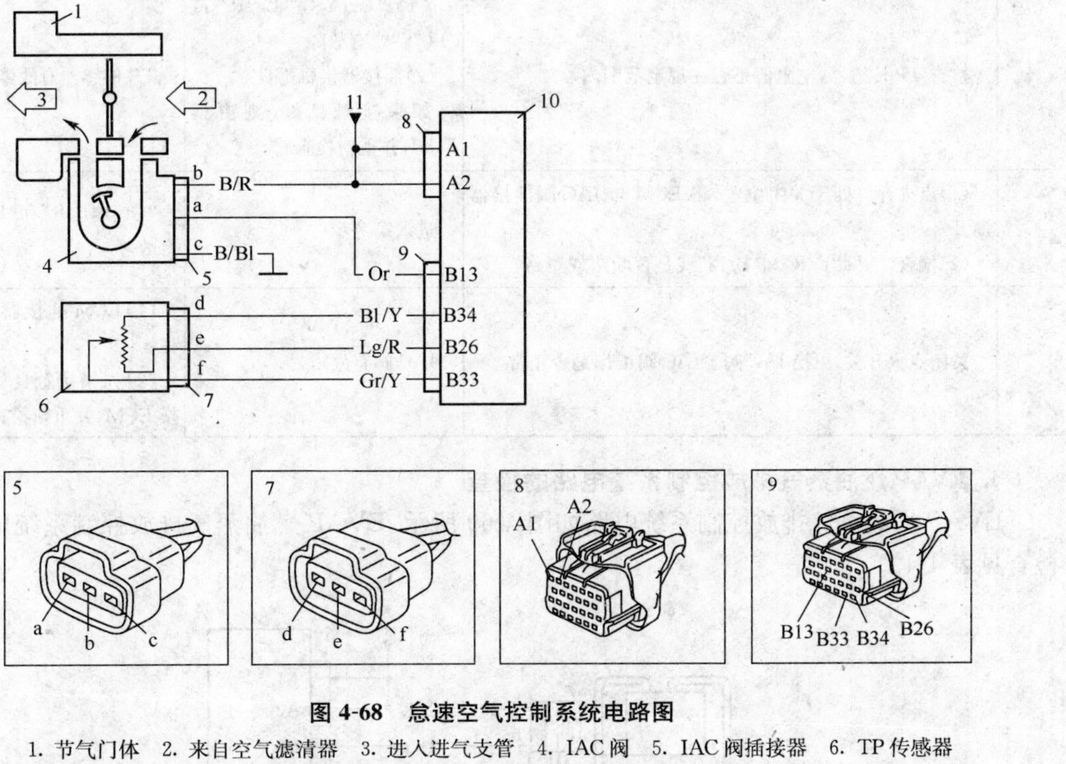

图 4-68　怠速空气控制系统电路图

1. 节气门体　2. 来自空气滤清器　3. 进入进气支管　4. IAC 阀　5. IAC 阀插接器　6. TP 传感器　7. TP 传感器插接器(A)　8. ECM 插接器(A)　9. ECM 插接器(B)　10. ECM　11. 来自主继电器的电源

表 4-3　怠速空气控制系统电路的故障排除

步骤	检查方法	是	否
1	检查发动机怠速和 IAC 负荷。怠速及 IAC 负荷是否在规定范围内	系统状态良好	进入第 2 步

续表 4-3

步骤	检查方法	是	否
2	检查 IAC 阀,IAC 阀状态是否良好	进入第 4 步	进入第 6 步
3	(1)关闭点火开关,安装故障诊断仪 (2)接通点火开关,发动机不运转 (3)在故障诊断仪上监视节气门关闭位置("CLOSE THROT POS")特性参数 (4)节气门全关闭时,诊断仪上显示"ON",然后节气门打开时,诊断仪上是否显示"OFF"	(1)活性炭罐排气阀有故障 (2)PCV 阀有故障 (3)EGR 系统有故障 (4)A/C 信号有故障 (5)发动机附件有故障	进入第 4 步
4	(1)关闭点火开关,使蓄电池负极断开 30s 再接上 (2)使点火开关处于关闭位置,安装故障诊断仪 (3)接通点火开关,发动机不运转 在故障诊断仪上监视节气门关闭位置("CLOSE THROT POS")参数 (4)节气门全关闭时,诊断仪上显示"ON",然后节气门打开时,诊断仪上是否显示"OFF"	重新检查发动机怠速	进入第 5 步
5	检查 TP 传感器,电阻值是否在规定范围内	(1)"Gr/Y","Lg/R"或"Bl/Y"线有故障 (2)插接器接触不良 如果接触良好,则更换 ECM,并重新检查	TP 传感器有故障
6	(1)点火开关处于关闭位置,将 ECM 与 IAC 阀插接器断开 (2)检查"Or"、"B/R"和"B/Bl"线是否断路或短路	进入第 7 步	"Or"、"B/R"和"B/Bl"线有故障
7	关闭点火开关,更换 IAC 阀。IAC 阀工作是否正常	IAC 阀有故障	(1)ECM 插接器接触不良 (2)如果接触良好,则更换 ECM,并重新检查

4. EVAP 燃油蒸气排放控制系统电路的检查

EVAP 燃油蒸气排放控制系统电路如图 4-69 所示,EVAP 燃油蒸气排放控制系统电路的检查见表 4-4。

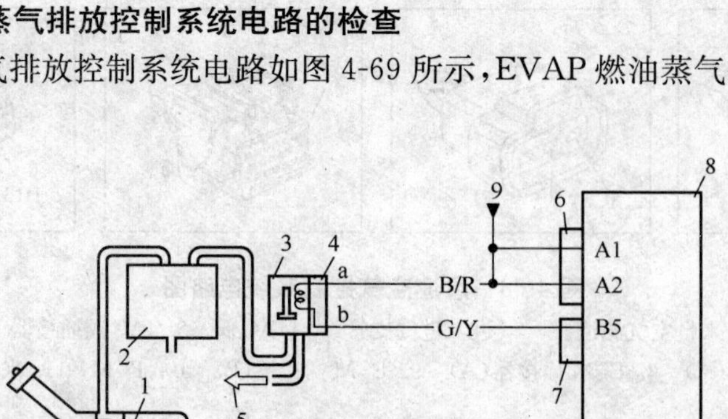

图 4-69 EVAP 燃油蒸气排放控制系统电路图

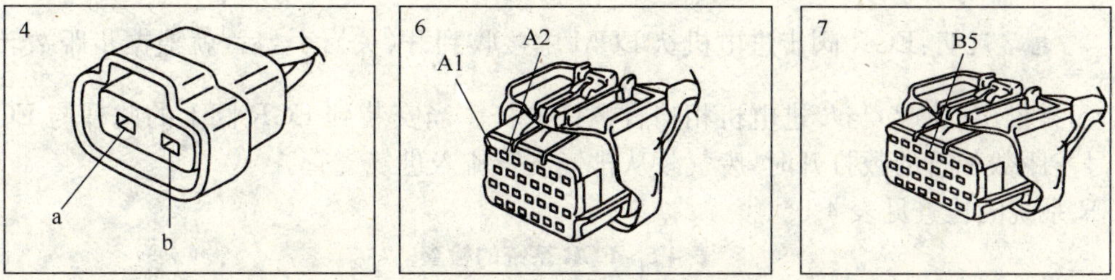

图 4-69　EVAP 燃油蒸气排放控制系统电路图(续)

1. 燃油箱　2. 活性炭罐　3. 活性炭罐排气阀　4. 活性炭罐排气阀插接器　5. 进入进气支管　6. ECM 插接器　7. ECM 插接器　8. ECM　9. 来自主继电器的电源

表 4-4　EVAP 燃油蒸气排放控制系统电路的检查

步骤	检 查 方 法	是	否
1	检查 EVAP 系统软管和管道、活性炭罐排气阀和活性炭罐工作是否正常	进入第 2 步	修理或更换
2	(1)断开 EVAP 软管,起动发动机并使其怠速运转 (2)将大拇指放在软管末端上,检查真空度	"G/Y"线有故障 如果线路正常,则更换 ECM,并重新检查	进入第 3 步
3	(1)关闭点火开关,断开 ECM 插接器 (2)在每个端子处检查配合是否合适 (3)如果良好,则测量 ECM 插接器"A1"端子与"B5"之间的电阻。电阻是否在 30～34Ω 之间	燃油蒸气控制系统零部件除 ECM 之外状态良好	(1)"B/R"、"G/Y"线有故障 (2)炭罐排气阀插接件接触不良

5. 废气再循环(EGR)系统电路的检查

EGR 系统电路如图 4-70 所示。

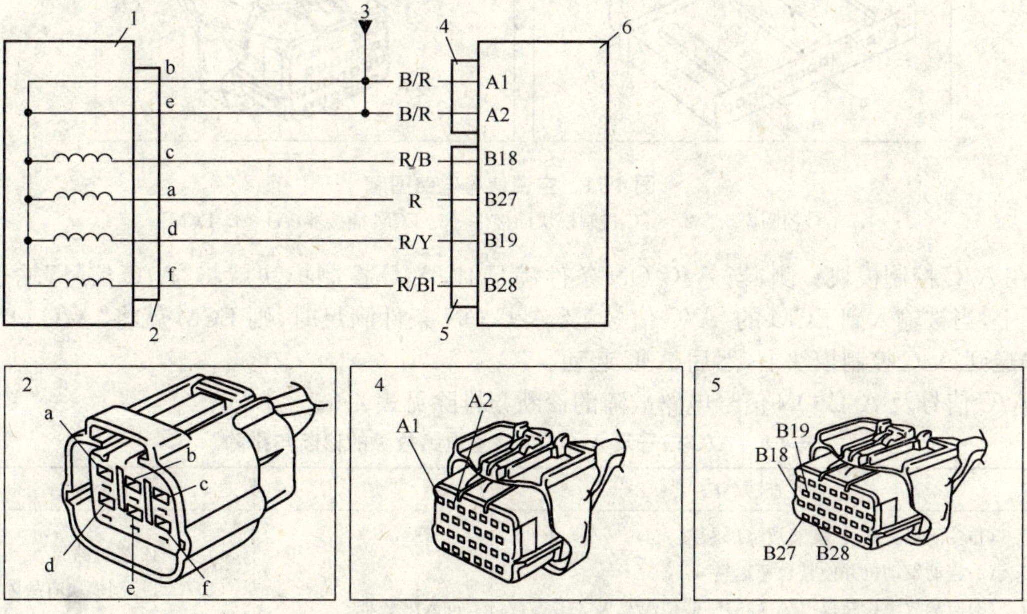

图 4-70　EGR 系统电路图

1. EGR 阀　2. EGR 阀插接件　3. 来自主继电器的电源　4. ECM 插接器(A)　5. ECM 插接器(B)　6. ECM

电路说明：EGR阀步进电机从ECM中接收到开(关)信号后，就根据步距数转到开(关)位置，并推出(拉起)与步进电机相啮合螺杆的杆。当安装到EGR阀上的此杆与ECM发出的信号步距数相符的数打开时，废气就从排气支管流入进气支管。

EGR系统的检查见表4-5。

表4-5　EGR系统的检查

步骤	检查方法	是	否
1	检查EGR系统是否正常	EGR系统状态良好	进入第2步
2	检查EGR阀是否良好	进入第3步	EGR阀有故障
3	(1)安装EGR阀并连接上EGR阀插接件 (2)关闭点火开关，断开EGR插接件 测量ECM插接件“A1”到“B18”、“B19”、“B27”及“B28”的电阻。每个电阻值是否在20～24Ω范围内	(1)EGR通道受阻 (2)ECM插接件接触不良 (3)如果状态良好，则更换ECM，并重新检查	(1)“B/R”、“R/B”、“R/Y”、“R”、“R/Bl”线有故障 (2)EGR阀插接件接触不良

6. 空调(A/C)信号器及空调(A/C)ON信号器电路的检查

空调信号电路如图4-71所示。

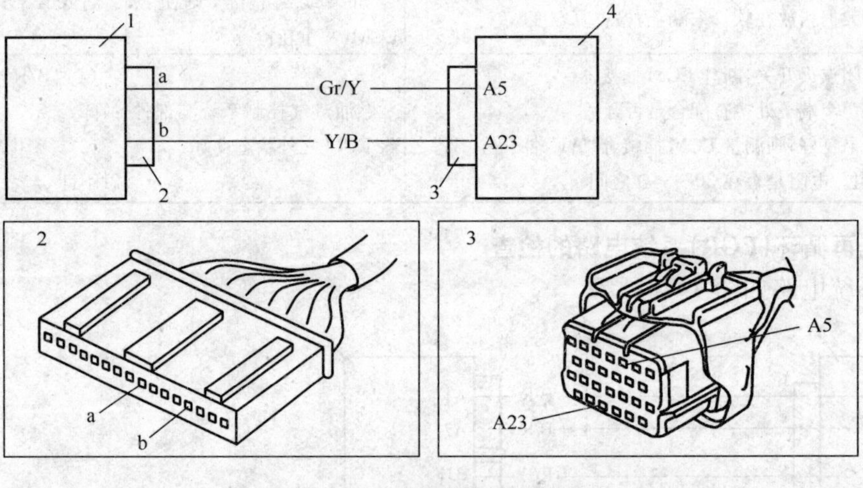

图4-71　空调信号电路图

1. A/C控制模块　2. A/C控制模块插接件　3. ECM插接器(A)　4. ECM

在A/C控制模块一侧，当A/C ON条件满足时，A/C控制模块就将“A/C信号”输送到ECM上，当被输入到ECM的“A/C信号”及A/C ON条件满足时，则ECM就将“A/C ON信号”输送到A/C控制模块上，然后A/C起动。

A/C信号及A/C ON信号电路故障的诊断与排除见表4-6。

表4-6　A/C信号及A/C ON信号电路故障的诊断与排除

步骤	检查方法	是	否
1	(1)关闭点火开关，安装故障诊断仪 (2)起动发动机并使其怠速运转 (3)监测故障诊断仪上A/C信号器(“A/C开关”)参数 (4)将A/C开关旋至OFF(关)位置，诊断仪是否显示OFF(关)	进入第2步	(1)“Y/B”线短路 (2)A/C控制模块有故障 (3)如果无故障，则更换ECM，并重新检查

续表 4-6

步骤	检查方法	是	否
2	(1)使发动机怠速运转,监测故障诊断仪上的 A/C 信号器(“A/C 开关”)参数 (2)将 A/C 开关旋至 ON(开)位置,并将鼓风机速度选择器开关放在除 OFF(关)以外的任意位置。诊断仪是否显示 ON(开)	进入第 3 步	(1)“Y/B”线断路 (2)连接线路接触不良 (3)A/C 控制模块有故障 (4)如果无故障,则更换 ECM,并重新检查
3	(1)使发动机怠速运转,监测故障诊断仪上的 A/C ON 信号器(“A/C 磁性爪”)参数 (2)将 A/C 开关旋至 OFF(关)位置。检测仪是否显示 OFF(关)	进入第 4 步	更换 ECM 并重检
4	(1)使发动机怠速运转,监测故障诊断仪上的 A/C ON 信号器(A/C 磁性爪)参数 (2)将 A/C 开关旋至 ON(开)位置,并将鼓风机速度选择器开关旋至除 OFF(关)位置之外的任意位置。A/C 工作时检测仪上是否显示 ON(开)	A/C 信号电路及 A/C ON 信号电路发挥正常作用	(1)“Gr/Y”线断路或短路 (2)线路接触不良 (3)A/C 控制模块有故障 (4)如果无上述故障,则更换 ECM,并重新检查

7. 散热器风扇控制系统电路的检查

散热器风扇控制系统电路如图 4-72 所示,散热器风扇控制系统电路故障的诊断与排除见表 4-7。

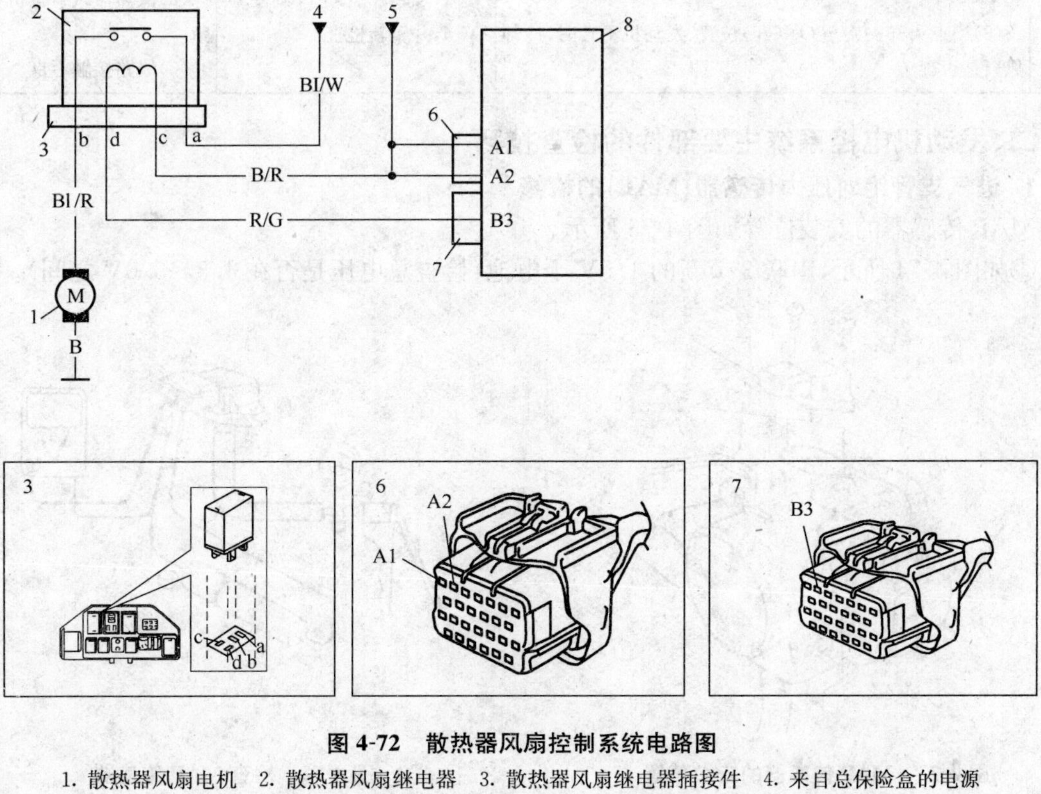

图 4-72　散热器风扇控制系统电路图

1. 散热器风扇电机　2. 散热器风扇继电器　3. 散热器风扇继电器插接件　4. 来自总保险盒的电源
5. 主继电器提供的电源　6. ECM 插接器(A)　7. ECM 插接器(B)　8. ECM

表 4-7　散热器风扇控制系统电路故障的诊断与排除

步骤	检查方法	是	否
1	(1)将点火开关旋至 OFF(关)位置,装上故障诊断仪 (2)起动发动机并使之急速运转 (3)在检测仪上观察发动机冷却液温度。当发动机冷却液温度达到 90℃以上时,观察冷却液风扇是否转动	进入第 2 步	进入第 3 步
2	当发动机冷却液温度降至 85℃以下时,冷却液风扇是否停止转动	散热器风扇控制系统正常工作	进入第 3 步
3	(1)使发动机停止运转 (2)将点火开关旋至 OFF(关)位置,断开散热器风扇继电器 (3)检查散热器风扇继电器工作是否正常	进入第 4 步	散热器风扇继电器有故障
4	(1)将点火开关旋至 ON 位置,发动机不转 (2)测量散热器风扇继电器插接件端子"a"与搭铁之间的电压、端子"c"与搭铁之间的电压。每个电压值是否都在 10～14V 范围内	进入第 5 步	"Bl/W"、"B/R"线有故障
5	(1)将点火开关旋至 OFF(关)位置 (2)用跨接线将散热器风扇继电器插接件"a"与"b"连接起来 (3)当点火开关旋至 ON(开)位置、发动机不转时,冷却风扇是否旋转	(1)"R/G"线有故障 (2)如果无故障,则更换 ECM,并重新检查	(1)"Bl/R"、"B"线有故障 (2)散热器风扇电机有故障 (3)线路接触不良

二、发动机电控系统主要部件的检查技巧

1. 进气支管绝对压力传感器(MAP)的检修

MAP 传感器的安装位置如图 4-73 所示。

①如图 4-74 所示,串联 3 节新的 1.5V 干电池(检查总电压是否在 4.5～5.0V 之间)。

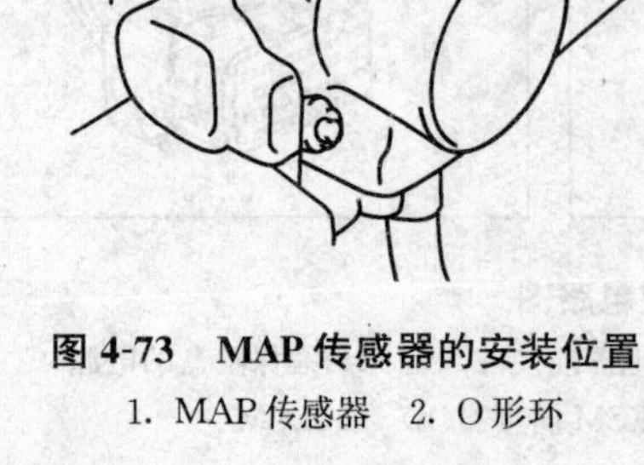

图 4-73　MAP 传感器的安装位置

1. MAP 传感器　2. O形环

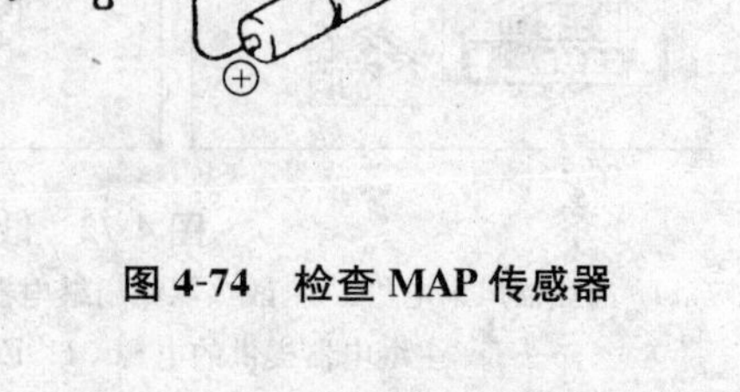

图 4-74　检查 MAP 传感器

②将干电池的正极与 MAP 传感器"Vin"端子相连，干电池负极与 MAP 传感器"搭铁"相连，然后检查 MAP 传感器"Vout"端子与"搭铁"之间的电压。

③当用真空泵将真空压力加到 53kPa 时，检查电压是否降低。MAP 传感器输出电压值见表 4-8。

表 4-8　MAP 传感器输出电压

真空压力(kPa)	输出电压(V)	真空压力(kPa)	输出电压(V)
100	3.5～3.7	75	2.7～3.0
93	3.2～3.5	69	2.6～2.8
83	3.0～3.2		

2. 曲轴位置传感器(CKP)的检查

(1)CKP 传感器的就车检查

①断开蓄电池上的负极线。

②从 CKP 传感器上断开插接件。

③如图 4-75 所示，测量 CKP 传感器每个端子间的电阻。电阻值应为 360～460Ω。

④测量每个端子与搭铁间的电阻。电阻应为 1MΩ 或更大。

⑤若电阻不在规定值内，则应更换 CKP 传感器。

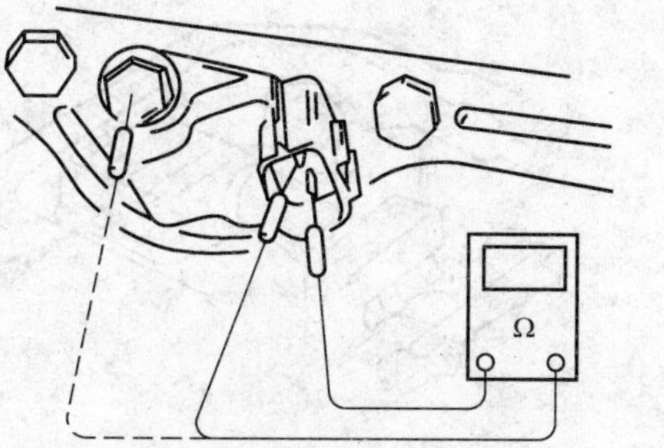

图 4-75　就车检查 CKP 传感器端子的电阻

(2)CKP 传感器信号转子的检查

①拆下正时皮带罩。

②如图 4-76 所示，检查 CKP 传感器信号转子是否损坏。

③如果发现有故障，则更换所有出故障的零件。

3. 节气门位置(TP)传感器的检修

TP 传感器安装在节气门体上，如图 4-77 所示。

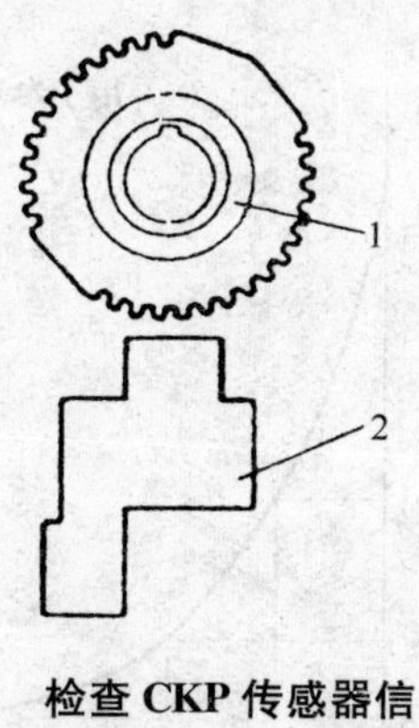

图 4-76　检查 CKP 传感器信号转子

1. CKP 传感器转子　2. CKP 传感器

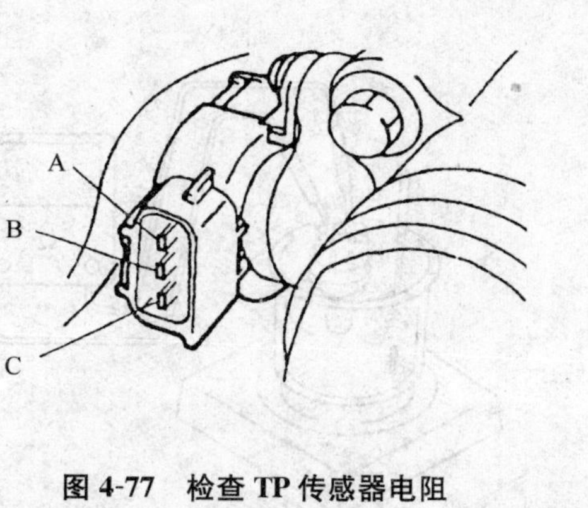

图 4-77　检查 TP 传感器电阻

A～C. 端子

①使用欧姆表检查表 4-9 所列条件下的电阻。

表 4-9　TP 传感器电阻值

端子	电阻/kΩ	
端子“A”与“B”之间	2.5～2.6	
端子“A”与“C”之间	节气门在怠速位置	0.17～11.4
	节气门全开状态	1.72～15.50

注意：节气门在怠速位置与全开时的电阻应相差 1.5kΩ。

②如果检查结果不符合要求，则应更换 TP 传感器。

4. 空气进气温度(IAT)传感器和发动机冷却液温度(ECT)传感器的检修

IAT 传感器安装在空气滤清器外壳上，位置如图 4-78 所示；ECT 传感器安装在进气支管上，位置如图 4-79 所示。

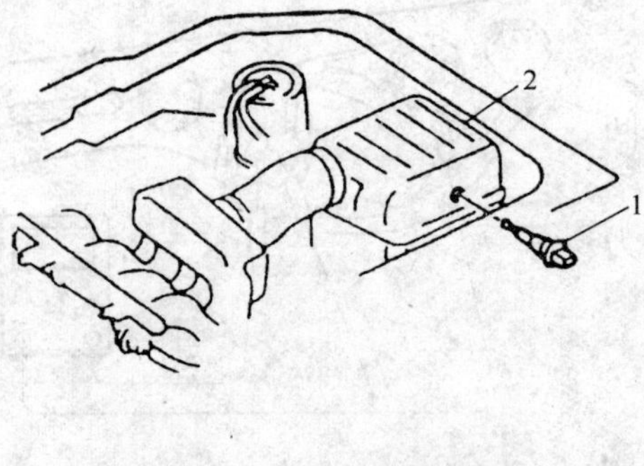

图 4-78　IAT 传感器的位置

1. IAT 传感器　2. 空气滤清器壳

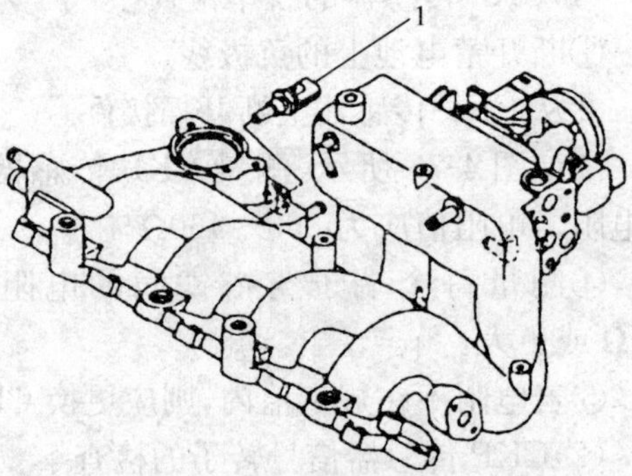

图 4-79　ECT 传感器的位置

1. ECT 传感器

①如图 4-80 所示，将 IAT 传感器或 ECT 传感器的温度传感零件浸入水中，当水温逐渐升高时，测量传感器端子之间的电阻值。

②如果测得的电阻值不符合图 4-81 中所示的特性，则应更换 IAT 传感器或 ECT 传感器。

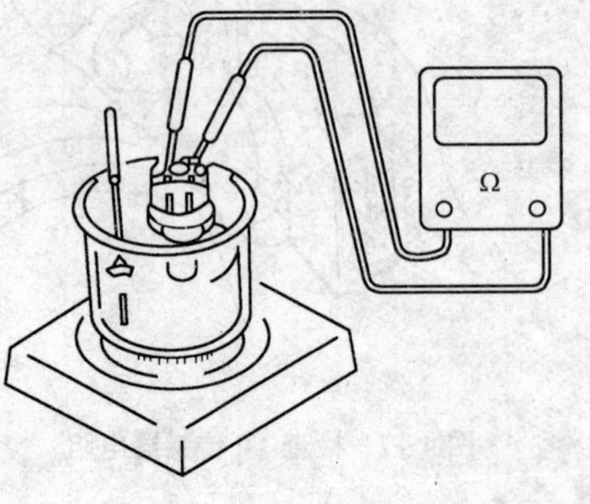

图 4-80　将 IAT 传感器和 ECT 传感器加热

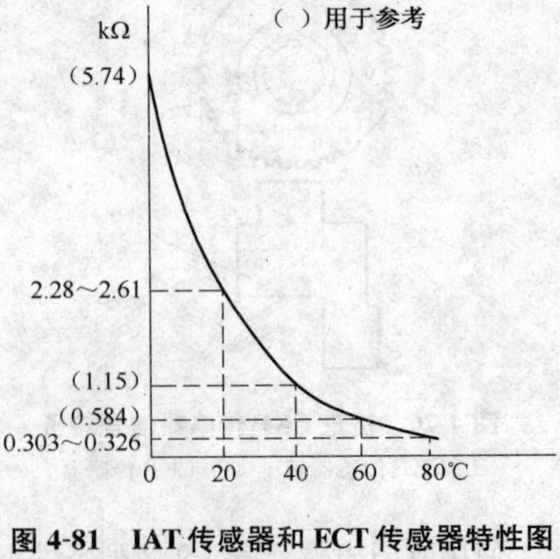

图 4-81　IAT 传感器和 ECT 传感器特性图

5. 怠速空气控制阀(IAC 阀)的检修

IAC 阀安装在节气门体上,位置如图 4-82 所示。

①将插接件牢固连接到 IAC 阀、MAP 传感器及 TP 传感器上。

②检查 IAC 阀转动阀在点火开关打开时,是否在约 60ms 内打开关闭一次,然后停止转动。

注意:阀体转动是瞬间完成的,可能看不到。因此,按这个检查方法应连续检查 3 次或更多次。

③如果 IAC 阀的转动阀(图 4-83)确实没有动作,应检查线束是否断路或短路。如果线束状态良好,则应更换 IAC 阀并重新检查。

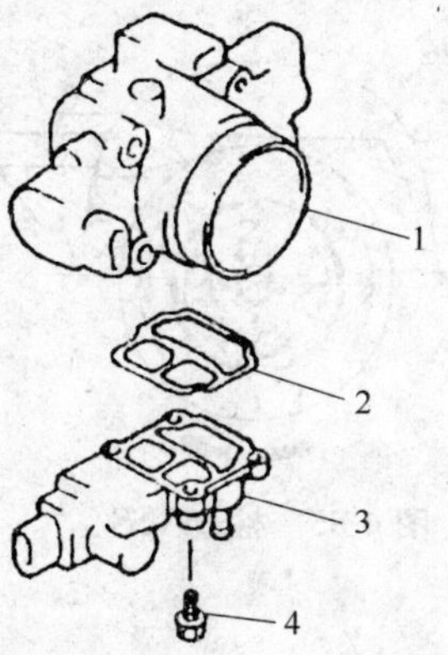

图 4-82　IAC 阀所在位置

1. 节气门体　2. O 形环　3. IAC 阀　4. IAC 阀螺栓

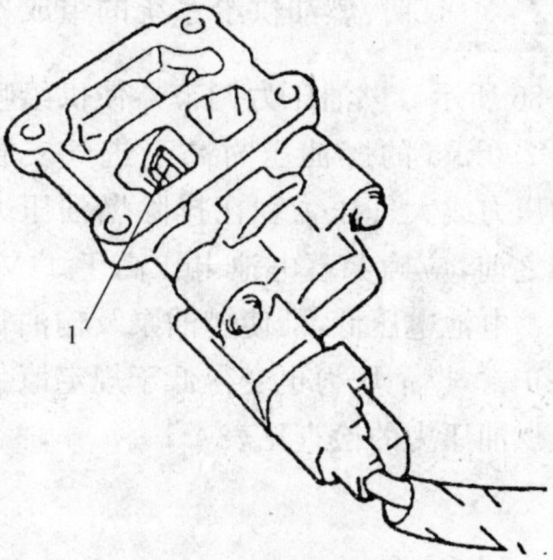

图 4-83　IAC 阀的转动阀

1. 转动阀

6. 氧传感器(HO2S)(带预热)的检修

(1)HO2S 的就车检查

按故障码 14/P1935 的检查方法检查氧传感器及其电路。如果发现有故障,则应更换氧传感器。

(2)氧传感器加热器的检查

①断开氧传感器插接件。

②如图 4-84 所示,用欧姆表测量传感器端子"a"与"b"之间的电阻,应在 11～15Ω 之间。如果有故障,则应更换氧传感器。

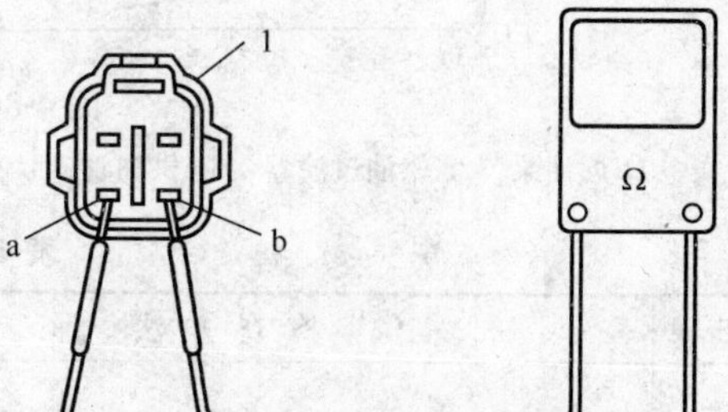

图 4-84　测量氧传感器加热器的电阻

1. 氧传感器插接器(从终端侧看)

7. 车速传感器(VSS)的检查

①升起汽车。

②松开驻车制动杆,使变速器处于空档状态。

③拆下组合仪表,并断开组合仪表插接件。

④如图 4-85 所示,用电压表将组合仪表插接件插孔"a"与车身搭铁连接起来。

⑤将点火开关旋至 ON(开)位置,并使右后轮慢慢转动,左后轮锁死。

⑥当轮胎转动时，电压表指针应在0～1V和4～14V之间摆动。

⑦如果检查结果不正常，请参阅故障码16/P0500-VSS电路故障的排除方法予以排除。

三、发动机电控系统其他方面的检查技巧

1. 燃油压力检查

说明：燃油供给系统的组成如图4-86所示。燃油压力调节器使供给喷油器290kPa的燃油压力高于进气支管处的压力或大气压力。在排除燃油压力故障之前，应确保蓄电池电压高于11V。如果蓄电池电压低，即使燃油泵及输油管状态正常，燃油压力也变得低于规定值。

燃油压力的检查见表4-10。

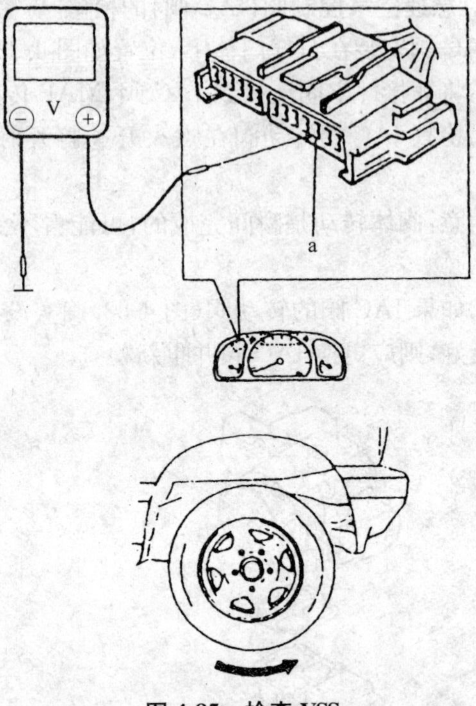

图4-85　检查VSS

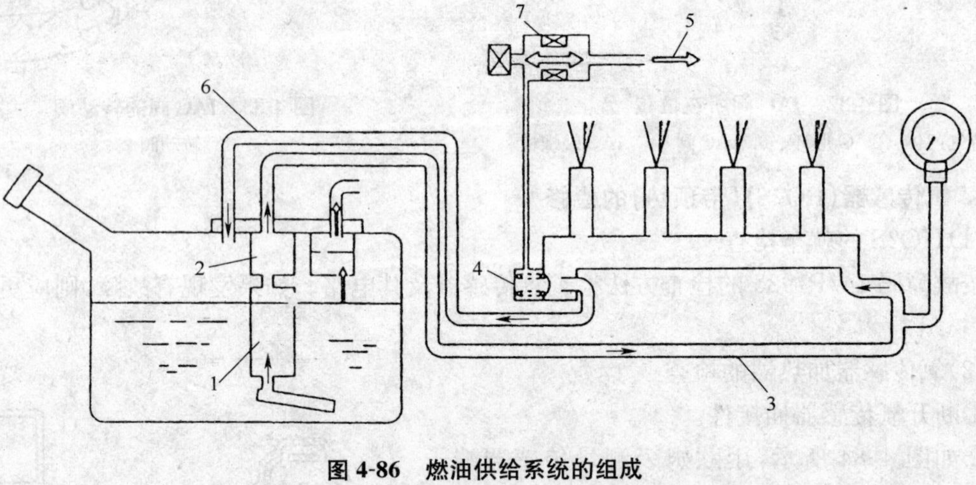

图4-86　燃油供给系统的组成

1. 燃油泵　2. 燃油过滤器　3. 供油管　4. 燃油压力调节器　5. 进入进气支管　6. 回油管　7. 真空开关阀

表4-10　燃油压力的检查

步骤	检查方法	是	否
1	(1)降低燃油进油管中的燃油压力，断开燃油进油软管 (2)如图4-87所示，将燃油压力表接到燃油进油管上 (3)接通点火开关，发动机不转，3s之后关闭点火开关，重复3或4次并观察燃油泵工作时的油压，所显示的油压是否在270～310kPa范围内(蓄电池电压应在11V以上)	进入第2步	进入第5步

续表 4-10

步骤	检查方法	是	否
2	(1)关闭点火开关 (2)在燃油泵停止工作之后，观察燃油压力表 1min，燃油压力是否保持在 200kPa 或 200kPa 以上	进入第 3 步	喷油器、燃油压力调节器或燃油泵中的燃油泄漏
3	(1)起动发动机到正常工作温度 (2)使发动机怠速运转，观察燃油压力表所显示的燃油压力是否在 210～260kPa 范围内	进入第 4 步	从进气支管到燃油压力调节器的真空段有故障，真空开关阀有故障或燃油压力调节器有故障
4	使燃油泵工作，当夹住燃油回油软管时，检查燃油压力。所显示的油压是否在 441～637kPa 范围内	油压正常	燃油泵有故障
5	油压是否在第 1 步中规定的值内	进入第 6 步	进入第 7 步
6	(1)将燃油回油软管从燃油压力调节器上断开，将新的燃油软管连接到燃油压力调节器上 (2)接通点火开关，发动机不运转 观察燃油压力表所显示的燃油压力是否在 271～310kPa 范围内	燃油回油软管或管道受阻	油压调节器有故障
7	(1)接通点火开关，保持发动机不运转 (2)夹住燃油回油软管时，检查是否有油压	油压调节器有故障	(1)燃油过滤器阻塞 (2)缺油 (3)燃油进油软管或管道受阻 (4)燃油泵有故障 (5)油箱上软管连接处漏油 (6)燃油泵电路有故障

说明：

(1)检查完燃油压力之后，拆下燃油压力表。当燃油进油管还处于高压状态下时，先将燃油容器置于三通接头处，再用布裹住三通接头并慢慢松开连接螺母，以逐渐释放燃油压力。

(2)安装燃油进油软管并把它夹紧。

(3)接通点火开关，使燃油泵运行 3s 后停止工作，重复 3 或 4 次，然后检查燃油是否泄漏。

2. 燃油泵的就车检查

①打开燃油注油口盖，接通点火开关(发动机不运转)，在注油口处是否能听到燃油泵工作的声音。

维修提示：检查完毕之后，应重新关好燃油注油口盖。

(2)关闭然后再打开点火开关(发动机不运转)，点火开关接通 2s 后，用手在燃油回油软管处感觉应有燃油压力，如图 4-88 所示。

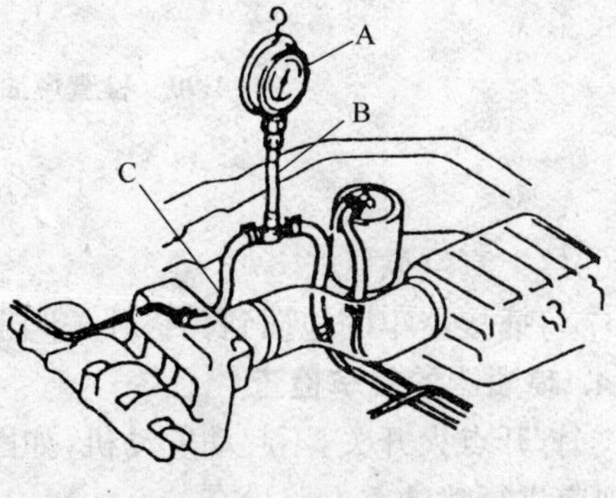

图 4-87　连接燃油压力表

A. 燃油压力表　B. 压力软管　C. 三通接头及软管

维修提示：如果未感觉到有燃油压力，则应进行燃油压力检查；如果听不到工作声音，则应进行燃油泵电路检查。

3. 燃油压力调节器真空开关阀的检查

①点火开关处于关闭位置，从真空开关阀上断开插接件。

②如图 4-89 所示，检查真空开关阀两插孔间的电阻。真空开关阀电阻应在 37～44Ω。如果电阻达到规定值，则应进行下面步骤的检查；否则，应更换真空开关阀。

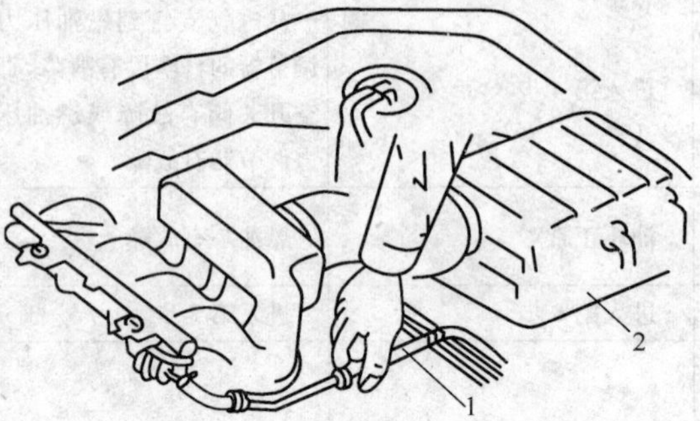

图 4-88　手触测试燃油回油软管的压力

1. 燃油回油软管　2. 空气滤清器

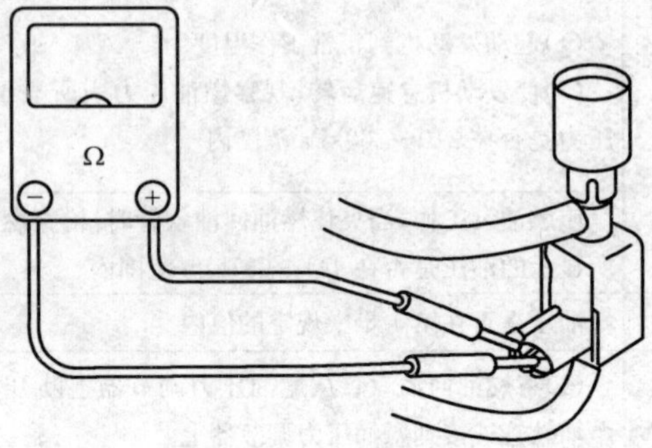

图 4-89　检查真空开关阀两插孔间的电阻

③从进气支管和燃油压力调节器上断开真空软管。

④如图 4-90(a)所示，向软管 1 吹气，空气应从软管 2 中出来，而不是从过滤器中出来。

⑤如图 4-90(b)所示，将 12V 蓄电池接到真空开关阀插孔上。在这种状态下，向软管 1 吹气，空气应从过滤器中出来，而不是从软管 2 中出来。如果检查结果不是上述情况，则应更换真空开关阀。

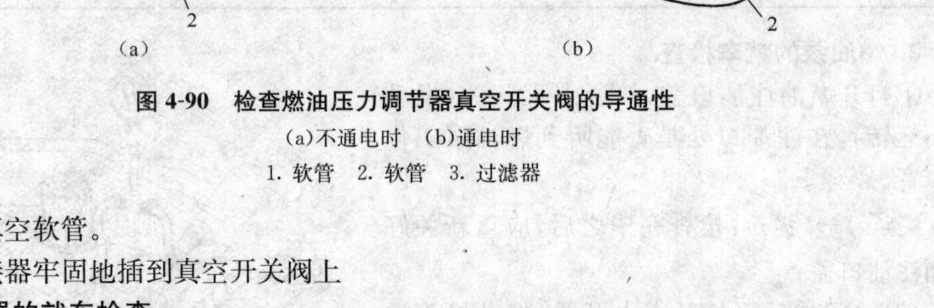

图 4-90　检查燃油压力调节器真空开关阀的导通性

(a)不通电时　(b)通电时

1. 软管　2. 软管　3. 过滤器

⑥接上真空软管。

⑦将插接器牢固地插到真空开关阀上

4. 喷油器的就车检查

①打开点火开关，不起动发动机，如图 4-91 所示，听喷油器是否有喷油的声音。如果听不到，则应进行喷油器电路检查。

②如图 4-92 所示，从喷油器上断开插接件，将欧姆表接到喷油器端子上，检查喷油器电阻，电阻应为 10～15Ω。如果电阻超出规定值，则应更换喷油器。

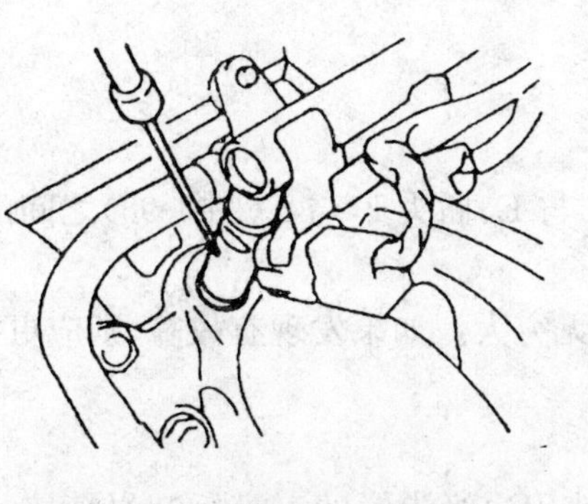

图 4-91　听喷油器工作的声音

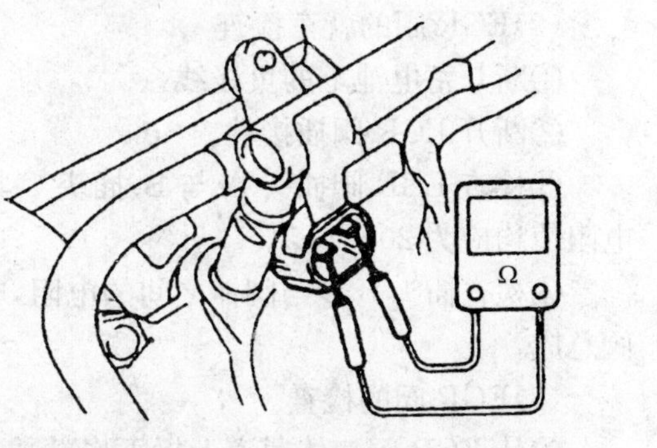

图 4-92　检查喷油器电阻

5. 主继电器/燃油泵继电器/散热器风扇继电器的检查

①断开蓄电池上的负极线。

②从总熔丝盒里拆下各继电器(图 4-93)。

③检查继电器端子 A 与 B 之间及 C 与 D(图 4-94a)之间的电阻。电阻应分别为∞和 56～146Ω。如果检查结果符合要求,则进入下一步骤的检查;如果不符合要求,则应更换继电器。

④如图 4-94b 所示,将蓄电池接到端子“C”和“D”上,检查端子“A”与“B”之间是否畅通。如果发现故障,则应更换继电器。

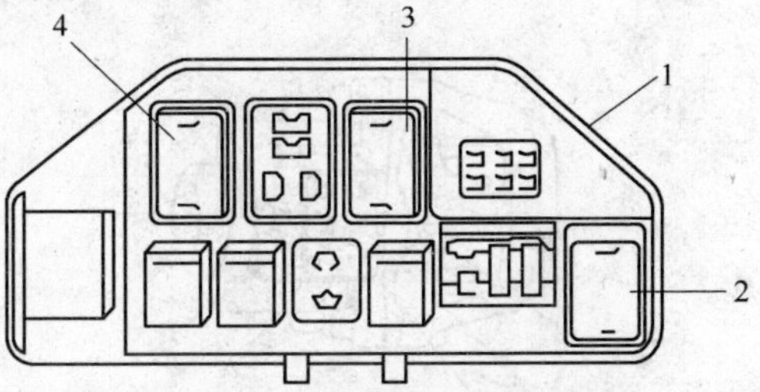

图 4-93　总熔丝盒内的继电器

1. 总熔丝盒　2. 燃油泵继电器
3. 主继电器　4. 散热器风扇继电器

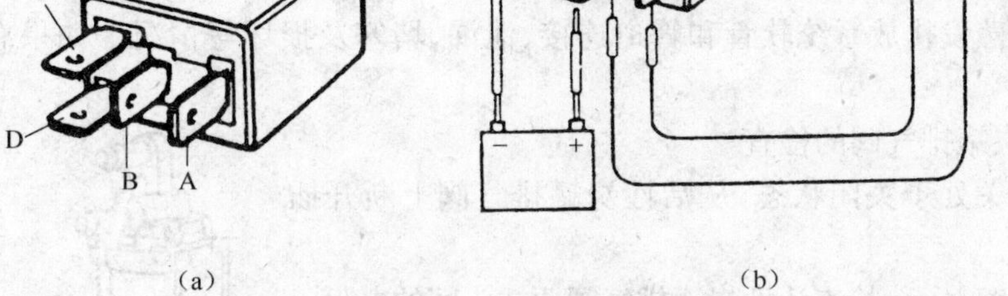

(a)　(b)

图 4-94　检查继电器

(a)继电器外形　(b)检查继电器电阻

A、B、C、D. 端子

6. EGR 系统的检修

(1)使用故障诊断仪检测 EGR 系统

①点火开关处于关闭状态,将故障诊断仪接到故障诊断座上。

②起动发动机并达到正常的工作温度。

③发动机转速在 1500r/min 和 3000r/min 之间,用诊断仪中的“MISC. TEST”模式打开 EGR 阀。在此状态下,随着 EGR 阀开度增大,发动机怠速下降。如果不是这样,则要进入 EGR 系统检查。

(2)EGR 阀的就车检查

①断开蓄电池上的负极线。

②断开 EGR 阀插接件。

③检查 EGR 阀插头 A 与 B、插头 C 与 B、插头 F 与 E、插头 D 与 E(图 4-95)之间的电阻。电阻值均应为 20～24Ω。

④检查插头 B、D 与阀体之间的电阻,电阻值应为无穷大。如果发现有故障,则应更换 EGR 阀总成。

(3)EGR 阀的检查

①从 EGR 阀气体通道上拆下炭精棒,注意不要使用边缘尖锐的工具拆卸炭精棒,不要损坏或弯曲 EGR 阀、阀座及阀杆。

②如图 4-96 所示,检查 EGR 阀、阀座和阀杆是否有断裂、裂纹、弯曲或其他损坏。

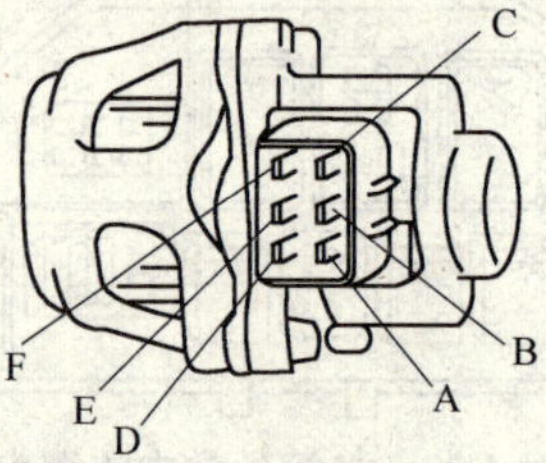

图 4-95 EGR 阀插头

A～F. 端子

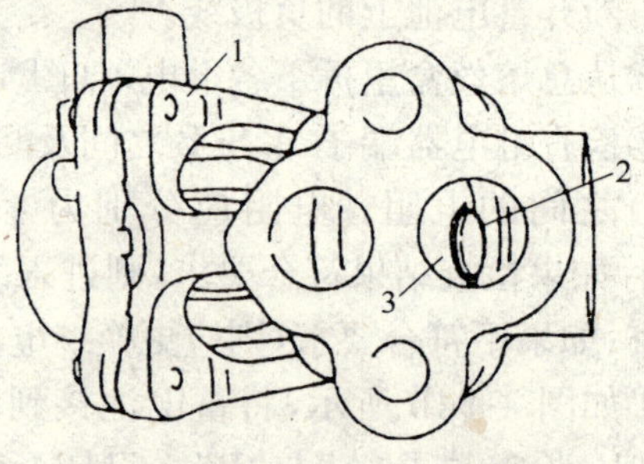

图 4-96 EGR 阀的检查

1. EGR 阀 2. 阀杆 3. 阀座

③检查 EGR 通道是否堵塞或漏气。如果发现有故障,则应进行修理或更换。

7. 燃油蒸发排放控制系统的检查

(1)燃油蒸发排放系统软管和管道的检查

检查燃油蒸发排放系统软管和管道连接、泄漏、堵塞及损坏等情况。如果有必要,应进行更换。

(2)活性炭罐排气阀的检查

①点火开关处于关闭状态,从活性炭罐排气阀上断开插接件。

②如图 4-97 所示,检查活性炭罐排气阀两插头间的电阻。

活性炭罐排气阀的电阻值应为 30～34Ω。如果电阻值在规定范围内,则进入下一步骤的检查;如果不是这样,则应进行更换。

③从进气支管及其管道上取下软管。

④如图 4-98a 所示,在插接件断开的情况下,向"A"管中吹气。空气不应从"B"管中出来。

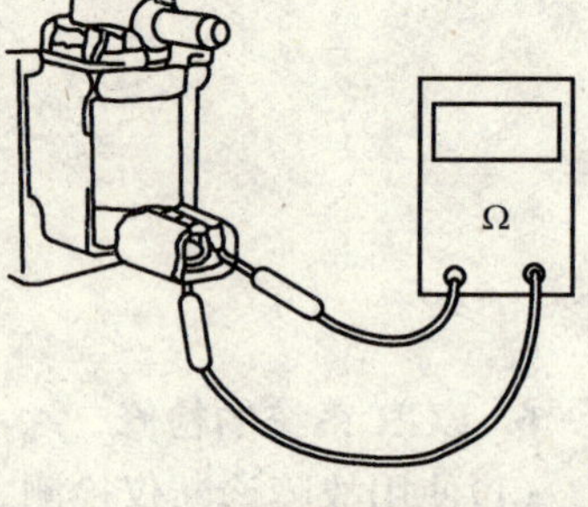

图 4-97 检查活性炭罐排气阀的电阻

⑤如图 4-98b 所示,将 12V 的蓄电池接到活性炭罐排气阀插头上。在这种状态下,向"A"管吹气,空气应该从 B 管吹出。如果检查结果不是这样,则更换活性炭罐排气阀。

⑥将软管连接上。

⑦将活性炭罐排气阀插接件紧紧地插到阀中。

(3)活性炭罐的检查

注意:不要在活性炭罐排气管处抽吸空气,活性炭罐内的燃油蒸发物对人体有害。

①从活性炭罐上取下软管,并拆下活性炭罐。

②如图 4-99 所示,当空气吹进油箱管时,排气管道及空气管道中不应有阻力存在。如果不是这样,则必须更换活性炭罐。

③安装活性炭罐并将软管接到炭罐上。

(4)油箱压力控制阀的检查

①将装在燃油箱上的燃油泵总成拆卸下来。

②如图 4-100a 所示,用力吹气时,空气应从燃油蒸发软管"A"处顺利通过到达"B"处。

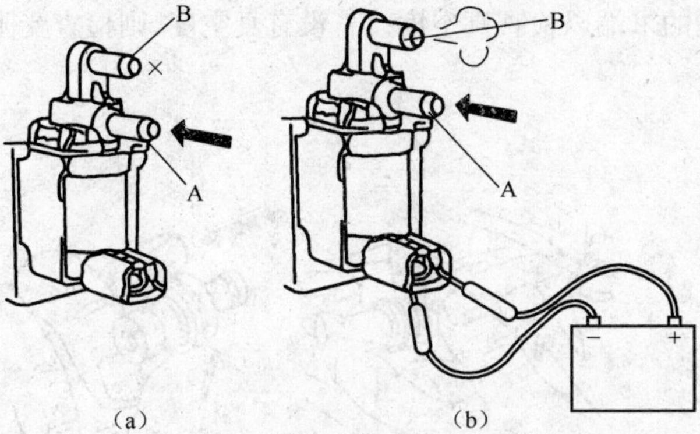

图 4-98　检查活性炭罐排气阀导通情况

(a)不通电时　(b)通电时

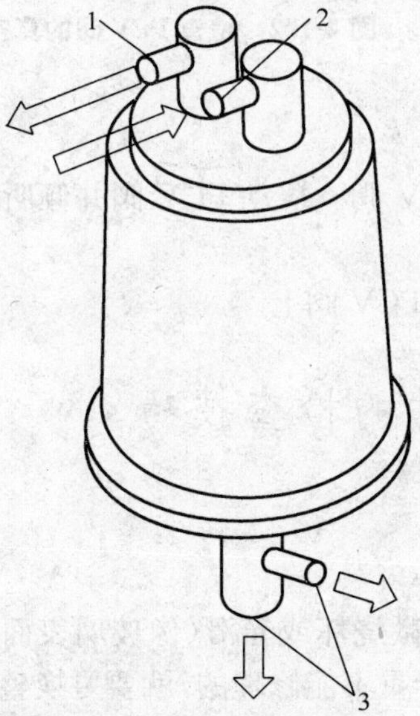

图 4-99　检查活性炭罐

1. 排气管　2. 油箱管　3. 空气管

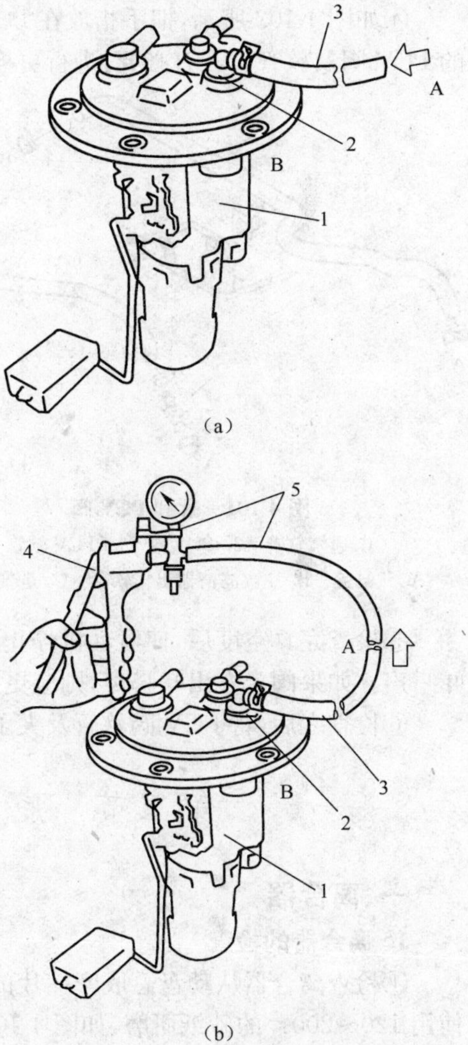

图 4-100　检查油箱压力控制阀

1. 油泵总成　2. 油箱压力控制阀　3. 燃油蒸发软管
4. 真空泵　5. 专用工具 09917-47910

③如图 4-100b，当真空泵连接到燃油蒸发软管上且向阀内泵入空气时，空气应从“B”流到“A”。

④如果在第 2 步中空气未通过阀门或在第 3 步中真空仍然保持，则应更换总成。

⑤将燃油泵总成安装到燃油箱上。

8. PCV 系统的检查

在检查发动机怠速/IAC 负荷下的 PCV 阀是否受阻以前，一定要检查 PCV 阀内有无异物或软管是否被堵塞。

①检查软管连接、泄漏、堵塞及损坏状况。如果有必要，则应进行更换。

②如图 4-101 所示，从气缸盖罩和火花塞盖孔上拆下 PCV 阀。

③使发动机怠速运转。

④如图 4-102 所示，把手指放在 PCV 阀的末端以检查真空度。若没有真空度，则检查受阻的 PCV 阀及软管。若有必要，进行更换。

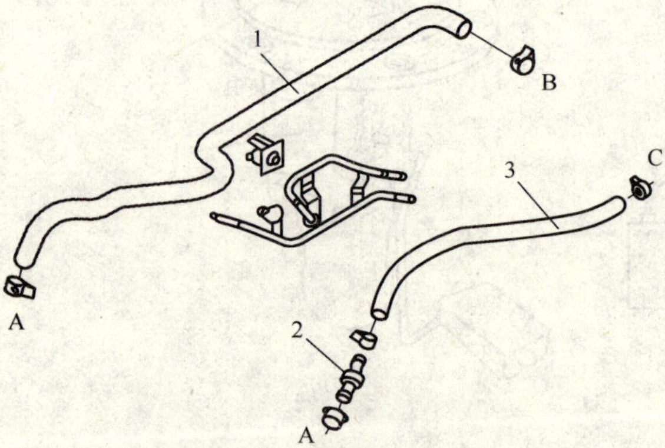

图 4-101　拆卸 PCV 阀

1. 通气软管　2. PCV 阀　3. PCV 软管

A. 气缸盖　B. 空气滤清器出气软管　C. 进气支管

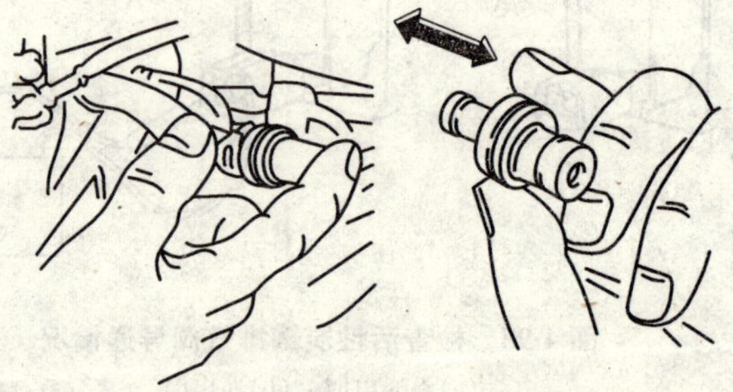

图 4-102　检查 PCV 阀的真空度

⑤检查完真空度后，使发动机停止运转并拆下 PCV 阀。摇动 PCV 阀并倾听阀内阀芯的咔嗒声。如果阀未发出咔嗒声，则应更换 PCV 阀。

⑥检查之后，将 PCV 阀软管及夹子牢固地连接在 PCV 阀上。

第三节　底盘主要部件的检查技巧

一、离合器

1. 离合器的检查

①检查离合器从动盘总成摩擦片的表面状态。轻微烧坏或光滑（像玻璃表面）的衬片，可使用 120～200＃的砂纸研磨，如图 4-103 所示。烧毁严重不能修理的，就要更换整个摩擦片总成。

②测量摩擦片的磨损量。如图 4-104 所示，测量每个铆钉头的凹陷，即铆钉头部和摩擦片表面的距离（标准值为 1.2mm），以检查摩擦片的磨损。任何一个铆钉头的凹陷小于 0.5mm，就必须更换摩擦片。

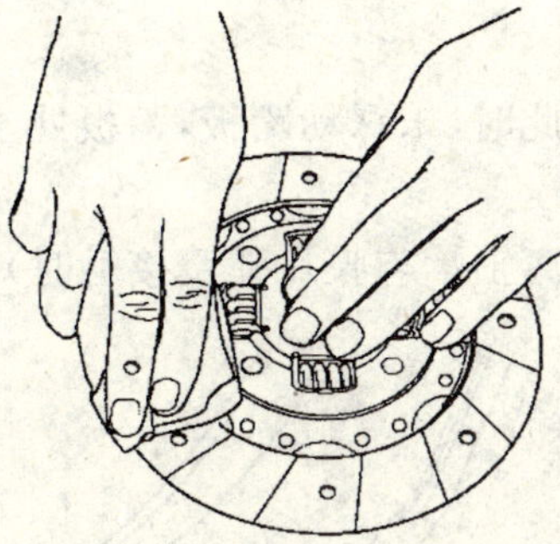

图 4-103　打磨摩擦片表面

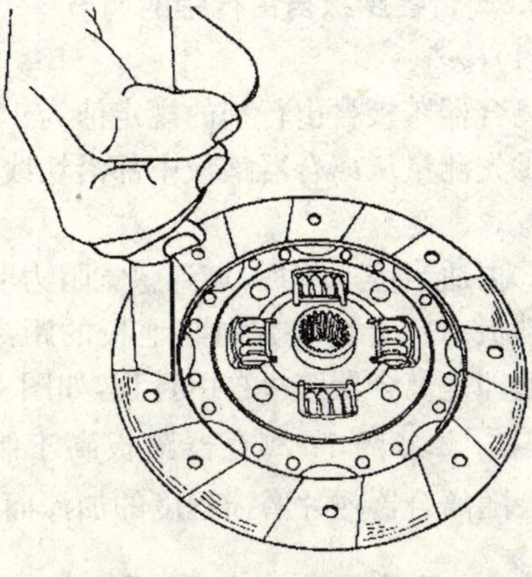

图 4-104　测量摩擦片的磨损量

③如图 4-105 所示，将从动盘前后转动装入变速器输入轴，以检查从动盘与输入轴花键的啮合间隙。如果间隙大于 0.5mm，离合器每次啮合就会发出碰撞声，并且影响离合器顺利啮合，此时，就必须更换摩擦片。

④检查压盘的隔膜簧铆钉有无松动迹象。如果铆钉已松或将要松动，就应更换压盘。因为踩下离合器踏板时，压盘会发出"咔嗒"的声音。

⑤如图 4-106 所示，检查摩擦片弹簧分离杠杆尖端是否磨损。如果尖端磨损很严重时，就必须更换压盘。

⑥检查分离轴承。如图 4-107 所示，分离轴承如果旋转不灵活或用手旋转时发出异响，就要换上新件。

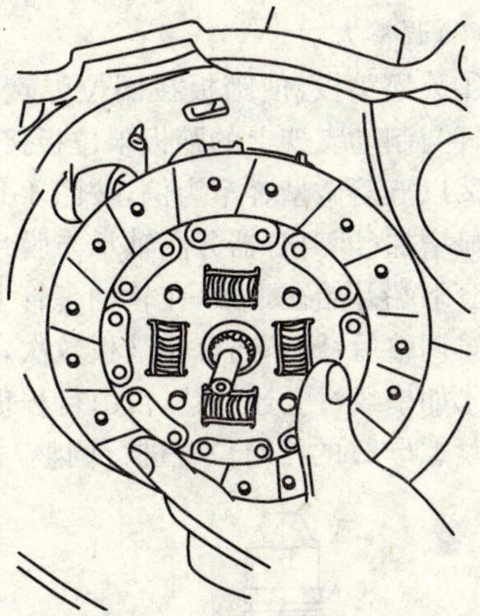

图 4-105　检查从动盘与输入轴花键的啮合间隙

图 4-106　检查摩擦片弹簧分离杠杆

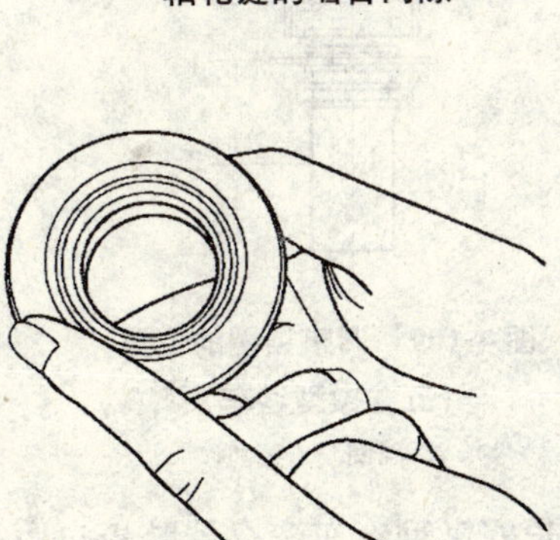

图 4-107　检查分离轴承

2. 离合器踏板自由行程的调节

(1)检查

离合器踏板自由行程的规定值为15～25mm。

①先测量从离合器踏板中部沿切线方向到地板的距离。此时，未踩动踏板，踏板处于松弛的位置。

②再适当按下踏板，直到感觉阻力明显增加(即离合器分离轴承与膜片弹簧接触时)，测量此时踏板中部沿切线方向与地板的距离。两次测量之间的差值即是离合器踏板自由行程，如图4-108所示。

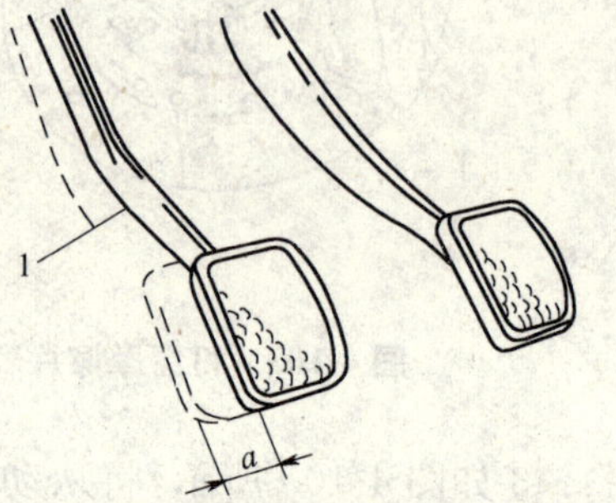

图4-108 离合器踏板自由行程

1. 离合器踏板 a. 踏板自由行程

维修提示：离合器踏板高于制动踏板。离合器踏板会随离合器衬片磨损程度的加深而向上抬高。

说明：如果有必要，调整离合器拉索挡圈与套管位置以调节离合器踏板自由行程。

(2)调整方法

①放松踏板，使踏板在回位弹簧的作用下向上运动，踏板杆与制动支架上的踏板限位板接触。

②以五菱微型客车为例，按图4-109所示箭头方向将软轴总成的套管向下压，直到感觉阻力明显增加(即离合器分离轴承与膜片弹簧接触时)，保持软轴位置不变，从制动支架总成上的支承套下端开始往下数，在软轴套管上的第二或第三个槽内插入挡圈。

③调整后，踩下离合器踏板数次，再次检查踏板的自由行程是否在上述规定范围之内。

④如果经过上述调整，自由行程仍不符合要求，可通过改变离合器软轴后端的调节螺母A与锁紧螺母B的相对位置进行调整，如图4-110所示。

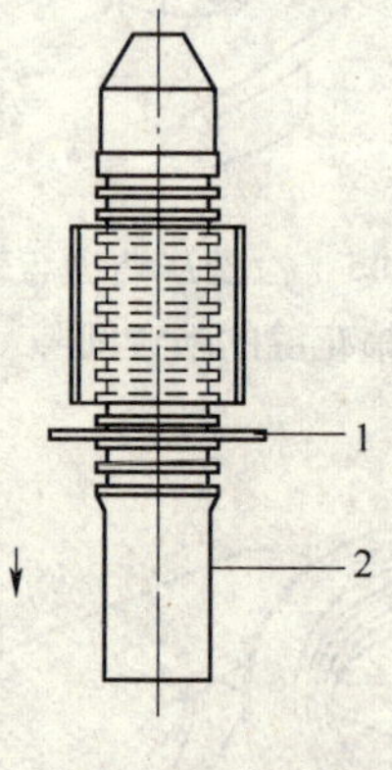

图4-109 调整挡圈的位置

(五菱微型客车)

1. 挡圈 2. 套管

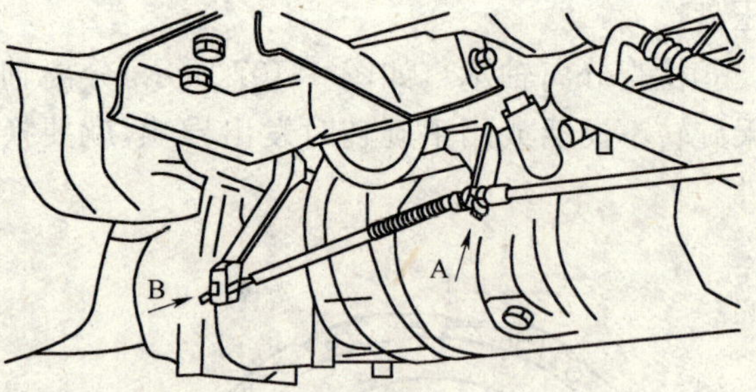

图4-110 调节离合器软轴上的

调节螺母(五菱微型客车)

A. 调节螺母 B. 锁紧螺母

⑤长安微型客车离合器踏板自由行程的调节可按图4-111所示，通过旋转拉索调节螺母来调节踏板自由行程。

⑥哈飞微型客车离合器踏板自由行程的调节可按图4-112所示，通过旋转拉索调节螺母来调节踏板自由行程。

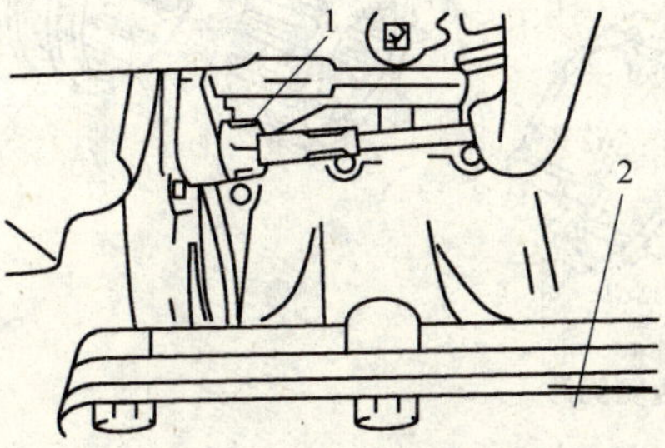

图 4-111 调节离合器软轴上的调节螺母(长安微型客车)

1. 拉索调节螺母 2. 油底壳

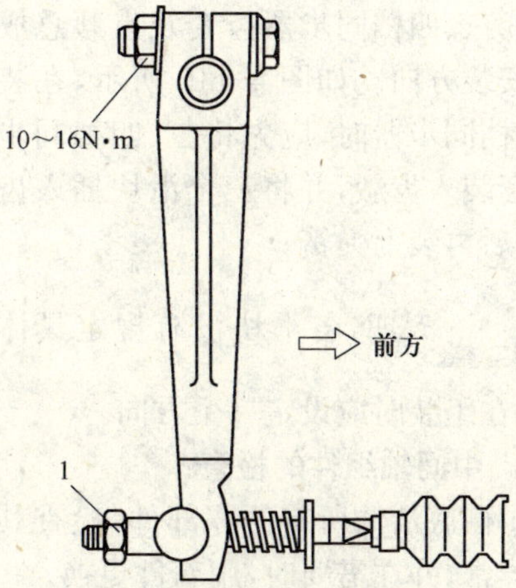

图 4-112 调节离合器软轴上的调节螺母(哈飞微型客车)

1. 拉索调节螺母

二、手动变速器

1. 输入轴组件的检查和装配

①检查输入轴齿轮有无轮齿折断、齿面点蚀、齿面严重磨损和齿面胶合现象。如果有上述任一种情况,则必须更换输入轴。

②检查输入轴花键有无严重磨损和损坏。如果有,则必须更换输入轴。

③用手感觉轴承转动是否灵活、是否有卡滞现象。如果轴承转动不灵活或有卡滞现象,则必须更换轴承。

④如果同步器零部件需要修理时,要检查齿环与齿轮之间、齿轮各个倒棱轮齿之间、齿环与啮合套之间的间隙,然后决定需更换的零件。间隙 a 的标准值为 1.0～1.4mm,维修极限值 0.5mm,如图 4-113 所示。

⑤如图 4-114 所示,为确保润滑,应吹通油孔,并保证油孔无堵塞。

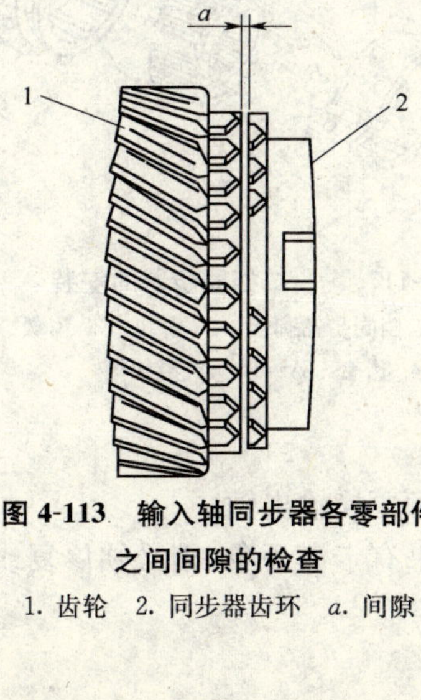

图 4-113 输入轴同步器各零部件之间间隙的检查

1. 齿轮 2. 同步器齿环 a. 间隙

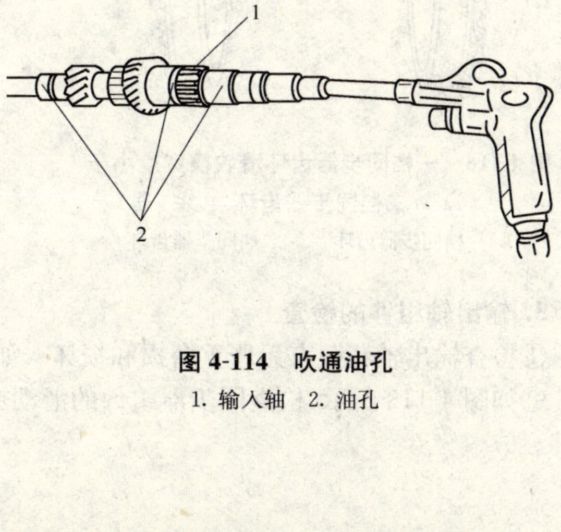

图 4-114 吹通油孔

1. 输入轴 2. 油孔

⑥三、四档同步器齿套及齿毂总成规定有安装方向。如图 4-115 所示，在装配三、四档同步器时，应先将三、四档同步器齿合套装入齿毂，并将三个滑块插入齿套内，然后再装上弹簧。

说明：各滑块没有规定具体方向，但在组装时应设定一个方向。

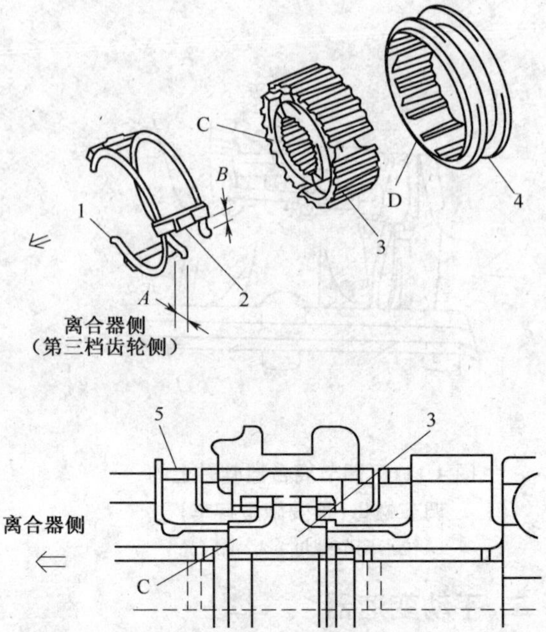

图 4-115　三、四档同步器的安装

1. 三、四档同步器弹簧　2. 滑块　3. 齿毂　4. 齿套
5. 第三档齿轮　A=B　C. 长凸缘（离合器侧）　D. 滑块槽

2. 中间轴组件的检查

①彻底清洁所有的零部件，检查其是否有异常，并在需要时，用新件更换。

②如图 4-116 所示，如果同步器零部件需要修理时，检查齿环与齿轮间、齿轮各倒棱轮齿间、齿环与齿套间的间隙，然后决定需要更换的零件。间隙标准值为 1.0～1.4mm，维修极限值为 0.5mm。

维修提示：一档同步器齿环的滑块槽宽度小于二档同步器齿环的滑块槽宽度。宽度差别如下：宽度“*b*”为 8.2mm，“*c*”为 8.8mm，如图 4-116 所示。

③将一、二档同步器齿套装入齿毂，插入三个滑块，然后按照图 4-117 所示装上弹簧。

说明：一、二档同步器齿毂和各滑块没有规定具体的方向，但在装配时应设定一个方向。

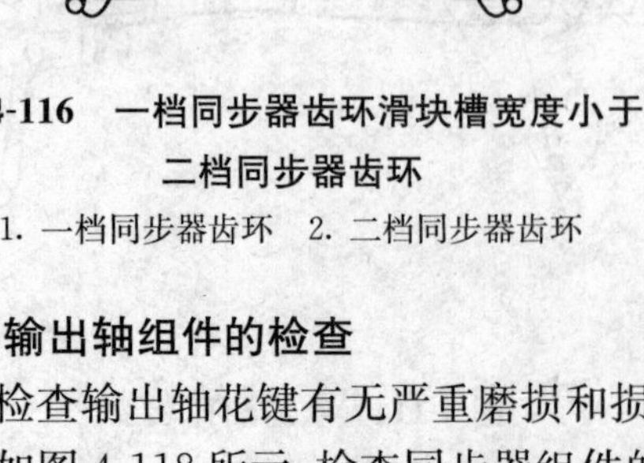

图 4-116　一档同步器齿环滑块槽宽度小于二档同步器齿环

1. 一档同步器齿环　2. 二档同步器齿环

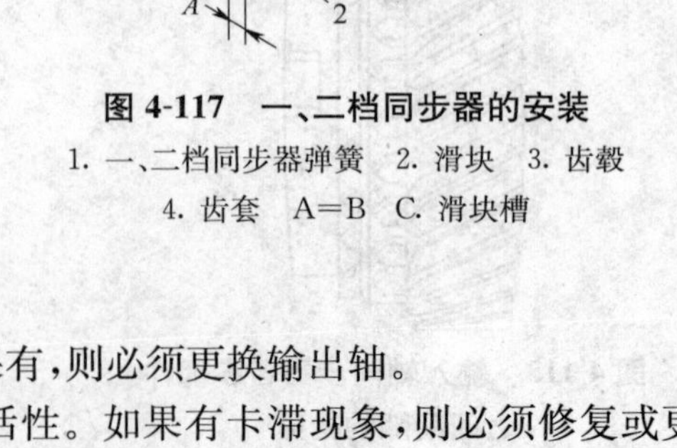

图 4-117　一、二档同步器的安装

1. 一、二档同步器弹簧　2. 滑块　3. 齿毂
4. 齿套　A=B　C. 滑块槽

3. 输出轴组件的检查

①检查输出轴花键有无严重磨损和损坏。如果有，则必须更换输出轴。

②如图 4-118 所示，检查同步器组件的滑动灵活性。如果有卡滞现象，则必须修复或更换零件。

③按图 4-119 所示，组装五档同步器齿套和带滑块及弹簧的齿毂。

☞ 维修提示：齿毂内的长凸缘 C 和齿套内的倒棱的齿槽 E 应朝内配合（后壳侧）。

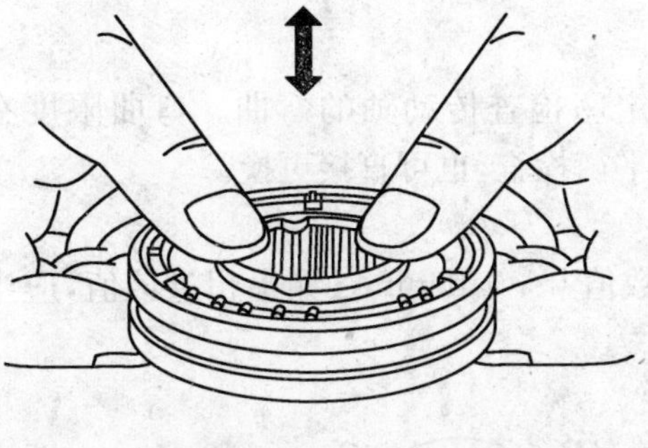

图 4-118　检查同步器组件的滑动灵活性

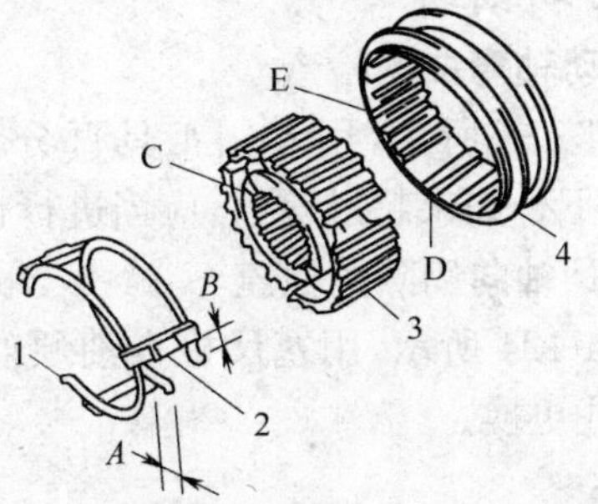

图 4-119　组装五档同步器齿套和带滑块及弹簧的齿毂

1. 第五档速度同步器弹簧　2. 滑块　3. 齿毂　4. 齿套　A=B
C. 卡凸缘　D. 滑块槽　E. 倒棱齿槽

4. 换档叉与同步器齿套的检查

如图 4-120 所示，用塞尺检查换档叉与同步器齿套之间的间隙。如果超过 1.0mm 的极限，应更换这些零件。

5. 换档拨叉轴弹簧的检查

如果齿轮处于脱离啮合状态，则应用游标卡尺检测各拨叉轴弹簧的自由长度是否符合标准，如图 4-121 所示。

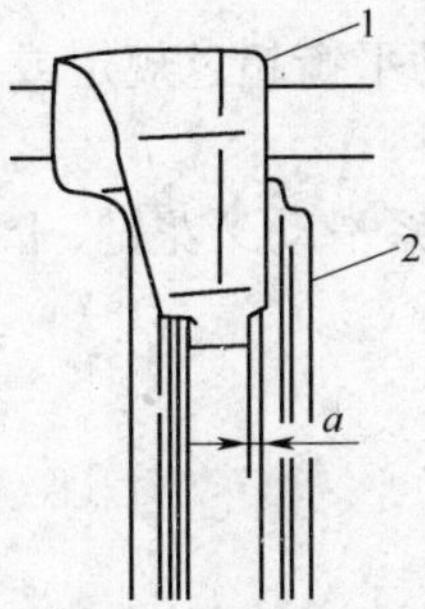

图 4-120　换档叉与同步器齿套的检查

1. 换档叉　2. 同步器齿套　*a*. 间隙

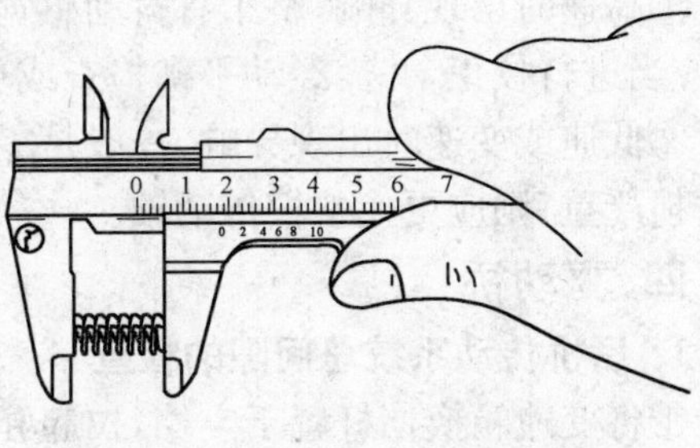

图 4-121　换档拨叉轴弹簧的检查

如果自由长度短于使用极限，应更换新件。换档拨叉轴弹簧的标准值为 25.5mm，使用极限值为 21.0mm。

6. 变速器油液面的检查

①如图 4-122 所示，拆下变速器加油螺塞。

②检查润滑油液面，以油面与加油口下缘对齐为准。油面过底可能会造成润滑不良而烧坏轴承和齿轮，油面过高则会引起过热和漏油。

③检查和清洗排气塞。排气塞堵塞会造成箱体内气压过高而漏油。

④检查润滑油质量，如果有稀释、结胶、过脏等现象，应更换

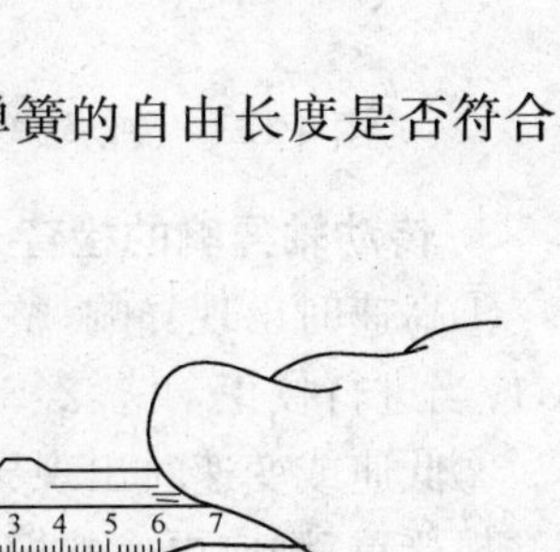

图 4-122　拆下变速器加油螺塞

1. 放油螺塞　2. 加油螺塞

润滑油。

⑤装上加油螺塞，并按规定力矩拧紧。螺塞规定的拧紧力矩为 15～20N·m。

三、传动轴

1. 传动轴弯曲的检查

如图 4-123 所示，用专用工具百分表和百分表固定座检查传动轴的弯曲。弯曲限度在 0.5mm 以下。如果超过该值，应当进行校正，并需经动平衡检查，也可直接更换。

2. 轴颈轴向侧隙的检查

如图 4-124 所示，用塞尺检查轴颈轴向侧隙，标准数值 0～0.06mm。如果超过该值，应当进行校正或更换。

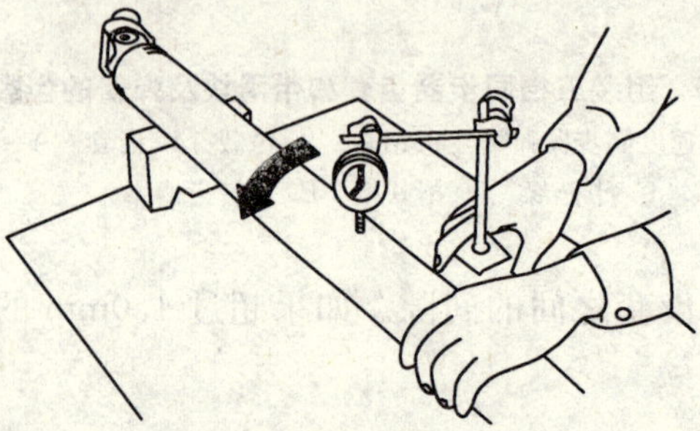

图 4-123 传动轴弯曲的检查

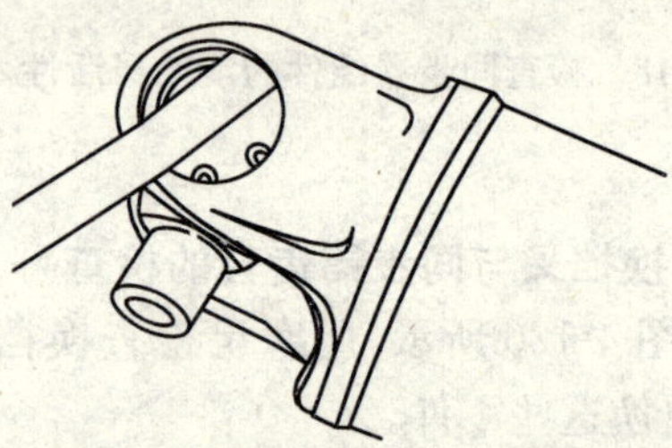

图 4-124 传动轴轴颈轴向侧隙的检查

3. 传动轴异响的检查

①高速时出现异响，整车有抖动感觉，一般是传动轴总成动平衡超过规定或由弯曲变形引起，应当进行校正，并需经动平衡检查或更换。

②低速或变速时出现异响，一般是零件磨损松动引起。如系滑动叉花键、十字轴和滚针轴承磨损严重，则应更换整根传动轴。

四、驱动桥

1. 后桥传动系统总间隙的检查

①将变速箱换档杆置于空档，拉起驻车制动手柄。

②顺时针将传动轴转到底，打上匹配记号，如图 4-125 所示。

③如图 4-126 所示，再逆时针将传动轴转到底，测量匹配记号距离。此距离即为后桥传动系统的总间隙，极限值为 5mm。

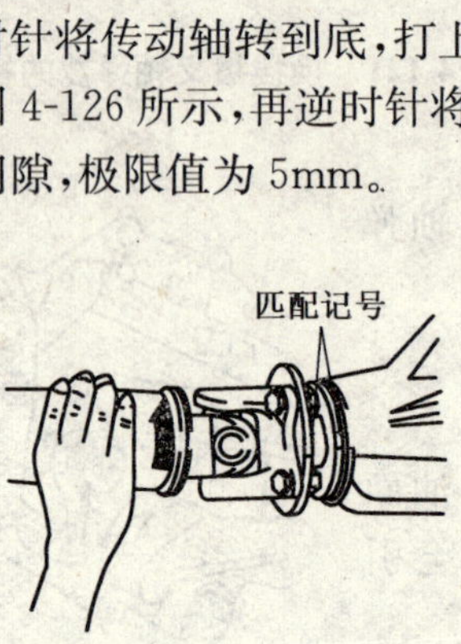

图 4-125 做匹配记号

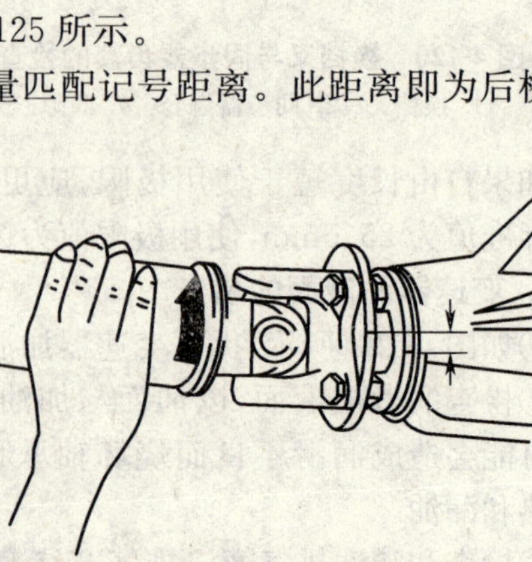

图 4-126 测量后桥传动系统的总间隙

④如果间隙超过极限值,应将减速器总成拆下并进行调整。

2. 主减速器润滑油油位的检查

①将汽车停在水平地面上,并拉紧中央制动器。

②卸下加油口螺塞,如图 4-127 所示。

③用手指测量加油口内的油面位置。正常油位如图 4-128 所示。

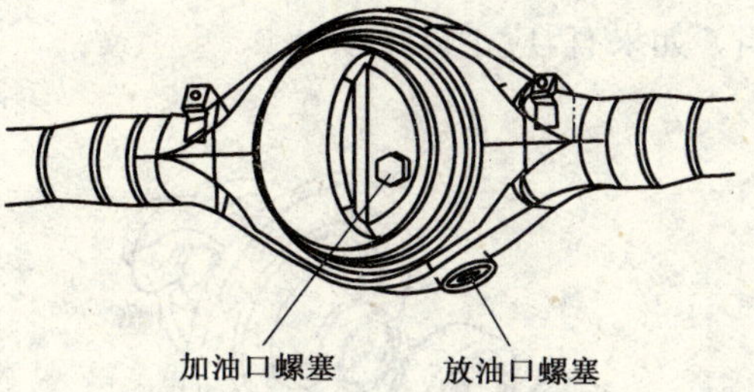

图 4-127　加油口和放油口螺塞的位置

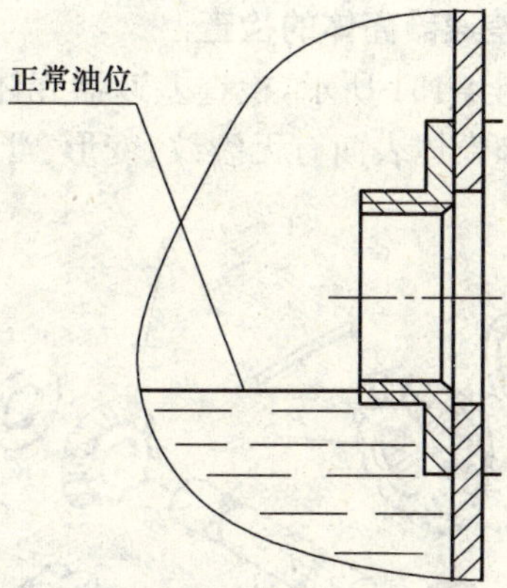

图 4-128　正常油位

④安装加油口螺塞。紧固加油口螺塞扭矩至 40～60N·m。

注意:车辆行驶后油温很高,应让油温降低后才能进行油位检查,两手感觉放油口螺塞处不再烫手即可。

3. 主动锥齿轮和从动锥齿轮的检查

如图 4-129 所示,检查齿部、半轴齿轮凸面、半轴齿轮花键部有无裂纹、表面点蚀和剥落、机械损伤或严重磨损等缺陷,如果有,应予以更换。要求轮齿剥落面积不大于 25%,轮齿损坏不大于齿长的 20%,主动锥齿轮轮齿损坏不多于 3 齿,从动锥齿轮损坏不多于 4 齿。主动锥齿轮和从动锥齿轮作为一个组件来使用的,因此,如果其中之一损坏需要更换时,必须两者同时成对进行更换。

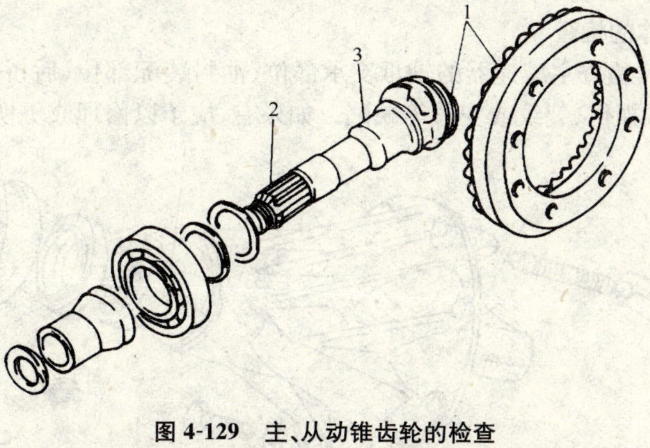

图 4-129　主、从动锥齿轮的检查

1. 齿部　2. 半轴齿轮凸面　3. 半轴齿轮花键部

4. 半轴齿轮和行星齿轮的检查

如图 4-130 所示,检查半轴齿轮和行星齿轮的齿部、半轴齿轮凸面、半轴齿轮花键部、行星齿轮轴接触部位、行星齿轮球面部有无裂纹、表面点蚀和剥落、机械损伤或严重磨损等缺陷。要求行星齿轮和半轴齿轮轮齿工作面上的缺损沿齿高不大于 33%，沿齿长不大于 25%，且在一个齿轮上其损坏齿的数量不多于 3 个。行星齿轮球面和半轴齿轮端面上的擦伤宽度超过工作面的 33%、深度超过 0.5mm 时，应予以修磨。损伤不严重的斑点、剥落、毛刺或擦伤，可经修磨后继续使用；如果损伤超过规定的允许范围时，一般应予以更换。

5. 差速器壳体的检查

如图 4-131 所示，检查差速器壳体的半轴和行星齿轮接触面、轴承安装部位、从动锥齿轮配合部位和壳体表面有无裂纹、变形、严重磨损等缺陷。如果有，应予以更换。

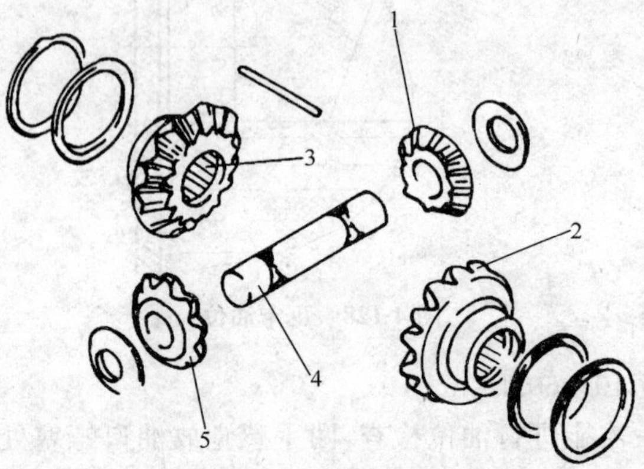

图 4-130　半轴齿轮和行星齿轮的检查

1. 半轴齿轮和行星齿轮的齿部　2. 半轴齿轮凸面　3. 半轴齿轮花键部　4. 行星齿轮轴接触部位　5. 行星齿轮球面部

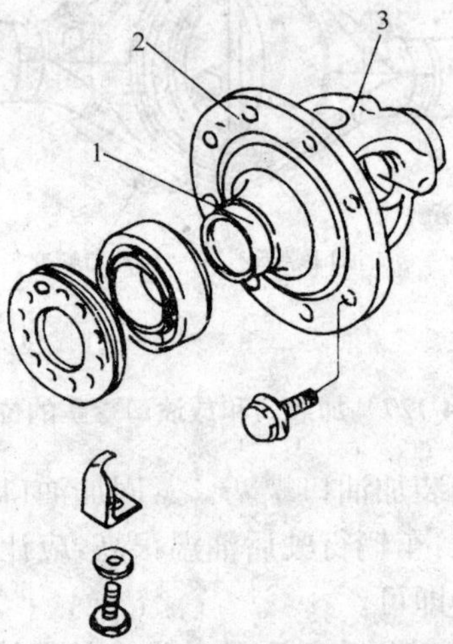

图 4-131　差速器壳体的检查

1. 轴承安装部位　2. 从动锥齿轮配合部位　3. 壳体

6. 轴承的检查

检查差速器轴承和主动齿轮轴轴承的运动情况。如果有卡滞、异响或松旷等缺陷时，应更换轴承。

7. 主减速器壳体的检查

如图 4-132 所示，检查主减速器的轴承支承部位、油封装配部位、后桥壳接触部位、调整螺母安装部位有无机械损伤、裂纹或变形等缺陷。如果有，应予以修理或更换壳体。

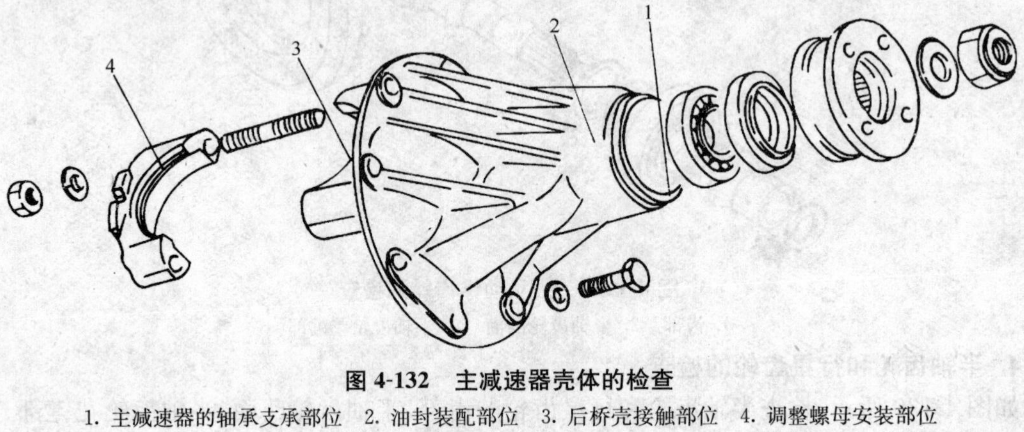

图 4-132　主减速器壳体的检查

1. 主减速器的轴承支承部位　2. 油封装配部位　3. 后桥壳接触部位　4. 调整螺母安装部位

8. 驱动桥壳的检查

如图 4-133 所示，检查后桥壳的主减速器接触部位、半轴轴承及油封安装部位、钢板弹簧座、排气螺塞、壳体表面有无机械损伤、裂纹、接触处变形等缺陷。如果有，应予以修理。

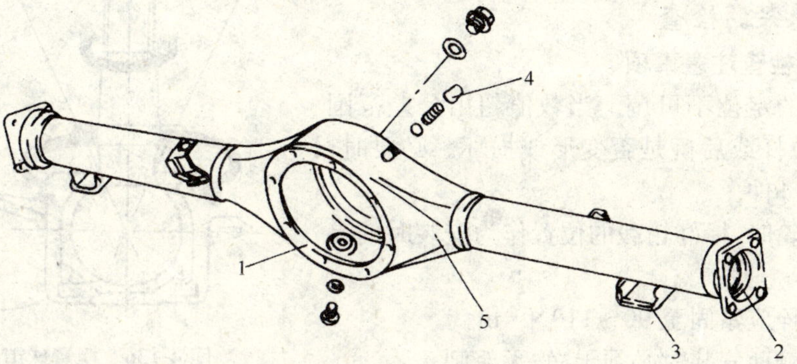

图 4-133　后桥壳的检查

1. 主减速器接触部位　2. 半轴轴承及油封安装部位　3. 钢板弹簧座　4. 排气螺塞　5. 壳体表面

9. 半轴的检查

如图 4-134 所示，检查半轴的花键部位、半轴弯曲、安装螺栓有无磨损、弯曲、机械损伤或螺栓松动。半轴弯曲可在压力机上进行冷压校正；半轴花键齿过度磨损或花键产生裂纹时，应更换半轴；在半轴装油封的轴颈处若出现明显沟槽或严重磨损影响其密封性时，或在半轴凸缘根部出现裂纹时，应更换半轴。

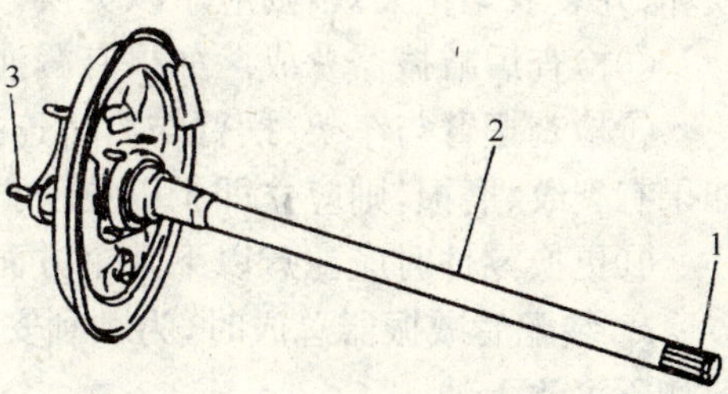

图 4-134　半轴的检查

1. 半轴的花键部位　2. 半轴弯曲　3. 安装螺栓

五、悬架

(一)前悬架的检查

1. 螺旋弹簧的检查

①检查螺旋弹簧有无裂纹或严重变形，如果有，应予以更换。

②检查螺旋弹簧的自由长度。如果自由长度小于规定限度时，表明其弹力减弱，应更换弹簧。

2. 减振器的检查

检查前悬架减振器是否漏油。如果有，应更换减振器总成。

☞ 维修提示：减振器总成的检查也可采用按压车身的方法来测试，用力按压车身，然后突然放开，如果汽车摆动 3～4 次，即表明减振器的减振能力弱，可视情形更换。

3. 摆臂的检查

如图 4-135 所示，检查摆臂有无裂纹、变形或损坏，防尘皮碗有无破裂、老化变形，球销螺柱有无损坏。如果有，应予以更换。

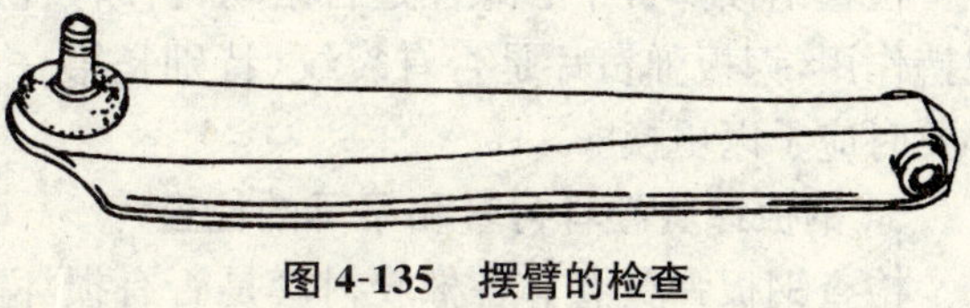

图 4-135　摆臂的检查

4. 摆臂球销的检查

如图 4-136 所示，转动球销，检查其是否松旷、卡滞或磨损，是否有异响。如果有，应更换摆臂总成(因球销不可拆)。

球销的转动力矩为:1～4N·m;

球销的转动角度为:50°±25°。

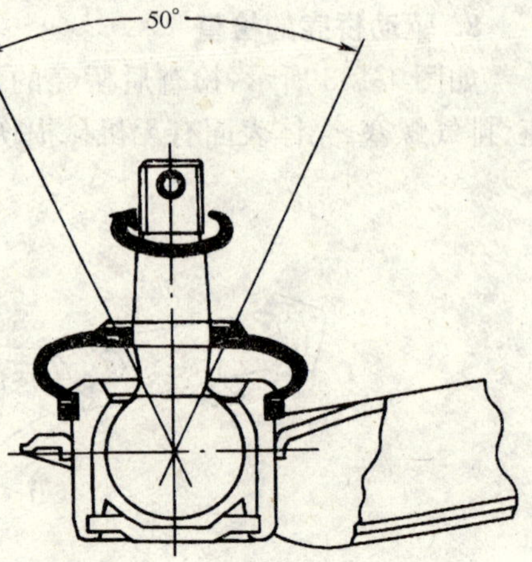

图 4-136 摆臂球销的检查

(二)后悬架的检查

1. 后悬架检查注意事项

①后悬架的定位不可调。当数值超出公差范围时,应检查横拉杆或后桥是否变形或损坏。必要时,应更换损坏的部件。

②拆卸车轮时,标好轮毂的位置作为安装时的参考。

③车轮螺栓应紧固至 90～110N·m。

④所有接触面安装时必须干净,无毛刺。

⑤安装半轴时使用新的螺栓。

⑥后弹簧、后减振器、缓冲块应成对更换。

⑦检查后弹簧缓冲块。如果有损坏、开裂或老化失效,则应予以更换。

⑧检查横向拉杆总成的橡胶衬套合件、左右摆臂总成的橡胶衬套合件等橡胶件。如果有损坏、开裂或老化失效,则应予以更换。

⑨检查后减振器总成。如果有漏油、异响、失效,卡滞,则应予以更换。

⑩检查摆臂与车架、摆臂与后桥连接的螺栓、横向拉杆总成与车架连接的螺栓等紧固件。如果有裂纹、磨损,则应立即予以更换。

⑪更换零件时应注意以下几个方面:

a. 装配后减振器总成时,为顺利安装,可在后减振器总成的橡胶衬套上涂上肥皂沫或水,但切不可沾上油。

b. 同一辆车上,左右螺旋弹簧的分组号必须相同。

c. 装配螺旋弹簧时,螺旋弹簧的下端面必须正确,即应安装在后悬架摆臂总成的弹簧座上。

d. 后悬架总成的所有紧固件必须按要求的力矩拧紧。

2. 后减振器的检查

把减振器的一端固定,用力快速拉动一端,若无阻力或阻力太小时,即表示减振器已失效,应予以更换。

3. 骑马螺栓(U 形螺栓)的检查

钢板弹簧的骑马螺栓要经常检查其锁紧螺母是否松动,骑马螺栓有无移位或其他损伤。如有损伤,应予以更换;若螺母松动,应予以紧固并拧紧。

4. 钢板弹簧的检查

检查钢板弹簧中心螺栓是否松动、折断,各片钢板弹簧是否错位,钢板夹是否松脱或失去夹持作用,钢板弹簧片是否有裂纹(特别是第一片簧卷耳附近)。若有不良现象,要进行修理,必要时应予以更换。

5. 钢板弹簧卷耳衬套和吊耳的检查

检查钢板弹簧卷耳各橡胶衬套是否有损坏、磨损、老化变形等缺陷,吊耳和轴销螺栓是否损坏或变形。如果有不良现象，应予以更换。

6. 缓冲块的检查

检查缓冲块橡胶是否有裂纹、损坏或橡胶与钢座分离等现象。如果有缺陷，应更换缓冲块总成。

六、车轮与轮胎

1. 轮胎磨损的更换标记

当轮胎损坏、磨损或劣化变形严重时，必须予以更换。轮胎磨损指示标记如图 4-137 所示。

当轮胎磨损至指示标记 1 时，应对轮胎替换；当花纹深度 2 在两个地方小于 16mm 时，应更换轮胎。

2. 轮胎的更换方法

拆卸时，应对称旋松轮胎螺母，然后拆下轮胎。

把经动平衡后的轮胎安装到轮毂上，按图 4-138 所示数字顺序紧固车轮螺栓。车轮螺栓的紧固力矩为 110N·m。

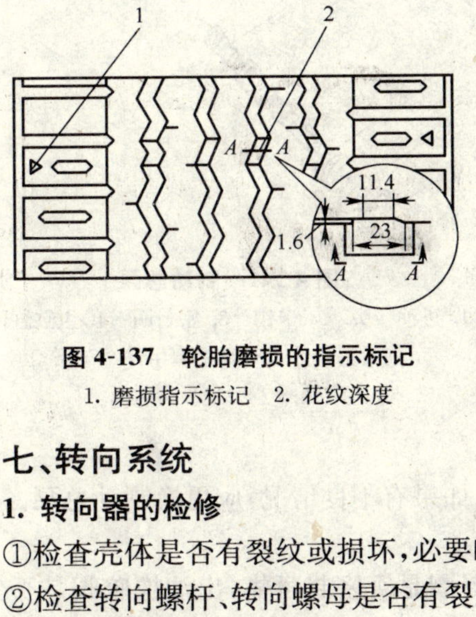

图 4-137　轮胎磨损的指示标记

1. 磨损指示标记　2. 花纹深度

图 4-138　车轮螺栓紧固顺序

1～4. 车轮螺栓紧固顺序

七、转向系统

1. 转向器的检修

①检查壳体是否有裂纹或损坏，必要时应予以更换。

②检查转向螺杆、转向螺母是否有裂纹；检查钢球滚道、齿条和齿扇表面是否有严重磨损或剥落，必要时应予以更换。

③检查钢球不得有疲劳、破碎或严重磨损现象，否则应成组更换。

④检查球轴承是否损坏，必要时应予以更换。

2. 转向直拉杆的检查

如图 4-139 所示，检查转向直拉杆是否弯曲变形，球头焊接处有无裂纹或脱焊，球头销转动

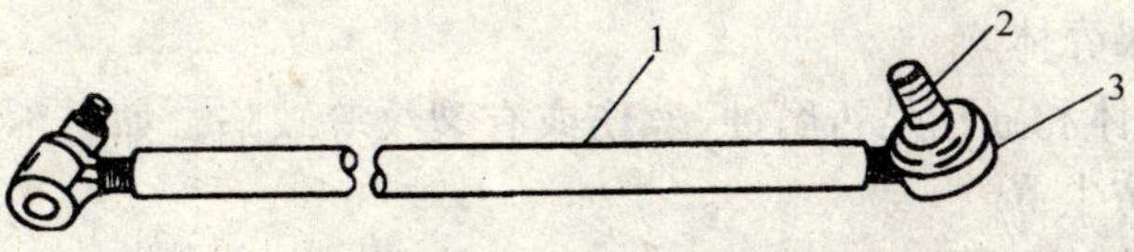

图 4-139　转向直拉杆

1. 拉杆　2. 球头销　3. 密封橡胶圈

是否灵活，密封橡胶圈是否损坏。如果有不良情况，应予以更换。

3. 转向横拉杆的检查

如图 4-140 所示，检查转向横拉杆是否弯曲变形，端头球销是否存在卡滞或松旷现象，球销螺纹有无损伤或螺柱有无裂纹，密封橡胶圈是否损坏。如果有缺陷，应予以更换。

八、制动系统

(一)常规制动系统的检查技巧

1. 制动总泵的检查

制动总泵结构如图 4-141 所示。

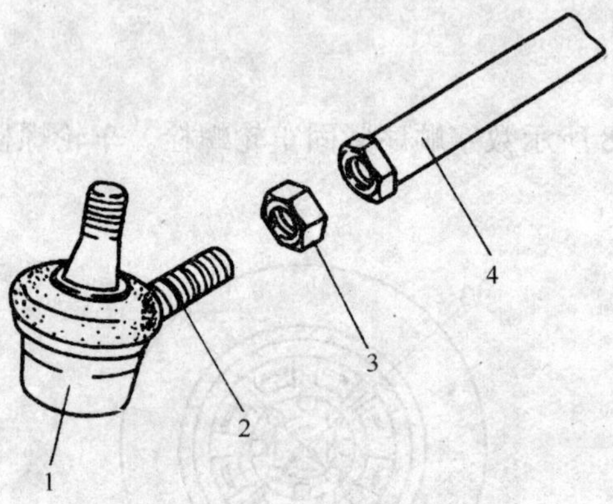

图 4-140 转向横拉杆

1. 球销 2. 螺柱 3. 锁紧螺母 4. 横拉杆

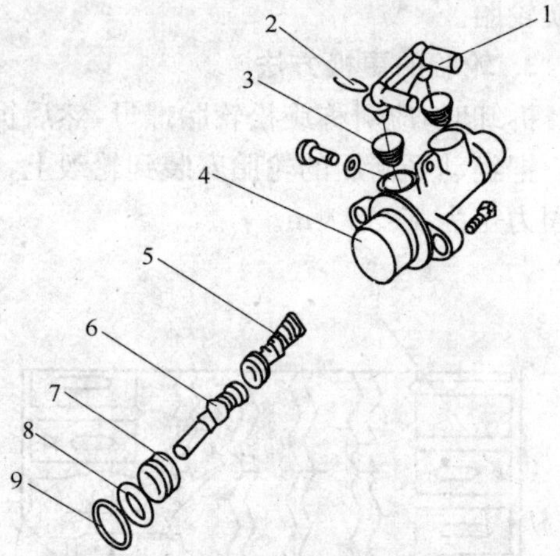

图 4-141 制动总泵

1. 进油接头 2. 卡销 3. 密封圈 4. 主缸缸体 5. 前活塞组件 6. 后活塞组件 7. 导套 8. 挡圈 9. O形密封圈

(1)检查制动总泵壳体

检查总泵壳体是否磨损、擦伤或有裂纹等缺陷。如果有不良情况，应更换制动总泵。

(2)检查制动总泵进、出油管组件

检查进油管接头是否老化、开裂或漏油，O形密封圈是否密封可靠，出油橡胶阀是否失效，弹簧是否变软。如果有不良情况，应予以更换。

(3)检查制动总泵活塞组件

检查制动总泵活塞是否严重磨损，回位弹簧弹力是否下降，活塞皮碗是否有老化失效、破裂等缺陷。如果有不良情况，应予以更换。

2. 制动分泵的检查

制动分泵的结构如图 4-142 所示。

(1)检查制动分泵壳体

检查制动分泵壳体和缸孔是否腐蚀、擦伤或有裂纹等缺陷。如有不良情况，应予以更换。

(2)检查皮碗及防尘罩

检查皮碗及防尘罩有无破损、老化变形、严重磨损等缺陷。如有不良情况，应予以更换。如果制动分泵漏油，也应更换皮碗。

(3)检查活塞回位弹簧

检查活塞回位弹簧是否有弹力下降、变形、折断等缺陷。如果有,应予以更换。

3. 盘式制动器的检查

①如图 4-143 所示,检查钳体、导套防尘罩、连接套、短导套和消声片等应无不均匀磨损、变形、裂损,否则应予以更换。

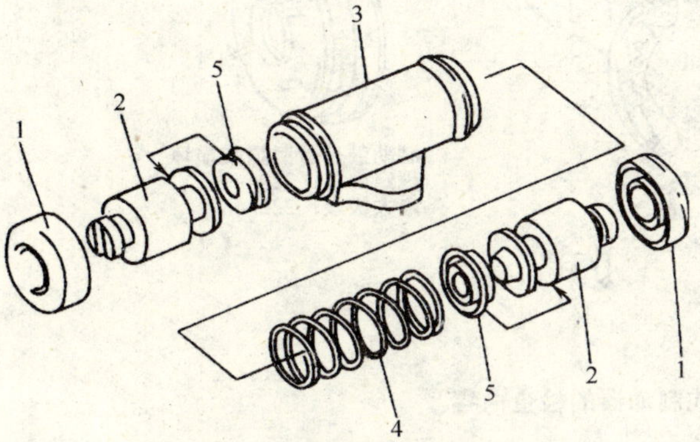

图 4-142　制动分泵的结构

1. 防尘罩　2. 活塞　3. 制动分泵壳体　4. 回位弹簧　5. 皮碗

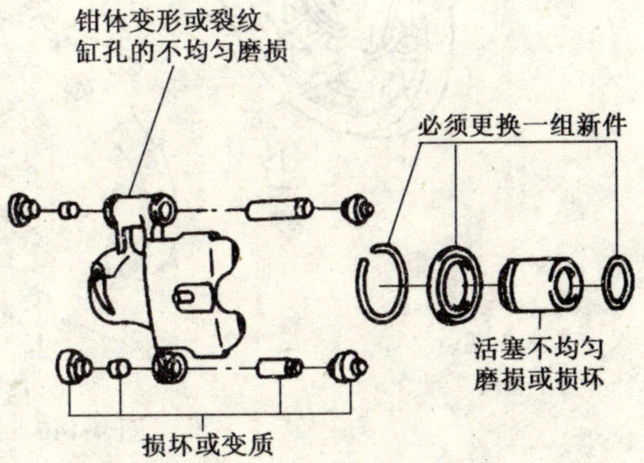

图 4-143　制动器制动钳组件的检查

②检查制动块摩擦片(图 4-144)和制动盘的厚度(图 4-145)。厚度应不小于使用极限值,否则应予以更换。

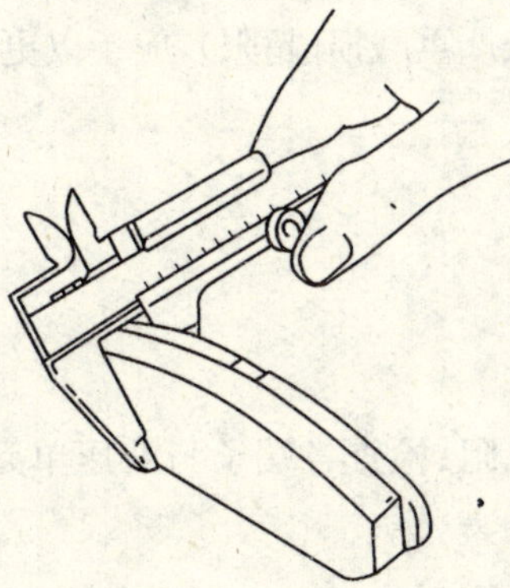

图 4-144　检查制动块摩擦片的厚度

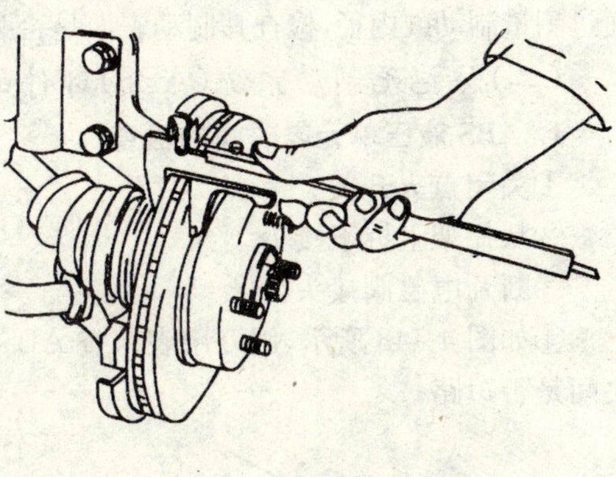

图 4-145　测量制动盘厚度

4. 鼓式制动器的检查

鼓式制动器的检查内容如图 4-146 所示。

(1)检查制动底板

检查制动底板是否变形,制动蹄接触面是否磨损、机械损伤等缺陷。如有不良情况,应更换或修复制动底板。

(2)检查各制动蹄回位弹簧

检查制动蹄回位弹簧是否有塑性变形、弹力下降或外形变形等损伤。如有不良情况,应更换回位弹簧。

(3)检查制动蹄摩擦片

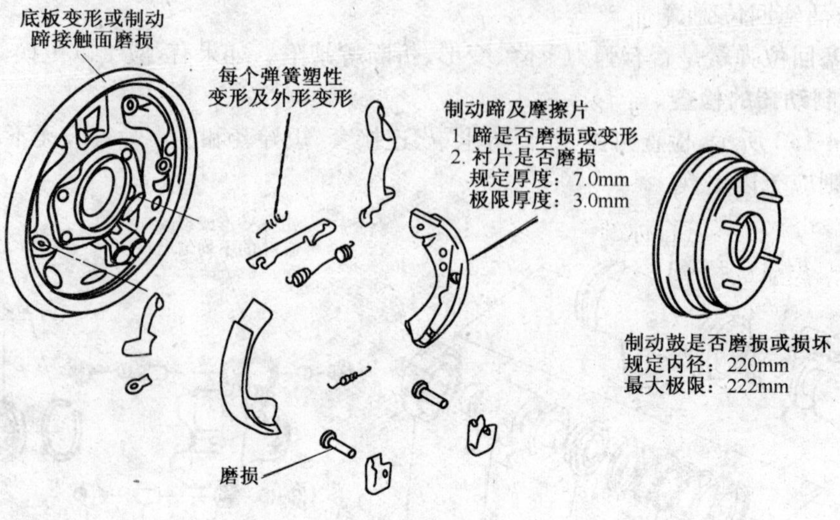

图 4-146　鼓式制动器的检查内容

检查制动蹄摩擦片表面有无龟裂、严重磨损，制动蹄变形或裂纹等缺陷。如果有，应更换制动蹄摩擦片总成。

若制动蹄摩擦片的厚度小于使用极限值时，应予以更换。

(4)检查制动鼓

清洁制动鼓表面，检查是否有裂纹，制动鼓摩擦表面是否擦伤或有深槽痕。如图 4-147 所示，通过测量制动鼓内径，检查其制动表面是否磨损。如果有裂纹或严重磨损(超限)，应予以更换。

(二)防抱死制动系统(ABS)部件的检查技巧

1. ABS 液压单元电磁阀的检查

①关闭点火开关。

②从托架上拆下接头。

③断开电磁阀接头。

④如图 4-148 所示，用万用表检查 ABS 液压单元端子间电阻、检查各端子与液压单元壳体之间是否短路。

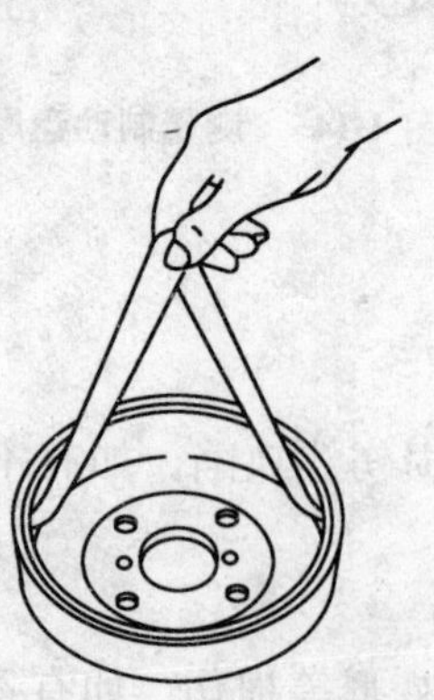

图 4-147　测量制动鼓内径

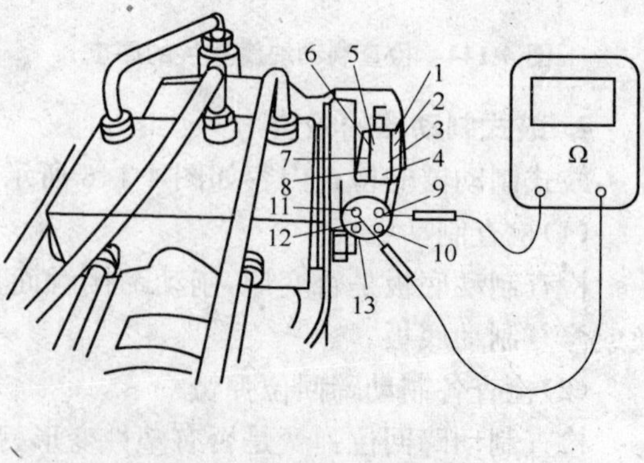

图 4-148　用万用表检查 ABS 液压单元电磁阀

1～13. 液压单元的端子

各端子之间标准电阻值如下：

a. 端子 1 与 12、端子 3 与 12、端子 4 与 12 的电阻值为 6.0～14.5Ω。

b. 端子 5 与 12、端子 7 与 12、端子 8 与 12 的电阻值为 3.2～7.2Ω。

c. 端子 9 与 13 的电阻值为 26～40Ω。

d. 各端子和 ABS 液压单元壳体之间电阻值为∞(无穷大)。

如果检测的数据不符合标准值，说明电磁阀损坏，应更换 ABS 液压单元。

2. ABS 泵电机的检查

①关闭点火开关。

②拆下电机接头。

③如图 4-149 所示，用万用表测量 ABS 泵电机的电阻。各电阻标准值如下：

a. 电机端子之间电阻值小于 1Ω。

b. 端子和电机壳体之间的电阻值在 1MΩ 以上。

④将蓄电池正极连接到电机接头端子“9”上，蓄电池负极端子连到“10”上，如图 4-150 所示，然后检查能否听到电机工作声。如果电机没有工作的声音，说明 ABS 泵电机有故障，应更换 ABS 电控单元。

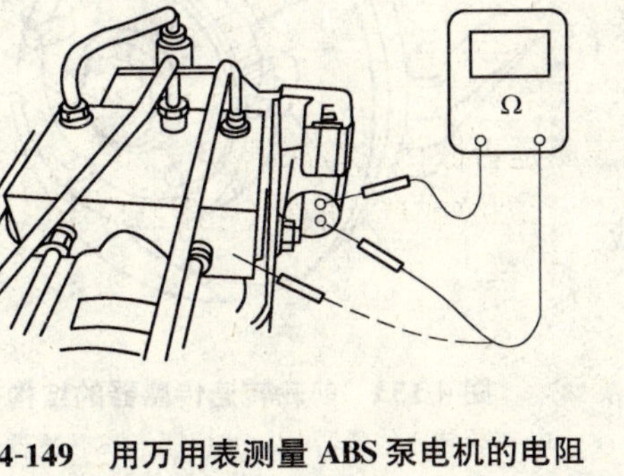

图 4-149　用万用表测量 ABS 泵电机的电阻

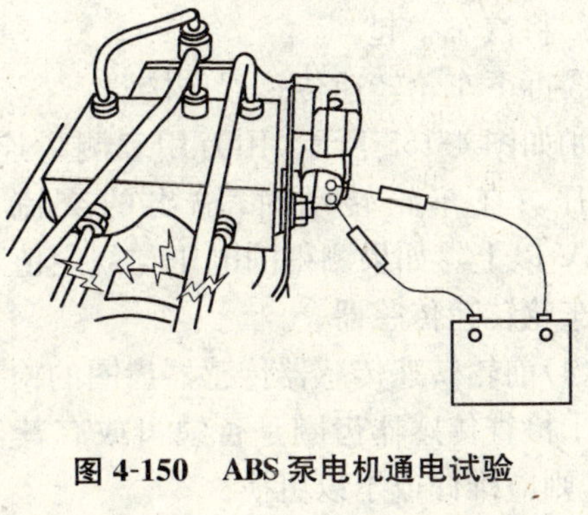

图 4-150　ABS 泵电机通电试验

3. ABS 电磁阀继电器/ABS 泵电机继电器的检修

①从电池上断开负极电线。

②从支架上拆下电磁阀继电器或泵电机继电器，如图 4-151 所示。

③如图 4-152 所示，用万用表检查两接线柱之间电阻，其中端子 1 和 3 之间电阻值为 70～90Ω；端子 2 和 5 之间导通；端子 4 和 5 之间断路。

④如图 4-152 所示，将蓄电池正负极分别连到端子 1 和 3 上，然后检查相关端子的电阻是否一致。其中，端子 2 和 5 之间断路；端子 4 和 5 之间导通。

⑤如果检测的结果不符合上述规定，则应更换继电器。

4. 前轮转速传感器的检查

(1)前轮转速传感器的外观检查

如图 4-153 所示，前轮转速传感器由车轮转速传感器和传感器齿圈组成。

①检查车轮转速传感器头部是否粘有异物，如果有异物，则应予以清除。

②检查车轮转速传感器是否损坏，如果损坏，则应予以更换。

(2)前轮转速传感器电阻的检测

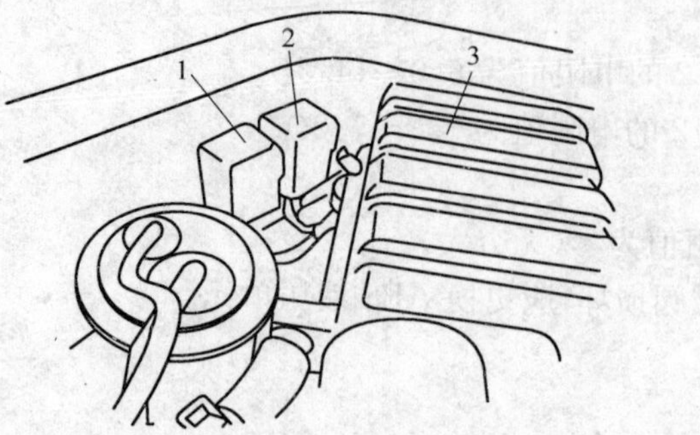

图 4-151　拆下电磁阀继电器或泵电机继电器

1. ABS 泵电机继电器　2. ABS 电磁阀继电器　3. 空气滤清器

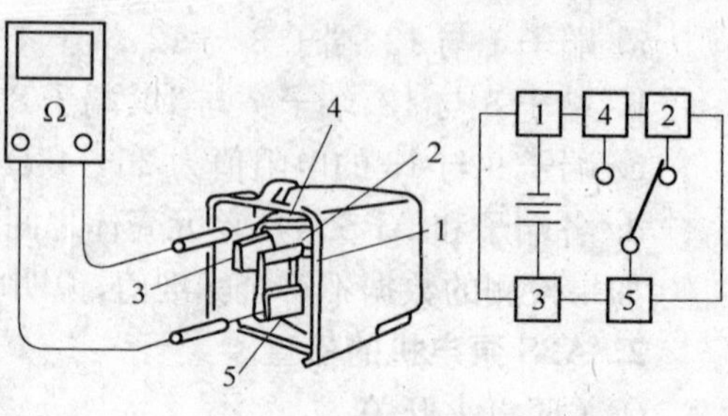

图 4-152　用万用表测量继电器电阻

1～5. 端子

如图 4-154 所示，用万用表测量车轮转速传感器电阻。其规定值为 1.3～1.5kΩ，连接器端子与传感器壳之间的电阻值应在 1MΩ 以上。

(3)前轮转速传感器输出电压的检测

①关闭点火开关。

②将汽车举起。

③拆下车轮转速传感器连接器。

④如图 4-155 所示，用万用表测量连接器端子的电压。在车轮转动时，输出的交流电压应在 100mV 以上。如果测得的电压与规定值不符，则应检查车轮转速传感器。

(4)前轮转速传感器传感器齿圈的检查

①检查传感器齿圈是否缺齿或有其他损伤，如果有，则应维修或予以更换。

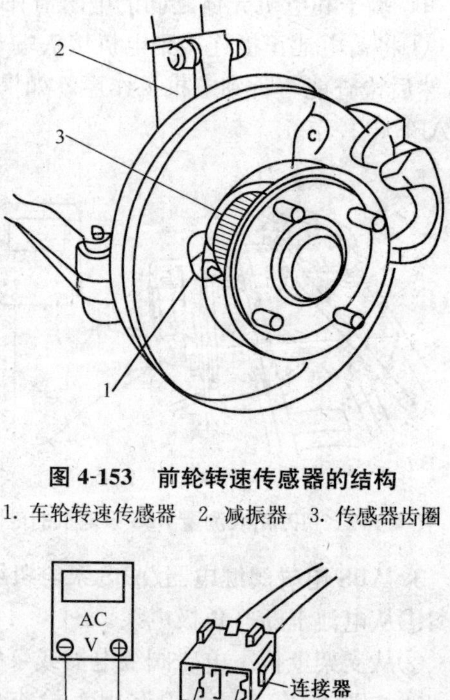

图 4-153　前轮转速传感器的结构

1. 车轮转速传感器　2. 减振器　3. 传感器齿圈

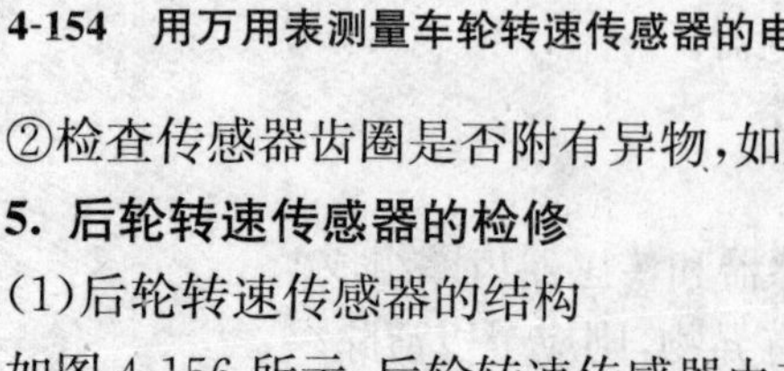

图 4-154　用万用表测量车轮转速传感器的电阻

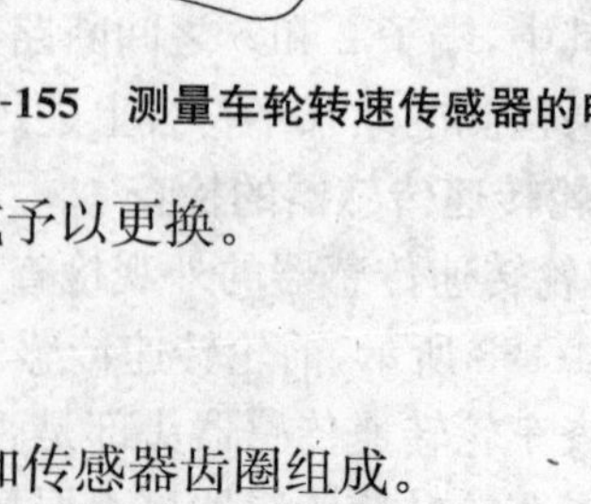

图 4-155　测量车轮转速传感器的电压

②检查传感器齿圈是否附有异物，如果有，则应清洁或予以更换。

5. 后轮转速传感器的检修

(1)后轮转速传感器的结构

如图 4-156 所示，后轮转速传感器由车轮转速传感器和传感器齿圈组成。

(2)后轮转速传感器的外观检查

①检查车轮转速传感器头部是否粘有异物，如果有异物，则应予以清除。

②检查车轮转速传感器是否损坏，如果损坏，则应予以更换。

(3)后轮转速传感器的电阻检查

如图 4-154 所示，用万用表测量后轮转速传感器电阻，规定值为 1.4～1.8kΩ。

(4)后轮转速传感器的输出电压检查

①关闭点火开关。

②将汽车顶起。

③拆下车轮转速传感器连接器。

④如图 4-155 所示，用万用表测量连接器端子电压，在车轮转动时，输出的交流电压应在 100mV 以上。如果测得的电压与规定值不符，则检查后轮转速传感器。

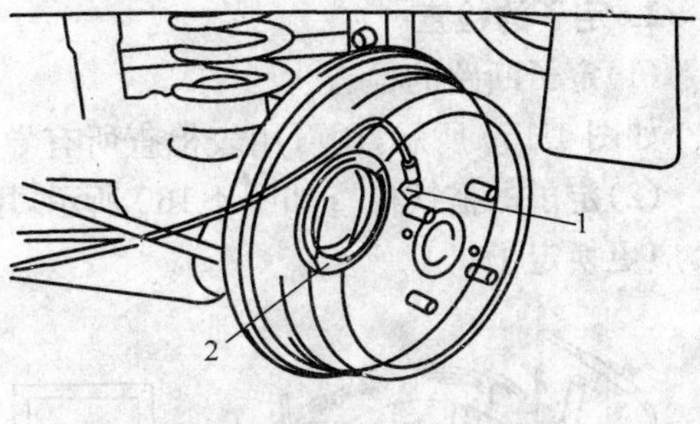

图 4-156　后轮转速传感器的结构

1. 后轮转速传感器　2. 传感器齿圈

(5)后轮转速传感器齿圈的检查

①检查传感器齿圈是否缺齿或有其他损伤，如果有，则应维修或予以更换。

②检查传感器齿圈是否附有异物，如果有异物，则应清洁或予以更换。

第四节　电器设备主要部件的检查技巧

一、交流发电机

1. 转子的检查

(1)转子的断路检查

如图 4-157 所示，用万用表测试转子两滑环之间是否断路或电阻值过大。如果有，应更换转子总成或检修。滑环与滑环之间电阻正常值为 2.9Ω。

(2)转子的搭铁检查

如图 4-158 所示，用万用表测试滑环和转子轴之间是否搭铁短路。如果有，则表明线圈搭铁，应更换转子或线圈。

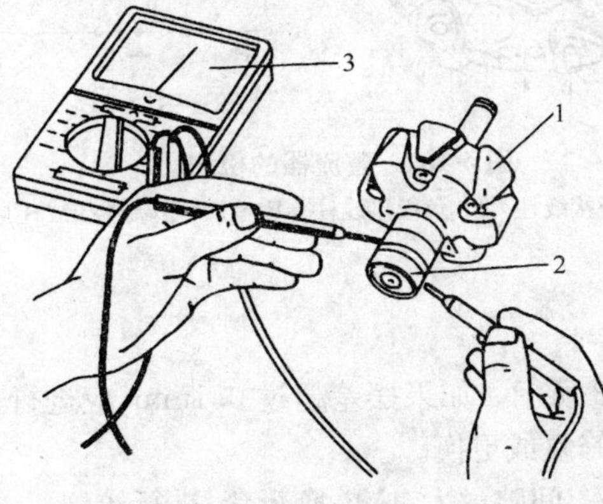

图 4-157　用万用表检查转子的断路情况

1. 转子总成　2. 滑环　3. 万用表

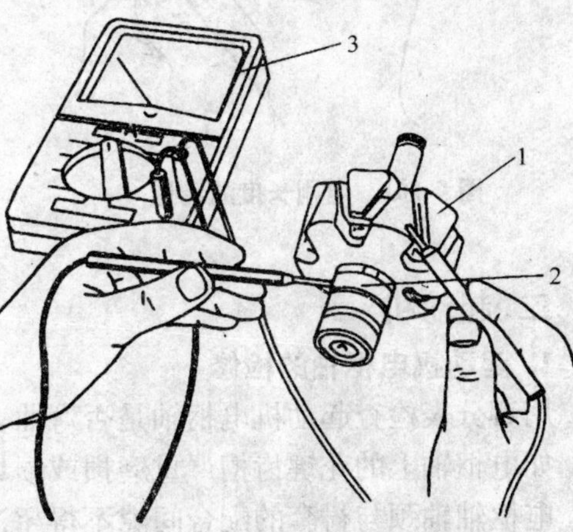

图 4-158　转子的搭铁检查

1. 转子总成　2. 滑环　3. 万用表

2. 定子的检查

(1)定子断路的检查

如图 4-159 所示，用万用表检查所有导线是否导通，如果不导通，应更换定子。

(2)定子的搭铁检查如图 4-160 所示，用万用表检查线圈导线与定子芯是否导通，如果能导通，应更换定子。

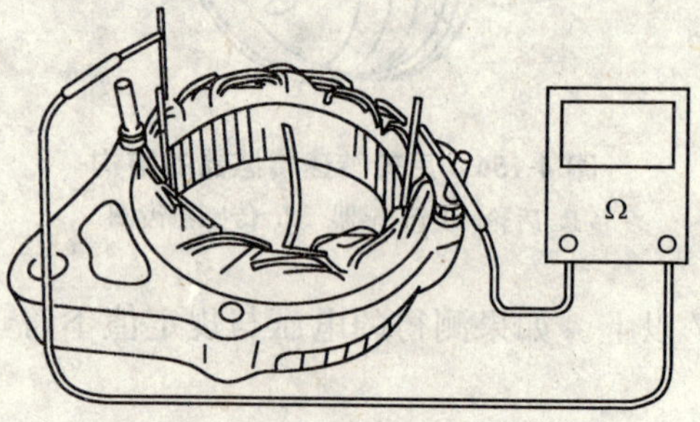

图 4-159　定子断路的检查

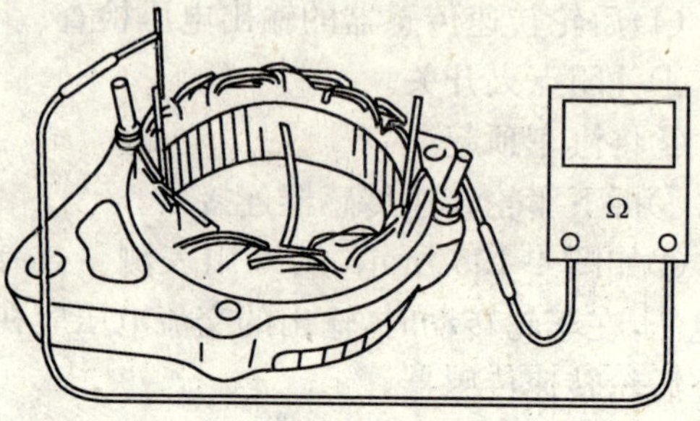

图 4-160　定子的搭铁检查

3. 电刷长度的测量

如图 4-161 所示，用卡尺测量电刷的长度，标准值为 10.5mm；极限值为 4.5mm。如果低于使用极限值时，应更换新的电刷；如果表面烧损，应予以修磨。

4. 整流器的检测

如图 4-162 所示，用万用表分别检测 B 与 P_1、P_2、P_3、P_4；E 与 P_1、P_2、P_3、P_4 之间的正向和反向导通情况。正常时应为正向导通，反向截止。如果正、反向电阻值均为 0，则说明二极管短路；如果正、反向电阻值均为无穷大，则说明二极管断路，应更换整流器。

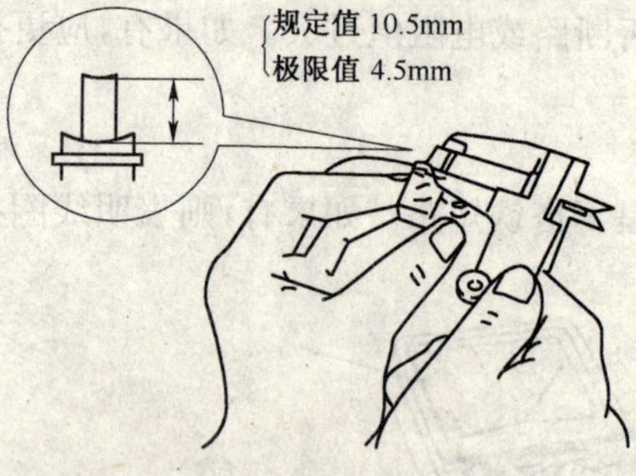

图 4-161　电刷长度的测量

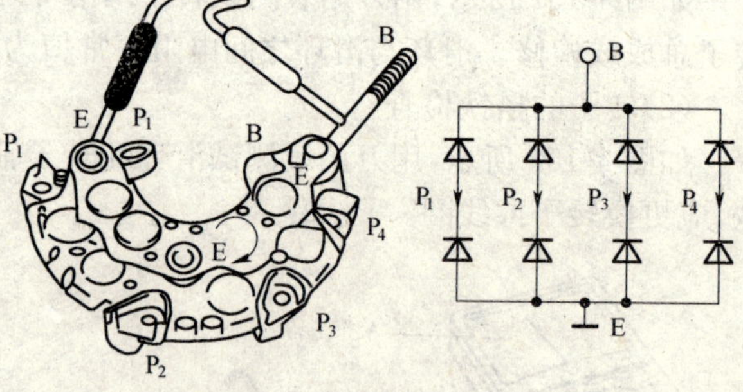

图 4-162　整流器的检测

B. 正极接线柱　E. 负极接线柱　P_1～P_4. 整流器接线柱

二、起动机

1. 起动机电枢轴的检修

用百分表检查起动机电枢轴是否弯曲，如图 4-163 所示。如果摆差超过 0.1mm，应进行校正。如电枢轴上的花键齿槽严重磨损或损坏，应进行修复或更换。

电枢轴轴颈与衬套的配合间隙不得超过 0.15mm。间隙过大，应更换新套，进行铰配。

2. 起动机换向器的检查

①检查换向器有无脏污和表面烧蚀，如果出现此情况，应用 400 号砂纸或在车床上修整。

②测量换向器的径向圆跳动，如图 4-164 所示。将换向器放在 V 形铁上，用百分表测量圆周上径向跳动，最大允许径向圆跳动应为 0.05mm。如果径向圆跳动大于规定值，应在车床上校正。

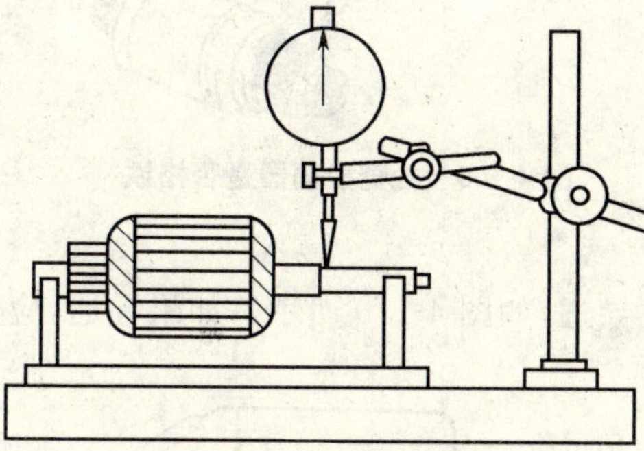

图 4-163　电枢轴弯曲度的检查

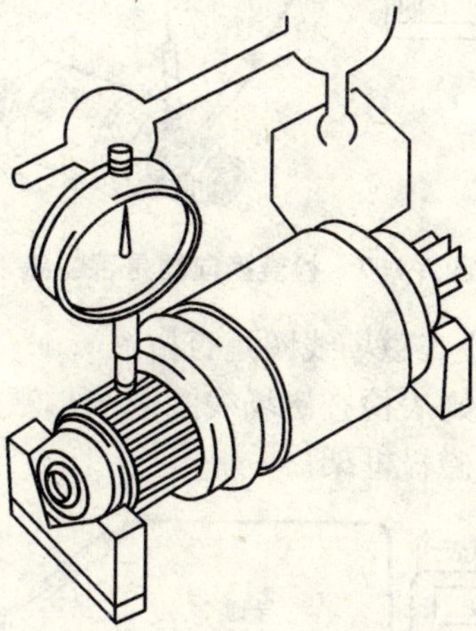

图 4-164　测量换向器径向圆跳动

③用游标卡尺测量换向器的直径，如图 4-165 所示。其标准值为 30.0mm，最小直径为 29.0mm。如果直径小于最小值，应更换电枢。

④检查底部凹槽深度。槽内应清洁无异物，边缘光滑。测量如图 4-166 所示，标准凹槽深度为 0.6mm，最小凹槽深度为 0.2mm。如果凹槽深度小于最小值，应用手锯条修正。

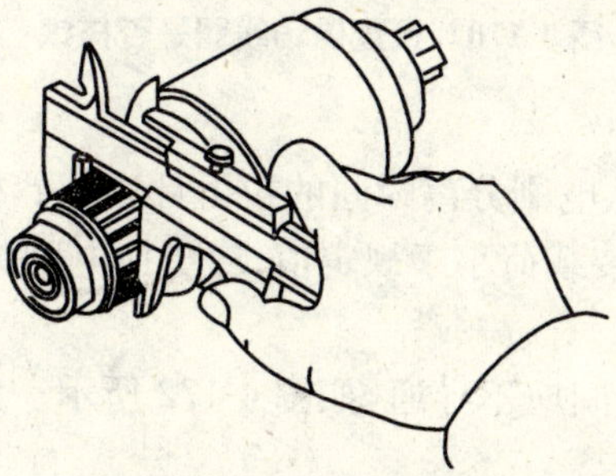

图 4-165　测量换向器直径

图 4-166　检查换向器底部凹槽深度

3. 起动机电枢线圈的维修

(1)检查换向器是否开路

如图 4-167 所示，用欧姆表检查换向片之间的导通情况。如果换向片之间不导通，应更换电枢。

(2)检查换向器是否搭铁

如图 4-168 所示，用欧姆表检查换向器与电枢线圈铁心之间应不导通。如果导通，应更换电枢。

4. 起动机磁场线圈的检查

(1)检查磁场线圈是否断路

如图 4-169 所示。用欧姆表检查引线和磁场线圈电刷引线之间应导通。否则，应更换磁极框架。

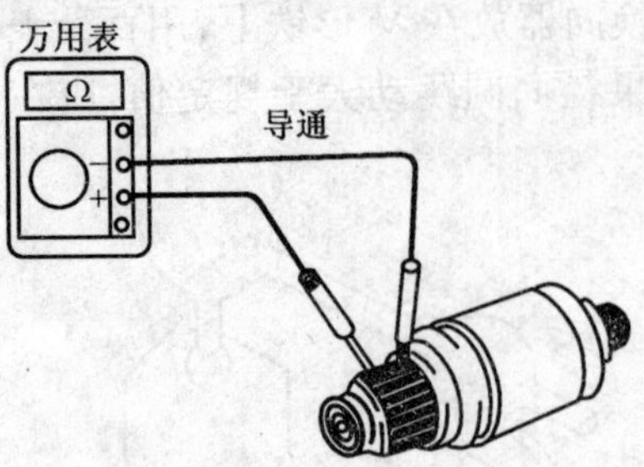

图 4-167　检查换向器是否断路

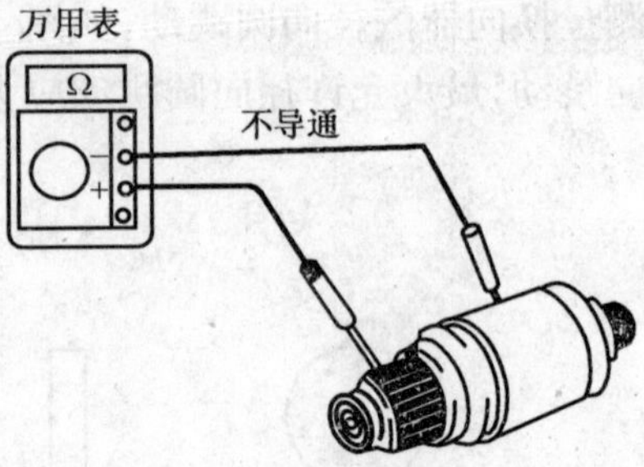

图 4-168　检查换向器是否搭铁

(2)检查磁场线圈是否搭铁

用欧姆表检查磁场线圈末端与磁极框架之间应不导通，如图 4-170 所示。如果导通，应修理或更换磁极框架。

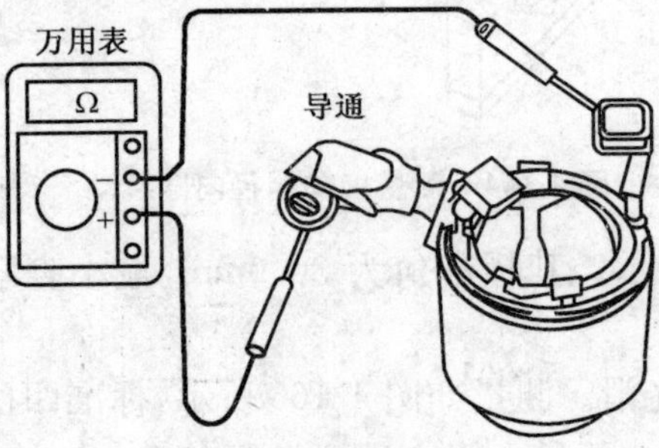

图 4-169　检查磁场线圈是否开路

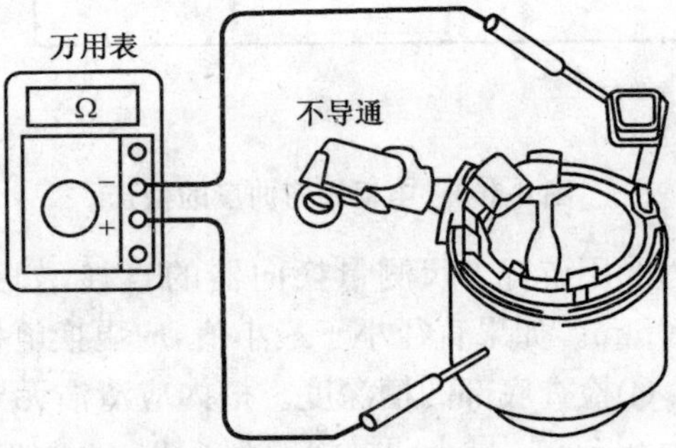

图 4-170　检查磁场线圈是否搭铁

5. 起动机电刷弹簧的维修

维修电刷弹簧可按如图 4-171 所示，读取电刷弹簧从电刷分离瞬间的拉力计读数。标准弹簧安装载荷为 17～23N，最小安装载荷为 12N。如果安装载荷小于规定值，应更换电刷弹簧。

6. 起动机电刷架的维修

用万用表欧姆挡检查电刷架正极(＋)与负极(－)之间应不导通，如图 4-172 所示。如果导通，应修理或更换电刷架。

图 4-171　检查电刷弹簧载荷

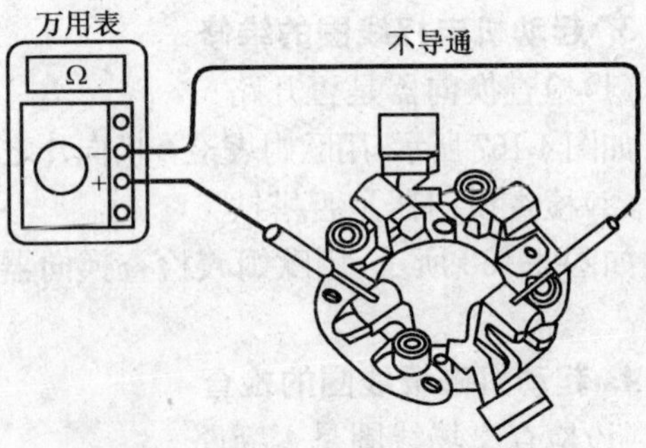

图 4-172　检查电刷架绝缘情况

7. 起动机离合器和驱动齿轮的维修

①检查离合器驱动齿轮是否严重损伤或磨损。如果损坏，应进行更换。

②检查起动机离合器是否打滑或卡滞。如图 4-173 所示，用扳手将离合器驱动齿轮夹在台虎钳上，在花键套筒中套入花键轴，使扳手接在花键轴上，测得力矩应大于规定值(24～26N·m)。否则，说明离合器打滑。反向转动离合器应不卡滞，否则，应修理或更换离合器总成。

8. 起动机电磁开关的维修

①检查电磁开关内部线圈断路、短路或搭铁故障。可用万用表测线圈电阻后与标准值比较进行判断。

②按照图 4-174 所示连接好线路，接通开关后，应能听到活动铁心动作的声音，同时试灯应被点亮；开关断开后，试灯应立即熄灭。否则，应更换电磁开关或更换起动机总成。

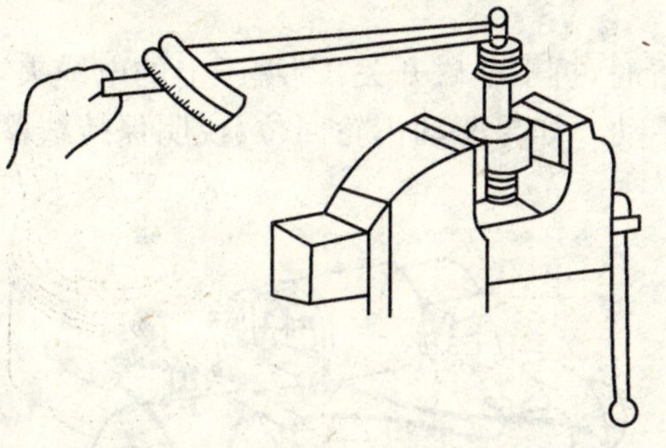

图 4-173 检查离合器工作是否正常

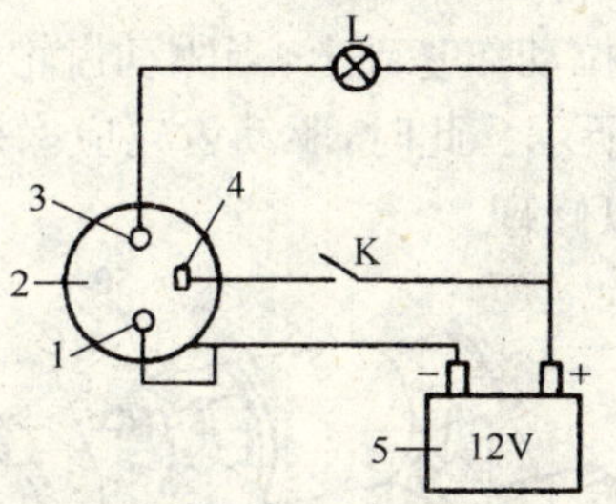

图 4-174 电磁开关的检查

1. 磁场线圈接线柱 2. 起动机开关 3. 蓄电池接线柱 4. 点火开关接线柱 5. 蓄电池

9. 起动机空载性能的检测

检测时，先将蓄电池充足电，每项检测应在 5s 内完成，以防线圈被烧坏。

①如图 4-175 所示，将起动机与蓄电池和电流表(量程为 0～100A 以上的直流电流表)连接，蓄电池正极与电流表正极连接，电流表负极与起动机“30”端子连接，蓄电池的负极与起动机外壳连接。

②如图 4-176 所示，用带夹电缆将“30”端子与“50”端子连接起来。此时，驱动齿轮应向外伸

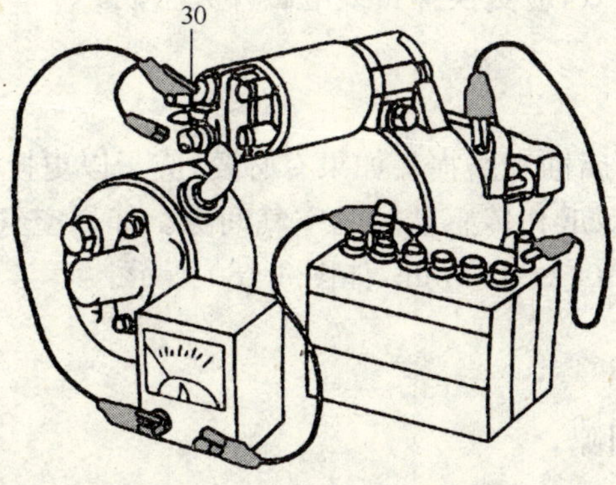

图 4-175 起动机的空载试验

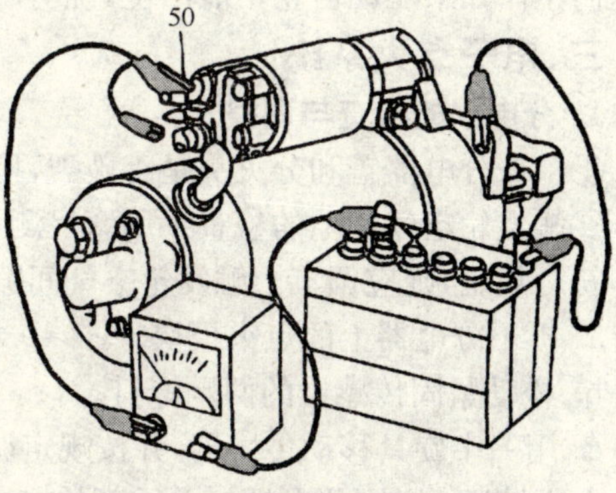

图 4-176 接通“50”端子进行试验

出，起动机应平稳运转。当蓄电池电压大于或等于11.5V时，消耗电流应不超过50A，用转速表测量电枢轴的转速应不低于5000r/min。

③如果电流大于50A或转速低于5000r/min，说明起动机装配过紧或电枢绕组和磁场绕组有短路或搭铁故障；如果电流和转速都低于标准值，说明电动机电路接触不良，如电刷与换向器接触不良或电刷弹簧弹力不足等。

10. 起动机电磁开关的检测

(1)吸拉动作试验

将起动机固定在台虎钳上，拆下起动机端子“C”上的磁场绕组电缆引线端子，用带夹电缆将起动机“C”端子和电磁开关壳体与蓄电池负极连接，如图4-177所示。用带夹电缆将起动机“50”端子与蓄电池正极连接。此时，驱动齿轮应向外移动。如果驱动齿轮不动，说明电磁开关有故障，应予以修理或更换。

(2)保持动作试验

在吸拉动作基础上，当驱动齿轮保持在伸出位置时，拆下电磁开关“C”端子上的电缆夹，如图4-178所示。此时，驱动齿轮应保持在伸出位置不动。如果驱动齿轮回位，说明保持线圈断路，应予以修理。

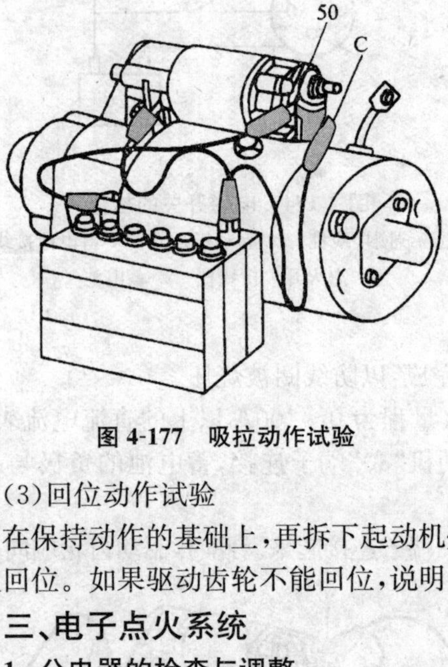

图4-177　吸拉动作试验

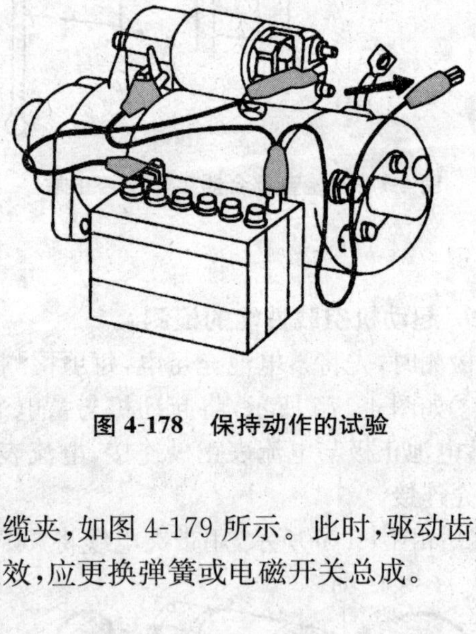

图4-178　保持动作的试验

(3)回位动作试验

在保持动作的基础上，再拆下起动机壳体上的电缆夹，如图4-179所示。此时，驱动齿轮应迅速回位。如果驱动齿轮不能回位，说明回位弹簧失效，应更换弹簧或电磁开关总成。

三、电子点火系统

1. 分电器的检查与调整

①检查分电器盖和分火头是否破裂，接线柱是否腐蚀和磨损。如果有必要，应予以更换。

②触发轮空气间隙的检查。用塞尺测量触发轮棘爪和传感器间的空气间隙。如果空气间隙不符合规定，则应调节。触发轮空气间隙标准值为0.2～0.4mm，如图4-180所示。

a. 拆下分电器上的点火模块。

b. 松动紧固传感器的两颗螺钉。

c. 用一字旋具移动传感器，并按规定调节空气间隙。

d. 调节后，紧固两颗螺钉并重新检查空气间隙。

③点火模块总成的检查。

a. 拆下分电器盖和分火头。

b. 检查触发轮棘爪与传感器感应线圈是否分开。如果未分开,则应来回转动曲轴。

c. 如图 4-181 所示,用万用表测量点火模块插接件的端子 A 和发动机搭铁之间的电压。标准值为蓄电池电压(12V)。

图 4-179　回位动作的试验

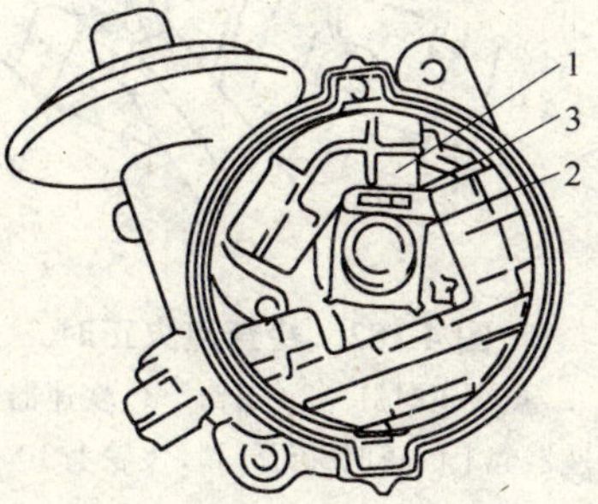

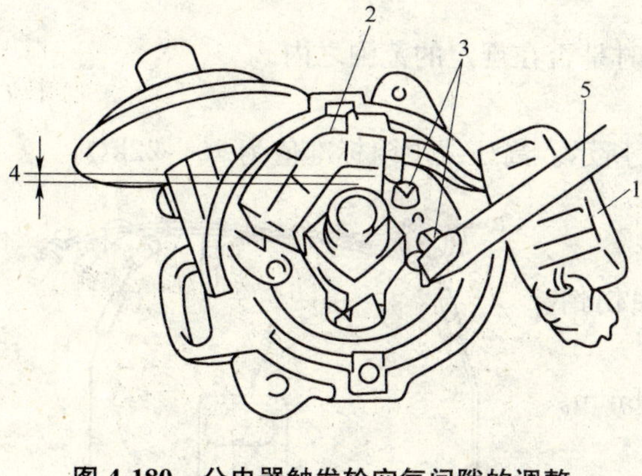

图 4-180　分电器触发轮空气间隙的调整

1. 点火模块　2. 传感器　3. 调整螺钉　4. 触发轮空气间隙　5. 一字旋具

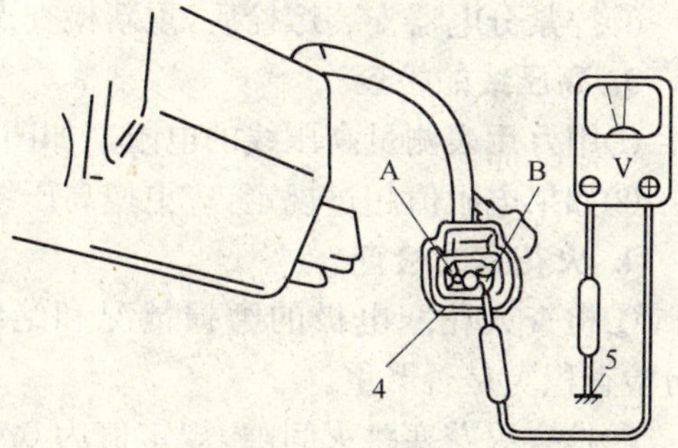

图 4-181　点火模块的检测

1. 感应线圈　2. 触发轮　3. 一字旋具　4. 插接件　5. 发动机搭铁线　A、B. 端子

d. 把电压表连接到点火模块插接件的端子 B 和发动机搭铁之间(图 4-181)。

e. 把一字旋具插入触发轮和传感器感应线圈之间,然后快速抽出并重复几次。当一字旋具插入或抽出时,电压表上的电压应有约 0.3V。如果不是这样,则说明传感器可能已损坏,应更换传感器总成。

注意:传感器和点火模块不可拆分。

2. 点火正时的检查与调整

注意:起动发动机,将变速杆放到空档位置并锁紧驻车制动器。

①从地板处拆下分电器维修盖,然后从变速器前壳处取下塞子。

②把正时灯连到 1 号高压阻尼线上。

③起动发动机,然后以不高于 800r/min 的转速运转。

④在此条件下,将正时灯朝向飞轮。如果飞轮上的 10°正时标记 B 与壳体上的正时配合标记 A 对准(孔边缘),则表明点火正时准确,如图 4-182 所示。怠速点火正时标准值为 10°±1°(800r/min)。

⑤如果点火正时不符合规定,在松开分电器安装螺栓、在发动机运转的情况下,通过转动分电器总成来调节正时,然后拧紧该螺栓,如图 4-183 所示。

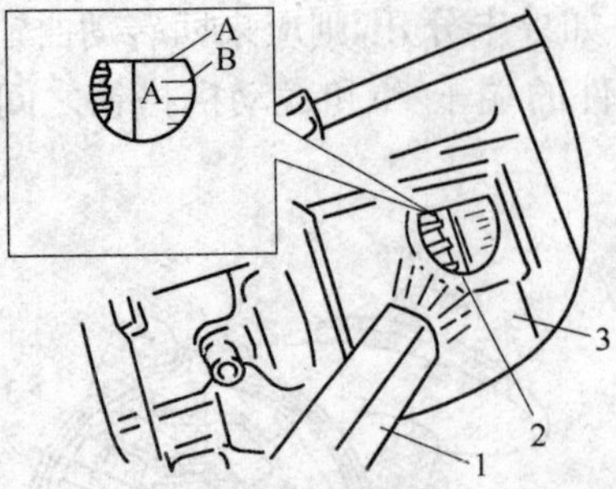

图 4-182　检查点火正时

1. 点火正时灯　2. 飞轮　3. 变速器壳

A. 变速器壳上的正时标记　B. 飞轮上 10°正时标记

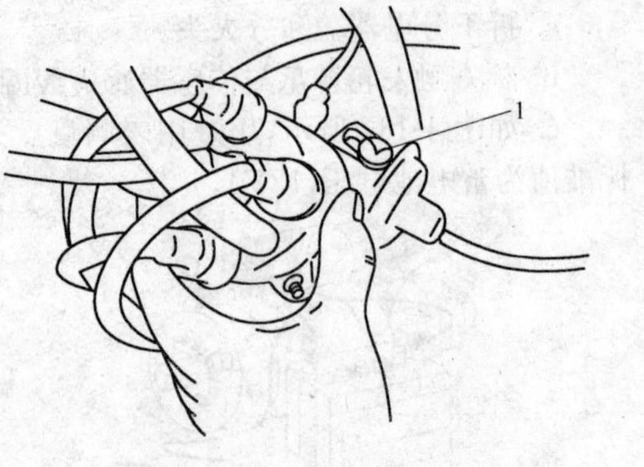

图 4-183　点火正时的调整

1. 分电器安装螺栓

⑥拧紧分电器安装螺栓后，重新检查点火正时是否在规定的范围之内。

3. 高压线的检查

①用万用表测量高压线的电阻。如图 4-184 所示。高压线电阻标准值为 10～22kΩ。

②如果电阻值超过规定，应更换高压线。

4. 火花塞的检查

①检查火花塞电极的磨损情况和绝缘体损伤情况，检查积炭是否严重。

②检查火花塞跳火间隙，规定值为 0.7～0.8mm。如果该间隙不符合规定，应予以调整。

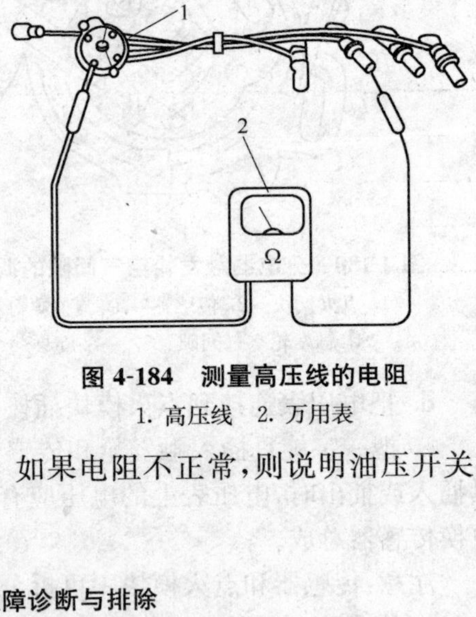

图 4-184　测量高压线的电阻

1. 高压线　2. 万用表

四、组合仪表

1. 机油压力报警灯的检修

(1)机油油压开关的检查

测量油压开关对搭铁的电阻，在发动机不工作时，电阻值应为 0Ω；在发动机工作时，电阻值应为无穷大。如果电阻不正常，则说明油压开关损坏。

(2)机油压力报警灯常见故障诊断与排除(表 4-11)

表 4-11　机油压力报警灯常见故障诊断与排除

故障现象	故障原因	故障排除
机油压力报警灯始终不亮	(1)灯泡损坏 (2)仪表熔丝熔断 (3)线路故障或搭铁故障	(1)更换灯泡 (2)更换熔丝 (3)检查线路
发动机工作后，机油压力报警灯始终亮	(1)油压开关有故障 (2)机油压力报警灯与油压开关间的线路有短路故障 (3)机油压力过低	(1)检查油压开关 (2)检查线路 (3)检查发动机润滑系统

2. 燃油表的检修

(1)燃油表的检查

①拆开后座，拔下油位传感器连接器。

②在油位传感器连接器上连接可变电阻，然后打开点火开关。

③转动可变电阻，观察燃油表指针位置与电阻之间的关系是否与表 4-12 相符。如果相符，则说明燃油表正常，否则，说明燃油表或线路有故障。

(2)油位传感器的检查

如图 4-185 所示，用欧姆表检查浮子在不同位置时的电阻是否与表 4-13 相符。如果不符，则说明油位传感器损坏。

表 4-12　燃油表指针位置与电阻值

燃油表指针位置	电阻值(Ω)
F	2～4
1/2	29.5～35.5
E	117～123

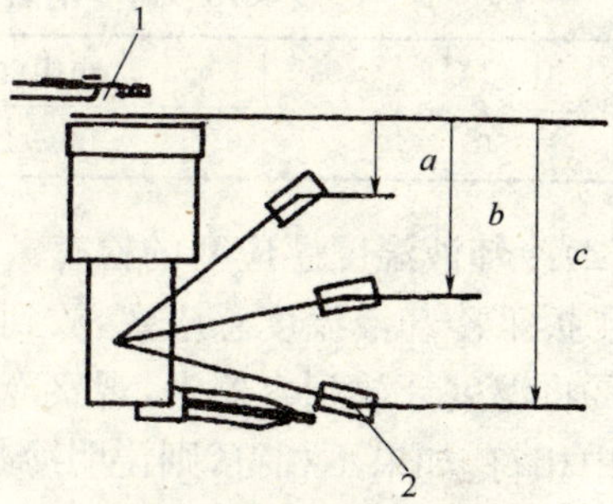

图 4-185　油位传感器的检查

1. 燃油泵总成　2. 浮子

(3)燃油表常见故障诊断与排除方法(见表 4-14)

表 4-13　浮子位置与电阻值

浮子位置(mm)		电阻值(Ω)
a	102.3	2～4(燃油表指针在 F 位置)
b	156.9	29.5～35.5(燃油表指针在 1/2 位置)
c	218.5	117～123(燃油表指针在 E 位置)

表 4-14　燃油表常见故障的诊断与排除方法

故障现象	故障原因	故障排除
燃油表指针始终指在某一位置	(1)浮子卡住 (2)燃油表有故障 (3)油位传感器有故障	(1)拆检油位传感器 (2)检查燃油表 (3)检查油位传感器
燃油表指针始终处于低位	(1)熔丝熔断 (2)燃油表或油位传感器搭铁不良 (3)燃油表或油位传感器有故障	(1)更换熔丝 (2)检查线路 (3)按"燃油表指针始终指在某一位置"检查
燃油表指针总在 F 位置	(1)燃油表或油位传感器有搭铁故障 (2)燃油表或油位传感器有故障	(1)检查线路 (2)按"燃油表指针始终指在某一位置"检查
燃油表指示不准	(1)燃油表有故障 (2)油位传感器有故障 (3)导线或搭铁不良	(1)检查燃油表 (2)检查油位传感器 (3)检查线路

3. 冷却液温度表的检修

(1)冷却液温度表的检查

①简单判断法。

a. 打开点火开关，拔下冷却液温度感应塞连接器，冷却液温度表指针应指在最低位置。

b. 将冷却液温度感应塞连接器搭铁，冷却液温度表指针应指在最高位置。否则，说明冷却液温度表或线路有故障。

②数据判断法。

a. 拔下冷却液温度感应塞连接器，在连接器和地之间串联上可变电阻。

b. 观察可变电阻的阻值与冷却液温度表指示温度之间的关系是否与表 4-15 中相符。如果不相符，则说明冷却液温度表损坏。

表 4-15 可变电阻的阻值与冷却液温度表指示温度之间的关系

温度(℃)	电阻(Ω)	温度(℃)	电阻(Ω)
50	190～260	80	54.2～58.1

(2)冷却液温度感应塞的检查

①拆下冷却液温度感应塞，放到容器中加热。

②将温度计放到容器中，观察冷却液温度与冷却液温度感应塞电阻之间的关系是否与表 4-15 中相符。如果不相符，则说明冷却液温度感应塞损坏。

五、刮水器和洗涤器

1. 刮水器电机的检查

①如图 4-186 所示，将蓄电池正极接线柱与刮水器电机 A 端子相连，将蓄电池负极接线柱与托架相连。

如果刮水器电机以 44～52r/min 的转速运转，则表明刮水器电机工作正常。

②进行高速检查时，应将蓄电池正极接线柱与刮水器电机 B 端子相连，蓄电池负极接线柱与托架相连。如果此时刮水器电机以 64～78r/min 的转速运转，则表明刮水器电机工作正常。否则，说明刮水器电机损坏，应予以更换。

③刮水器电机自动回位试验。

a. 如图 4-187 所示，将蓄电池正极接线柱与刮水器电机 A 端子相连，蓄电池负极接线柱与托架相连，让刮水器电机运转。

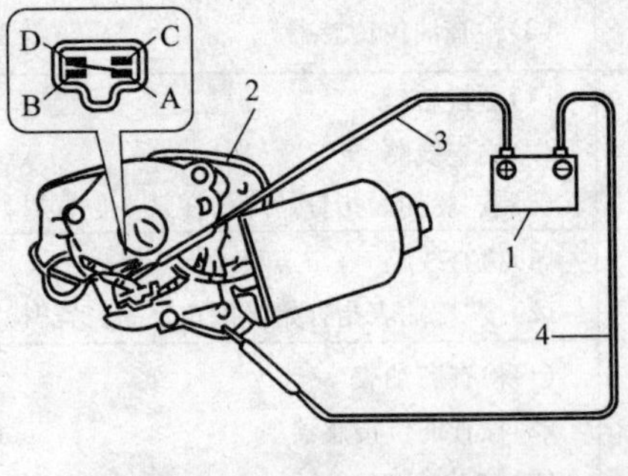

图 4-186 刮水器电机的检查

1. 蓄电池 2. 刮水器电机 3. 红色导线 4. 黑色导线 A～D. 电机端子

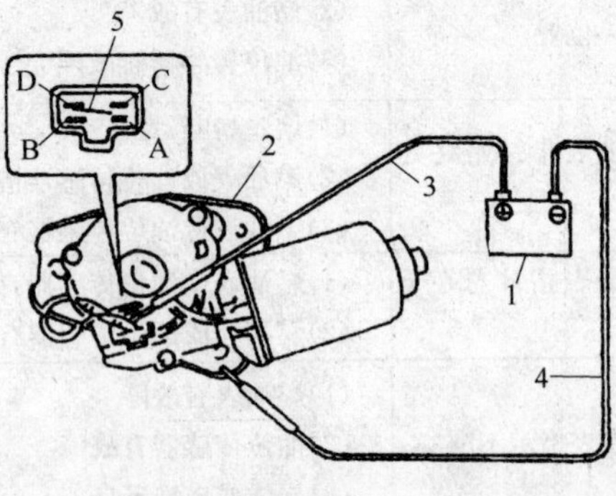

图 4-187 刮水器电机自动回位试验

1. 蓄电池 2. 刮水器电机 3. 黑色导线 4. 跨接线 A～D. 电机端子

b. 从蓄电池上拆下与刮水器电机 A 端子相连的线，让刮水器电机停止运转。

c. 用跨接线连接刮水器电机 A 端子和 D 端子，并将刮水器电机 C 端子与蓄电池正极接线柱相连，再次观察刮水器电机运转情况。刮水器电机应在规定位置停机。

d. 重复检查，观察刮水器电机是否每次都停在规定位置。

e. 如果不良，则说明刮水器电机损坏，应予以更换。

2. 洗涤泵的检修

如图 4-188 所示，将蓄电池正极接线柱和负极接线柱分别与洗涤泵正极和负极端子相连，检查洗涤泵的排量。前窗洗涤泵应大于 1.0L/min，后窗洗涤泵应大于 0.72L/min。否则，说明洗涤泵损坏，应予以更换。

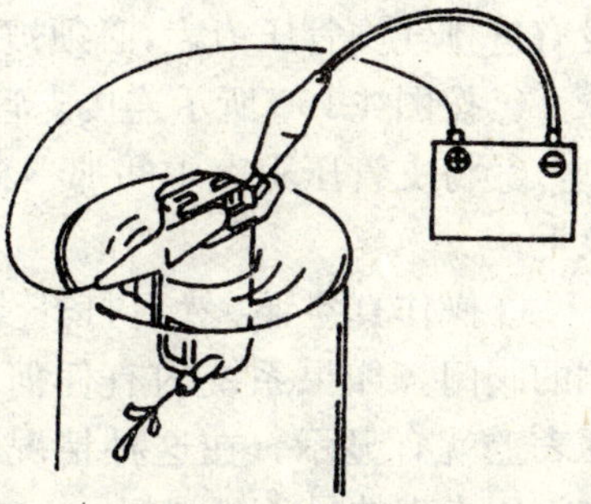

图 4-188　洗涤泵的检查

第五节　空调系统的检查技巧

下面以长安微型客车为例，介绍空调系统的检查技巧。

一、空调系统制冷系统的检查技巧

1. 充注制冷剂的流程(图 4-189)

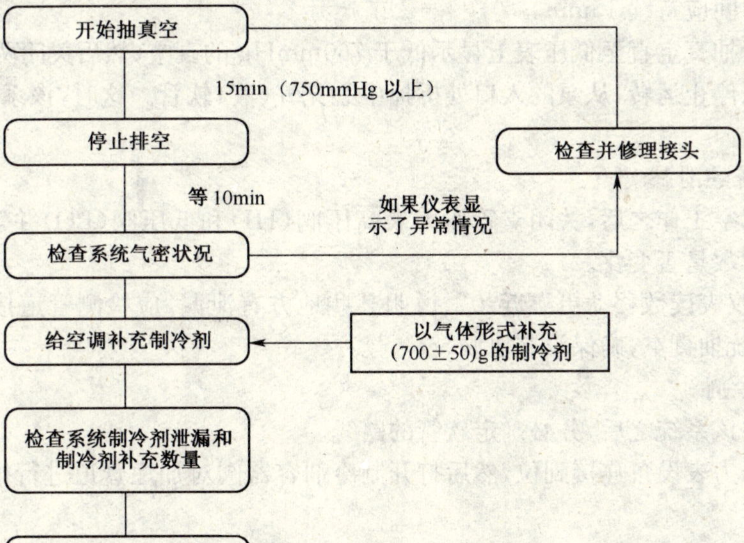

图 4-189　充注制冷剂的流程

2. 制冷剂的回收

当将制冷剂从空调系统排出时，可利用制冷剂回收器和循环设备将其回收。

说明：将制冷剂排到大气中，将会污染环境；当处理回收与循环设备时，必须遵守设备说明书的要求。

3. 空调系统的抽真空

注意：无论何时打开(暴露于大气中)，空调系统必须用真空泵将其抽真空。空调系统必须设有进排气支管压力表，必须被抽真空约 15min。在回收系统中的制冷剂之前，不要抽真空。

①按图 4-190 所示连接支管压力表。

②将支管压力表中间那一根软管接到真空泵上。

③操作真空泵，然后打开支管压力表吸入侧的阀门。如果系统内有任何堵塞，那么在高压表上就有显示。在这种情况出现时，应打开支管压力表的另一侧阀门。

④只要不存在泄漏现象，大约 10min 之后，低压表则显示出低于 760mmHg 的真空。

注意：如果该系统没有显示低于 760mmHg 的真空，则应关闭两个阀，停下真空泵并注意观察低压仪表的移动。压力表读数的增加表明存在泄漏。在这种情况下继续抽真空之前，必须修理空调系统。如果仪表显示出稳定读数（表明无泄漏），则继续抽真空。

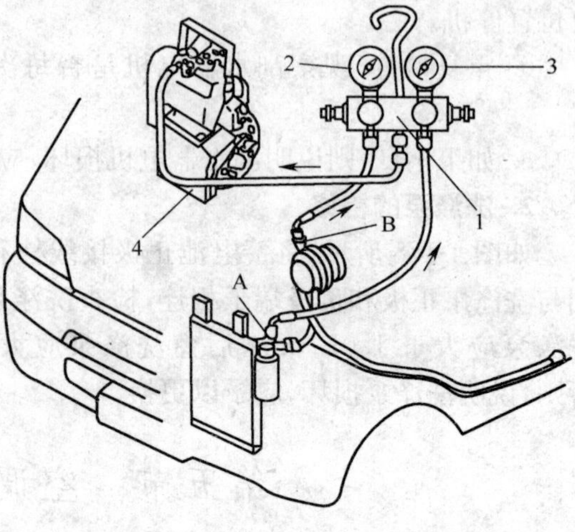

图 4-190　连接进排气支管压力表

1. 支管压力表　2. 低压表　3. 高压表
4. 回收设备或真空泵
A. 高压维修阀　B. 低压维修阀

⑤抽真空时间应持续 15min。

⑥继续进行抽真空直至低压表上显示低于 760mmHg 的真空，然后关闭两个阀。

⑦使真空泵停止运转，从泵的入口处拆掉中心充气（液）软管。这时，该系统已为充注制冷剂做好了准备。

4. 检查系统的泄漏

在完成抽真空工作之后，关闭支管压力表高压阀（HI）和低压阀（LO）并等待 10min，验证一下低压仪表读数是否变化。

注意：如果仪表读数移动更靠近“0”，说明某些地方有泄漏，应检测管道接头，作必要的校正，并再次将系统抽真空，确保没有泄漏。

5. 充注制冷剂

①在抽真空该系统之后，务必确定软管的路线。

②将支管压力表设备连接到位，然后打开制冷剂容器阀对加注管道进行排气，然后打开低压侧阀门。

警告：务必使高压一侧阀可靠关闭。

③起动发动机并保持在 1500r/min，然后打开空调。

④给空调系统充注气态的制冷剂。此时，必须保持制冷剂容器直立状态。

⑤当制冷剂容器被抽真空时，按下列程序用新的制冷剂容器替换它：

a. 关闭低压阀。

b. 用已充有制冷剂的制冷剂容器替换被抽真空的容器。当使用制冷剂容器开关阀时，可按下面步骤进行更换，如图 4-191 所示：

退回顶针，拧松其板螺母，拆去制冷剂容器开关阀。将先前拆除的制冷剂容器开关阀重新安装到新的制冷剂容器上。

c. 排出存在于中心充注软管中的气体。当使用制冷开关容器开关阀时，可按下面步骤进行排气，如图 4-192 所示：

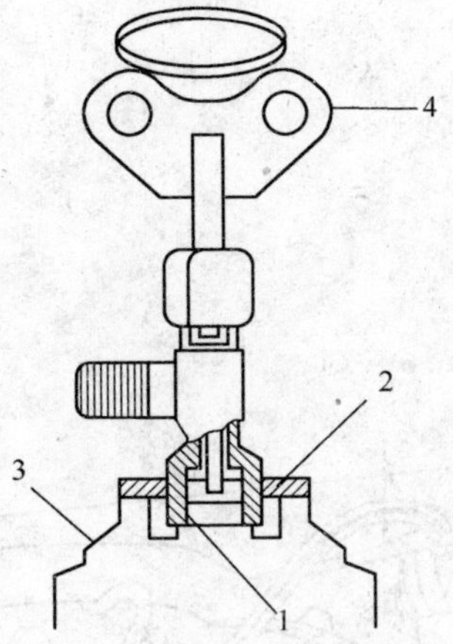

图 4-191　连接制冷剂容器

1. 顶针　2. 板螺母　3. 制冷剂容器　4. 手柄

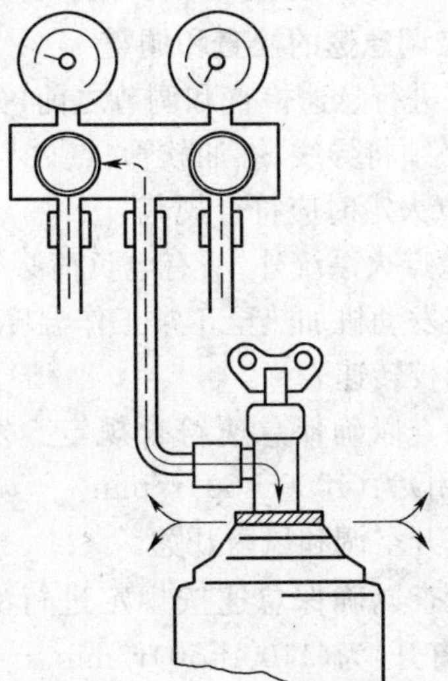

图 4-192　排出气体

首先一次性完全拧紧制冷剂容器开关阀，然后稍许拧松板螺母(打开一小点)。将支管压力表低压阀打开一些。一旦制冷剂通过制冷剂容器与开关阀之间的缝隙冒出来并带有漏气的声音，不但马上要拧紧支管压力表的低压阀，而且要拧紧板螺母。顺时针转动开关阀手柄，使其顶针能钻进新容器，产生一个制冷剂流动的通孔。

⑥在该系统被加注了规定量(650～750g)的制冷剂之后或当低压和高压表分别显示了规定的数值时，关闭支管压力表的低压侧阀。此时，观察视液镜并检查里面是否存在气泡。如果没有任何气泡，则表明该系统已充足制冷剂，如图 4-193 所示。

低压表：当补充规定量(制冷剂)时，大约 200～300kPa 绝对压力(气温在 25℃～35℃)；

高压表：当补充规定量(制冷剂)时，大约 1370～1670kPa 绝对压力(气温在 25℃～35℃)。

6. 空调系统泄漏情况的检查

用电子检漏仪仔细检查该系统泄漏情况，如图 4-194 所示。

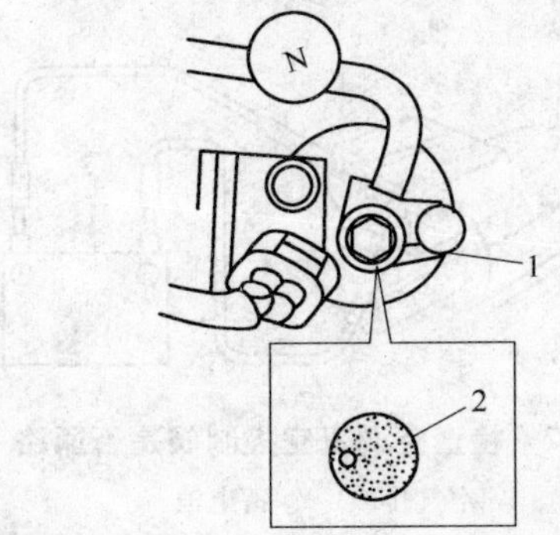

图 4-193　通过视液镜观察并检查里面是否存在气泡

1. 视液镜　2. 气泡

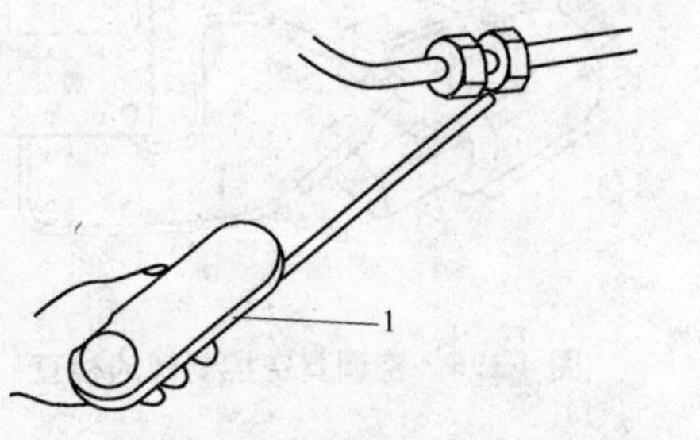

图 4-194　用电子检漏仪检查泄漏情况

1. 电子检漏仪

二、空调系统就车检查技巧

1. 空调怠速的检查和调整

①在进行怠速检查和调节之前，务必遵照以下几点：

a. 必须将导线、燃油软管、点火与排气控制系统连接牢固。

b. 点火定时应符合规范。

c. 除点火系统外，所有电负荷必须关闭。

②将发动机加热至正常工作温度。

③调校转速表。

④检查以确保怠速符合规定。发动机怠速(空调关闭)为(1000±50)r/min。

⑤打开空调和风扇开关。

⑥检查以确保怠速按规定进行。发动机怠速(空调打开)为(1100±50)r/min。

⑦如果发动机怠速值不在规定值内，则应检查空调真空控制阀及与其有关的管道及软管，如图4-195 所示。

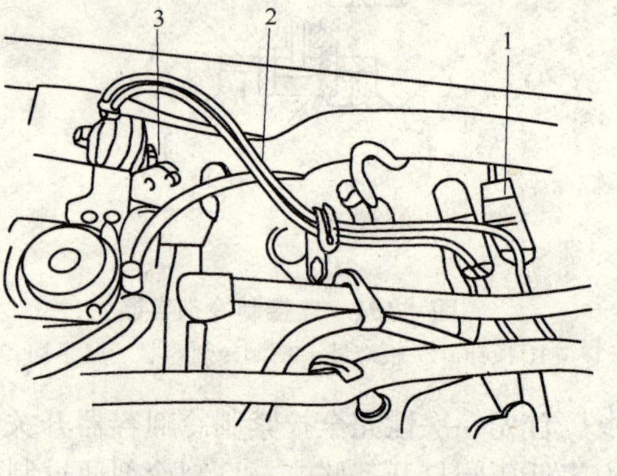

图 4-195　检查空调真空控制阀及相关的管道及软管

1. 空调怠速真空控制阀　2. 软管　3. 怠速提升装置

2. 空调真空控制阀的检查

①点火开关关闭之后，拆下空调真空控制阀连接器。

②检查空调真空控制阀的两个端子之间的电阻。如图 4-196 所示，标准电阻值为 36～40Ω。如果符合规定值，则进行下一步检查；如果不符合规定值，应给予更换。

③将发动机加热到正常的工作温度。

④发动机运转时，拔下空调真空控制阀上的软管，检查空调真空控制阀是否工作。

⑤如图 4-197 所示，在上述条件下，将蓄电池导线连接到空调真空控制阀端子上，检查空调真空控制阀两个管路是否相通。如果不相通，应更换空调真空控制阀。

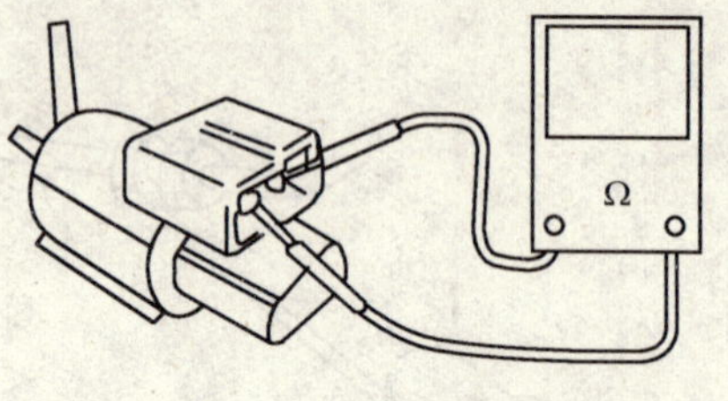

图 4-196　空调真空控制阀的检查

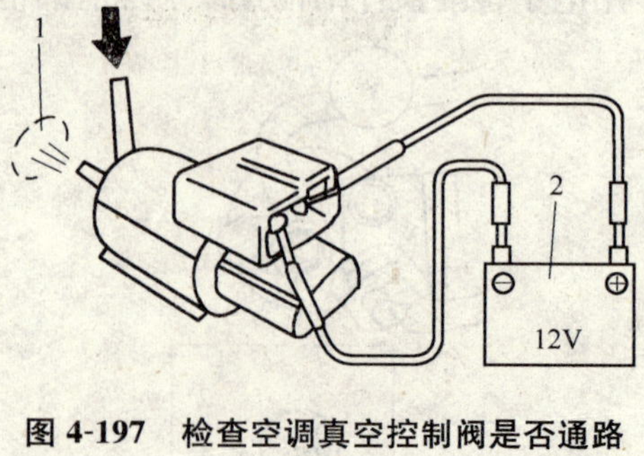

图 4-197　检查空调真空控制阀是否通路

1. 空气排放　2. 蓄电池

维修提示：用于空调真空控制阀的蓄电池电压时间不要超过 1s。若时间超过 1s，会导致电磁阀烧坏。

3. 空调发动机冷却温度传感器的检查

①空调发动机冷却温度传感器的位置如图 4-198 所示，检查时，先从其上拆去导线。

②可从进气支管上拆除空调发动机冷却液温度传感器，并按图 4-199 进行检查。在将水逐渐加热的同时，将传感器的温度传感部分放入水中并测量传感器的电阻。如果电阻与温度之间的关系与表 4-16 中相同，则表明正常；如果有故障，则更换新传感器。

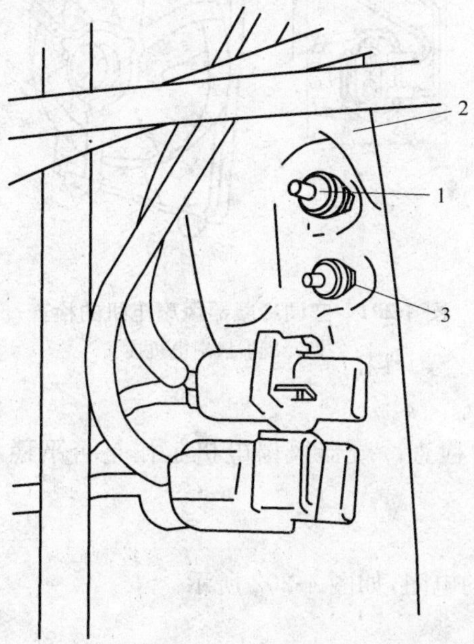

图 4-198　拆掉空调发动机冷却温度传感器导线

1. 空调发动机冷却液温度传感器　2. 进气支管
3. 发动机冷却液温度传感器(接组合仪表)

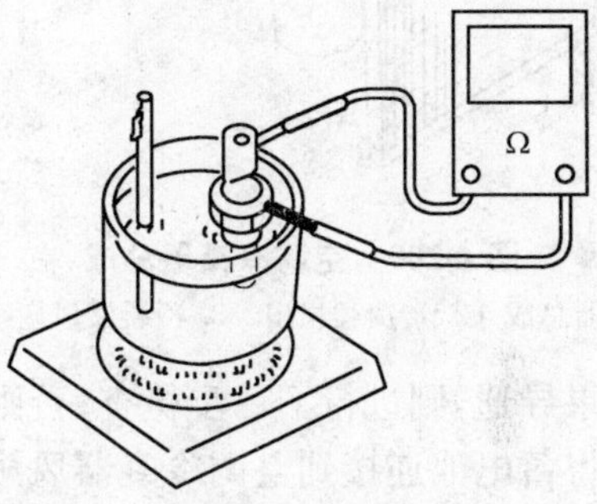

图 4-199　空调发动机冷却液温度传感器的检查

表 4-16　电阻与温度的关系

温度(℃)	50	80	100
电阻值(Ω)	154	52	27.5

4. 高低压保护开关的检查

①当空调系统适量充注了制冷剂和空调系统(压缩机)正在工作时，检查开关在正常温度下是否导通。在这两种情况下，开关都应导通。

②当压力在以下规定范围时，开关应不导通。高压侧压力在 200kPa 以下或 3200kPa 以上时，高低压开关不导通。

5. 空调冷凝器总成的检查

空调冷凝器总成如图 4-200 所示。

检查空调冷凝器总成以下内容：

①冷凝器散热叶片是否泄漏、堵塞以及损坏。

②冷凝器装配件是否泄漏。

③被堵塞的冷凝器散热叶片必须用水清洗，然后用压缩空气吹干。

注意：小心不要损坏冷凝器散热叶片。如果冷凝器散热叶片弯曲，可用旋具或钳子将其校直。如果发现配件或管子有泄漏，应修理或更换冷凝器。

6. 空调冷凝器风扇电机的检查

①如图 4-201 所示，用万用表检查空调冷凝器风扇电机两个端子之间是否导通。

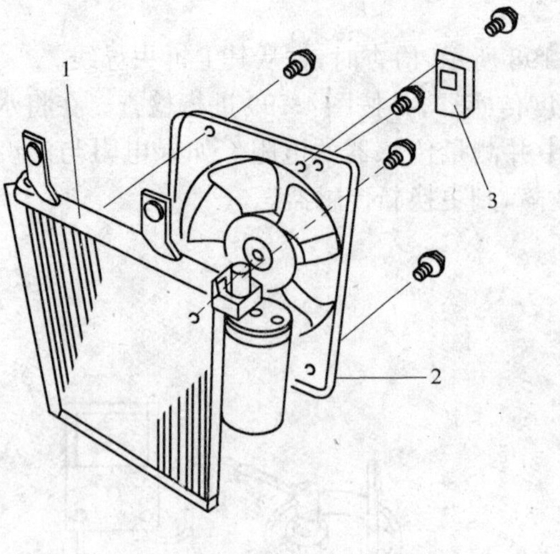

图 4-200　空调冷凝器总成

1. 冷凝器总成　2. 冷凝器风扇　3. 冷凝器风扇继电器

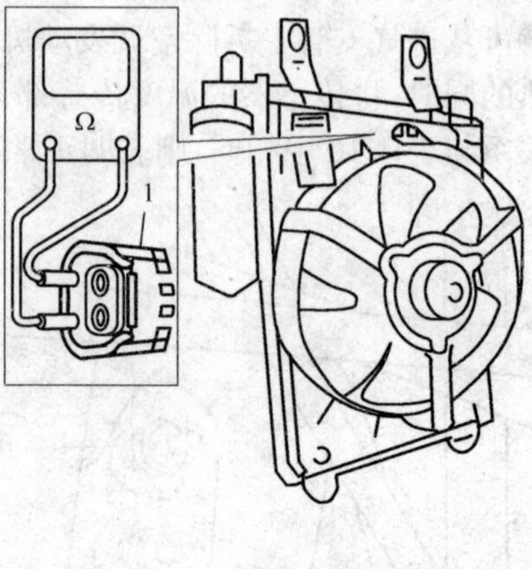

图 4-201　空调冷凝器风扇电机的检查

1. 空调冷凝器风扇电机插头

如果导通，则进行下一步检查；否则，应予以更换。

②将蓄电池连接到空调冷凝器风扇电机上，然后检查冷凝器风扇电机工作是否平稳。如果有故障，应更换新件。

7. 空调冷凝器风扇继电器的检查

①检查空调冷凝器风扇继电器每两个端子之间的电阻，如图 4-202 所示。

A 与 B 端子之间电阻为∞；

C 与 D 端子之间电阻在 20℃时为 80～100Ω。

如果检查结果符合规定，则进行下一步检查。否则，应予以更换。

②如图 4-203 所示，将蓄电池连接到 C 和 D 端子上时，检查 A 与 B 端子之间是否导通。如果发现不良，应予以更换。

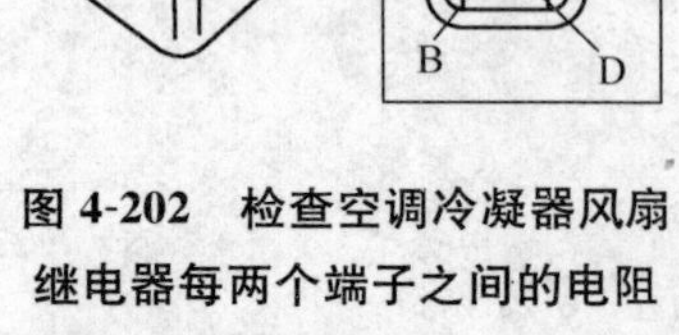

图 4-202　检查空调冷凝器风扇继电器每两个端子之间的电阻

1. 空调冷凝器风扇继电器　A～D. 端子

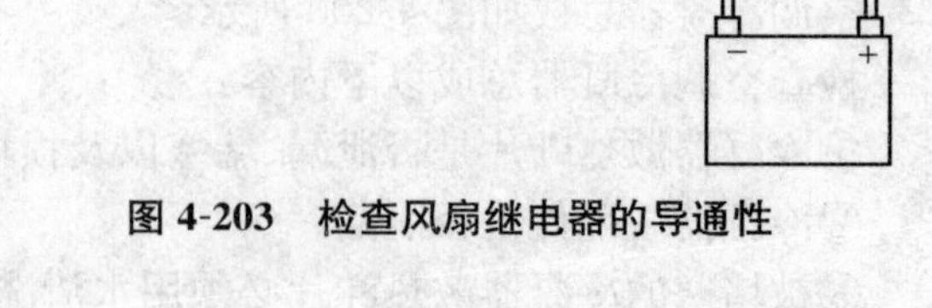

图 4-203　检查风扇继电器的导通性

8. 顶置蒸发器总成的检查

(1)风机风扇电机的检查

如图 4-204 所示，检查两个端子之间是否导通。如果导通，则应进行下一步检查；否则，应予以更换。

如图 4-205 所示，将蓄电池连接到风机风扇电机上，然后检查风机风扇电机工作是否正常。如果不正常，应予以更换。参考电流为 12V 时，电流是 4.8～6.0A。

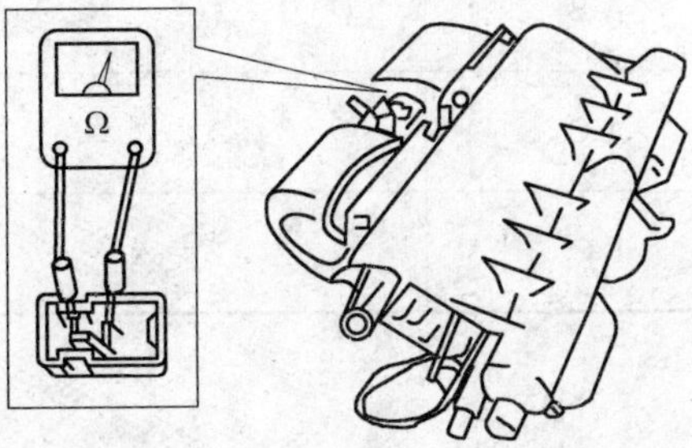

图 4-204 检查风机风扇电机端子导通情况

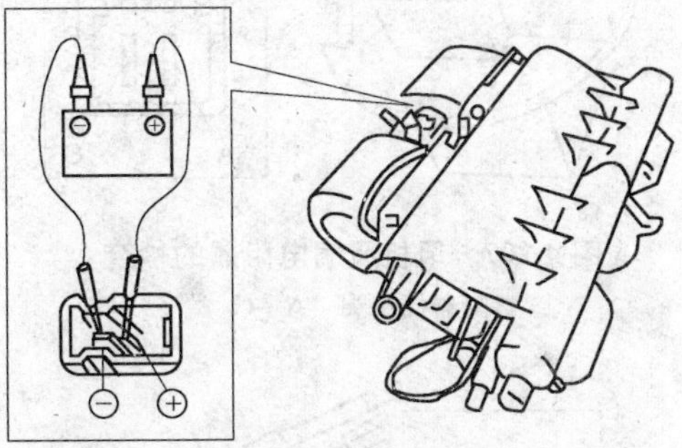

图 4-205 检查风机风扇电机工作情况

(2)蒸发器的检查

①蒸发器散热叶片有无泄漏、堵塞及损坏。

②蒸发器配件是否泄漏，被堵塞的蒸发器散热叶片必须用水清洗，然后用压缩空气吹干。

注意：不要损坏蒸发器散热叶片。如果蒸发器散热叶片弯曲，应用旋具或钳子将其校直。如发现配件或管子渗漏，应予以修理或更换。

(3)空调及风扇开关的检查

①拆卸蓄电池负极线。

②取下顶置蒸发器总成外壳。

③拆下空调风扇开关接头、取下空调及风扇开关。

④如图 4-206 所示，用万用表检查空调及风扇开关每两个端子之间是否正确导通。规定的导通情况见表 4-17。

如果空调及风扇开关未导通，则应予以更换。

表 4-17 空调及风扇开关端子导通情况

位置	A	B	C	D
断开	○			
低	○—	—○		
中	○—	—○—	—○	
高	○—	—○—	—○	

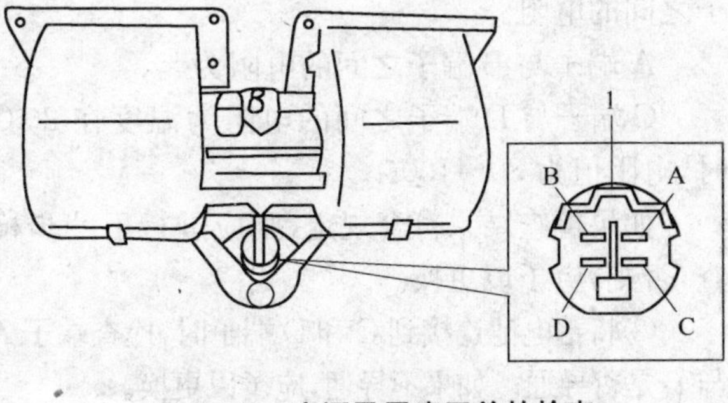

图 4-206 空调及风扇开关的检查

A～D. 端子

(4)风机风扇电阻器的检查(图 4-207)

按表 4-18 所示，检查每个端子之间的电阻。

如果检查结果不在表中规定的范围内，应更换风机风扇电机及电阻器。

(5)空调蒸发器热敏电阻的检查(图 4-208)

检查端子之间的电阻，见表 4-19。

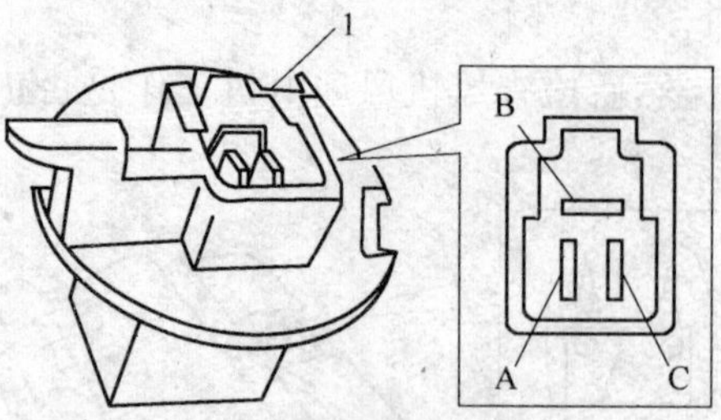

图 4-207　风机风扇电阻器的检查

1. 电阻器插接头　A～C. 端子

表 4-18　风机风扇电阻器的检查

端子-端子	电阻值(Ω)
A-B	1.6～1.8
A-C	2.8～3.0
B-C	1.1～1.3

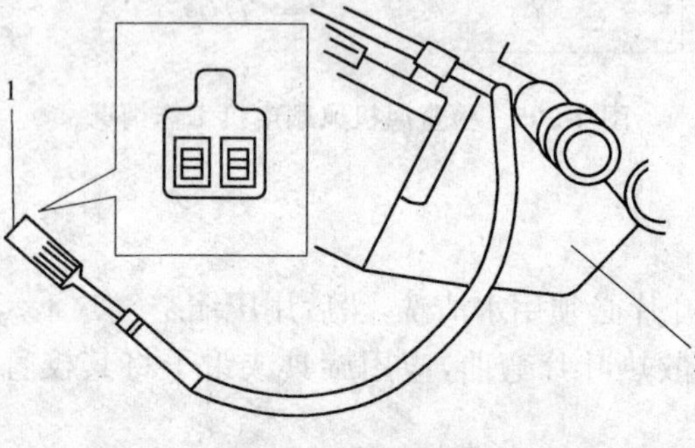

图 4-208　空调蒸发器热敏电阻的检查

1. 热敏开关插接头　2. 顶置蒸发器装置

表 4-19　空调蒸发器热敏电阻的检查

传感器温度(℃)	电阻值(Ω)
0	6.3～7.0
25	1.8～2.2

如果检查结果不在表中范围内,应更换热敏电阻。

注意:热敏电阻被拆卸后,必须按原位置重新安装。

9. 顶置空调继电器的检查

①如图 4-209 所示,检查顶置空调继电器端子之间的电阻。

A 端子与 B 端子之间的电阻为∞;

C 端子与 D 端子之间的电阻为温度在 20℃时,电阻值为 80～100Ω。

如果检查结果符合规定,则应进行下一步检查,否则,应予以更换。

②将蓄电池连接到 C 和 D 端子时,检查端子 A 与 B 是否导通。如果不导通,应予以更换。

10. 空调压缩机的检查

(1)空调压缩机分解图(图 4-210)

(2)部件检查

①分别检查压力板及转子是否磨损和油浸。检查离合器轴承有无噪声、磨损以及润滑脂渗漏。

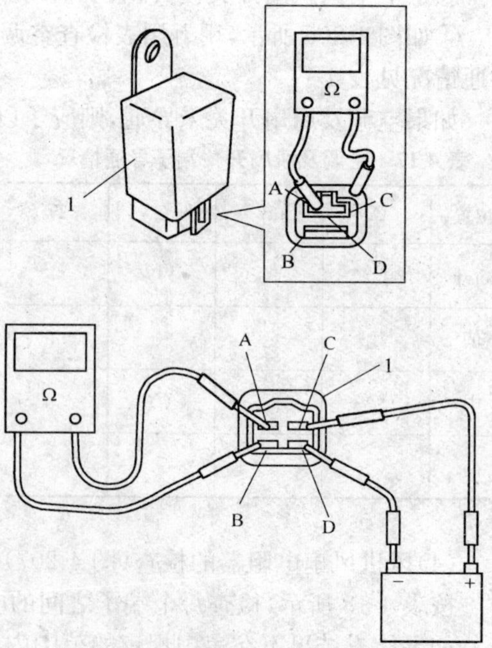

图 4-209　顶置空调继电器的检查

1. 顶置空调继电器　A～D. 端子

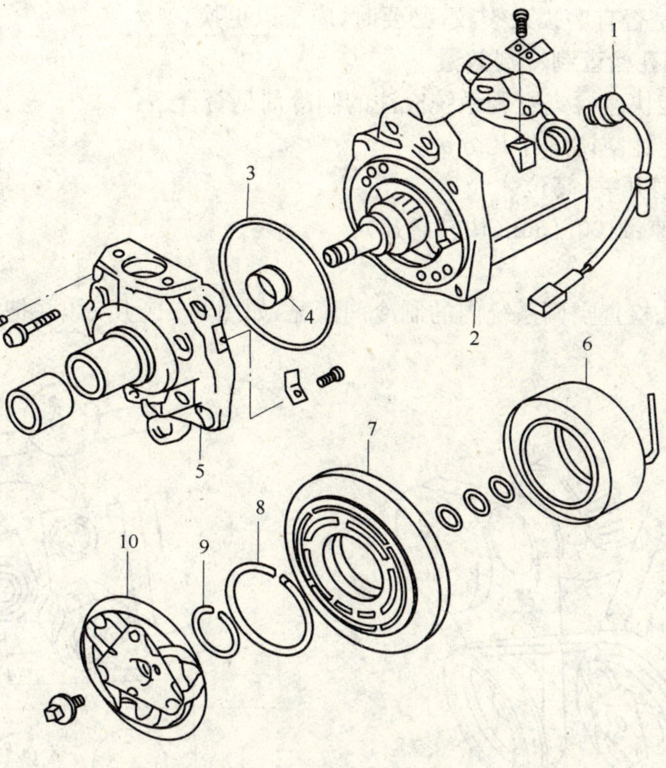

图 4-210　空调压缩机分解图

1. 热敏开关　2. 压缩机　3. O形环　4. 唇装自紧油封　5. 前端板
6. 离合器线圈　7. 压缩机V带轮　8、9. 簧环　10. 电枢板

②如图 4-211 所示，用万用表测量离合器线圈的电阻值。标准电阻值为 2.9～3.8Ω。如果被测量的电阻值不符合规定值，则应更换线圈。

③如图 4-212 所示，用万用表检查热敏开关是否导通。如果未导通，应将其更换。

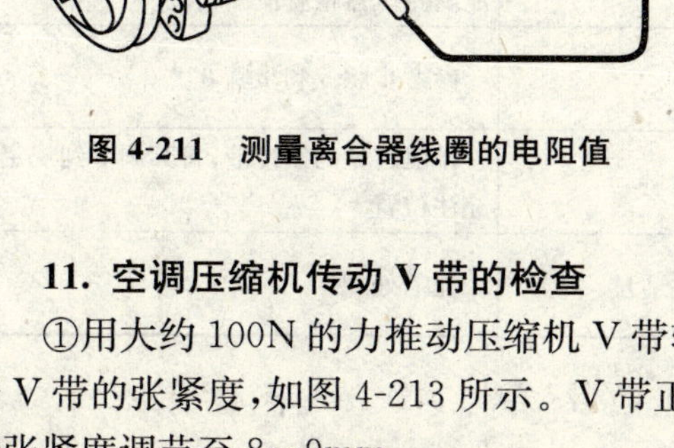

图 4-211　测量离合器线圈的电阻值

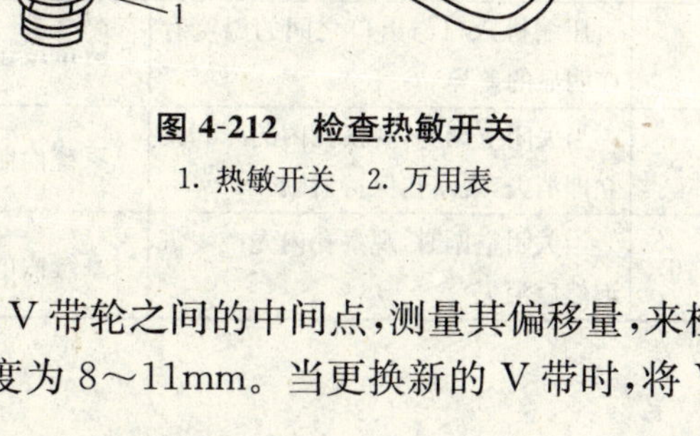

图 4-212　检查热敏开关

1. 热敏开关　2. 万用表

11. 空调压缩机传动 V 带的检查

①用大约 100N 的力推动压缩机 V 带轮与曲轴 V 带轮之间的中间点，测量其偏移量，来检查 V 带的张紧度，如图 4-213 所示。V 带正常的挠度为 8～11mm。当更换新的 V 带时，将 V 带张紧度调节至 8～9mm。

②检查 V 带是否有磨损及裂纹，必要时，应予以更换。

12. 通过观察孔检查制冷剂数量

按下述步骤能快速检查空调系统充注的制冷剂是否合适：

①按下列设定让空调工作几分钟：

a. 空调及风扇开关：高位

b. 发动机转速：1100r/min(快转怠速)

c. 门：全开

②通过观察孔检查空调系统内的制冷剂情况，如图 4-214 所示，并把观察到的情况和表 4-20 中所示相比较。

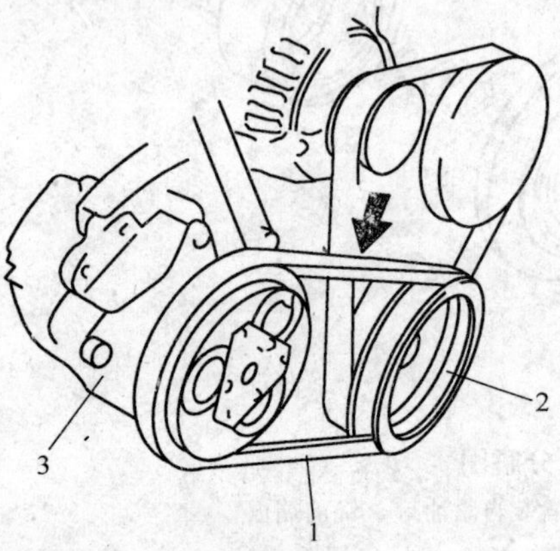

图 4-213　空调压缩机传动 V 带的检查

1. 传动 V 带　2. 曲轴 V 带轮　3. 空调压缩机

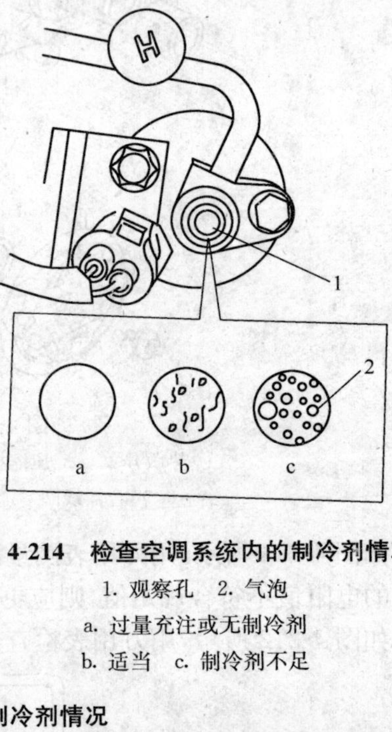

图 4-214　检查空调系统内的制冷剂情况

1. 观察孔　2. 气泡

a. 过量充注或无制冷剂

b. 适当　c. 制冷剂不足

表 4-20　检查空调系统内的制冷剂情况

序号	问　题	原　因	处理方法
1	在观察孔内发现气泡	系统内制冷剂补充不足	用泄漏测试器检查系统是否泄漏
2	在观察孔内未发现气泡	系统内制冷剂已用完或补充不足	参考步骤 3 和步骤 4
3	压缩机入口与出口之间的温度变化不大	系统内无制冷剂或制冷剂很少	抽真空并对空调系统更新加注，然后用泄漏测试器检查泄漏情况
4	压缩机入口与出口之间的温度存在明显的差异	适量或过量	参考步骤 5 和步骤 6
5	当关闭空调时，观察孔内的冷却剂立即消失，观察孔保持清晰	系统内制冷剂充注过量	排泄过量的制冷液，将其调节到规定的充注位置
6	当关闭空调时，观察孔内先产生气泡然后消失	系统内的制冷剂加注适量	无需处理

第五章　车身磕碰的修补技巧

第一节　车身磕碰钣金修补技巧

一、车身维修设备使用技巧

(一)移动式车身矫正机的使用技巧

1. 移动式车身矫正机的使用技巧

①根据所修车辆的厂牌型号、出厂日期找出相对应的数据卡片，查出车架的结构尺寸，准备好相应的夹具和测量接头，并用粉笔在车上划出安装基准位置。

②将车辆冲洗干净后置于整形床台基架上，用整形床台的夹固钳夹住车身的底梁边缘并紧固螺栓，使之固定在整形床台上。此时，应尽可能使车辆的中心线与整形床台中心线保持一致。

③目测判断车身(车架)变形部位及大小。在未变形的部位，至少选择三个相距较远的点来确定车辆的中心线位置。

④将测量桥置于整形床台基架上，使其中心线与车身(车架)中心线对齐。

⑤根据车架的宽度选择相应量程的测量滑座，置于测量桥上并锁止在变形部位所对应的位置上，再加套管插入滑座的插孔之中，接上相应的测量接头。

⑥将测量接头与变形部位相接，读出此时测量桥滑座、套管上所示的读数，将其与数据卡片上所标注的数值相比，即可确定出测量点在长、宽、高三个方向上的变形大小。

⑦将拉力矫正器固定在基架的边框上，用链条将需矫正的部位与悬臂梁相连，起动液压缸，通过柱塞推动悬臂梁拉动链条就可将凹陷变形部位拉伸到原有尺寸。

2. 使用移动式车身矫正器过程中的注意事项

①整形床台必须安放在坚硬平整的地面上；在工作过程中，工作台的滚轮必须处于锁紧位置。

②拉力矫正器在工作过程中，液压缸柱塞与悬臂梁、矫正部位与悬臂梁之间必须连接有保险绳；保险绳必须完好无损；链条拉力方向与液压轴轴线方向应保持一致。

③工作过程中，拉力矫正器与整形床台基架边框、车架底梁边缘与整形床台的车身夹固钳必须牢固锁紧。

(二)固定钢架式设备的使用技巧

图 5-1 所示为利用钢架式设备进行矫正变形作业。图示为矫正下护板及车门柱时车身的固定情况。应将拉力施加于几个需要矫正的正确位置上，才能获得良好的矫正效果并节省作业的工时。

图 5-2 为矫正前部受到严重碰撞损伤而向后挤缩了的车辆，拉出及向下牵引整形的作业情况。在作业时，必须妥善考虑拉力的施力点及支点。

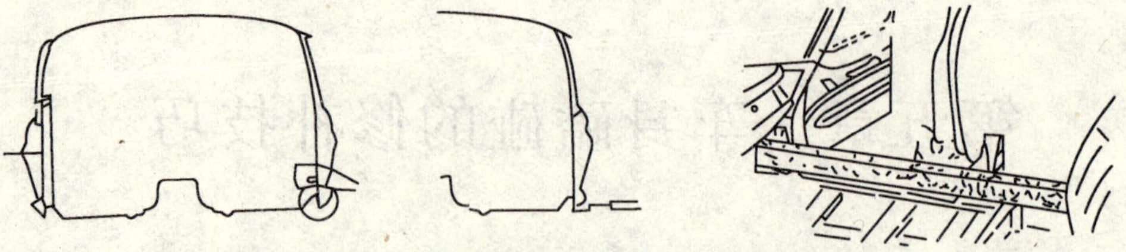

图 5-1 利用钢架式设备进行矫正变形作业

（三）手推式矫正设备的使用技巧

手推式矫正设备通常又称机动设备，如图 5-3 所示，它的优点是可随工作要求而移动。而固定式设备则需要将车辆开到设备上，比较麻烦。

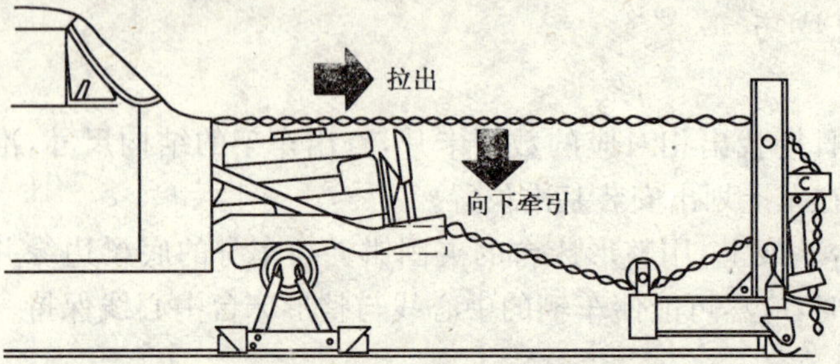

图 5-2 车辆前部撞缩的矫正作业情况

图 5-3 手推式矫正设备

使用手推式矫正设备进行矫正工作时，将设备推入被撞车辆下面，而车辆的车架或底盘上的车梁可作为拉出或推出作业时施力的支点。

手推式矫正设备的使用技巧如下：

①如图 5-4 所示，将手推式矫正设备移入前部受撞凹损的车辆下，用链条将液压千斤顶所顶举的撑杆与车底下的钢管系住，而后利用千斤顶的顶举将受损部位拉出。

②图 5-5 所示为车架大梁弯曲下陷的矫正方法。矫正设备的主梁应置于车身底下，同时使用链条将其与车架系紧，液压千斤顶 A 放在主梁与车架之间，并位于弯陷的中心部位。当千斤顶 A 顶起时，手推式矫正设备上的千斤顶 B 也同时顶起，梁杆就被顶举起而拉动车架前端向前。

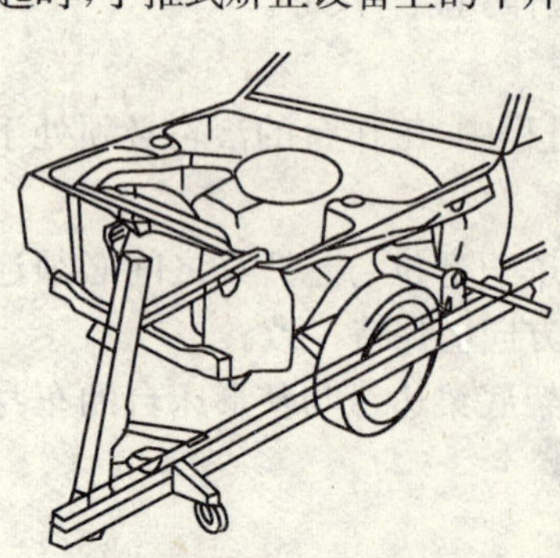

图 5-4 用手推式矫正设备矫正的作业情况

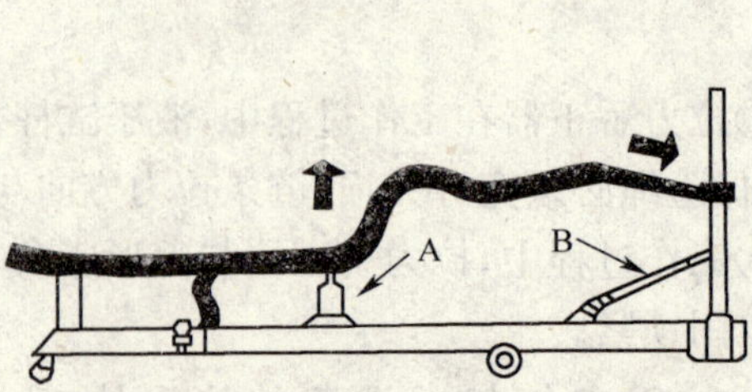

图 5-5 车架大梁弯曲下陷的矫正方法

③图 5-6 所示为侧向移位的矫正方法。移位损伤是车辆侧面受撞所致。按图示的方法将设备上的撑杆与车架系紧。它是矫正中央移动损伤时必需的系紧方法。

（四）手提式矫正设备的使用技巧

手提式矫正设备可用来矫正金属板，但不能用来矫正粗重的车架大梁。手提式矫正设备可推、可拉，使用时必须配备一些特殊的挂钩、夹框及其他附件等，可对任何损坏的金属板进行矫正。图 5-7 所示为手提式矫正设备（车身液压顶伸器）各部件。

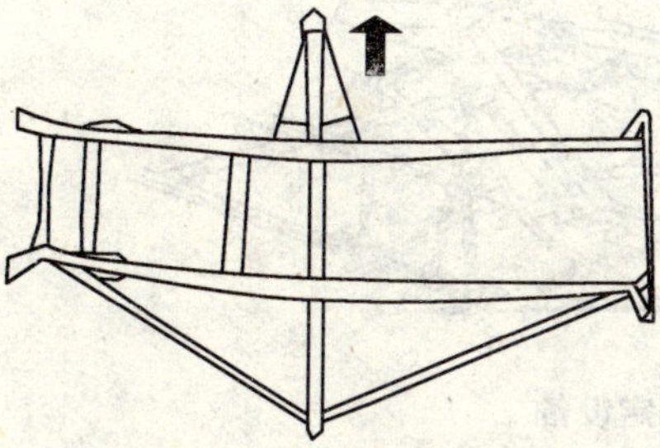

图 5-6　侧向移位的矫正情况

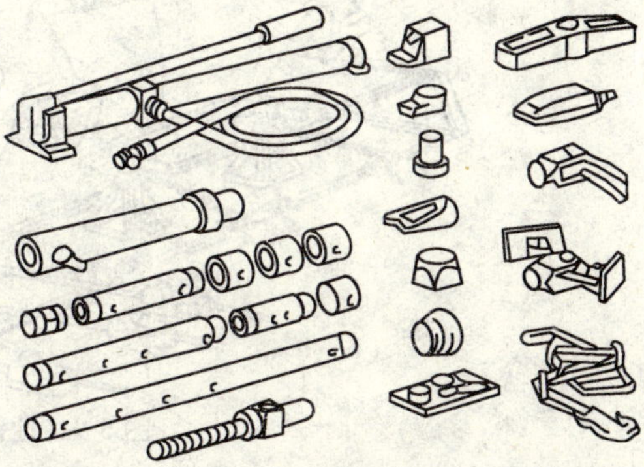

图 5-7　手提式设备各部件

图 5-8 所示为使用手提式矫正设备矫正车身变形的实例。图 5-8a 为矫正车门框变形时压出作业的情况，要注意其受力部位的形状并装配以适当的附件，以获得圆满的作业效果。图 5-8b 为两侧推扩的作业情况。

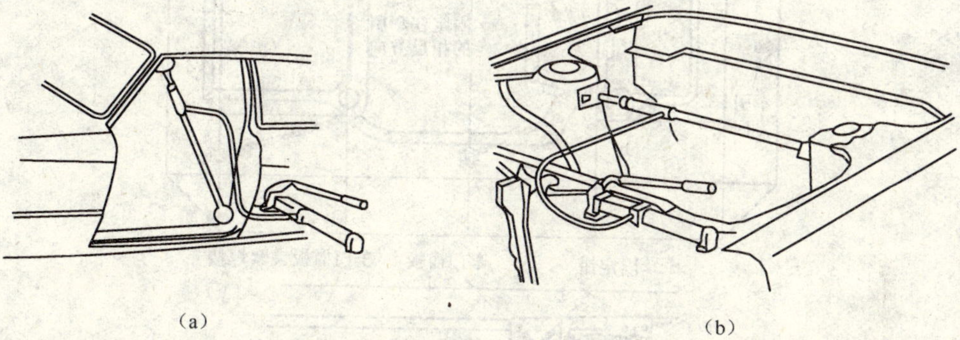

图 5-8　车身液压千斤顶的使用范例

(a)压出作业　(b)推扩作业

（五）地锚式车身固定设备的使用技巧

1. 地锚式车身固定设备的固定方式

地锚式车身固定设备是利用地锚固定车身的底板纵梁和车架来矫正车身，如图 5-9 所示。这种方式可以防止因矫正而造成二次损伤，拉伸力的方向与大小也比较容易控制。

地锚与地面的固定方式有两种：一种是与地面位置相对固定的埋入式地锚；另一种是能与地面位置相对移动的滑动式地锚。前者施工简便、易行，但灵活性较差；后者虽然施工较复杂，但车身固定点的可选范围较大、灵活性好。

2. 地锚式车身固定设备的使用技巧

地锚式车身固定设备使用时，用车身固定器来夹持车身某一部位且其底座又能用螺栓固定在地板导轨上，使整个车身处于固定位置，其安装示意如图 5-10 所示。

安装时，先用千斤顶将车身支起，使轮胎脱离地面，然后在车身特定的位置安装固定支架并将此处夹紧；再将支架底部移动到底架系统适当位置，初步安放地脚螺栓；最后在车身的四个支点均已夹紧且高度调节合适之后，将所有地脚螺栓拧紧，整个车身被固定夹持。汽车固定

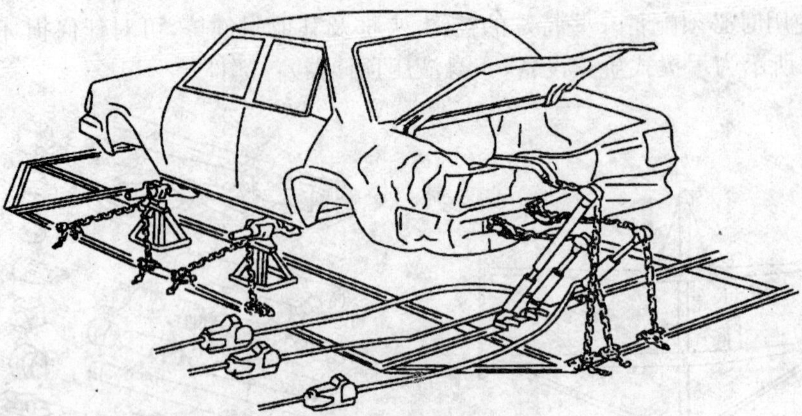

图 5-9　地锚式车身固定设备

好后，就可以沿任意方向、绕车身 360°进行牵拉作业。

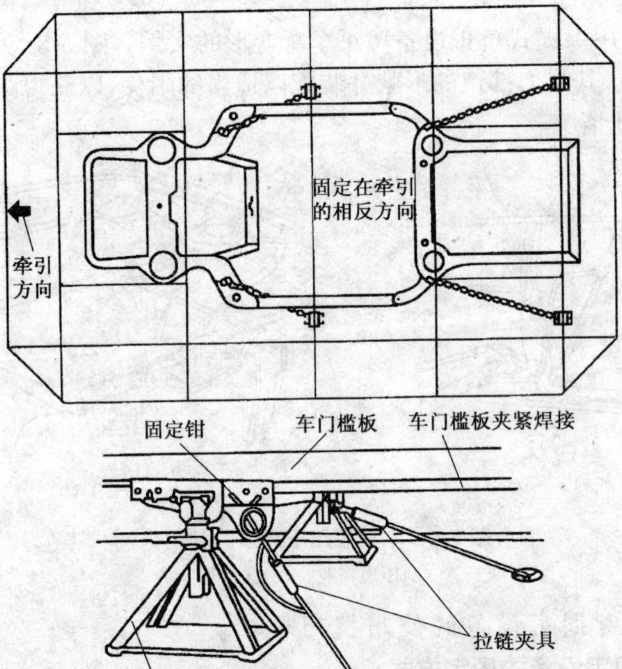

图 5-10　地锚式车身固定设备安装示意图

应用这种方式固定车身时，应注意分力对矫正作业的影响。由于固定点与地面存在着高度差。所以，在进行水平方向的矫正时，拉链受力后将产生一个向下垂直分力。拉链与地面的夹角越大(拉链短)，则垂直分力也越大；反之，拉链与地面的夹角越小(拉链长)，则垂直分力变小。因此，除非是较小的车身变形，否则都要拆除汽车底盘的悬架装置，改用可靠的刚性支撑。

(六)台架式车身矫正装置的使用技巧

1. 台架式车身矫正装置的用途

台架式车身矫正装置可以同时进行任意方向的矫正作业，能有效地使变形及其关联损伤一并得到矫正。台架式车身矫正装置不仅可以方便地固定车身，还可以进行激光测量。作业前的检测、矫正过程中参数的校核、竣工验收的质量评价等测量工作，都可以在台架上依次完成。矫正与定位都是在同一台架上进行的，所以，操作过程中一般不会发生位移误差。

2. 台架式车身矫正装置的使用技巧

非承载式车身的汽车可以通过用适当的锚钩挂到车架纵梁的固定孔里或锚固到车架横梁结合处和交叉处来固定汽车。车身两侧都有对称的锚钩。

承载式车身的车辆的典型连接与固定方式如下：在车门槛板上，采用四个车身固定夹具，夹具的下部与台架横梁固定，上端则通过夹板、螺栓与车身门槛下边缘牢固地连接在一起。为适应不同的车身宽度，一般固定架还可以沿车身的宽度方向水平滑动。如果车身的宽度与台架的差距较大，也可以借助贯通的中间轴和拉臂将车身固定在台架上。承载式车身上必须有至少四个锚固点。每个锚固点有一个夹具，根据不同的车身结构的需要可增加锚固点。

（七）液压矫正设备的使用技巧

1. 液压矫正设备的用途

图 5-11 所示的是一种轻便液压杆系统。它利用手摇液压泵提供压力能，通过液压驱动各种用途的液压缸，实现推、拉、顶、扩等动作。在液压杆两端装上适当的端头，可以满足车身内部两点间矫正尺寸的需要。用于推压、展宽、夹紧、拉拔、延伸各种情形的端头形状是不相同的。

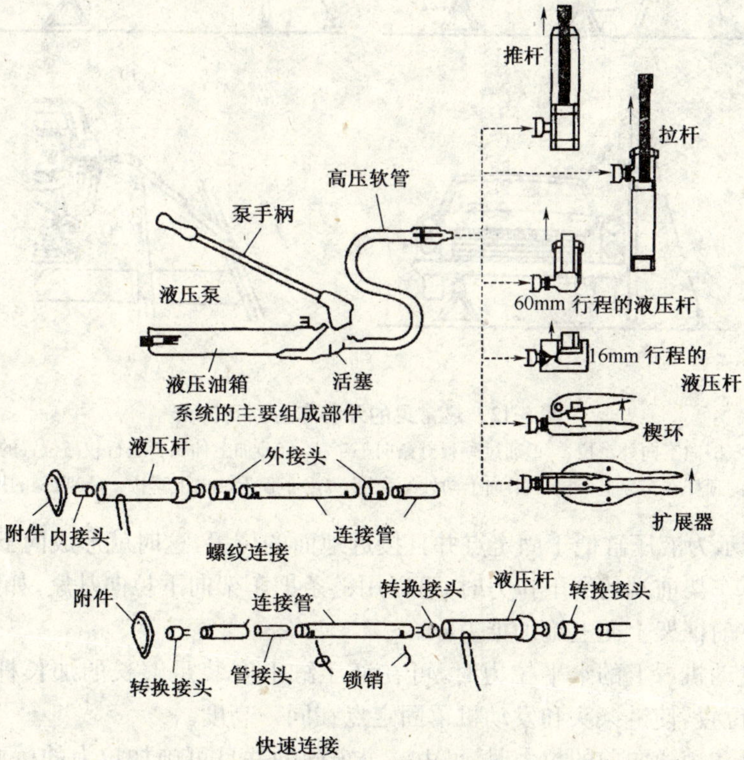

图 5-11　轻便液压杆系统

2. 液压矫正设备的使用技巧

图 5-12 是几种最常用的单一牵拉装置的示意情况，可根据实际情况灵活运用。

图 5-12a 所示为液压缸安置在与地面近似成 45°角的位置且与固定点的高度相同，这时就形成一个垂直向外的拉力。

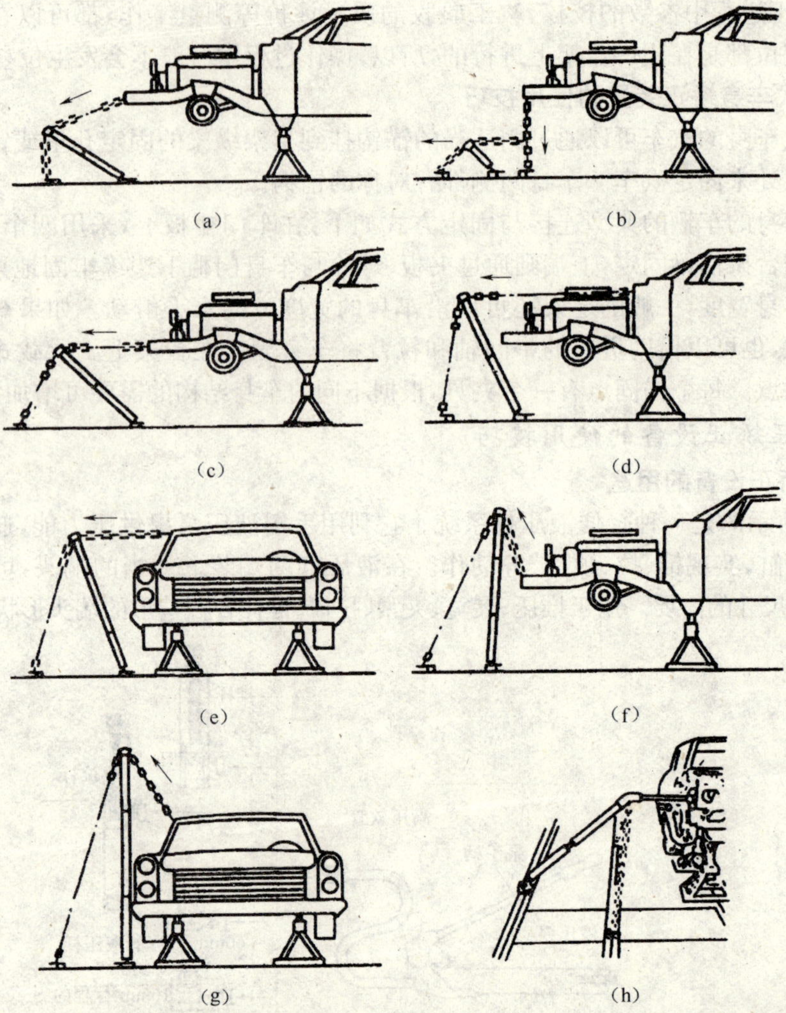

图 5-12　最常见的几种车身矫正方法

(a)向外直拉　(b)向下向外牵拉　(c)通过一根链条向下牵拉　(d)加上伸长管进行较高位置的牵拉　(e)通过带有伸长管的顶杆在车顶上牵拉　(f)向上向外的牵拉　(g)车顶上的向上牵拉　(h)典型的推压安装方式

图 5-12b 所示为液压缸低于固定点并且接近地面的位置，这时就形成向下和向外的拉力。

当需要汽车车架前端的向下拉力时，可以用链条把车架向下拉向基座，如图 5-12c 所示，并且应用千斤顶在前框架上向上施加推力。

如需要在发动机罩上的水平拉力时，可在液压缸上安装足够长的加长杆，并置于如图 5-12d所示角度的位置，使链条头和发动机罩固定点在同一高度。

如需要向下和稍微向前的拉力时，可由一个牢固的并且可施加拉力的桥形链条形成，如图 5-12e所示。

当液压缸安装上足够长的加长杆并置于如图 5-12f 所示的垂直位置时，就可以形成一个向上和稍微向外的拉力。

液压缸和加长杆组合按图 5-12g 所示定位和锁止，并且链条连接在车顶上，就形成一个在修理车顶时的有效的水平拉力。

在车顶的任何位置所需要的一个向上和向外的拉力装置，是由一根较长的链条和安装加长杆的液压缸组成，它的高度比车顶部分的固定点要高出很多，如图5-12h所示。

（八）车身矫正过程中链条安全使用注意事项

①不可使链条绕过尖角拖拉，以免使链条开裂而断开。

②绝对不可以在链条上用气焊火焰加热，高温会破坏链条原来的热处理特性，严重时将会使其强度减弱。

③不可用螺栓将链条互相锁在一起，因为螺栓的强度通常很难承受这些拉力。

④链条断裂时，断裂端会弹起，很容易引起伤害。为安全起见，需要在链条上包覆一层帆布或其他厚布料，抑制链条的抽击力，减小损伤。

⑤在车身矫正系统工作时，一定要将链条和固定支柱系牢。因为只要链条和车辆间的系点受力，必定会在固定支柱上产生同样大的反作用力。

⑥将链条钩挂在固定支柱上时，注意固定支柱、液压缸脚以及车辆系接处要在拉力的方向上成一直线。

⑦使用双头挂钩链条时，应钩紧链条松弛的部分。

⑧当拖拉的链条要系在车架上时，在链条绕着车梁之间应垫一些短的角铁，以防止受力时损伤车架。

⑨使用手推式矫正设备时，固定链条和拖拉链条必须系在相同枢点的梁臂上，以防止矫正设备在拖拉时翻倒。

（九）手动工具的使用技巧

1. 钣金锤的使用技巧

（1）钣金锤的选择

首先应根据被修整部位的变形情况及材质特点，选用不同的钣金作业锤。如对薄板件和有色金属工件，应选用铜锤、木锤或硬质橡胶锤进行锤击；维修钣金件小凹陷可用风镐（图5-13）逐个轻微敲击以修平这些微小的凹陷。

（2）钣金锤的使用技巧

钣金锤的正确使用方法如图5-14所示。用手轻松握住钣金锤手柄的端部（相当于手柄全长的1/4位置），锤柄下面的食指和中指应适当放松；小指和无名指则应相对握紧一些，使之形成一个支点，拇指用于控制锤柄向下运动的力度，通过依靠手腕的动作来挥动小锤，并利用钣金锤敲击零件时产生的回弹力沿一个圆形的运动轨迹来敲击，这样能更好地控制小锤。禁止像钉钉子那样让小锤沿直线轨迹运动，也不可用手臂或肩部的力量。

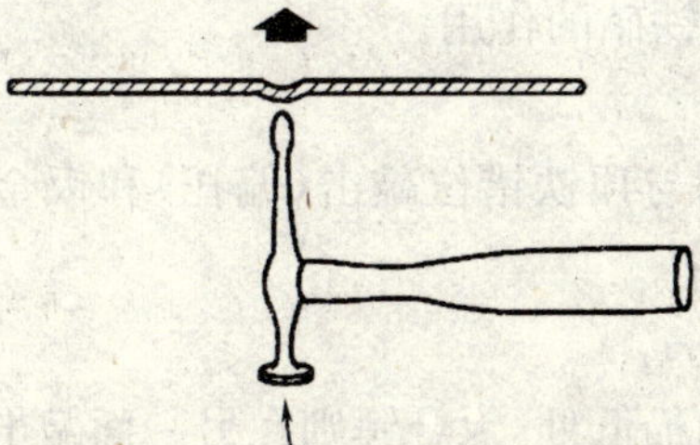

图5-13　风镐修平微小凹陷

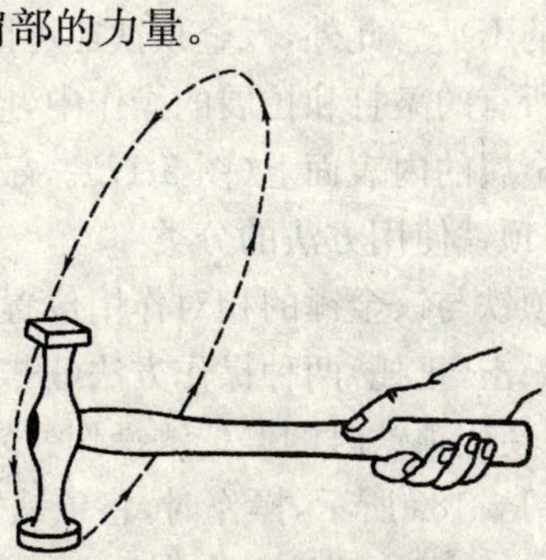

图5-14　钣金锤的正确使用

由于很少的几次猛烈敲击对金属造成的延展比多次轻微敲击对金属造成的延展还要多，因此，以 100～120 次/min 的频率轻微敲击能够将延展变形控制在最小范围内。

锤击作业质量的关键在于落点的选择，一般应遵循“先大后小、先强后弱”的原则，从形状较大处起顺序敲打，并保证锤头以平面落在金属表面上。同时还要注意分析构件的结构强度，有序排列钣金锤的落点。锤击过程中应保证间隔均匀、排列有序，直至将车身覆盖件的表面损伤修平。

大多数小锤端部都有不大的曲面，所以，小锤端部与金属表面的实际接触面积大约只有直径 10～13mm 的面积。因此，应根据构件表面形状、金属板厚度以及变形的大小来合理选择钣金锤的尺寸和锤顶曲面的隆起高度（图 5-15）。一般平面或稍许曲面的钣金锤适合于修复平面或低幅度隆起表面；凹形或球形锤则适合修复内边曲面板；重锤则适用于粗加工或厚板构件的修复。

2. 顶铁的使用技巧

（1）顶铁的选择

选择顶铁时，应记住要选择一个工作表面必须与所修正的钣金形状基本一致（即半径与要修理的金属板件的曲面一样大或略小一些）的顶铁（图 5-16），否则会造成新的损坏。

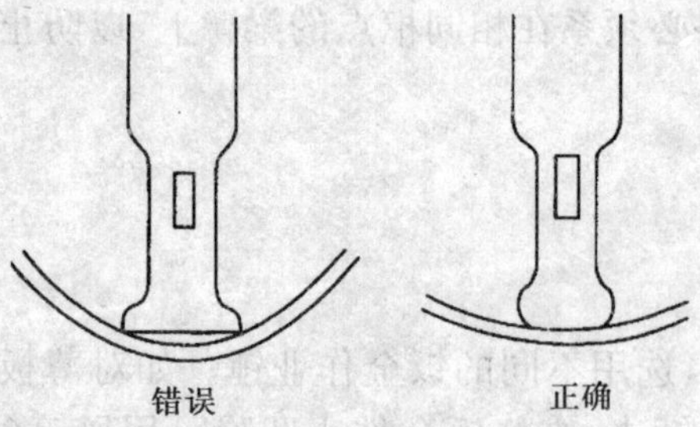

图 5-15 合理选择钣金锤

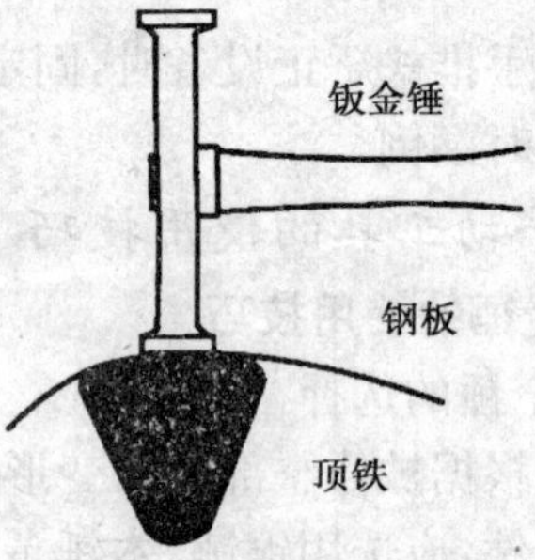

图 5-16 顶铁的选择

（2）顶铁的基本使用技巧

顶铁在钣金修平作业中起很大作用。凡是便于放入顶铁部位的车身壁板表面发生的凹凸变形，均可用钣金顶铁予以修整。

在粗加工过程中，钣金顶铁相当于一个敲击工具，顶铁敲击或压迫损伤的车身覆盖件的内面，顶起金属板的内面并展平弯曲变形的金属。在精加工过程中，钣金顶铁可以用来平滑较小或较浅的不平。此外，钣金顶铁还可以视需要延展金属和消除内应力。

在所有的敲打和拉展的操作中，应将顶铁放在受损板件的内面，用前臂对其施加压力而使其抵在金属的内表面上（图 5-17）。敲击时，顶铁起到了铁砧的作用。

（3）顶铁使用方法的分类

依顶铁与钣金锤的相对作用位置，可以分为钣金锤与顶铁错位敲击（偏托）和钣金锤与顶铁正对敲击（正托）两种操作方法（图 5-18）。

（4）使用顶铁时的偏托法操作要领

如图 5-18a 所示，操作时，将顶铁置于金属板背面的最低处，钣金锤则在另一面敲击变形的最高处。锤击时，顶铁也作为敲击工具。

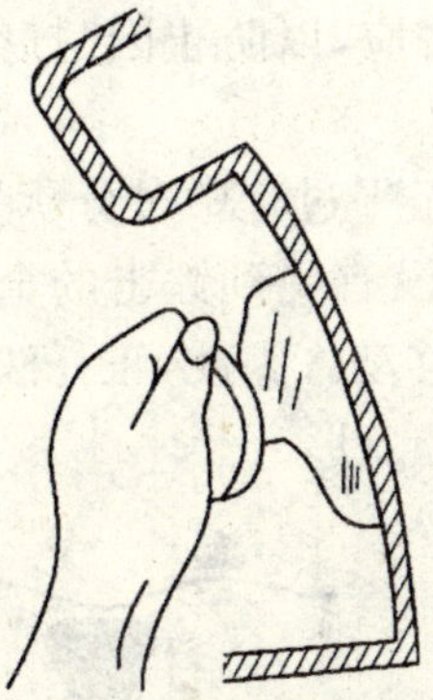

图 5-17　顶铁的正确使用

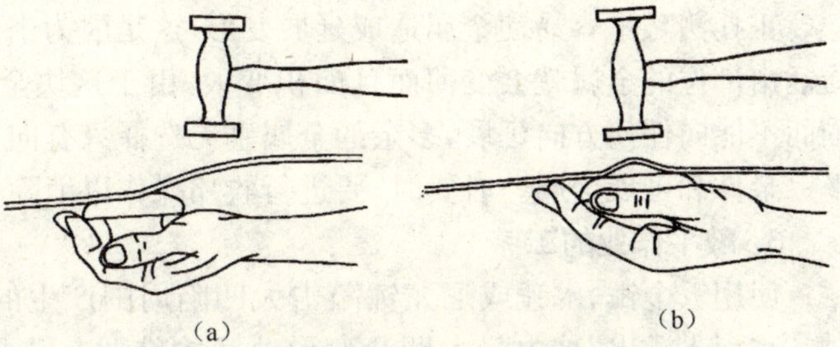

图 5-18　顶铁与钣金锤的相对作用位置

(a)偏托法　(b)正托法

当修整金属板件凹陷部位时，可以将顶铁直接抵在凹陷中心的下方(图 5-19)，同时使用两把钣金锤击打凹陷的边缘和高出的区域，直到凹陷部位升起与周围的板件平齐。这种偏托法操作可以避免修复过程中的受力不均。很小的压痕、很浅的起伏、轻微的皱折都可以用这种方式拉伸，而不会损坏漆层。

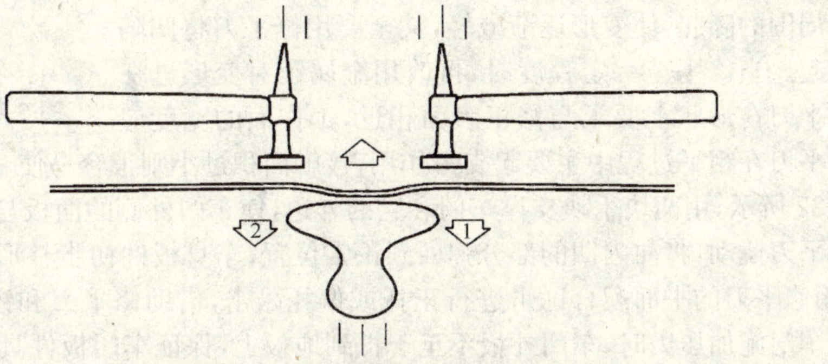

图 5-19　顶铁与两把锤进行偏托操作

偏托法由于手锤击打的是板料的正面凸起处，而顶铁击打的是板料背面的凹陷处，所以不易造成金属延展变形，常用于精修前粗加工过程中的局部变形的矫正和校直钣金件的较大变形。

(5)使用顶铁时的正托法操作要领

正托法的目的在于使钣金件表面回复到原有的形状。这种钣金操作对于修复隆板和平整较小的凸起十分有效。

操作时，如图 5-18b 和图 5-20 所示，将顶铁直接置于金属板背面凸起部位，用钣金锤在另一面直接锤击变形部位。选择端面合适的顶铁紧贴于小凹凸的背面，用平锤轻轻敲击金属表面的凸起或小凹陷的周围，使板类构件表面变得更加光滑、平整。所选用顶铁的端面形状应与被修正壁板的表面相当，顶铁的工作面也应与变形相当。这种使用钣金顶铁的操作方法也称为“紧贴法”。“紧贴法”修平时，钣金锤的落点一定要与顶铁的工作面重合，即实现点对点的

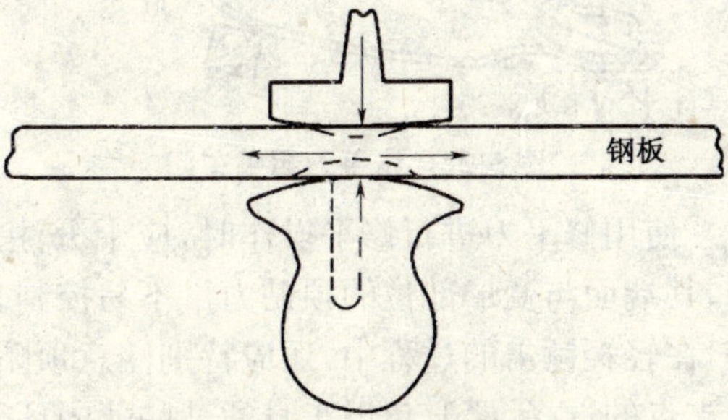

图 5-20　正托法操作

一一对应；顶铁始终贴紧在修正面上，即顶铁面与锤击部位准确对应，以防止因“打空”破坏已平整的构件表面。

正托法敲平容易使金属造成延展变形，这是因为当金属板在敲平过程中过分承受锤击时，受锤击部位的金属就会变薄而且面积变大，由于这块金属被周围没有受到锤击的金属紧紧包围而不能向任何方向延展，多余的金属别无选择只有向上或向下移动。因此，正托法常用于修平钣金件和延展金属。必要时，要进行收缩操作以消除金属的延伸变形。

3. 敲平作业的工序

使用钣金锤、木锤或尼龙锤敲击大凹陷周围产生的隆起变形时，应“深入浅出”地由最大凹凸变形处开始敲平。敲平作业的工序过程如图 5-21 所示，顺序依次为 a、b、c。还可以使用足跟状顶铁或指状顶铁、楔形顶铁等进行拉伸平坦或近似平坦的金属表面，矫正低的凹陷，进行收缩操作。

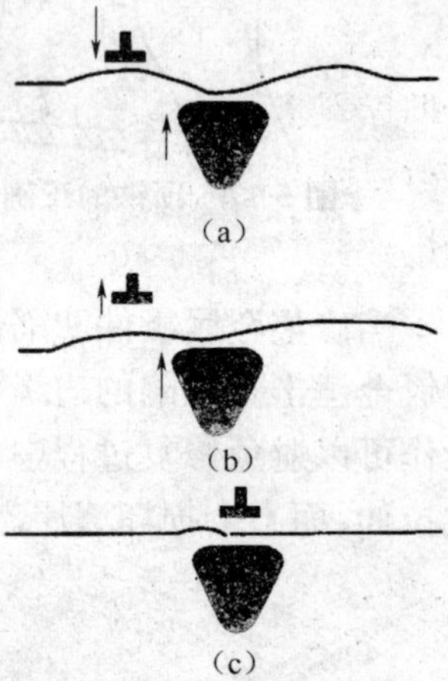

图 5-21 大凹陷的修复

4. 修平刀的基本使用技巧

对于难以放入顶铁的弧形凹陷，需要按图 5-22 所示的方法，使用修平刀修复。将修平刀插入并抵住凹陷部位，用木锤或尼龙锤敲击凹陷周围的隆起，使变形逐渐减轻，甚至要用修平刀将凹陷板面直接顶起。当修平至一定程度时，再改用金属锤对变形进一步修整。修平刀在形状上要求与修正表面相近，工作面的宽度应大一些。修平刀在粗平过程中主要起支撑作用，接触面积过小则很容易使金属表面留下印痕。

如图 5-22 所示，用两块木块支撑车门和它的外边，使车门外侧的面板与地面悬空。按图示的方法用修平刀撬动，将向内凹的部分弹回到正常位置；车身板件初步整形后，再按图 5-23 所示的方法，用修平刀的平面配合锤击进行正托或偏托敲击，借助修平刀和锤将车门面板修平。这种方法对车门施加压力时，车门外板不至于抵到地板上，保证车门板件具有充足的移动和回弹空间。可以用修平刀撬起受损的侧板、后面板和其他有内部结构件加强的板件上有弹性的损坏区域。

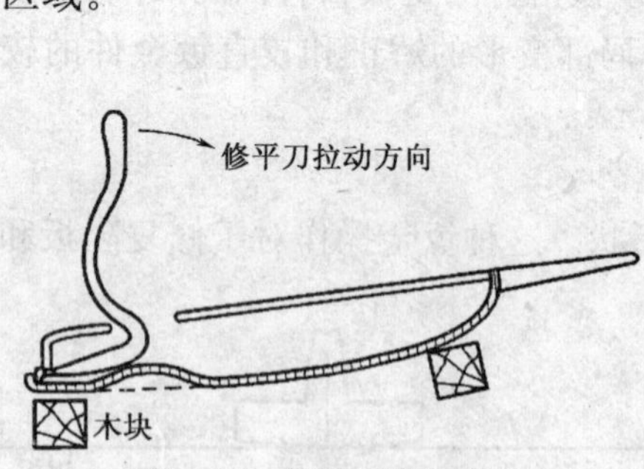

图 5-22 修平刀粗平车门

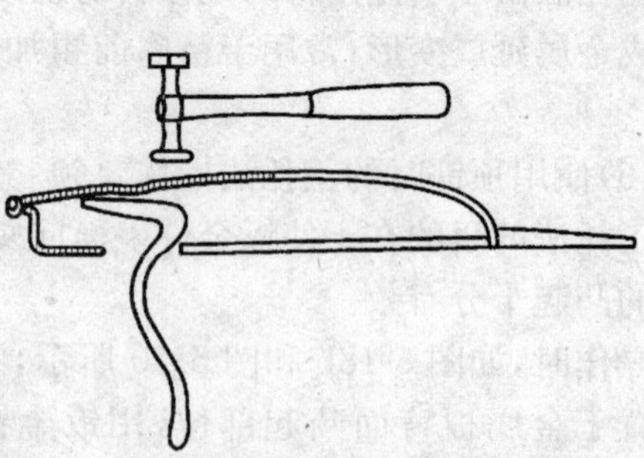
图 5-23 修平刀粗平车门

使用修平刀进行修平操作时，应十分注意锤击力度的控制。受修平刀支点选择方面的影响，其端面与变形部位的顶贴力量不易控制。与顶铁法相比，修平刀法的敲击力度要相对小一些，在轻轻锤击的过程中，还应特别注意顶贴位置和敲击部位的变化情况。使用修平刀还应注意支点的选择，要避免以车身的某些薄弱环节作支撑，必要时，应垫上木板以免造成支点变形。

5. 撬镐和冲头的基本使用技巧

撬镐和冲头用来撬起那些由于内部结构件的干涉而不能用常用的锤击方法进行修复的损

坏区域。如图5-24所示,可以用撬镐把凹陷点撬起。首先用冲头在内部结构件上适当部位冲出孔,以利于使用撬镐和在敲平中调整接触部位。然后将撬镐或冲头直接插入到板件下部,通过撬镐的头部将合适大小的凸出点撬起。由于撬杠要比冲头长一些,因而它们能伸及的范围也要大一些。所以,它们一般用来撬起内部板件总成上的凹陷;而冲头被用来修理车身板件的外部和边缘。

6. 锉刀的基本使用技巧

在敲平作业过程中,对稍大一点的凹凸检查起来比较直观,但当作业接近结束时,就需要借助锉刀来检查不平部位的所在。使用锉刀的目的在于检验而并非将板面修平,旨在通过锉刀滑过时产生的痕迹(俗称镗一下),来显示板面的实际凹凸状况(图5-25中,表面留有锉痕的部位为凸点,无锉痕的部位则为凹陷),然后再用平锤或风镐等工具修平。

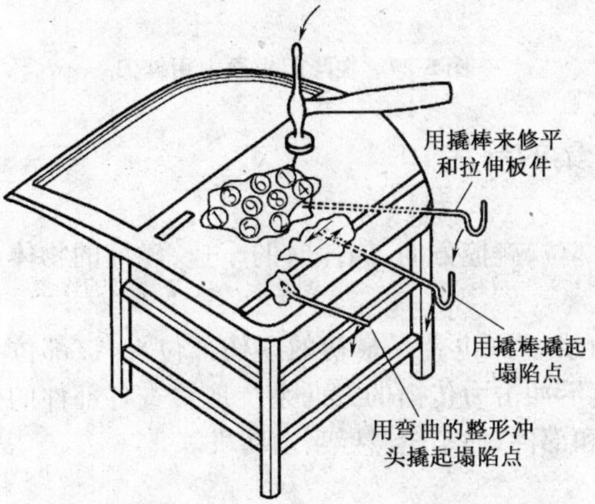

图5-24 撬镐的正确使用

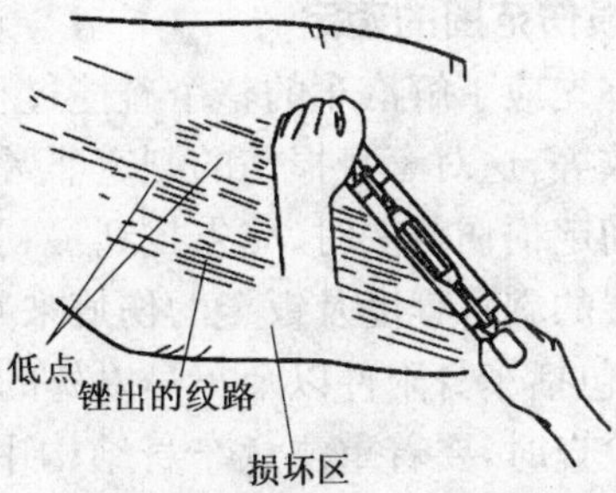

图5-25 使用锉刀检查不平部位

在锉的过程中,应握住手柄向前推。用手握住锉的头部,以便控制压力的大小和方向。每次锉的行程应尽量拉长,从未损坏区的一边开始锉,然后穿过损坏区,到达未损坏区的另一边。采用这种方法时,未损坏区和损坏区的正确平面都能够得到保持。锉削开始时,锉刀的前端起作用,然后使锉齿的锉削作用移到中间或尾端,就形成一个工作行程,使锉齿从前端到尾端都有锉削作用,行程要长而有规律,不可短而杂乱。在返回的行程中,手柄将锉刀从作业面拉回。

使用车身钣金锉刀作业时,要有一个适当的角度而不是顺着锉刀直行前进。如果顺锉刀直进的话,会把钣金面锉出凹痕,而且轻轻加压力于锉刀上进行推锉即可,太重的压力将使锉过分切削金属面,但是也需要有适当的压力以防止锉刀跳动。

检查弧形板面时,最好使用可调柔性锉,因为这种类型的锉压到弧形板面上时,可通过调整使两端留有一定间隙,给操作带来很大方便。

当锉一个很平坦的部位时,将锉刀与推进方向成30°角前推,也可将锉平放、沿30°斜角的方向(图5-26)。

在隆起的金属板上,应将锉刀平放并沿着变平的凸起处平推,或者沿着凸起处最平坦的方向平放,以30°或更小的角度向一边推进(图5-27)。

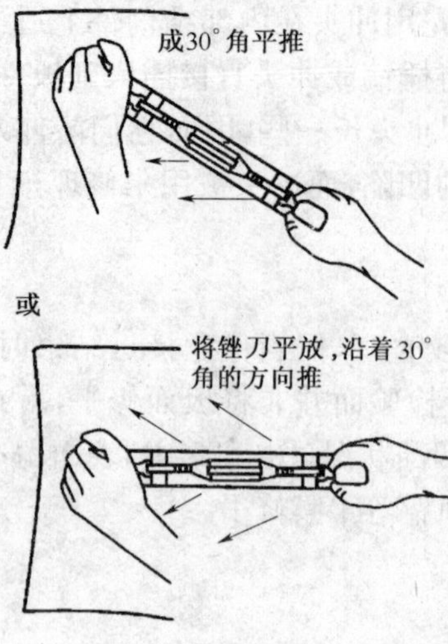

图 5-26　在平坦或低隆起部位沿 30°角推动锉刀

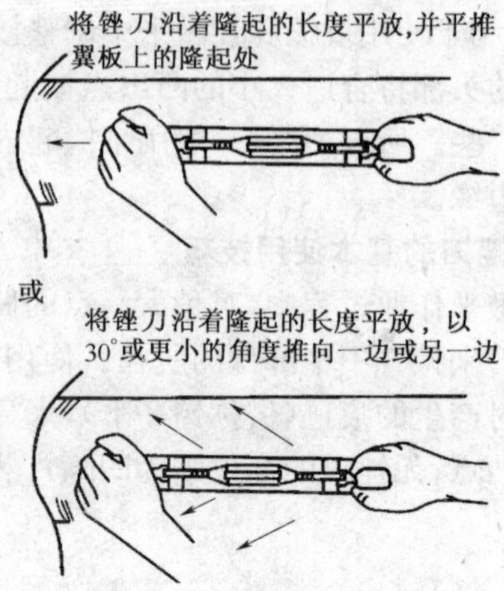

图 5-27　在隆起板面上用锉刀

二、车身损伤的诊断评估及修复工艺方案的制定

1. 损伤范围的确定

①首先应了解汽车的整个碰撞过程，如碰撞部位、碰撞方向、碰撞时的车速、碰撞的物体及碰撞次数等，这对车身损伤的判定非常有意义。

②确定损伤范围时，应先找到最初遭受冲击的地方（也就是最初的损伤部位）。该部位可通过涂层的剥落程度及钣金的伤痕来判定。然后沿冲击力传播的方向系统地检查各部件的损伤情况，包括车身附件以及车身以外的其他总成和部件，如车轮、悬架、发动机等。

③检查时，要着重注意车身结构中的一些应力集中区域，如图 5-28 所示。这些部位是在车身设计中特别设置的。在碰撞冲击力的作用下，它们会按预先设定的方式变形并吸收冲击能量，保持车厢的形状不变，从而保护车内乘员的安全（被动安全）。

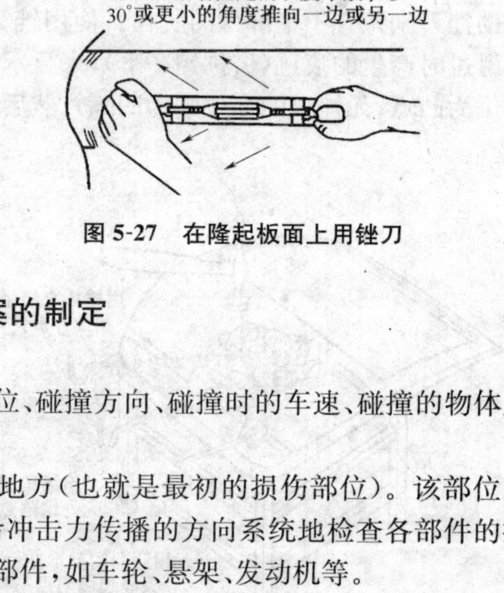

图 5-28　碰撞后应力集中部位的变形

④最后确定出车身上所有的损伤部件，以及它们之间的连接和装配关系。

2. 车身结构整体变形的检查

汽车碰撞较为严重时，引起的车身损伤往往不光是车身构件的直观损坏，同时还会造成车身结构的整体变形。承载式车身在遭受侧向碰撞力时，所造成的车身损坏和整体变形如图 5-29 所示。

车身的变形靠目测往往观察不到（车身的整体变形量一般较小）。车身整体变形的认定主要依赖于对车身结构精确测量的结果。

在撞损较为严重的车身上，其结构的整体变形也是较为复杂的，往往是多种变形同时发生并综合到一起，例如挤缩与上下弯曲就经常同时出现。利用量具对车身结构进行测量和对整体变形进行判定时，一般都是先测定车身是否有挤缩，然后再判定是否有上下弯曲和左右弯曲，最后检查是否有扭曲和菱形变形。这是判定车身是否有整体变形常用的一种检查工序。

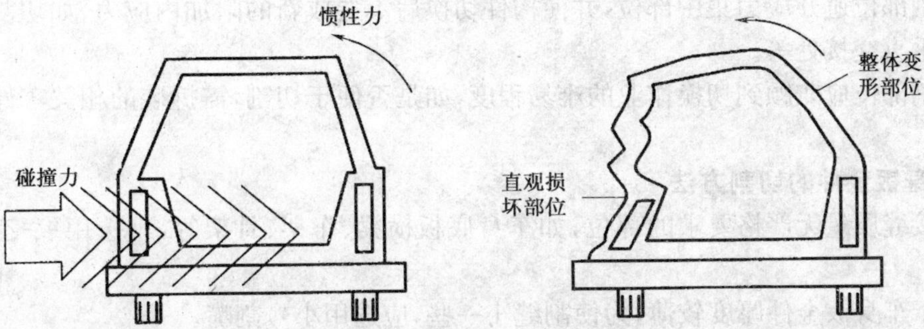

图 5-29　侧向碰撞所造成的车身损坏和整体变形

在车身损伤的判定中，要避免只重视车身构件直观损伤的检查而轻视车身整体变形测定的倾向。车身修理作业中也是如此，既要注重车身构件装饰性方面的修理，更要注意车身结构性方面的矫正。否则，撞损汽车修复后，常会出现车体倾斜、轮胎磨损异常、跑偏等不良后果，甚至影响到行车安全。如果这时才想到对车身结构进行精确测量和矫正，通常就得把整个钣金修理作业从头做一遍，甚至还要重新进行涂装，额外增加了很多修理时间，最后只能落得事倍功半的结果。

3. 车身修复工艺方案的确定

在对车身损伤准确判定的基础上，即可确定修理方案，其主要内容包括以下几方面：

①确定需要拆卸的构件。在钣金修理过程中，有时需要拆下一些构件。某些构件拆下后修复更加方便，某些损伤构件需要拆下予以更换。

②确定需要更换的构件。损坏的车身构件是更换还是修复，判断的基本原则是损坏形式以弯曲变形（弹性变形）为主就进行修复，以折曲变形（塑性变形）为主就进行更换。但在实际工作中需考虑的因素还很多，如损伤的车身构件是否有配件；构件的修复费用与新件价格的比对；损伤构件在车身上的装配关系和精确度（例如车门在车身上装配的精确度比较高，若车门损坏严重就应选择更换）；车主的意愿等。

③制定钣金修复的工作程序。这是修理方案中最为重要的一部分内容。在制定具体的修复工作程序时，要考虑作业者的能力和水平，以及可使用的工具和设备等情况，要结合实际，方便可行。

④确定车身修理后的检查方法。车身修理后，还要对车身结构进行测量，确保车身变形全部得以修复。

此外，根据损伤程度和部位，必要时，还需进行其他方面的检查，如前轮定位的检查，密封性检查，转向系统、传动系统和行驶系统性能的检测等。

三、钣金结构件的切割与修复技巧

（一）车身钣金件的切割与拆卸技巧

1. 车身钣金件切割部位的选择

①切割部位应尽可能选择在构件与构件之间的接合处。

②对全承载式轿车而言，切割部位须避开车身设置的挤压区（如发动机舱、行李舱等）、悬架安装位置、尺寸参照基准孔、发动机和传动系统安装位置等。

③切割部位避开构件加强板的支撑点，如加强腹板、加强盘等。

④切割部位避开应力集中部位，并使构件切换后不造成新的附加内应力，如切割线不能选在两构件垂直交接处等。

⑤切割部位应兼顾到切换作业的难易程度，如是否便于切割，需拆装的相关零件多少与难易程度等。

2. 车身钣金件的切割方法

①对接缝质量无严格要求的部位，如车身底板横梁、车架、骨架等，可选用氧-乙炔火焰进行切割。

②由于车身钣金件厚度较薄，为使割缝小一些，应选用小号割嘴。

③在接缝质量要求较高的部位，为保证组装尺寸的准确性，可使用钢锯或风动锯切割，尤其是断面尺寸不大的钣金件切割，如挡风窗窗框、车门立柱、门槛等，如图 5-30 所示为用风动锯粗切割；如果是断面尺寸较大的钣金件，如车身蒙皮、底板等，则用风动錾配合切割錾刀进行切割，如图 5-31 所示。

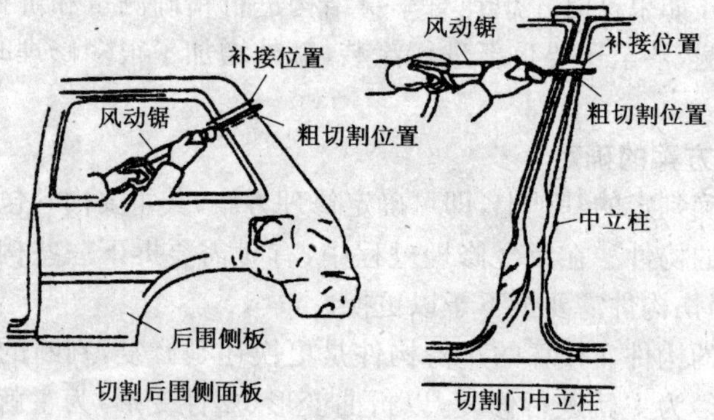

图 5-30 用风动锯粗切割

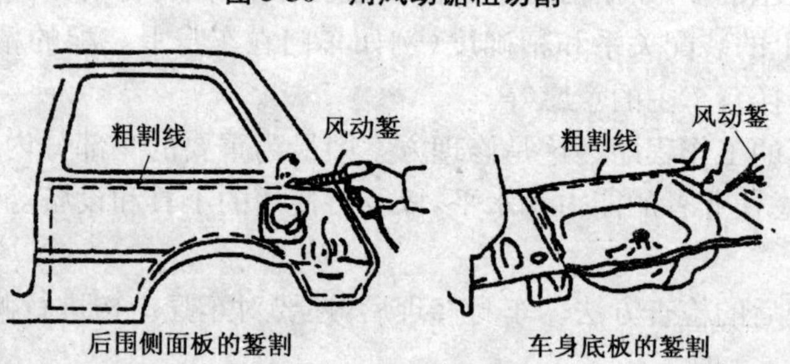

图 5-31 用风动錾粗切割

3. 车身钣金件拆卸后的处理

①当钣金件采用焊点或铜焊方法连接时，用角向砂轮磨光机磨去接口部位残留的焊接斑点。若用气割方法切割薄板件（如外蒙皮），切割后，用钣金剪沿切口剪切，再用锉刀或角向磨光机去掉切口边缘的毛刺；骨架、立柱、车架等较厚的钣金件切割后，则直接用角向磨光机打磨修整。

②用钢丝刷、砂布等清除接口周围的铁锈、油漆保护层等。

③用手锤和顶铁配合，矫正接口边缘的弯曲、翘曲、皱叠等缺陷。

④对车身一侧钣金件同样进行上述处理，并进行检测、矫正、防锈处理。

(二)车门的修复技巧

1. 用钻孔拉拔法修复车门

如果汽车车门外板被撞,就会出现一局部凹陷(图 5-32),可采用钻孔拉拔法对其进行修复。

①在撞后出现的凹陷处或褶皱处,用手电钻钻出一排小孔,如图 5-33 所示。孔径为 3.0～3.2mm,孔距可在 10～15mm 之间。一般情况下,孔距要根据车身外板变形处的情况而定。

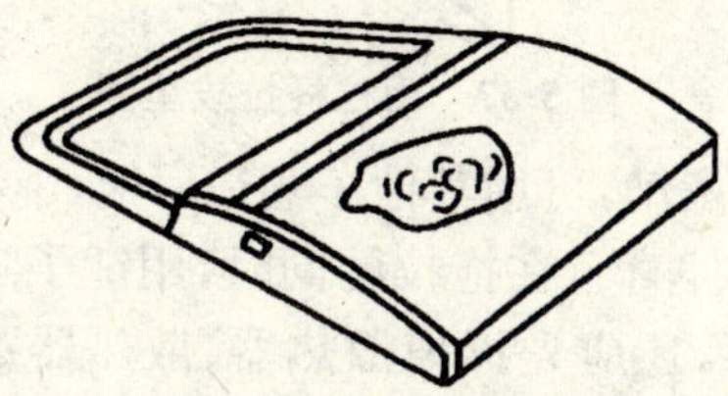

图 5-32 车门凹陷

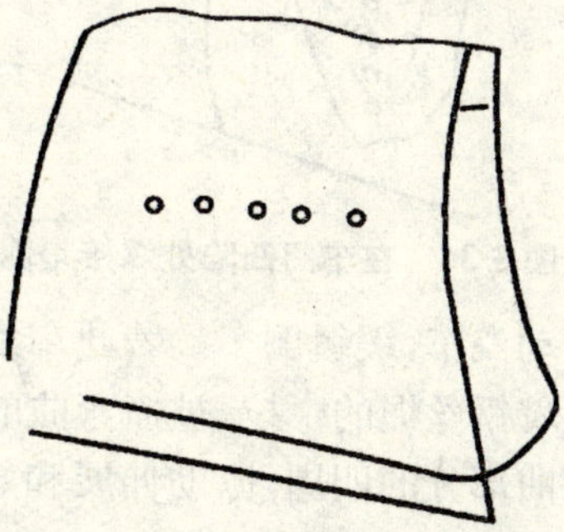

5-33 在车门门板上钻出一排小孔

②将牵引钩伸入小孔中,逐个将其往外拉,直到完全恢复原状为止,如图 5-34 所示。拉拔时,每只手可握两个拉杆,两手用力保持均匀一致,慢慢拉,不可用力过大。

③拉平后,用 CO_2 气体保护焊将孔焊死。焊接方法如下:

a. 焊枪垂直于板面,对准孔中心。

b. 将焊丝插入孔内,短暂地按下扳机开关激发电弧,然后松开扳机。

c. 焊丝在孔内形成熔池,而后冷却凝固。若孔径较大时,焊枪沿孔周边缓慢地移动至孔中心。焊点以略高出板面为宜。过高将给打磨带来困难,反之则会使强度不足,如图 5-35 所示。

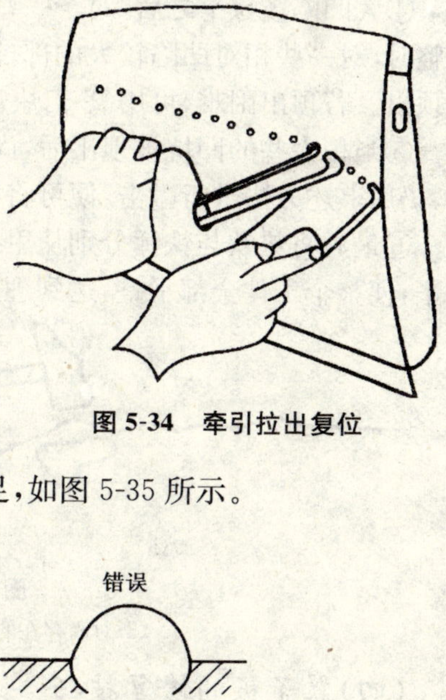

图 5-34 牵引拉出复位

④用电动砂轮机打平焊点。

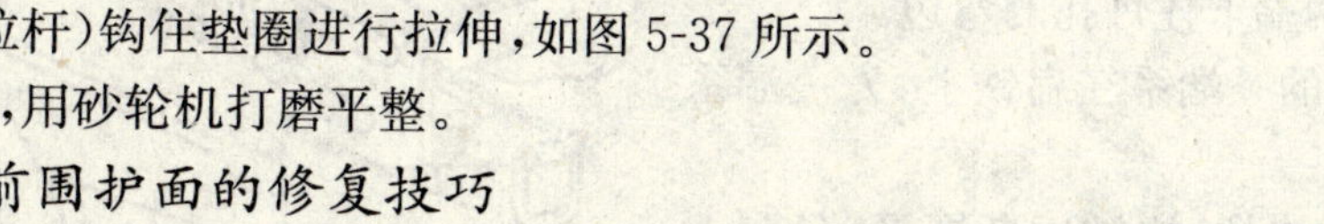

图 5-35 正确焊接车门上的钻孔

2. 用撞锤拉拔法修复车门

①在钣金表面凹陷最严重的部位焊接一定数量的垫圈,如图 5-36 所示。

②用撞锤(拉杆)钩住垫圈进行拉伸,如图 5-37 所示。

③除掉垫圈,用砂轮机打磨平整。

(三)车身前围护面的修复技巧

汽车碰撞后,若前围护面发生损坏,可按下述步骤对其进行修复:

①将一根粗细适宜的钢丝绳的一端系在前保险杠的中央凹陷处(即被撞击部位),另一端系在地桩上。

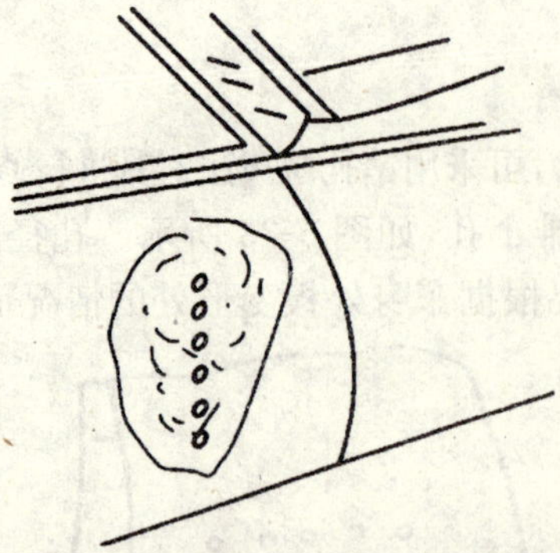

图 5-36　在车门凹陷处焊接垫圈

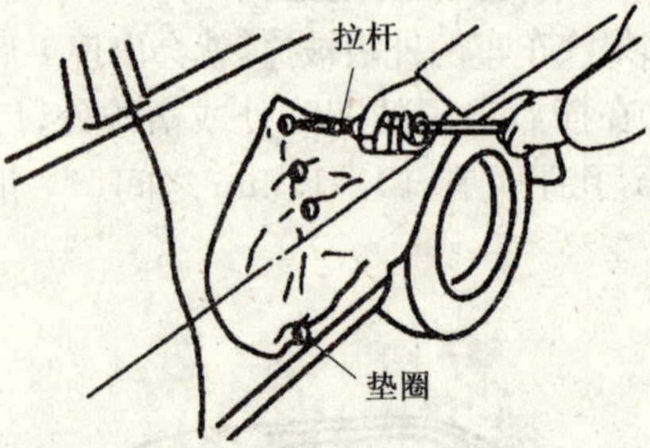

图 5-37　用拉杆拉拔垫圈

②发动汽车，缓缓倒车。若此车发动机已损坏不能发动，可用其他车辆往后拖。

③随着钢丝绳的牵拉，被撞弯曲的保险杠便可渐渐伸直。在拖拉的同时，用锤子随时敲击保险杠弯曲部分的四周，以助伸展和定形。如果有必要，还应先拆掉散热器、散热器罩及一些电器零部件，以防不必要的损坏。

④大凹陷被拉平之后，对于一些小的凹凸不平部分，可以借助锤子与垫铁进行手工平整。平整时，对一些相对凹陷较大的部位，可用垫铁顶在里边凹坑处，用铁锤敲击外边的凸起处，将其顶出。若顶出困难，可用氧-乙炔焊炬以碳化火焰加热，将凹坑顶出。

⑤当稍大些的凹坑被顶出后，尚会存在一些小的凸出点，这时，可改用小号铁锤与垫铁配合，仍用上述方法进行敲击，便可将稍小的凸出部分敲平，如图 5-38a 所示。

⑥最后将垫铁与铁锤分别从里外对准一个点，对尚存的一些凹凸点很小的部分进行敲击，矫平，使整个工件全部平整，达到理想的修复状态，如图 5-38b 所示。

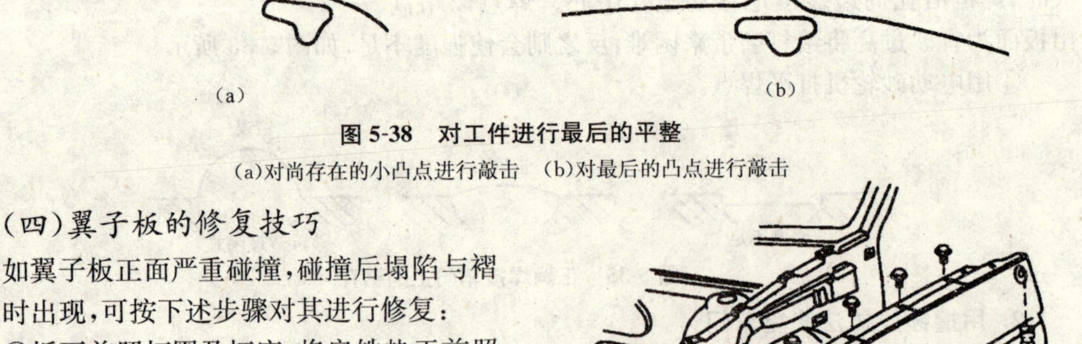

(a)　　　　　　　　　　　　(b)

图 5-38　对工件进行最后的平整

(a)对尚存在的小凸点进行敲击　(b)对最后的凸点进行敲击

(四)翼子板的修复技巧

如翼子板正面严重碰撞，碰撞后塌陷与褶皱同时出现，可按下述步骤对其进行修复：

①拆下前照灯圈及灯座，将扁铁垫于前照灯孔内，使扁铁两端卡住灯孔的弯边。

②把钢丝绳的一端系在扁铁上，另一端系在地桩上。

③倒车自行拖拉，褶皱逐渐展平，只剩下个别的小死褶未平。

④拆下前保险杠，拆开翼子板固定螺钉，卸下翼子板，如图 5-39 所示。

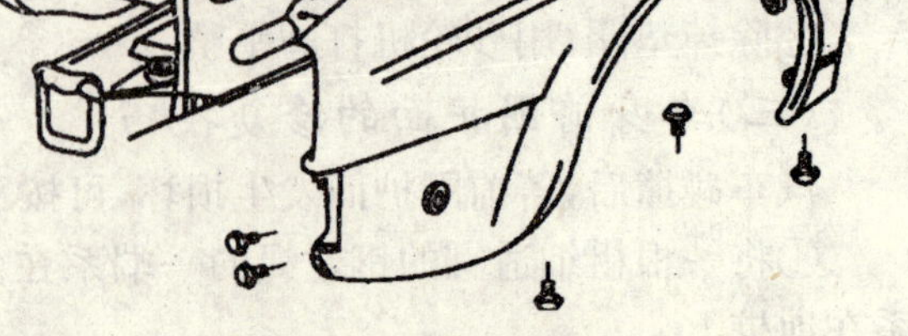

图 5-39　拆卸翼子板

⑤将翼子板放在平台上进行修整。

⑥用氧-乙炔火焰对死褶进行加热，并用撬具撬开。

⑦将翼子板凹面向上置于平台上，由翼子板里侧敲平活褶。每敲一处，须使平台起垫托作用，即随时转动翼子板，如图 5-40 所示。

⑧将里侧基本敲平的翼子板翻转过来，即凸面向上，用垫铁垫在里侧，由外向里继续敲击，最终使褶皱完全展开，如图 5-41 所示。

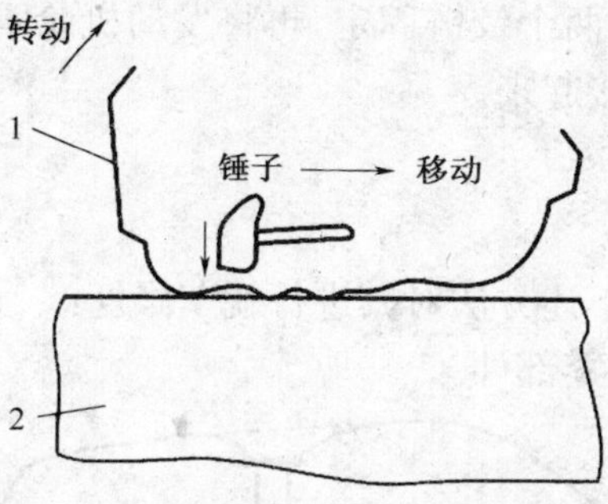

图 5-40　凹面向上在平台上敲击

1. 翼子板　2. 平台

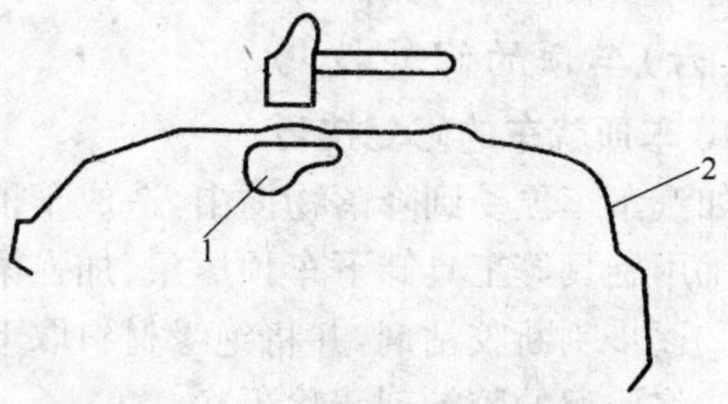

图 5-41　凸面向上用垫铁垫着敲击

1. 垫铁　2. 翼子板

⑨两面均敲平后，将翼子板装在车上，调整翼子板的位置。

(五)发动机舱罩的修复技巧

如汽车正面发生严重碰撞，使发动机舱罩出现拱曲、塌陷与皱褶等损伤，可按下述步骤对其进行修复：

①将挡风玻璃洗涤器喷嘴及软管拆离发动机舱罩。

②用旋具松开两个铰链上的紧固螺钉，如图 5-42 中的箭头所示，卸下发动机舱罩总成。

③用氧-乙炔火焰加热烘烤，用铲刀配合清除隔热胶。

④将内外板分离。首先用专用撬具将外板的包边撬开，使其与内板边缘逐渐分离一定的角度。然后再用锤与垫铁配合，将外板的包边部分全部打开。如果边角外有焊点，可用扁铲剔开或用手提砂轮机磨开，尽量不用火焰切割，以防止变形。

⑤将外板表面向下、里面向上放在平台上，用木锤先将塌陷的大坑顶出。然后再翻过来，表面向上、里面向下，用铁锤加垫铁进行敲击。

⑥矫平整个工件。左手持垫铁抵在最低部位，右手持铁锤敲击附近的凸出部位，如图 5-43 所示。

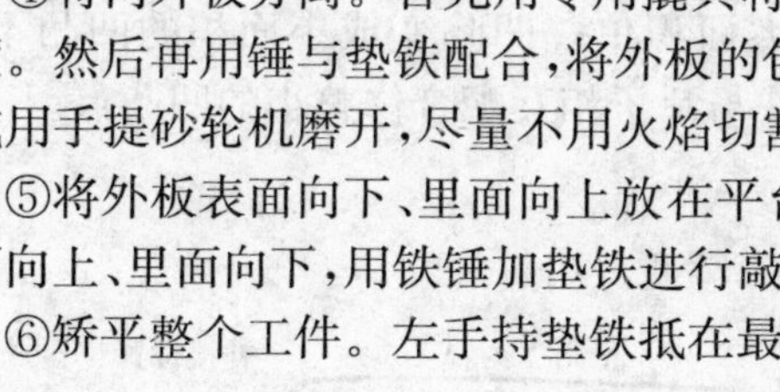

图 5-42　用旋具松开发动机舱罩的螺钉

1. 铰链　2. 发动机舱罩　3. 铰链垫片　4. 扭力杆

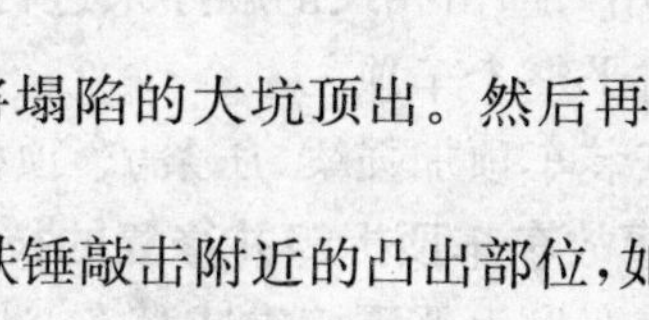

图 5-43　用铁锤和垫铁敲击凸出部位

⑦对工件表面进行光洁处理。对铁锤与垫铁、撬棍等工具作业留下的凹凸不平的小痕迹，用车身锉刀进行最后的修复。

⑧修复内板。

⑨将内外板合成一体。在内板上涂一层隔热胶，将内板与外板按包边连接方式合成一体，即将外板的包边重新包住内板的边缘，四角处可用 CO_2 保护焊点焊几点，以增加牢固度。最终应使发动机舱罩达到原来状态。

⑩安装发动机舱罩总成上的各零部件，然后将后侧两个铰链固定，再将发动机舱罩总成放在车身原安装位置，拧好铰链紧固螺钉，将其与车身连接起来。

（六）车顶的修复技巧

1. 车顶就车的修复技巧

如汽车车顶受到降落物撞击，造成车顶塌陷，可按下述方法对其进行就车修复：

①用旋具等工具卸下车顶压条、加强梁及其他相关零部件。

②逐步割断胶粘剂，并将绝缘材料取下来。

③将残留的胶粘剂清除干净。

④用千斤顶将大凹坑顶出，如图 5-44 所示。注意：千斤顶底部落到车厢地板上时须放平衡，并在千斤顶上端放一块面积较大的木块以增加顶出面积，使顶出力均匀，避免由于顶出面积小而出现鼓包，反而增加修整量。也可采取前面介绍的拉拔法，即在车顶凹陷的中部钻几个小孔，穿上铁丝向上提拉。由于这时维修者是站在车顶上作业，所以向上提拉用力不会很大。难以将凹坑拉出时，可以借助氧-乙炔火焰加热，边加热边提拉。加热时，应注意掌握火焰加热温度与加热面积，温度不要过高，面积不要太大，要按实际需要来定，否则会增加变形程度。

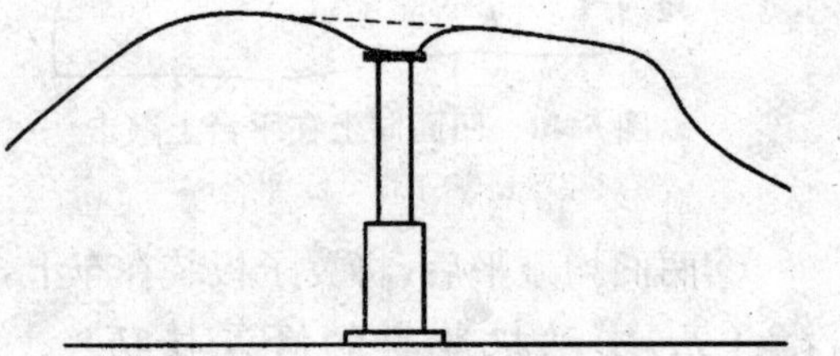

图 5-44 用千斤顶顶出凹坑

⑤经过顶出或拉拔后的车顶，可能会由简单的大面积单一凹陷变成小面积的凹凸不平。这时，应用与撞击相反的顺序来进行修复工作，用垫铁与锤子相互配合修整小的凹凸点。

⑥矫平整个车顶。

⑦安装车顶加强梁、压条、车顶板、内饰件等。

2. 事故车车顶拆卸并修复的技巧

如汽车发生严重撞击或翻车，造成车顶塌陷、扭曲或拱曲等不同程度的损伤，可按下述方法对其进行修复：

①拆除车顶板、内饰件及其他相关零部件。

②用风动锯切割车顶，如图 5-45 所示。

③用砂轮机切割焊缝及钎焊区域，拆解构件。

④将更换的车顶置于车上并对正位置后，用夹钳固定，然后临时将其点焊在该位置。

⑤检查车身所有框架部位的尺寸和形状。

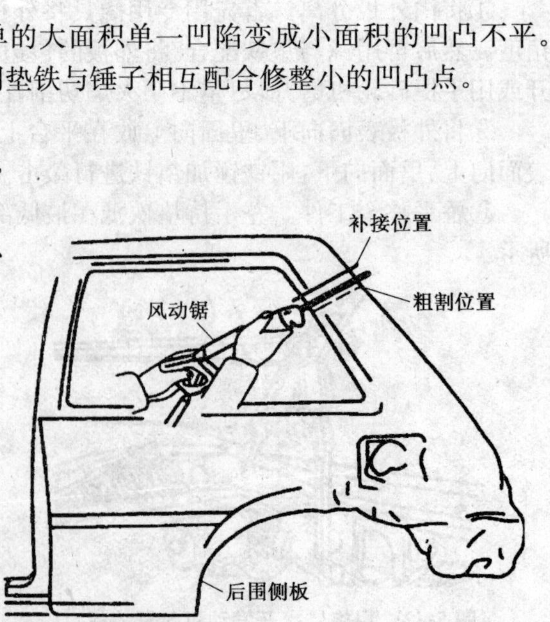

图 5-45 用风动锯切割车顶

所有尺寸和形状均准确后，将车顶牢固地焊接在该位置上。

⑥安装车顶加强梁、压条、车顶板、内饰件等。

3. 切割车顶时应注意遵照的原则

①避重就轻。要求切口的位置一定要避开构件的强度支撑点，选择那些不起重要作用的位置切割，尽可能躲开一些备板、加强筋等位置。

②无应力集中。因应力集中会使构件发生意想不到的损坏，故切口的位置应尽量避开车身构件应力集中的区域。

③方便施工。选位还应考虑到切换作业的难易程度，如需要拆装的相关零部件的多少与难易程度，以及是否便于操作和可选切口的大小等。

④易于修整。构件割换后还需要对接口、焊缝等进行修整。若按修整工作量大小选择切口，就可以简化构件更换后的作业。如所选择的切口位于车身内、外装饰的覆盖范围内，其接口或焊缝表面处理就能简化。

4. 用氧-乙炔焊炬分离车顶与车身支柱的连接钎焊区域的技巧

一般轿车车顶与车身支柱的连接是钎焊，通常是用氧-乙炔焊炬熔化钎焊的金属来分离钎焊区域。

①用氧-乙炔焊炬使涂膜软化，用钢丝刷或刮刀将涂膜除掉，如图 5-46 所示。

②加热钎焊焊料直到它开始熔化呈糊状，再快速将它刷掉。注意不要使周围的金属薄板过热。

③用一字旋具在两块板件之间插入，将板件分离，如图 5-47 所示。

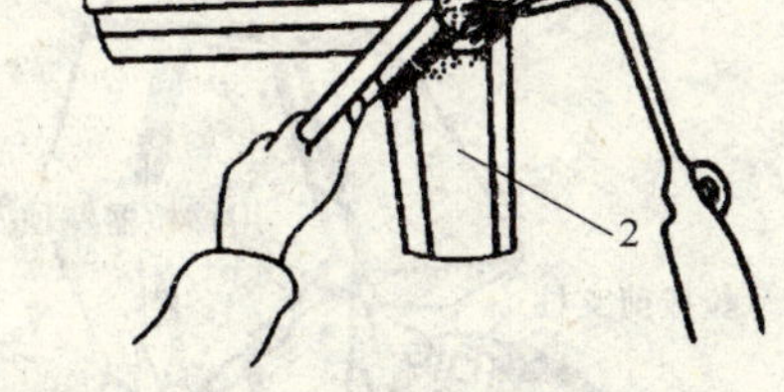

图 5-46　从钎焊区域清除油漆与焊料

1. 车顶　2. 支柱

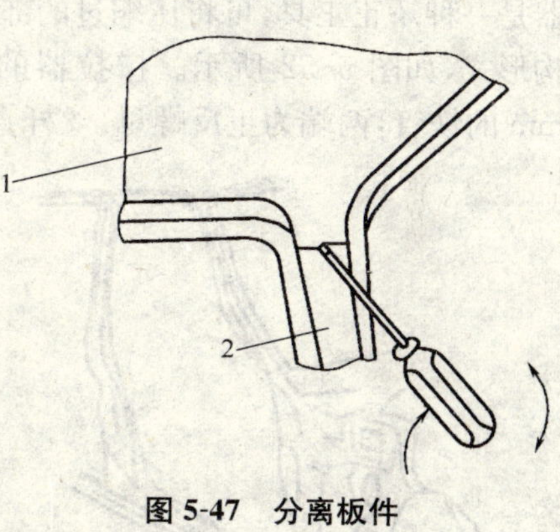

图 5-47　分离板件

1. 车顶　2. 支柱

④除去涂膜后，若确定连接是电弧钎焊，便采用砂轮机切除钎焊，如图 5-48 所示。然后将车顶与车围连接处切除，以更换板件。

（七）后围护面的修复技巧

如汽车尾部被撞凹陷，可按下述方法对其进行修复：

①拆卸后车尾部的附件，包括尾灯、牌照及其他电器附件。

②借助氧-乙炔火焰对保险杠凹坑处加热烘烤，趁热用撬具将凹坑顶出，如图 5-49 所示。注意：如果后保险杠为塑料类制件，则应用烤灯烘烤。

③凹陷得到初步复位后，再用垫铁和锤子对尚未平整的凹凸变形做进一步修整。

④用锤子渐渐敲平这些部位，直到恢复为原来的形状。

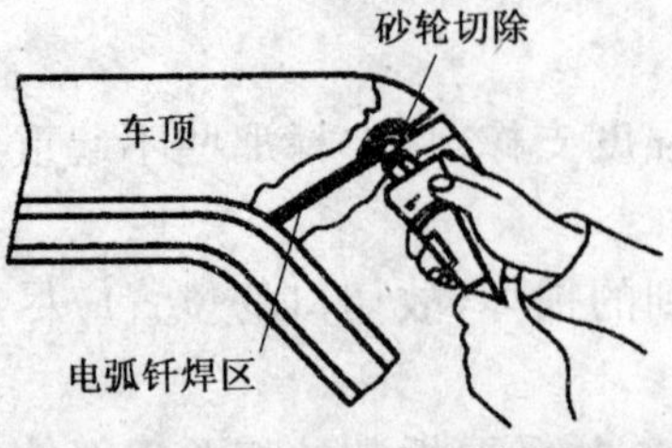

图 5-48　用砂轮切除钎焊

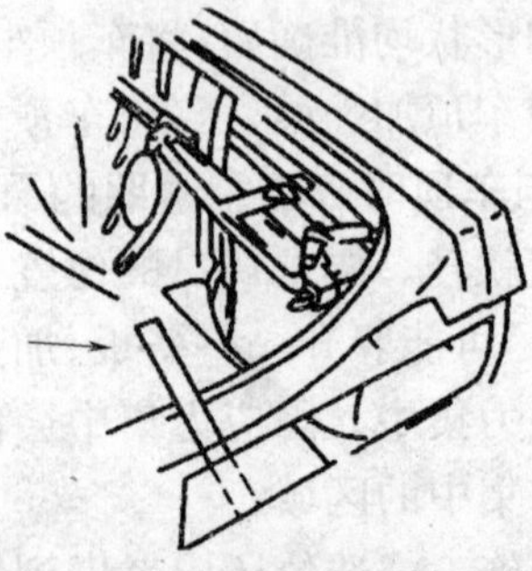

图 5-49　用撬具将凹坑顶出

⑤用前面介绍过的拉拔法将后门框口的凹坑拉出，再借助撬具、修平刀、底座与锤子，必要时用氧-乙炔火焰加热来配合修平。

⑥如果后门框口出现裂纹，可采用 CO_2 气体焊进行修复。

⑦焊接完毕，用钢锉修平焊缝表面。

⑧修复完毕，进行后围尺寸测量与调整。

（八）车门支柱就车的修复技巧

如图 5-50 所示，如汽车侧围发生碰撞，造成前支柱、中支柱弯曲，可按下述方法对其进行就车修复：

①将侧围上的前、后两个损坏的车门拆掉，由于前翼子板也被撞击，也应一起拆下。

②用撑拉器从里边撑顶，同时拉拔前支柱，如图 5-51 所示，将前支柱拉回到原来的状态。撑拉器是一种矫正工具，可将压缩过的部位撑开，也可将扩大了的部位拉回。撑拉器一般有四种结构形式，如图 5-52 所示。撑拉器的中部通常是一根直径为 50～60mm、长度为 500～1100mm 的铁管，两端为正反螺母，丝杆直径为 30mm 左右。

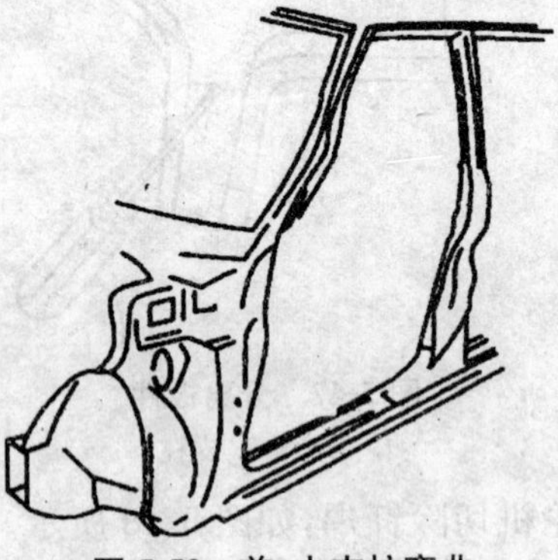

图 5-50　前、中支柱弯曲

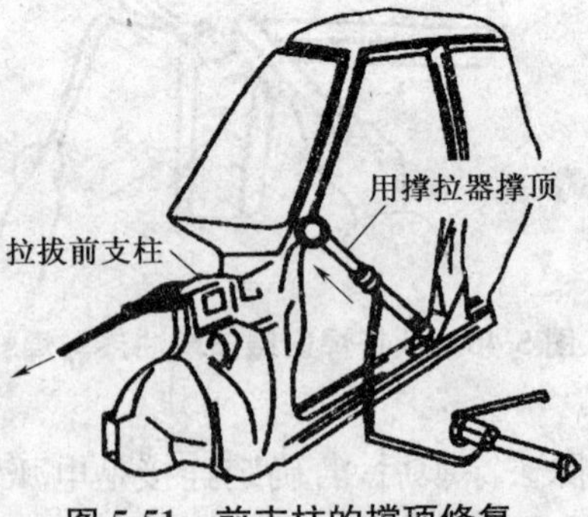

图 5-51　前支柱的撑顶修复

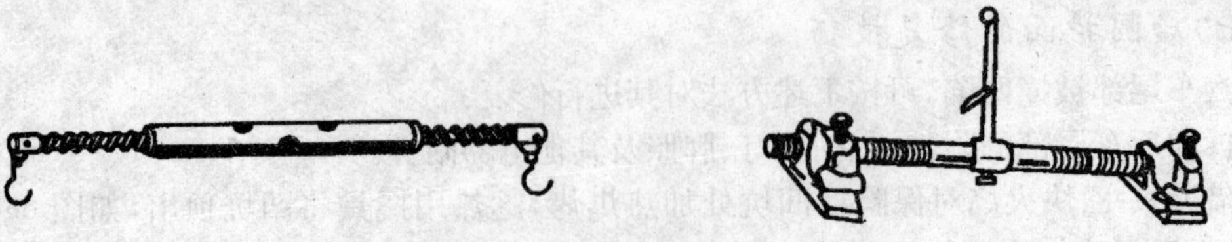

（a）　　　　　　（b）

图 5-52　撑拉器的结构形式

（a）钩顶式　（b）夹挂式

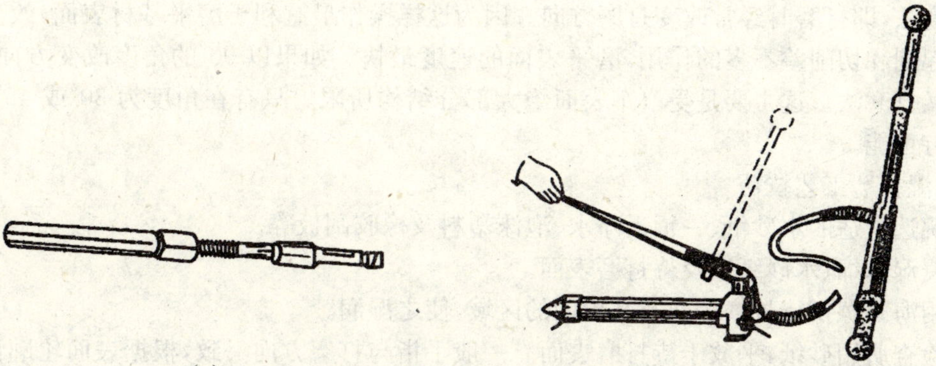

(c)　　(d)

图 5-52　撑拉器的结构形式(续)

(c)螺旋千斤顶式　(d)液压千斤顶式

③将撑拉器挂在中支柱和其他建筑物体上，如图 5-53 所示，将中支柱拉回到原来的状态。

图 5-53　撑拉中支柱

第二节　车身磕碰喷漆修补技巧

一、车身涂装工艺

(一)车身涂层打磨技巧

1. 手工打磨技巧

(1)手工打磨的姿势

手工打磨的姿势应该以舒服、顺手为原则。对于较大表面，最好采用拇指和小指夹住打磨块，中间三指配合手掌用力的握法。

(2)打磨时的力度把握技巧

①尽量轻地握住砂纸。

②避免用力压砂纸。

③打磨时，施加于表面的压力仅仅限于手掌的重量。

④有时还必须经常改变打磨姿势，以适应不同部位表面结构的不同。

(3)手指打磨法的技巧

在对汽车某个特殊的部位进行打磨时，有时需要将手掌稍微抬起来一点，将重量加到手指上，进行所谓手指打磨；有时甚至还要将手掌再抬一点，将重量加到指尖上，用指尖进行打磨。

(4)采用交叉打磨法

在打磨较大面积的表面时，最好采用走直线的方法。在混涂区对相邻表面打磨时，应采用交叉打磨法,即打磨时经常改变打磨方向。因为这样操作最有利于磨平基材表面,改变打磨方向可以起到和切削差不多的作用,磨平表面的速度最快。如果以 90°的角度改变方向,就无法采用交叉打磨法。这主要是受汽车表面绝大部分结构所限。只有在角度为 30°或 45°时,改变方向才有可能。

(5)湿打磨工艺技巧

①挑选合适的水砂纸、一桶干净水、泡沫塑料及橡胶刮板等。

②浸湿海绵、水砂纸以及待打磨表面。

③用海绵擦拭待打磨表面及其周围的区域,使之湿润。

④检查所用砂纸,平放于待打磨表面。一般手指与打磨方向一致,根据表面轮廓情况也可采用 45°角,然后开始打磨。此时,如果进行的是大面积的打磨。则应该分成块,一块一块地进行打磨。每一块的面积不得大于 $0.1m^2$。不得将身体的重量用在砂纸上,而只能轻轻地压着砂纸进行打磨。

⑤在打磨过程中,要不断用海绵蘸水往打磨表面上浇,以保持表面潮湿。

⑥应不时停下来检查已经打磨后的效果,直到结果满意为止。检查时,应注意打磨表面要保持潮湿,表面要用橡胶刮板把水刮干净。在有良好照明的条件下,应从入射光的角度观看和检查打磨效果。特别要注意观察表面是否还留有明显的打磨痕迹、锈斑,打磨是否已平整等。

(6)干打磨工艺技巧

①选择合适的磨料。采用氧化铝磨料的疏式砂纸比较适合干打磨。

②准备好气枪。

③戴好面罩。

④裁剪好砂纸。如果有必要,应选用合适的打磨模块。

⑤无论是打磨大的还是小的面积时,要用粗砂纸打磨 50%~75%,再用细砂纸进行精加工。粗砂纸打磨的目的是尽快砂掉锈斑、大块的封闭底漆等,以达到金属涂装前的标准。

⑥用手垫着抹布或棉布头,凭手感判定涂有封闭底漆的表面是否凸凹不平,是否符合金属表面涂装标准。

⑦用 180 号或 220 号砂纸对涂有封闭底漆的表面进行精打磨。如果砂纸上粘上了封闭底漆,应及时用气枪吹干净或用刷子刷掉。

⑧采用黏性抹布或气枪对整车进行清理。

⑨如果封闭底漆被清除过多而导致表面凸凹不平,则需要重新涂封闭底漆,然后再重复上述操作。

2. 机械打磨技巧

(1)机械打磨时的注意事项

①操作工应佩戴防护眼镜和防护面罩。

②检查叶轮的品种及规格是否与当前操作所要求的性能相一致。破损的叶轮,哪怕只有很小一点缺陷,也绝不能继续使用。

③检查电源是否在该产品所规定的范围内。

④将电源插头插入电源插座之前,应仔细检查打磨机的电源开关是否关闭。

⑤更换叶轮时,务必认真按照说明书的要求进行。

⑥绝不可使用电动打磨机打磨铝材、塑料等,可采用磁铁检查基材。

⑦绝不可使用电动打磨机交叉打磨曲面弧度较大、凸出很高的表面或非常凹的表面。

⑧绝不可使用电动打磨机打磨边角、皱褶缝、焊缝、粘接处或刮涂过塑料密封胶的区域。

⑨不允许使用粗砂磨料以 90°角交叉打磨凸出很高的表面，以免造成很深的打磨伤痕，以后很难将其除去。

⑩千万不要让粗砂磨料接触打磨区域附近完好的涂料表面，最好用胶带把完好的涂层部位保护起来。

(2)机械打磨操作工艺技巧

①穿戴好安全劳保用品。

②戴好手套，然后轻摸一遍待打磨表面，以助于操作工人决定如何进行打磨。

③握紧打磨机，打开开关并将其以 5°～10°的角度移向待加工表面。

④如图 5-54 所示，使打磨机向右移动，打磨机叶轮左上方的 1/4 对准加工表面。

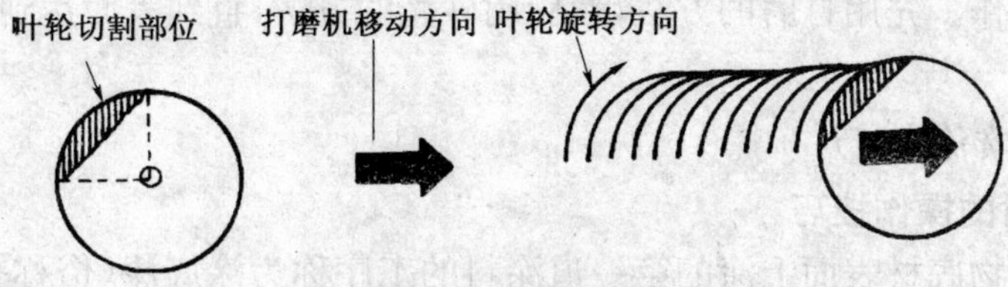

图 5-54　向右移动打磨机

⑤如图 5-55 所示，当打磨机从右向左移动时，叶轮右上方的 1/4 对准加工表面。这是磨砂掉表面高度不平最为有效的方法。

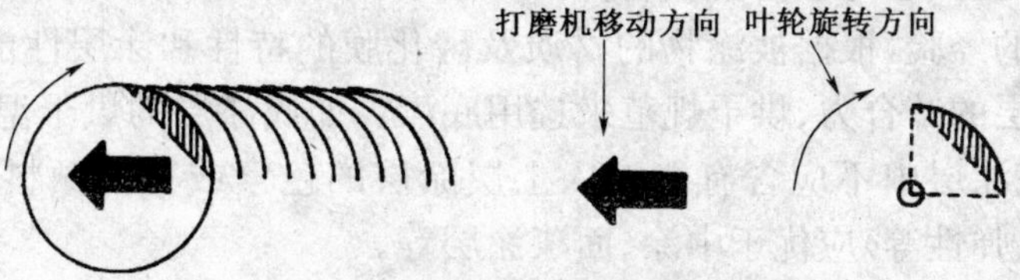

图 5-55　从右向左移动打磨机

⑥图 5-56 所示为打磨较为平坦的表面时的移动方式。

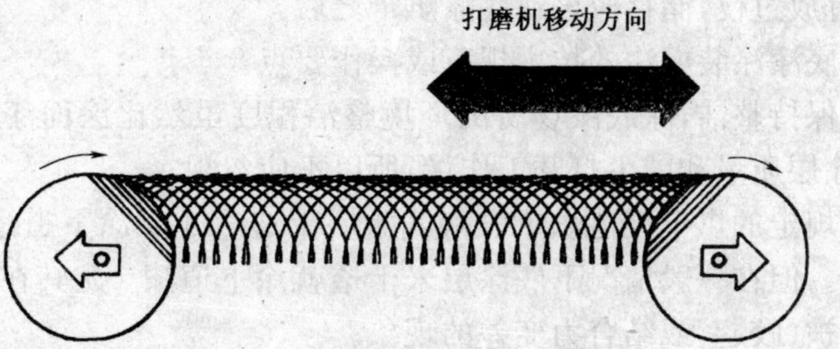

图 5-56　打磨平坦表面时打磨机的移动方式

⑦检查。经常检查磨料是否清洁。这是保证打磨效果最简单也最有效的办法。如果磨料被塑料密封胶污染，则应及时用毛刷、钢丝刷或气枪进行清理。如果出现类似情况，则表明密封胶固化不完全。打磨操作应该在密封胶充分固化后才能进行。

⑧最后进行砂光处理。

(3)机械打磨后进行砂光处理技巧

①如图 5-57 所示，将转动的砂轮前方对着表面，而后方稍稍离开表面一点，保持这个方位，

上下移动电动打磨机进行打磨。每一道磨痕之间覆盖面积为50%～60%，这将有利于砂平作用。

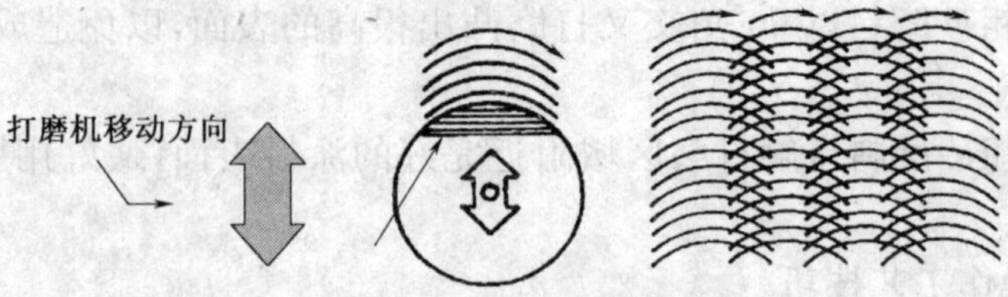

图 5-57 砂光操作时打磨机的移动

②用戴着手套的手在打磨过的表面上来回摸一下，检查打磨效果。重复上述打磨过程，直到完成打磨工作的3/4左右。

③更换细砂纸。

④重复打磨操作。先用打磨的方法，然后用砂光的方法，直到表面达到所要求的平整度。

⑤清洗车身。

(二)车身的喷涂技巧

1. 喷涂底漆时的操作技巧

直接在被涂装物底材表面上涂的第一道涂料的工序称为涂底漆(俗称打底)。所形成的底漆涂层是整个涂层的基础，从而实现与底材的结合力和涂层的耐腐蚀性。涂底漆时的操作技巧有以下几点：

①选用底漆时，应注意与被涂物底材及处理膜和随后涂层(中涂或面漆)的配套性。应通过试验或采用他人的经验，根据被涂物的材质及磷化膜的特性和涂层性能的质量标准选用底漆。根据其与上涂层的结合力、烘干规范来选用底漆。如底涂层的烘干温度一般不低于中涂、面漆的烘干温度；底涂层中不应含有能渗入上层涂层的色素或有机颜料；底涂层的力学性能(附着力、冲击强度、弹性等)应优于中涂、面漆涂层等。

②涂底漆前，应检查被涂表面的质量和磷化膜的质量是否符合工艺要求，在被涂表面不清洁(有油污、尘埃和锈蚀)或磷化膜不均匀等情况下不应进行涂底漆；对涂装前处理过的被涂物应立即涂底漆，不宜放过夜，储存应该在底漆烘干之后。

③应严格遵守底漆涂装方法的技术规范或操作要点。

④涂装环境要保持整洁，涂底漆场所的环境整洁程度虽然比涂面漆时对环境的要求可低一些，但为确保底涂层质量和减少打磨工作量，所以不应忽视。

⑤底涂层应按规定的烘干规范烘干。待底涂层干透后才能涂下道漆，在采用"湿碰湿"的特殊工艺时可例外。但在一般情况下底涂层未干透就涂下道漆（尤其在涂含强溶剂涂料的场合)，易产生底涂层被"咬起"或结合力变差的现象。

2. 喷涂中间层涂料的操作技巧

①要注意所选用中间层涂料与底漆、面漆的配套性。未打磨的中间涂层与面漆之间也应有良好的结合力，其强度应与面漆相仿，烘干温度应与面漆的烘干温度相同或略高一点。

②在涂中间层涂料前，应检查被涂底漆涂层表面的质量和清洁度，应符合工艺要求。

③应严格遵守所选用涂装方法(如手工喷涂法、手工静电喷涂法和高转速旋杯式自动静电涂装法等)的操作要求和技术规范。

④涂装环境应与涂面漆环境相同，达到清洁无尘，这样可减少或消除中涂层的弊病，以达

到减少打磨工作量或实现中涂层不打磨。

⑤中间涂层打磨应有规律，打磨的方向应一致，不应乱打磨，应用 400～800 号水砂纸进行湿打磨。切忌将涂层磨穿，露出底金属；如果露出底材，在涂面漆前应补涂底漆，以增强这一部位的防锈性和面漆的附着力。

3. 喷涂面漆时的操作技巧

①根据汽车零部件的技术要求及使用条件选用好面漆。千万不能将耐候性不好的内用面漆作为汽车的外表用漆，应通过耐候性试验或借用他人的经验选用面漆；应注意面漆与底涂层的配套性，切忌面漆的烘干温度高于底层涂料的烘干温度。

②在涂面漆前，应严格检查被涂面的清洁度和底涂层的质量。不应再有影响面漆涂层质量的缺陷；如果有露底金属面，应补涂底漆。为清除吸附在被涂面上的尘埃，在涂面漆前应用粘性擦布擦净，用离子化空气消除静电吸附的灰尘。

③应严格遵守喷涂（手工空气喷涂、静电喷涂）的操作要点。

④喷涂面漆环境应保持清洁。环境空气温度应保持 20℃～25℃；湿度应保持 60%～75%。应在装有空调（调温、调湿、除尘）的喷漆室中进行，以确保面漆涂层无灰尘、微粒和具有良好的展平性。

⑤注意保护涂层，防止划伤。在进行面漆涂层的最终检查时，不应用硬粉笔之类作标记，而应用贴标记或用软的蜡笔作标记。

（三）涂层的烘干技巧

①烘干室的温度应均匀、稳定，应符合工艺规定的要求。严防各区段上下温差过大或温度过高、过低。

②烘干室内放置的工件量不应太多，以防影响涂膜的干燥和产生爆炸事故。

③补给烘干室的新鲜空气和烘干室的循环风应经过滤，以保证烘干室内空气清洁无尘。尤其是装饰性要求高的轿车车身涂装场合不可忽视这一点。烘干室内应定时清扫，或在周一或停工后刚开始起动烘干室时，先通过几台能粘尘埃的车身（即车身表面涂有烘不干的黏性物质）吸附掉烘干室内剩余的灰尘。

④车身涂装用的烘干室内的输送方式最好不采用悬挂式，应采用地面输送方式，以防止在运行过程中从悬链上掉尘渣，影响车身水平面的涂层质量。

⑤“湿碰湿”工艺仅适用于热固性的烤漆（如胺基、环氧树脂、丙烯酸树脂等合成树脂涂料），而不适用于氧化固化型的油性漆、醇酸树脂涂料。

二、汽车修补涂装技巧

1. 车身漆膜稍有刮伤但面漆未刮透的修补涂装工艺过程

①表面清洁处理。损伤部位应采用专门的清洗剂进行清洗，使其表面干净，无车蜡、油污、灰尘及其他异物。此工序要注意两点：一是采用的清洗剂对车漆表面的各种异物有很强的清洁作用，又不能对车漆表面产生副作用。二是清洁的部位要比损伤的部位大，为修补涂装留出足够的面积，否则将影响修补质量。

②打磨抛光。根据刮伤情况选用适当的磨石或磨片，如 1500 号磨石、9μm 的磨片或 1000～1500 号的砂纸对刮伤表面进行打磨，打磨光滑平整至目测看不出刮痕为止。此工序应注意两点：一是打磨要平滑过渡；二是打磨时要轻，不怕打磨速度慢，就怕磨穿面漆层给修补涂装带来麻烦，增加修补涂装的难度。

③打蜡抛光。由于没有伤及面漆层，所以不必进行面漆喷涂。可直接在打磨光洁的面漆上采用抛光蜡抛光。在打蜡抛光时，可将整车表面同时打蜡抛光一遍，以提高修补区域与整车外观的统一性。

④质量检查。经上述处理的表面，只要保证清洁和打蜡抛光的工序质量，修补后的外观，特别是色泽与原车应完全一致。

2. 车身面漆层已刮透但未伤及底漆层的涂装工艺过程

如果车身损伤的部位已使两道涂层受到了破坏，那么在修补涂装过程中，不但要喷涂面漆，而且还要喷涂中涂层。此种情况下的修补涂装工艺如下：

①打磨。当底漆涂层附着良好的情况下，对损伤部位进行打磨清洗，注意修整损伤部位的边缘接嘴，直到看不见损伤的涂层、出现附着力都良好的部位为止。同样要注意打磨时不能磨透底漆涂层而露出金属底材，并注意对边缘部位的打磨处理。

②表面处理。在除去刮伤部位的中涂层和面漆涂层之后，采用专用清洗剂除去表面上的油污、车蜡及其他异物，并使之干燥。若面积较大，可采用远红外灯进行烘烤，使待涂装的表面达到平整、光滑、干净的质量要求。表面处理不彻底对修补质量的影响很大。

③喷涂中涂层。在处理好的被涂表面上，按要求选择中涂层涂料的施工条件并进行喷涂施工。以 TP-37 高固体分子的环氧聚酯型氨基汽车中涂层涂料为例，中涂层施工工艺如下：

a. 施工工艺参数。

涂料的施工黏度：(26±3)s/25℃(涂-4)；

稀释率：20WT%；

雾化压力：0.3～0.5MPa；

喷枪出漆量：300～500mL/min；

喷幅/喷距：25cm/5cm；

重叠度：2/3；

干燥温度/干燥时间：140℃/20min；

干燥后的膜厚：(35±5)μm(一次性成膜)。

b. 遮盖不应喷涂的部位。按照遮盖的操作要求和注意事项进行。

c. 使用的设备有空气压缩机、油水分离器、压力控制器、管道及喷枪等，即普通喷涂的常用设备。

d. 中涂层烘干：若修补的面积较大，可采用室温自然烘干，但时间较长；一般采用远红外干燥灯或远红外干燥箱(反射式)进行局部烘烤。

e. 中涂层干燥后的打磨、清洁：采用 320 号砂纸轻轻打磨补涂的中涂层，使之光滑平整，用手触摸无粗糙感为准。一般采用湿式打磨并在打磨后用清水洗干净、擦干、晾干或采用烘烤灯具进行干燥。

④喷涂面漆。将已选定好的涂料按施工要求调整到规定的施工工艺条件允许的范围内，进行面漆喷涂。每次喷涂之间要有足够的流平和晾干时间。若选用的面层涂料为 TM-01 各色氨基烘干汽车面漆，则该涂料的流平时间为 5～8min。为保证涂层的厚度要求，第一次喷涂后的涂膜流平时间为 10～15min，每次的流平时间为 5～8min。这是在环境温度 25℃条件下的施工工艺参数。若环境温度低，时间则要适当延长，以涂膜的流平状况为准。

TM 01 氨基汽车烘干面漆的施工条件如下：

a. 采用配套的稀释剂对涂料进行精细调制，并按规定的要求进行过滤。

b. 以手工喷涂或静电喷涂为涂装方法。采用手工喷涂时，涂料的施工黏度为 22～24s/25℃(涂-4)；为确保涂膜厚度，要喷涂两次，层间的涂膜流平时间为 5～8min，第一次喷涂后的流平时间为 10～15min。

c. 最后的面层厚度为 50～60μm。

⑤第一道面漆烘干。由于是维修涂装，在对涂层进行烘干时，应根据涂装的面积大小和涂层的质量要求来选择烘干设备，既要达到涂层的质量要求又不能造成能源浪费过大。如果是小面积修补，可采用特制的烘烤灯或烘烤箱进行局部烘干。当然，烘烤的温度和时间主要取决于涂装现场的实际情况而定，涂层是否完全干燥可采用压棉球法来测定。

⑥第一道面漆打磨。为使第二道面漆达到平整、光滑，使用 320 号耐水砂纸对第一道面漆涂层进行湿打磨，最后用抹布、压缩空气将表面彻底擦拭干净。

⑦喷涂第二道面漆。该工序的具体工艺方法及要求与第一道面漆一样。涂膜厚度为 30～40μm。

⑧第二道面漆烘干。第二道面漆的烘干工艺与第一道面漆一样，施工环境和要求没有变化，只是增加了涂层的总厚度。

⑨第二道面漆的打磨。第二道面漆的打磨质量要求很高，因为它将直接影响涂装的质量，应特别注意。应使用 500～600 号的水砂纸轻轻地湿打磨，消除涂层表面的缺陷并进行烘干。

⑩喷涂罩光涂层。根据修补车辆的涂层结构，如果有罩光涂层，就必须进行该道工序。有的修理厂是将该工序合并到第二道面漆的喷涂之中，就是在喷涂的二道面漆中加入适量的罩光清漆，加入量一般不超过 20%，再用稀释剂将涂料的黏度降低，经过过滤后使用。此法虽然可以减少一道工序，但不可能达到喷涂罩光涂层的质量效果。

a. 罩光涂层的施工。施工条件：以罩光漆 KH-24 为例，使用 KH-24 专用稀释剂。稀释率为 14%～16%；黏度为(24～25)s/25℃(涂-4)；固体分子含量为 46%；稳定性静置 48h 后，轻轻搅拌容易恢复。涂装方法：喷涂 5～6 次，目标厚度为 35～40μm；次间流平时间为 3～5min，最后一次的流平时间为 7～10min。

b. 罩光漆的干燥。在 140℃情况下干燥 30min。如果在恒温的干燥室内进行，时间只需 20min。若采用红外线干燥器进行干燥，时间以涂层实际干燥彻底为准。

⑪打蜡抛光。打蜡抛光的目的就是提高突出表面的光洁度，并在涂层表面留有一层保护性的薄膜。

3. 局部损坏的聚丙烯(塑料)保险杠的修补涂装工艺过程

局部损坏的聚丙烯(塑料)保险杠可通过修补涂装工艺加以修复。由于聚丙烯保险杠的硬度大，应先喷涂一层专门的底漆，然后才能喷涂面漆。喷涂方法如下：

①用溶剂清洗表面。

②按照规定喷涂聚丙烯底漆，干燥 1～2h 后，喷涂面漆。

③喷涂比例适当的聚丙烯磁漆，干燥 8h，确保涂层硬化。由于是硬质塑料，因此无需添加弹性剂。

④采用底层加亮漆时，应先涂底漆，干燥后再涂丙烯酸漆，干燥 15～30min，再涂罩光清漆。

⑤受损伤的聚丙烯保险杠的修补涂装工艺如图 5-58 所示，涂装工艺过程如图 5-59 所示。

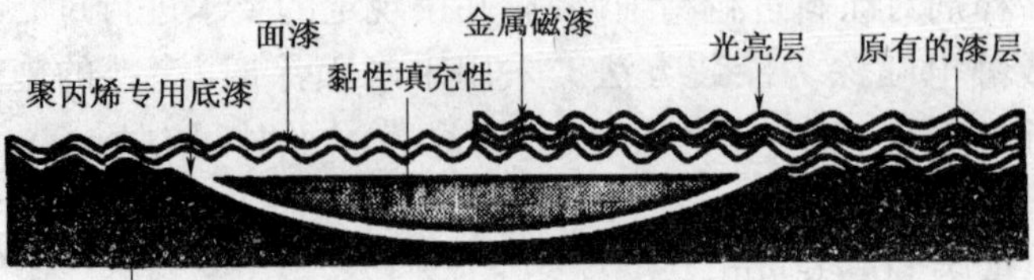

图 5-58　聚丙烯保险杠的修补涂装工艺

先对整个保险杠喷涂聚丙烯底漆

↓干燥

对保险杠损坏部位涂敷环氧树脂黏性填充剂

↓干燥

修理损坏部位

↓

对修理部位喷涂聚丙烯底漆

↓干燥

喷涂面漆

↓

喷涂金属漆并干燥

图 5-59　聚丙烯保险杠重新喷涂的工艺过程

第三节　车身美容技巧

一、车身漆膜日常护理

1. 车身漆膜日常护理的操作要点

①雨天应每天清洗车一次。洗去车身漆膜上的泥水，可用清洁的自来水冲洗，冲洗压力小于 7MPa，冲洗后用柔软的干毛巾将水痕擦干即可。

②晴天应每隔 2～3 天清洗车一次，其清洗方法和要求同雨天一样。

③冲洗后擦拭时，要沿车身纵向直线擦拭，擦拭用的柔软干毛巾或细海绵应洁净、无砂粒，否则会在漆膜上留下轻微划痕。

④清洗之后，用纯棉柔软的细毛巾蘸上镜面保护乳液，在漆膜上涂匀擦拭；然后打磨抛光，打磨抛光可用手工进行，也可用抛光机进行；在进行打磨抛光时，应在阴凉无风处进行操作，否则会影响打磨抛光的效果。

2. 车身漆膜日常护理时的注意事项

①冲洗后，不能用油污的抹布或含有砂粒的海绵等对漆膜进行擦拭，否则会重新污染清洗后的漆面，同时会在漆膜上留下不应有的划痕。

②不允许使用粗布、粗的干毛巾、干海绵、干麂皮擦拭漆膜，以防留下划痕。

③不要用旋转方法擦车，避免留下旋转的无序划痕，造成陈旧感觉。

④不要使用汽油清除漆膜上的沥青等污痕，以防对漆膜造成严重的损坏。

⑤不要在烈日或风沙露天环境中进行打蜡抛光，否则会影响漆膜的打蜡抛光质量和效果。

⑥对漆膜上已有的严重缺陷，如氧化、失光、斑点、龟裂、划痕等，由于不属于日常清洗护理的内容，应在专项美容处理时进行处理。

3. 车身上鸟粪的清除

鸟粪掉在车身上会对汽车表面造成一定的损害，由于鸟粪属酸性物质，长时间停留在车体上，会侵蚀汽车表面的涂漆。所以要尽快将其去除。

鸟粪附着在车上的时间一久，就会把涂装面侵蚀成凹凸不平的小坑。若用放大镜察看，就会看到被侵蚀处有小针孔般的小洞。情况严重时，不能用擦拭的方式修复，而只能选择重新烤漆。所以，有鸟粪附着在车上时，一定要立刻将它去除。最简单的去除方法是用稀释过的汽车清洁剂或家用中性洗洁剂倒在鸟粪上，然后用纸巾覆盖在上面，再倒一些洗洁剂即可去除。按照这个方法，污垢会浮在烤漆上，无论凝固得多硬的污垢都能轻易除去。只用水洗，清洁的效果没有那么好。

如果在刚出车时遇到这种情况，车主可用湿纸巾作紧急处理。方法是将两至三张湿纸巾放在鸟粪上，让鸟粪软化然后将其抹去。因为湿纸巾中含有酒精，对于清除污垢相当有效。将鸟粪去除以后，最好再用汽车清洁剂擦拭一遍。

如果是长时间后才发现，就必须要使用水晶蜡、美容蜡进行打蜡处理。

☛ 维修提示

①粘得很牢的鸟粪千万不要硬抠下来。正确的清洁方法是先盖上一层纸巾，再喷洗洁剂，等到鸟粪软化后再清除。

②用汽车清洁剂或是超微粒子化合物擦拭后，最好在车表面再涂一层蜡或化学保护药剂。

③最好随身携带应急用的湿纸巾，因为它可很轻易地清除硬化了的鸟粪。

4. 车身上沥青的清除

①如果掉在车上的沥青较少的话，可用一瓶柏油清洗剂和一瓶汽车抛光蜡去除沥青，方法如下：

a. 先用柏油清洗剂喷在沥青上，用软布反复擦拭。

b. 然后摇匀抛光蜡，将其涂在漆面上，停留 60s 后进行手工抛光。

c. 手工处理时，要每一小块作一次处理，注意不要大范围涂抹。

d. 抛光时，手的力度要适中，尽量保持一定的速度。

e. 要按一定的顺序和方向抛光，不可随意进行。

f. 在打磨时，一定要使用研磨颗粒非常细的抛光蜡，粗颗粒的抛光蜡会磨损漆面。

提醒：因为柏油清洗剂本身有一定的腐蚀性，因此，在涂抹过后，要及时对车面进行清洗。否则，时间长了，车漆也会有损伤。

②如果掉在车上的沥青多时，就应进行抛光处理。抛光是通过研磨蜡及抛光机去除车漆表面划痕及粗糙不平部位的一种方法。抛光时，使用的研磨蜡的粗细取决于车漆的损坏程度。砂蜡的颗粒一般较粗，可用于磨掉较厚的沥青点，但对车漆伤害较大，可考虑抛光之后再做一次封釉，就能取得更理想的效果。

☛ 维修提示

①露天停车时，需要注意周边是否有树木，停在地下停车场时则要回避管道、空调等可能滴水的位置。

②刚买两三年的新车，可以使用镀膜来保护车身，也比较容易清洗、保养。

③在路上行驶时，看到前面有沥青晒化或者有其他液体污染物存在的情况下，要减速慢行，最好慢行绕开。

④停车后，最好的防护办法是将车子用遮光布盖起来。

5. 车身上油漆、油污的清除

油漆、油污对车身漆面都有很大的损伤，因此，应及时予以处理。

①如果发现得较早，可以直接用抹布擦掉。

②如果油漆、油污已经存在很久，漆面则会出现褶皱，表面起泡、龟裂，出现所谓的“橘子皮”现象。这时，不能仅仅打蜡，必须要使用专用于汽车清洗的磨砂纸，将油漆、油污清除，再用打蜡的方式恢复车面光泽。

③如果腐蚀严重，只能将整块漆重新喷涂。

提醒：发现有油污、油漆沾污车面的情况，必须立即清洗。一旦经过阳光照射发生反应，油污或油漆就会和漆面溶在一起，到时将需要大面积翻新。

二、冬季车身漆膜的养护方法

1. 严冬对车身漆膜的影响

①严冬可加重对车身漆膜的腐蚀。严冬时节，气温变化大，在这种恶劣的气候条件下，会使车身漆膜受到腐蚀的程度加重。

②酸雨、工业污染物加重了对车身漆膜的腐蚀。酸雨、工业污染物再加上冬季的冰雪往往混合覆在车身漆膜表面上，冬季对车身漆膜的清洗养护次数减少。这些因素加重了对车身漆膜的腐蚀。

2. 冬季车身漆膜的养护方法

行车之后，若车身漆膜上有雨、雪、冰粒等异物吸附，应及时用适当的清洗方法将上述异物、污垢除去。

①一般雨水泥浆的去除。可用高压水冲洗法冲去雨水泥浆，然后用干净的拭布擦拭干净或用压缩空气吹干。

②浮雪的去除。特别是在下雪天行车，车身漆膜上会堆积一层薄雪。有时是雨加雪，只要是还未结冰，去除雨雪比较容易。可用高压水冲洗，然后擦拭干净即可。

③冰雪的去除。在冬季行车，往往会遭遇雨加雪，后又是气温急降，车身漆膜上附着一层薄冰和积雪。这时，可用蒸汽洗车机或热水洗车机进行冲洗，然后擦拭干净即可。

具体的清洗护理方法可根据实际条件选用，以去除雨雪冰等异物和污物。

三、车身清洗

（一）手工洗车

1. 手工擦洗洗车

一般手工擦洗汽车车身主要用的材料是清水，用的工具是水桶、软毛刷、毛巾和干毛巾。手工擦洗法操作方法如下：

①用毛巾蘸上水，从车顶向下逐一把车身淋湿。

②用湿毛巾从车顶开始擦拭，把污垢擦净，逐步向车窗、护围从上往下擦拭。在擦拭过程中，应适时把毛巾用清水洗净，擦拭的毛巾不应带有砂粒，否则会把涂膜表面和玻璃擦伤或擦出划痕。

③对污物较多处，可先用柔软的毛刷刷洗，然后用清水冲洗，最后再用毛巾擦洗。

④把车身擦洗一遍后，应进行认真检查是否还有残余的污物。如果有，则应马上重新进行

擦拭，直到擦拭干净为止。

⑤用清洁的干毛巾按上述的方法再次擦拭车身，直到擦拭干净为止，不得残留污物和水迹。

这是最简单的车身清洗方法，适应性强，但清洗的质量难以控制，并与清洗者的熟练程度和责任心有关。

2. 手工冲洗法洗车

(1)手工冲洗法的特点

①用水量较多。为节约用水，应考虑用循环水冲洗。

②清洗质量和清洗速度均比手工擦洗法快。

(2)清洗用的材料和工具

手工冲洗法所用的材料主要是自来水。冲洗工具主要有自来水胶管、毛刷、一定数量的湿毛巾和干毛巾以及备用水桶，用于清洗湿毛巾。

(3)冲洗操作方法

①用自来水胶管喷水冲洗车身，先从车顶部开始，逐一从上往下冲，最后冲洗车底部。

②污物严重的部位可以边冲洗边用毛刷擦刷。冲洗完一遍之后，用湿毛巾擦拭一遍，对污物严重的部位再重点擦拭，如车门下部、轮罩下部和内侧、底盘下部等，以“冲、刷、擦”三结合方式清洗，直到洗净为止。

③用湿毛巾擦拭一遍车身，直到无污物为止。如果有污物，应重复冲洗擦拭。

④用清洁的干毛巾擦拭车身，除去污物和水迹，使车身清洁干净为止。

(二)高压水枪洗车

1. 高压水枪洗车的特点

①冲洗简便、省力。

②冲洗速度快，质量较好。

③使用的清洁水较多，应考虑使用循环水，这样有利于节水，但需增添循环用水设施。

2. 高压水枪洗车所用材料和工具

常用的工具有普通高压水枪、水桶、毛刷、湿毛巾和干毛巾等。

清洗材料为高压水，可利用自来水的压力。若用清洗机产生的高压水则更好。

3. 高压水枪洗车清洗操作方法

①先用高压清水将全车车身冲洗一遍，将车身上的砂粒和污泥清除。

②再用高压水冲洗车顶，边冲边刷。

③用高压水冲洗前后风窗玻璃和侧窗玻璃。

④用高压水冲洗发动机罩、前围、车门、后围以及前后保险杠。

⑤用高压水冲洗车轮罩、车轮和底盘下部，对污垢严重处要反复边冲边擦，直到擦拭干净为止。

⑥用湿毛巾将车身全部擦拭一遍，对残余污物反复擦拭，直到擦拭干净为止。

⑦用干毛巾将车身全部擦拭一遍，直到将全车身擦拭清洁干净为止，不允许有任何污物和水痕存在。

（三）机械（电脑）洗车

1. 机械（电脑）洗车机洗车

（1）人工预清洗

①汽车污垢严重部位先用手工预清洗，也可用洗车剂初步清洗一遍。

②做好洗车前的准备，对影响机械清洗的零部件（如车用天线、出租车标识牌、后视镜等），应取下进行单独清洗，待全车清洗完成后，再重新安装好。

（2）用电脑洗车机清洗

①人工清洗完成后，将车开至机械清洗的停车位置，关好车窗和车门，关闭发动机，驾驶员离开。

②起动清洗机，首先对汽车进行喷水；喷水完成后，滚刷开始擦洗汽车的顶部、前端、发动机罩、后端及行李舱盖等处；然后滚刷清洗汽车两侧，用喷头冲洗车轮及底盘底部；最后重新开始喷水，再对汽车各部位冲洗一遍。

③清洗完成后，对汽车喷水蜡并对水蜡抛光。

④最后用压缩空气或热蒸气将汽车吹干。

⑤对汽车进行清洗质量检查，发现有残余污物或水痕处，可用手工补充清洗，直到全部清洁、干净为止。

2. 机械（电脑）洗车注意事项

①汽车驶入洗车机时，必须停在规定的停车位置。

②洗车时，车内不要留人。

③洗车前，必须按照事先约定的具体要求制定好洗车工艺流程。

④刚洗完的车的车轮上还有水分。刚起动时，要慢速行驶，才不致使灰尘再附着在车轮上。最好是待车彻底干燥后，再起动使用。

⑤电脑清洗机的滚刷一般用塑胶长丝条制作，长期使用这种电脑清洗机洗车，在一定程度上会对车身涂膜有一定的损伤。因此，在可能的条件下，应减少采用这种方法的洗车次数。

⑥电脑洗车时，会有部分死角，如车轮弧内及凹槽等处，还需配合人工清洗。

⑦电脑洗车时，对一些比较隐蔽处的小缺陷一般难以发现，若得不到及时的修补处理，会留下扩大损伤的后患。

⑧清洗时拆下的有关零部件，清洗完后还需重新安装好，因而增加了拆装和保管等工作量。同时，有的零部件在拆装过程中还容易发生损伤，影响使用寿命。

⑨目前的电脑清洗机在结构上大同小异，但适用的车型、具体的操作方法均不尽相同，在使用时，必须认真阅读设备的使用操作说明，以免发生误操作造成损失。

四、车身的打蜡

1. 车蜡的分类

（1）根据车蜡功能不同分类

汽车车蜡按其主要功能分为上光蜡和抛光研磨蜡两种。国产上光蜡的主要添加成分为蜂蜡、松节油等，其外观多为白色或乳白色，主要用于喷漆作业中的表面上光。国产抛光研磨蜡主要添加成分为地蜡、硅藻土、氧化铝、矿物油及乳化剂等，颜色有浅灰色、灰色、乳黄色及黄褐色等多种，主要用于浅划痕处理及漆膜磨平作业，以及清除浅划痕、橘纹、填平细小针孔等。

（2）根据车蜡装饰效果不同分类

汽车蜡可分为无色上光蜡和有色上光蜡。无色上光蜡主要以增光为主，有色上光蜡主要以增色为主。

(3)根据车蜡生产国不同分类

汽车蜡按其不同生产国，大体分为国产蜡和进口蜡。目前，国产汽车蜡基本均为低档蜡，绝大部分中高档汽车蜡为进口蜡。常见进口车蜡多来自美国、英国、日本、荷兰等国，例如美国龟博士系列车蜡、英国特使系列车蜡、美国的普乐系列车蜡等。国产车蜡最常用的有即时抛等。

(4)根据车蜡物理状态不同分类

汽车蜡按其物理状态的不同可分为固体蜡、半固态蜡、液体蜡和喷雾蜡四种。这些汽车蜡的黏度越大、光泽越艳丽、持久性越强，但去污性越弱，而且打蜡操作越费力。相反，黏度越小的汽车蜡越便于使用，但持久性越弱。

2. 车蜡的新品种、新特色

近年来，含有聚合物的汽车蜡和天然制成的汽车蜡逐步占领市场，种类很多，主要有以下几种：

①色蜡：按车的颜色用蜡，红色用红蜡，黑色用黑蜡。目前的流行色有12种之多。

②含釉成分：有的称之为“太空釉”。这类车蜡的特色是抗腐蚀、抗氧化，增加亮度。

③含特氟隆：特点是牢固、持久、防氧化，易渗入漆表层。

④含硅：渗透性好，对氧化引起的毛细孔裂纹起密封作用。

⑤含研磨剂：在打蜡的过程中起抛光作用。

⑥含天然原料(如棕蜡等)：能产生极好的光泽和透明度，是美容产品中的极品，适用于高档车。

3. 车蜡的选用原则

各种车蜡的性能不同，其作用与效果也不一样，所以，在选用时必须慎重，选择不当不仅不能保护车面，反而使车漆变色。一般情况下，应根据车蜡的作用特点、车辆的新旧程度、车漆颜色及行驶环境等因素综合考虑。车蜡的选用原则如下：

①根据车蜡的作用来选择。由于车辆的运行环境千差万别，在车蜡的选择上对汽车漆面的保护应该有所侧重。例如，沿海地区宜选用防盐雾功能较强的车蜡；而化学工业区宜选用防酸雨功能较强的车蜡；多雨地区宜选用防水性能优良的车蜡；光照好的地区宜选用防紫外线、抗高温性能优良的车蜡。

②根据漆面的质量来选择。中高档轿车漆面的质量较好，宜选用高档车蜡；普通轿车或其他车辆可选用一般车蜡。

③根据漆面的新旧来选择。新车或新喷漆的车辆应选用上光蜡，以保持车身面的光泽和颜色；旧车或漆面有漫射光痕的车辆可选用研磨蜡对其进行抛光处理后，再用上光蜡上光。

④根据季节不同来选择。夏季一般光照较强，宜选用防高温、防紫外线能力强的车蜡。

⑤根据车辆行驶环境来选择。如果汽车经常行驶在泥泞、尘土、砾石等恶劣道路环境中，应选用保护功能较强的硅酮树脂蜡。

⑥选用车蜡时还必须考虑与车漆颜色相适应，一般深色车漆选用黑色、红色、绿色系列的车蜡，浅色车漆选用银色、白色、珍珠色系列的车蜡。

4. 车蜡的选用方法

①分清涂面性质。风干漆与烤漆都可做抛光处理，但所用的抛光蜡各不相同，用错后会造成涂膜变软、裂口及变色。

②分清涂面颜色。浅颜色涂面与深颜色涂面所用的抛光蜡不能混用。浅颜色涂面若用了深颜色涂面的抛光蜡会使涂膜颜色变深，令车身涂面颜色发花。反之，涂膜颜色会变淡，出现雾影，严重影响外观。因此，在选用车蜡时，一般深颜色的涂面选用黑色、红色或绿色车蜡，浅颜色的涂面则选用银色、白色或珍珠色系列的车蜡。

③分清机蜡与手蜡。机蜡配合专用抛光机使用，手蜡直接用手涂擦抛光。使用机蜡进行手工抛光，费工费时且效果不佳，使用手蜡进行机器抛光则会造成浪费。

④分清车蜡品种。素色漆与金属漆的抛光蜡应区分使用。金属漆使用专用的抛光蜡后不但可增加涂面光泽，而且能使金属(或珍珠)的闪光效果更佳，更富立体感。

⑤分清增光蜡与镜面处理蜡。镜面处理蜡是对涂面进行增光处理的专用蜡，其保护作用不如保护增光蜡。保护增光蜡含有许多成分，可在涂面上形成一层保护膜，抵御外界紫外线、酸雨、静电、粉尘、水渍等的侵害。

⑥注意车蜡成分。含硅产品与不含硅产品在使用范围上应分清。含硅产品在进行涂面处理前应尽量避免使用，因为涂膜一旦沾有硅质，涂面修补就很难进行。

⑦分清粗抛蜡与细抛蜡。粗抛蜡在抛光时一定要先用，在涂膜抛亮后再换用细抛蜡。颠倒使用不但浪费抛光蜡，而且达不到应有的抛光效果。

⑧尽量不用砂蜡。一般的砂蜡均对涂面有较强的研磨作用，处理不好极易将涂膜磨穿而造成不必要的损失。因此，在一般性美容中，尽量不采用砂蜡。

⑨选用正规产品。应选择正规厂商生产的产品。因为自 20 世纪 80 年代起，欧美地区，特别是美国，已开始淘汰传统汽车涂料的生产工艺，车蜡的生产商亦在 90 年代已基本淘汰了传统蜡，新一代的车蜡对涂面具有更强的保护作用。

⑩认清使用说明。使用前，要看清生产厂商的使用说明。正规厂商的产品都会明确标示使用范围。适用于现代涂料的车蜡一般会有“适用于透明漆”、“适用于所有汽车涂料”等说明。

⑪不用三无产品。没有中文标志说明、生产日期、注意事项、抛光液成分及抛光方法的抛光液最好不用，以免出现不必要的麻烦。

5. 车身的上蜡

上蜡可分手工上蜡和打蜡机上蜡两种。手工上蜡简单易行，打蜡机上蜡效率高。无论是手工上蜡还是打蜡机上蜡，都要按一定的顺序进行，以保证车身漆面涂抹均匀一致。上蜡时，每次不要涂得太厚。上太多的蜡不但造成成本的增加，而且会增加抛光的工作量，还容易粘上灰尘，使抛光摩擦时有可能产生划痕。

(1)手工上蜡。首先将适量的车蜡涂在海绵上，然后按一定顺序往复直线或环形均匀涂布。涂布时，手感力度一定要掌握好，可将手指摊开，用大拇指和小指夹住海绵，其余三个手指及手掌按住海绵均匀涂抹。上蜡时，每次涂抹的面积不要过大，整个车身可分块进行，顺序可从前到后或从左到右，尽量做到薄而均匀。每次处理的面积要有一定的交叉重叠，防止漏涂。

(2)打蜡机上蜡。将车蜡抹在车身表面上，用手控制好打蜡机，起动开关，注意涂布时的力度、方向性及均匀度。使用打蜡机上蜡时，车身表面的边、角、棱处的涂布不易把握，而在这方面手工涂布更有优势。

上蜡的层数，要视车漆状况决定，并不是愈多愈好，太多的蜡反而会使抛光产生困难；上得太薄，又无法填补车身的涂面。通常新车需要上蜡1～2层，旧车可上3～4层。

6. 车身打蜡作业注意事项

汽车打蜡的质量好坏不但同车蜡的品质有关，而且同打蜡作业方法关系密切。要做到正确打蜡，应注意以下几点：

①在上蜡作业中，绝对要防止烤漆面被刮伤，所以，手表、戒指之类的东西最好全部摘下来。

②打蜡作业环境清洁，有良好通风。

③应在阴凉且无风沙处打蜡，避免车表温度高、车蜡附着能力下降，影响打蜡效果；若沙尘附着在车身上，极易产生划痕。

④打蜡时，手工用海绵及打蜡机海绵运行路线应该直线往复，不宜环形涂抹，防止由于涂层不均造成强烈的环状漫射痕迹；一次作业要连续完成，不可涂涂停停。

⑤打蜡时，应遵循先上后下的原则，即先涂抹车顶、前后盖板、车身侧面等。

⑥打蜡时，若海绵上出现与车漆相同的颜色，可能是漆面已经破损，应立即停止，进行修补处理。

⑦涂蜡时，尽量采用柔细的海绵或软质的不起毛的绒布或棉布进行均匀涂抹。

⑧抛光作业要待上蜡完成后规定时间内进行，且抛光运动也是直线往复。未抛光的车辆不允许上路行驶，否则再进行抛光易造成漆面划伤。

⑨不要往车窗和风窗玻璃上涂蜡，否则，玻璃上形成的油膜很难擦干净。

⑩抛光结束后，要仔细检查，清除厂牌、标识内空隙及钥匙孔周围、纤细的边缘或转角部分、铁板与铁板之间，以及橡胶制品的边条缝、车牌、车灯、门边等处残存车蜡，防止产生腐蚀。

⑪打蜡结束后，设备及用品要作适当清洁处理，妥善保存。

⑫要掌握好打蜡的频率。由于汽车行驶及停放环境不同，打蜡间隔时间不能硬性规定，可用手拭车身漆面，若无光滑感，就应该进行再次打蜡。

⑬冬天容易产生静电，静电会吸引灰尘，造成刮伤，可将高级衣物用的静电防止喷剂喷在擦车专用的棉布上，可有效防止静电的产生。

五、车身的抛光

1. 车身漆面是否需要抛光处理的判断

在对车身漆面进行抛光处理时，先要正确判断漆面的氧化程度和硬度，然后才能有针对性地对不同的车漆和氧化程度采用不同的抛光剂和抛光方法。判断车身漆面是否需要抛光处理可以按照以下方法进行：

(1)观察法

从车身的不同角度来观察车身漆面的亮度，通过眼睛感觉光线的柔和度、反射景物的清晰度等来判断。如果景物暗淡、轮廓模糊，则需要进行抛光处理。

(2)触摸法

用手套上一层塑料薄膜纸来触摸漆面，如果感到发涩或有凹凸不平的感觉时，就必须进行抛光处理。

2. 抛光的操作方法

①抛光时，先安装好抛光盘，调好抛光机的转速。

②将抛光机的抛光盘用水充分润湿后，甩去多余的水分。

③在车漆表面抹上抛光剂，打开抛光机，开始进行漆面抛光。

④抛光机的转速调整可利用局部的测试法来判定。先在车身平整处选取小面积抹上抛光剂进行手工抛光试验，然后根据抛光布上沾染的漆色来调整。如果抛光布上没有漆色，则可以选取较高的转速来进行，否则就应选择较低的转速来进行抛光。

⑤抛光时，应小块小块地进行，不可大范围工作，从车顶棚开始抛光，按照一定的次序进行，切不可随意乱抛。

3. 打蜡后抛光的注意事项

①打蜡后抛光的擦拭方向须按照汽车行驶方向（纵向）进行操作。手工打蜡时，不能像画圈一样擦拭。

②按自上而下，顺水流方向擦拭车蜡。

③应按先车前、再车顶、后车侧自上而下的顺序逐一对车身漆面进行打蜡抛光。

④打蜡抛光之前，应使用空气清洁枪将车身及残留在边、角、缝内的水分吹干净。每次完成一种蜡的抛光作业，都必须进行残渣清理作业。

⑤应选择避风、无粉尘的环境进行抛光作业。

⑥在作业中，应避免操作者穿着的金属钮扣、拉链及皮带扣等物件对漆面造成损伤。特别是擦拭车顶或发动机罩时，有时皮带扣会刮伤车身。此外，拉链外露的工作服也容易刮伤车身漆面，必须引起重视，最好佩戴工作围裙。

⑦应定期维护抛光机，检查其运转、润滑情况是否良好。保存时，抛光盘（海绵盘或羊毛盘）应从抛光机上拆下另行存放，以免水分流（渗）入抛光机转动轴承、啮合齿轮等部位，导致机件生锈、异常损坏。

⑧每次抛光完毕，必须立即清洗抛光盘，以免本次残留的抛光研磨渣在下一次作业时产生结焦，对抛光面造成刮伤。

⑨打蜡抛光完毕，应检查前后刮水器喷水嘴有无堵塞，是否喷水良好。

⑩机械抛光时，应做好电镀边和胶质饰件的遮蔽保护。

⑪残留在边角部位及缝隙的蜡渣应彻底去除。

⑫使用抛光机进行抛光作业时，应避免电源线或高压空气软管擦伤车身漆面。

4. 抛光后的检查整理

抛光后，要检查整个车身的护理质量，特别是车身较显眼的地方。如果发现蜡上得不均匀，产生无序的反光现象，可用干净的无纺棉布轻轻擦拭，也可以用抛光机重新抛光，直到光线反射面一致。此外，要仔细检查清除厂牌、车标内空隙及油箱盖周围、纤细的边缘或转角部分，以及车门车窗密封橡胶的边条缝、车牌、车灯、门边等处残存的车蜡。不要认为这些地方不显眼，而有所忽视，影响整车的护理效果。打蜡结束后，设备及用品要作适当清洁处理，妥善保存。

如果想使车蜡保留的时间长些，可以在打完蜡的车身上喷抹一层护车素，既可保护车蜡，又可提高车身表面的光泽度，还可以起到一定的防晒、防酸雨的作用。

六、新车的开蜡

1. 新车为何要开蜡

汽车制造厂生产的新车下线出厂后，为避免在运输过程中或露天停放时风吹日晒雨淋以及粉尘烟雾等的侵蚀，都必须进行喷蜡覆盖保护，以防漆面受蚀氧化。但在新车交付后开始正常使用时，这层新车的保护蜡必须先除去，然后再进行重新的清洗上光护理。

2. 选择开蜡水

新车的开蜡要使用专用的开蜡水，不能使用其他溶剂来代替。开蜡水是新车开蜡作业最重要的用品，具有较强的溶解能力和去油污能力。一般新车车蜡在喷上开蜡水后，短则 3～5min，长在 7～8min 内，就可以将车表蜡层完全溶解，而且对漆面及塑料、橡胶件无腐蚀。

3. 新车开蜡步骤

(1)冲洗车身表面

新车开蜡时，必须先冲洗车身表面，可用冷水高压清洗机冲去车表面灰尘及其他表面附着物，否则会影响开蜡水的溶解效果。

(2)喷洒开蜡水

冲洗干净车身表面后，在车身表面均匀喷上开蜡水。6～7min 后，开蜡水则完全渗透于蜡层，快速溶解车表蜡的保护层。

(3)擦除残蜡

当车表蜡层完全溶解后，用棉布、毛巾或无纺布擦除车表的残蜡。擦拭时，要注意清除厂牌、车标内空隙及油箱盖钥匙孔周围、纤细的边缘或转角部分，以及车门车窗密封橡胶的边条缝、车牌、车灯、门边等处残存的车蜡。

(4)清洗及擦干车身

应使用冷水高压清洗机冲洗车身表面，然后喷上洗车液清洁车身，最后再用高压水冲净车身，擦拭干净后即可交车。

4. 新车开蜡注意事项

①开蜡前不要使用洗车液，以免造成无谓浪费。

②开蜡水喷施一定要均匀，边角缝隙处千万不可忽视。

③喷施开蜡水后，要待开蜡水完全渗透蜡层并使其开始溶解后，才能用毛巾擦拭。

④最后的清洁及擦干要按洗车作业规程实施。因为经开蜡水清洗开蜡后，仍会有部分蜡质及杂质留在车表。

⑤不可用煤油开蜡。虽然煤油可洗掉原来的油蜡，但会对汽车造成很多细微刮痕，有损于漆面的装饰效果，增加了消除细微划痕的护理美容工序，使新车面漆受到一定程度的损伤。

⑥新车开蜡时，必须了解新车运输保护蜡的类别，采取相应的方法开蜡。但目前国内市场不够规范，运输保护蜡的使用混乱，有的同一辆车上混用了两种运输保护蜡，为新车开蜡造成不良效果。

⑦开蜡用品的使用方法，必须按新车和开蜡产品的要求正确选用，以保证开蜡效果。一般将开蜡剂喷涂于漆面上之后，要等 1～3min，使之有一定的软化时间，然后再冲洗掉或擦拭掉残蜡即可。

七、车身内饰维护

1. 汽车内饰美容的项目及工艺

汽车内饰美容通常是对汽车内部空间的美容护理。其服务项目可分为车室美容、发动机美容(有时也包括底盘美容部分)及行李箱清洁等项目。

2. 车室美容项目

车室美容主要包括车内顶棚的清洁、车侧立柱及车门内表面的清洁、仪表控制面板的清洁护理、车窗玻璃的清洁护理、座椅的清洁护理、安全带的清洁、地板的清洗、转向盘的清洁、其他饰面的清洁(如离合器踏板、制动踏板、加速踏板等)等。

3. 真皮饰品的清洁

清洁真皮饰品时，应选用专用皮革清洁剂。喷上清洗剂后，用软毛刷轻轻刷洗，然后用干净的抹布抹干。清洁后，可使用皮革类专业保护剂，如油性真皮上光保护剂等，对抹干的真皮进行上光擦拭。

4. 塑料饰品的清洗

先用专用的清洗剂喷洒于塑料部件，然后用海绵稍蘸清水擦洗表面，直至细纹中的污垢清除干净，再用半湿性毛巾擦净表面的污垢。擦洗时，应避免用力过猛，以免出现失光白化现象。清洁后，可用塑胶护理上光剂、皮塑防护剂等进行上光处理。

5. 其他车内饰品的清洗

(1)橡胶制品的清洗

可将专用清洗剂喷洒于半湿性毛巾上，然后直接擦洗橡胶部件，再用干净的半湿性毛巾擦净表面。

(2)玻璃的清洗

先用风窗玻璃专用清洁剂进行清洗，然后涂上风窗玻璃防雾剂。

(3)车内其他材质的清洗

现代汽车内部运用了多种复合材料，其中较多的有乙烯塑料纤维等，可直接喷洒专用清洁剂，然后用抹布擦干净即可。清洁完成后，喷涂一层塑件橡胶润光剂，可防止其过早老化变脆变硬。

6. 车室臭氧消毒处理

臭氧的氧化能力很强，对细菌、病毒等微生物杀灭率高、速度快，对有机化合物等污染物质去除彻底而又不产生二次污染。

使用时，应关闭好车门窗，保持车内良好密封效果。臭氧消毒机要求在相对湿度大于60%的条件下使用，一次开机消毒时间以多于30min为宜。

7. 车室光触媒消毒

“光触媒”是以二氧化钛为代表的具有光催化功能的光半导体材料的总称，比臭氧、负氧离子有着更强的氧化能力，可强力分解臭源，有极强的防污、杀菌和除臭功能。光触媒消毒施工操作方法如下：

施工操作前，先用遮盖胶布或旧报纸遮好不需施工的物品，如汽车内饰、音响、桃木、玻璃、镀品、深色表面、光泽度高的表面、精密仪器等。

①喷涂距离一般为30～40cm，以水平垂直方式从左到右喷涂，不能斜角度或倒立喷向施工面。

②上下喷涂间距为 5～6cm。

③喷涂速度以 1m/s 的速度均匀纵横向喷涂。

④误喷处理:应尽快用湿抹布擦拭干净。

⑤光触媒是速干型产品,在阳光的照射或日光灯照射和通风条件下,一般为 30min 可半干。如果有需要可进行第二次喷涂。

⑥喷涂用量按实际测量面积 10～15mL/m^2,成膜 0.5～1μm 可达到较佳效果。

⑦整理恢复:喷涂完毕后,应清理收拾好现场,恢复施工前原貌;施工完毕后 30min 打开车门,保持空气畅通及充足的光线照射。

⑧完工后,进行最后验收。

8. 车饰清洁注意事项

①使用适当的清洁剂。进行车饰清洁时,要根据不同材质使用专用的清洁剂或最相近的清洁剂,例如,用水性真皮清洁柔顺剂清洁真皮座椅,用化纤清洗剂清洗丝绒纤维制成的座椅、地毯等,用玻璃清洗液清洗车窗的玻璃等。

②切记不要随意混合或加温使用车饰清洁用品。不同的车饰清洁用品混合后,有可能产生一些有害物质,例如有些化学成分混合后可能会释放出有毒气体。若将清洁剂加温,放入蒸汽清洗机内使用,也容易产生有害气体。因此,除非产品包装上注明特别的混合比例或配合机械的使用方法,否则,切勿随意混合或加温使用车饰清洁用品,以免发生化学反应,产生有害物质。

③对不熟悉的产品应先测试使用。对于首次使用的清洁剂,应先找到相同材质的部件进行清洗测试,或可在待清洗部件的不显眼处进行测试。如果使用真皮清洁剂清洗车内座椅皮革时,可先在座椅底部或背面等不显眼的地方小面积使用,观察清洗效果如何,以防褪色或有其他损害。

④车饰件上有特殊的污渍如焦油、油漆、机油等时,不可用力擦洗,应选用专用清洁剂进行清洗。

⑤清洁作业时,喷上清洁剂稍停片刻后再进行擦拭。擦拭方向要求后期只能单向运动,以便保持光线漫射面一致。

⑥如果有需要,可对清洗过的较难干燥的饰件进行烘干处理,有利于防止发霉。

八、发动机的清洁

1. 清洁发动机外部

(1)清除发动机外表灰尘及油污

发动机外表可用刷子或压缩空气等先进行除尘,然后选用合适的发动机外部清洗剂进行擦洗处理。注意:不能用汽油来代替专用清洁剂清洗发动机外表。

(2)处理表面锈渍

对于铸铁等金属表面上的锈斑,应早发现早处理,在生成小斑点时就进行清除,以免斑点扩大后较难处理。可用除锈剂喷在锈斑处,然后进行擦洗。

(3)清洗发动机电器电路部分

应采用特定护理产品清洁发动机电器、电路。若长期用水和普通的清洁剂处理,则只能加速其塑料壳体和线束橡胶的老化,影响汽车起动和行驶。

2. 清洁发动机外部时的注意事项

①清洗时，应选用碱性小、不腐蚀橡胶塑料件及外涂银粉的清洗剂。

②用清洗剂擦洗之前，先用刷子或压缩空气清出灰尘或细砂等。

③清洗发动机室时，注意不要将清洗剂喷到电气系统的零件上，更不能用水去冲洗，否则，可能造成电器短路，使发动机不能起动。如果将水不小心溅到电气系统上，应用干布擦干，或用压缩空气把水吹干。

④一定要先把清洁剂喷到棉布或海绵上，然后再擦洗。

⑤清洗完后可擦上塑料橡胶件保护剂使其色泽重现，延缓老化。

3. 清洁护理发动机燃油系统

清洁护理发动机燃油系统是在发动机不解体的情况下，通过专业设备或采用专业用品来达到清洁护理的目的。

(1)清洗机清洗

先配制好清洗剂与燃油的混合液，将清洗机的进回油管接到汽车的燃油系统中，起动清洗机和发动机进行燃烧清洗。在发动机运转的同时，混合物经燃烧将分布在燃油系统中的胶质和积炭溶解剥落，并随废气排出。

(2)专用清洗剂清洗

可选用汽油喷射系统高效清洁剂进行清洗。这种专用清洗剂能随燃油流动，自动清除、溶解燃油系统中的胶质、积炭等有害物质。使用专用清洗剂时，应按说明书要求的用量直接加入油箱内。

4. 清洁护理发动机润滑系统

(1)清洗机清洗

先排出发动机油底壳的润滑油，取下机油滤清器，接好发动机润滑系统清洗机的进出油管，起动开关进行清洗。清洗完毕后，清洗机会发出报警声，提醒操作人员已清洗完成。然后拆下进出油管，装好机油滤清器和放油塞，重新加注润滑油即可。

(2)专用清洗剂清洗

发动机内部高效清洁剂能有效清洗润滑系统各油道及运动部件表面，将油泥、胶质等沉积物溶解。这种清洁剂一般在更换润滑油前使用。清洗时，将其适量加注到曲轴箱中，起动发动机运转15～30min后，排掉脏污的润滑油，更换机油滤芯，最后加注新的润滑油即可。

5. 清洗冷却系统

(1)清洗机清洗

可利用水箱清洗机来清除水垢。水箱清洗机是清除水垢的专业设备，它利用气压产生脉冲，在清洗剂的作用下快速清除冷却系统内的水垢。使用时，要先接好设备的三通管接头。

(2)专用清洗剂清洗

冷却系统高效清洁剂具有超强的清洁力和高效溶解性，能在发动机运行中彻底清除冷却系统内的水垢，恢复冷却系统各管道的流通能力，确保散热性能。使用时，应按说明书的要求将适量的清洁剂加入冷却液中，拧好散热器盖，起动发动机运行6～8h后，排出冷却液，清洗完毕后再重新加注冷却液即可。这种专用清洗剂对水垢的去除率至少在90%以上，且不会对冷却系统造成腐蚀。

九、底盘的清洁

1. 底盘部分清洁的内容

汽车底盘部分的清洁护理包括车身底板的清洁护理、转向系统的清洁护理、传动系统的清洁护理、制动系统的清洁护理、轮毂的清洁护理等。

2. 清洁护理车身底板

车身底板上的泥土、焦油、沥青等，可用发动机清洗剂或除油剂清洗；锈渍、锈斑，可用除锈剂进行擦洗。清洗完成后，再用多功能防锈剂喷涂在底盘上即可。

3. 清洁护理转向系统

转向系统的转向横拉杆、齿条壳、转向节臂等部件上一般的污渍可用多功能清洗剂进行清洗；如果发现有锈斑，就需用除锈剂进行擦洗。清洗后，可喷上多功能防锈剂进行护理。

此外，还可以在转向助力储液灌中添加转向助力调节密封剂，可以恢复老化橡胶油封的密封性，防止转向液的渗漏，消除因漏液而造成的转向迟钝、转向沉重等现象，还能清洁并润滑助力转向系统内部机件，防止胶质、油泥产生，减少机件磨损，延长使用寿命。

4. 清洁护理传动系统

传动系统的变速器、传动轴、主减速器壳体、半轴套管等部件也是容易粘上污物的地方，长时间不清洗也会生锈。一般可用多功能清洗剂进行清洗。

5. 清洁护理制动系统

在行车制动器中，可选专用的制动系统清洁剂进行喷洒清洁，能有效清除制动蹄片上的污物，改善制动效能，消除制动噪声。使用时，只要将清洁剂喷在需要清洁的部位，使之风干即可。如果有必要，可重复清洁。

6. 清洁护理轮毂

现代汽车一般多使用铝合金轮毂。而汽车行驶时，轮毂是比较容易脏污的部件。

①清洗轮毂时须特别小心，其表面有保护漆，通常应选用中性清洁剂。

②清洗时，应一次清洗一个轮毂，可避免清洁剂在轮毂表面凝固。若清洁剂凝固，清洁效果将降低，且在使用清水冲洗时将更加困难。

③对于一般的灰尘污物，可用普通的清洁剂进行清洗，而长期附着在轮毂上的积垢（如沥青、制动摩擦片磨损留下的黑粉等），使用普通的清洁剂一般很难清除，可使用强力轮毂去污剂进行清洁。

④清洗时，先喷上强力轮毂去污剂，稍等片刻，然后用软毛刷刷洗。刷洗时，切勿使用过硬的刷子，否则将会刮伤轮毂表面的漆面。

⑤轮毂清洗后，再用专用防护剂进行护理。一般每 2 周应彻底清洗轮毂上的污物。

7. 清洁护理轮胎

轮胎上除粘有灰尘、泥土和砂石外，还有一些酸、碱性物质。清洗时，可先将夹在轮胎花纹的砂石清除，再用高压水冲刷上面的灰尘和泥土。一些酸碱类物质，一般用水难以清除，而普通清洁剂也没有很好的清洗效果。这时，可用轮胎清洁增黑剂来清除护理，它能清除轮胎上的酸、碱性污染物和其他有害物质，还有清洁、翻新橡胶、塑料和皮革制品等作用。此外，其还有助于降低紫外线的辐射、减缓橡胶老化、延长使用寿命，同时兼具增黑上光功能，用后能使轮胎光亮如新。使用时，将轮胎清洁增黑剂刷在轮胎的表面即可。

十、车身漆面的处理

1. 汽车漆面翻新美容的施工工艺

漆面翻新美容是指受污染的漆面造成粗糙失光，不需喷漆，经过翻新美容后就能达到原来的效果。汽车漆面翻新美容的施工工艺如下：

①先确认车身没有严重的刮伤后，再对车身表面用清洁液彻底清洗。选用电动细磨机或气动细磨机配合专用超软接垫和超软尼龙细纱网 S1200，在细磨机的中低转速将氧化膜除掉后，用快干清洁剂清洁。

②去掉氧化膜的车身，用抛光机和粗海绵球配水溶性抛光粗蜡，将抛光蜡涂于海绵球表面，用中速 1600r/min 扩散研磨一遍，以调整漆膜纹理。

③将水溶性抛光细蜡加少许水粉均匀涂抹在需抛光部位，改用羊毛球、抛光机选中高速 1900～2200r/min，将砂纸纹抛掉，使光泽产生。在抛光过程中，应该尽量使羊毛球湿润，防止过热损伤漆面。

④进行上光封闭保护，用水溶性漆膜上光保护蜡和费斯托细海绵球将蜡均匀涂在车身表面，10min 后用洁净的羊毛球抛光。

2. 车身漆面浅划痕的一般处理方法

汽车车身在使用中摩擦或日常护理不当，久而久之在车身漆面上出现轻微划痕，但并未露出底漆，这种划痕在阳光下尤其明显。

在车身美容作业中，一般采用抛光研磨的方法对漆面上出现的浅划痕予以去除。抛光作业是漆面划痕处理的核心技术。

(1)用漆笔修复法处理车身漆面浅划痕

用相近颜色的漆笔涂在划伤处即为漆笔修复法。此法简单但修复处的漆附着力不够，易剥落而难以持久。

(2)用计算机调漆喷涂法处理车身漆面浅划痕

结合计算机调漆并采用新工艺方法的划痕修补技术是一种快速的技术修复，但要求颜色调配准确，修补的面积尽可能缩小，再经过特殊溶剂（驳口水）处理后，能使新旧面漆更好地融合，达到最佳附着。

(3)用抛光法处理车身漆面浅划痕

对于一般的极浅的浅划痕，可用抛光机来进行抛光。相对深一点的划痕，可以用 2000 号砂纸进行一下打磨，然后再进行抛光，即可恢复其原有的漆膜。

3. 漆面浅划痕处理应注意的问题

①在进行漆面浅划痕处理施工前，待处理表面必须进行清洁和开蜡。

②抛光剂不可涂在抛光轮上，应用小块毛巾均匀涂抹于漆面待处理部位。

③抛光剂涂抹面积要适当，既可便于抛光操作，又要避免未及时抛光出现干燥现象。

④抛光时，要掌握好轻重缓急，漆面瑕疵多的地方要重、要缓慢，用力要去时重、回时轻，棱角边处抛光要轻，来回抛光速度要快。

⑤抛光时及时洒水，洒水最好用雾状喷洒，防止因水流过大冲去抛光剂。

⑥欧美汽车的面漆涂层一般较厚，而日本、韩国及国产车辆面漆涂层一般较薄。在抛光时要注意把握好分寸，千万别抛露面漆。

⑦抛光作业可以手工完成。手工抛光时，应注意抛光运动路线不可胡乱刮擦、环形运动，

应该以车身纵向平行线为准往复运动。

十一、车身常见涂层的病态、防治及修复方法

1. 酸溶剂侵蚀的病态、防治及修复方法

(1)现象

涂膜表面出现一片片不规则的粗糙、褪色、局部剥落或破裂的区域,有时侵蚀区域会出现龟裂或裂缝,涂膜表面可以看到侵蚀物质的痕迹。

(2)主要原因

①制动液、过氧化物(原子灰的固化剂)、蓄电池溶液等腐蚀性物质洒落在涂膜上。

②酸雨。

③新涂膜使用了洗涤剂。

④涂膜固化不良。

(3)预防措施

①注意保持涂膜表面的清洁卫生,保护好涂膜。

②新涂膜避免使用洗涤剂。

③保证涂膜充分固化。

(4)修补方法

对于损伤轻微的涂膜,可采用砂纸研磨、抛光的方法加以修复。对于受到严重侵蚀的涂膜,应将被侵蚀的涂膜彻底除掉,然后重新喷上涂膜。

2. 褪色的病态、防治及修复方法

(1)现象

基材上有原子灰的表面,涂膜的颜色变黄。

(2)主要原因

原子灰中使用了过量的过氧化物。

(3)预防措施

充分搅拌均匀原子灰,认真计算并精确称量原子灰中过氧化物的用量。

(4)修补方法

打磨掉褪色的涂膜直至露出原子灰表面,然后用环氧底漆封闭原子灰表面,重新喷上涂料。

3. 渗色、底层染污的病态、防治及修复方法

(1)现象

在一种涂膜上涂另一种颜色的涂料时,底层涂膜部分渗入面层涂膜中而使面层涂膜表面变色。变色一般呈晕圈形式,严重时涂膜颜色完全改变,通常在红色、褐色漆表面喷涂时会发现此现象。

(2)主要原因

底层涂料中的颜料被新涂层中的溶剂溶解并吸收。

(3)预防措施

使用防渗色封闭底漆,喷涂之前清除原涂膜上粘附的漆雾,经试喷后,试验原涂膜是否有渗色现象。

(4)修补方法

打磨到原涂膜,喷涂封闭底漆将原涂膜封闭,然后重新喷涂涂料。

4. 起痱子的病态、防治及修复方法

(1)现象

涂膜表面出现成片的大小不等、密度不同的气泡。大气泡直径大于1.5mm,一般成片出现,有时也会单独出现。小气泡直径一般为0.5mm,其分布曲折或状似指纹。

(2)主要原因

涂膜下残留水气或污物。

①表面不清洁,残留了水、油、油脂等污染物。

②材料不配套或未按规定使用稀释剂。

③涂膜厚度不够,从而增大了透气性。

④水分渗入新喷涂的和旧的涂膜内。

(3)预防措施

①注意保护好涂膜表面,涂装前的表面处理工作要彻底。

②按规定使用配套涂料。

③按正确的喷涂工艺进行操作。

④在涂膜完全固化之前,避免使其暴露在湿度太大和温度变化剧烈的环境中。

(4)修补方法

用一根针挑破气泡,以确定气泡的深度,并用低倍放大镜查出气泡产生的原因。当气泡发生在涂层之间时,可将缺陷区域打磨掉,露出完好的涂层后,再重新喷漆。若缺陷严重或气泡发生在底漆与基材之间时,则应将基材之上的涂层全部除掉,然后重新涂装。

5. 鼓泡的病态、防治及修复方法

(1)现象

涂膜表面出现较大的圆形鼓泡或气泡通常出现在接缝区域或死角处,或在原子灰较厚的表面。

(2)主要原因

残留在涂膜下的空气发生膨胀,造成涂膜与基材分离。

①由于底漆、原子灰等的施工不当。

②涂膜连接处的羽状边(薄边)处理不当。

③用劣质稀释剂或稀释剂不足、压缩空气的压力太高等。

④涂膜盖在缝隙或死角上,使涂膜下面形成空隙。

⑤没能正确地处理及封闭基材。

(3)预防措施

①正确使用底漆、原子灰。

②正确制作羽状边。

③避免涂料一次性喷涂过厚,以保证涂料渗入缝隙和死角。

④使用推荐的稀释剂并按正确的喷涂工艺操作,喷涂底漆时要喷得薄而湿。

⑤检查基材有无气孔,仔细清理并封闭基材。

⑥烘干涂膜时,防止温度太高。

(4)修补方法

根据气泡的深度将相应的涂膜全部磨掉,修补好下层缺陷后,重新补喷涂料。

6. 粉化的病态、防治及修复方法

(1)现象

涂膜表面出现白垩状的尘土或粉末，通常发生在老化、旧涂膜表面。

(2)主要原因

涂料中某些成分析出。

①涂料中含有不匹配或不合格的材料。

②涂料中的树脂或颜料老化。

(3)预防措施

①使用推荐涂料。

②避免紫外线(强光)照射涂膜，不用强力洗涤剂清洗涂膜。

(4)修补方法

将涂膜磨平并抛光，即可恢复光泽。严重时，应重新涂装。

7. 缩水、鱼眼的病态、防治及修复方法

(1)现象

涂膜表面出现大量的大小从针孔到直径 1cm 的火山口状空洞或凹痕。通常大尺寸的凹痕单独出现，而小凹痕则以较小密度成片出现。在凹痕的中心一般可发现有小的杂质颗粒存在。

(2)主要原因

涂料表面张力发生变化。

①涂装环境中或基材表面上存在含硅的有机化合物。

②有其他污染源，如油脂、洗涤剂、尘土、蜡等。

③底漆中含有不匹配的成分。

④涂装室内蒸气饱和。

(3)预防措施

①用除蜡脱脂剂彻底清除基材表面，禁止在涂装室内使用含硅类的抛光剂。

②底漆一定要匹配。

③注意涂装室的蒸气饱和程度。

(4)修补方法

将缺陷区域的涂膜彻底清除，按要求处理基材表面，重新涂装。必要时，还需要在涂料中使用抗鱼眼添加剂。

8. 起云、起斑的病态、防治及修复方法

(1)现象

常发生于金属色漆涂膜上。喷涂后，涂膜颜色变得较白并成云团状。

(2)主要原因

①采用不匹配的催干剂或稀释剂，混合不均匀。

②喷枪的扇形不对。

③喷涂方法不对，涂膜太厚，涂装后挥发时间不足。

④基材表面温度太高或太低。

(3)预防措施

①采用正确的喷涂方法。

②开始喷涂前，将喷枪的扇形调整好。

③使用推荐的稀释剂和催干剂，并充分混合好。

④保证基材表面的温度处于推荐的范围之内。

(4)修补方法

若还没有喷涂清漆层，可再喷一层银粉漆盖住起云的部位。否则，应将涂膜磨平，然后重新喷涂。

9. 污物污染的病态、防治及修复方法

(1)现象

涂膜表面呈现污点、斑点、溅斑或变色，有油腻或黏的感觉，或摸上去有砂粒的感觉。

(2)主要原因

异物粘在或被嵌入涂膜表面。

①异物落在涂料中，如果汁、树脂、鸟粪、水泥等。

②金属微粒被嵌入涂膜表面并发生氧化。

(3)预防措施

①不要让任何污物留在涂膜中。

②确保涂膜完全固化。

③特别注意不要让新涂膜暴露在任何可以导致脏污的环境中。

④使用涂装室，确保室内空气的清洁度。

(4)修补方法

轻微的污点先用柔和的洗涤剂溶液冲洗涂膜表面，再用质量分数为10%的草酸溶液冲洗，以去掉铁类杂质微粒，最后用清水漂洗、打磨、抛光，使涂膜表面恢复光泽。若用上述方法去除不掉，则应将涂膜除去，然后重新涂装。

10. 腐蚀、生锈的病态、防治及修复方法

(1)现象

涂膜(尤其是车身连接件周围、板的边缘或缝隙处)脱落、起泡或变色。

(2)主要原因

金属基材腐蚀，造成涂膜的附着力下降。

①意外事故造成金属基材裸露，或钻孔后未及时处理裸露的金属表面。

②污染物破坏了涂膜，使金属基材裸露出来。

(3)预防措施

①保证所有裸露的金属表面都用金属处理液及底漆处理后才进行喷涂。

②涂膜损坏后，要尽快将其修补好，特别是边角处新裸露出来的金属要立即进行处理。

(4)修补方法

将缺陷区域的涂膜磨掉，露出金属基材，除掉基材表面的锈迹，然后用正确的金属处理液及底漆处理基材表面，然后重新涂装。

11. 开裂的病态、防治及修复方法

(1)现象

涂膜发生无规则的断裂或裂缝，通常发生在基材上被填补的缝隙或板的边缘附近。涂膜裂缝常形成三角形的星形，涂膜裂缝的深度不等，较严重的裂缝可直达基材。局部修补时，在羽状边刚刚喷上涂料后，可能会出现轻微裂纹。

(2)主要原因

涂膜中的气泡由于气候原因膨胀或涂膜中的内应力增大，使得涂膜失效。

①涂料混合不均匀、稀释剂不足或型号不对。

②基材表面处理不好，砂纸太粗、清洗不净或缝隙填补不当。

③压缩空气管中有油或水。

④涂膜太厚，各道涂膜之间的流平时间不够。

⑤涂装时，基材的温度太高或太低。

⑥在未充分固化或热塑性丙烯酸涂膜上喷涂了热固性涂料。

(3)预防措施

①涂料一定要混合均匀，按规定的比例和型号使用稀释剂。

②严格将基材表面处理好，特别要注意羽状边周围的处理。

③正确维护压缩空气设备。

④使用正确的喷涂方法，每道喷涂的涂膜要薄而湿，保证各道涂膜之间的流平时间。喷涂时，基材表面的温度要合适。

⑤喷一层环氧树脂漆，将热塑性丙烯酸涂层封闭。

(4)修补方法

若裂缝较轻微只影响面涂层时，可用砂纸打磨裂纹直到露出完整表面，然后重新喷涂。若裂缝穿透到底漆时，则应将缺陷区域的涂膜全部除去，将基材缺陷彻底修复，然后重新喷涂。

12. 龟裂、裂纹的病态、防治及修复方法

(1)现象

肉眼看上去涂膜表面失去光泽，用低倍放大镜观察时，可发现大量细微裂纹。

(2)主要原因

涂膜内应力太大。

①涂料混合不均匀，稀释剂不足或所使用的稀释剂型号不对。

②涂膜太厚，或在未完全固化或过厚的底漆上喷涂色漆。

(3)预防措施

①将涂料混合均匀，按规定的比例和型号使用稀释剂。

②使用正确的喷涂方法，每层涂膜要薄而湿，要保证各层之间的流平时间。

(4)修补方法

打磨产生裂纹区域的涂膜，直至露出完整、平滑的表面，然后重新喷涂。

13. 灰尘、颗粒、麻点的病态、防治及修复方法

(1)现象

用手摸上去感觉涂膜表面粗糙不平；像有许多杂质微粒陷在涂膜表面或被涂膜覆盖。

(2)主要原因

涂膜中混入了杂质微粒。

①基材表面处理不好。

②喷涂时或喷涂后不久，空气中飘浮的微粒落在并陷入涂膜中。

③盛涂料或稀释剂的容器敞口或生锈导致灰尘混入涂料中。

(3)预防措施

①喷涂之前,彻底将被喷涂表面处理干净。

②要保证涂装室干净无尘。

③保证所有材料清洁,容器密封,涂料使用前要过滤。

(4)修补方法

先让涂膜完全固化,轻微的脏粒可用砂纸磨平,然后抛光。如果杂质颗粒陷得较深,需要将涂膜磨平,然后重新喷涂。

14. 干喷的病态、防治及修复方法

(1)现象

涂膜表面呈颗粒状粗糙结构、无光泽。

(2)主要原因

涂料以粉末状的形式落在表面上。

①涂料黏度太高,稀释剂不足或型号不对。

②喷涂方法不当,压缩空气压力过高、喷枪不清洁、喷涂时喷枪离工件表面太远。

③喷涂时,有穿堂风或空气流动速度太快。

(3)预防措施

①按比例使用推荐的稀释剂。

②采用正确的喷涂方法,保持喷枪清洁,在保证涂料充分雾化的前提下,尽量将压缩空气的压力调低,喷枪与工件表面的距离要适当。

③在涂装室内喷涂,涂装室内的空气流动速度应适当。

(4)修补方法

将缺陷区域打磨平,然后抛光。若涂膜表面太粗糙,用上述方法不能修复时,应磨平缺陷表面,重新喷涂。

15. 表面无光、异常失光的病态、防治及修复方法

(1)现象

涂膜表面平整光滑,但缺少光泽,在显微镜下观察,涂膜表面粗糙。

(2)主要原因

①底漆附着力差,或底漆未彻底固化就在其上喷涂了面漆。

②使用的稀释剂质量太差或型号不对,或使用了不配套的添加剂。

③涂料调配或喷涂方法不当。

④基材表面质量太差。

⑤由于湿度太大或温度太低,涂层干燥速度太慢。

⑥溶剂蒸气或汽车尾气侵入了涂膜表面。

⑦涂膜表面受到蜡、油脂、水等的污染。

⑧在新喷涂的涂膜上使用了太强的洗涤剂或清洁剂,或喷完面漆后过早地进行抛光,或使用的抛光膏太粗。

(3)预防措施

①应使用合格的底漆,要等底漆充分干燥后再在上面喷面漆。

②应使用推荐的稀释剂和添加剂。

③要充分搅拌涂料，保证涂装环境符合要求，按正确的方法进行喷涂。

④彻底清理基材表面。

⑤保证涂膜在温暖干燥的条件下进行干燥。

⑥禁止在新喷涂的涂膜表面使用强力洗涤剂，在涂膜未充分固化之前不得对其进行抛光，抛光时一定要使用正确规格的抛光膏。

(4)修补方法

通常先用粗蜡研磨表面，然后进行抛光，即可恢复正常的光泽。如果失光严重，用以上方法仍得不到满意的效果时，应将面漆层磨平，然后重新喷涂。

16. 剥落、起皮的病态、防治及修复方法

(1)现象

涂膜表面出现鳞片状脱落。这些脱落的漆片易碎，其边缘呈上卷状脱离基材表面。

(2)主要原因

面漆层与其下层表面失去结合力。

①下层表面处理不好，受到蜡、油脂、水、铁锈等的污染。

②在钢或铝材表面未使用金属表面处理剂，或使用的处理剂型号不对。

③喷涂时，基材表面温度太高或太低。

④喷涂底漆的方法不当，底漆层未充分干燥。

⑤涂料的黏度不当，使用的稀释剂型号不对或质量差。

⑥压缩空气的压力太高。

(3)预防措施

①彻底处理好准备喷涂的基材表面。

②在钢或铝材表面一定要用正确的金属表面处理剂，处理好后 30min 内应开始喷涂，以防基材表面生锈。

③喷涂和干燥时，要保证在推荐的温度范围内。

④使用正确的工艺喷涂底漆，保证底漆层充分固化后再喷涂面漆。

⑤使用推荐的稀释剂，将涂料稀释到要求的黏度范围。

⑥每次喷涂的涂层要薄而湿。

⑦使用同一涂料生产商生产的配套产品。

⑧正确调整喷涂压力。

(4)修补方法

将剥落的涂膜清除，按要求的涂装方法和材料重新涂装。

17. 遮盖力差的病态、防治及修复方法

(1)现象

透过涂膜可以看见下层表面的颜色，常常发生在难以喷涂的区域、车身下护板或尖锐的边角处。

(2)主要原因

色漆层的厚度不够，遮盖力差。

①喷涂方法不当。

②涂料混合不均匀。

③由于研磨、抛光过度，减少了色漆层的厚度。

(3)预防措施

①使用正确的喷涂方法，保证涂膜的厚度。

②将涂料彻底混合均匀。

③严禁对涂膜抛光过度，要特别注意边角区域。

(4)修补方法

将缺陷区域打磨平，然后重新喷涂。

18. 咬起、起皱的病态、防治及修复方法

(1)现象

涂膜上出现程度不同的隆起、起皱。

(2)主要原因

涂膜内部固化不均匀。

①涂膜太厚。

②各道涂层间流平时间不足，强制性干燥时，温度不均匀。

③涂料中使用的稀释剂型号不对或质量太差。

(3)预防措施

①每次喷涂的涂层要薄而均匀。

②各层之间的流平时间要充足，干燥温度要适当和均匀。

③使用推荐的稀释剂。

(4)修补方法

首先让涂膜充分固化。对于轻微缺陷，要将其磨平、抛光即可。若缺陷严重，则需将涂膜打磨到基材，然后重新喷涂。

19. 灰印的病态、防治及修复方法

(1)现象

涂膜上出现一片外观、光泽不同、有清晰的边界或轮廓线的地图状区域。

(2)主要原因

原子灰或填眼灰调配不均匀、打磨不平滑，没有喷底漆或封闭底漆。

(3)预防措施

正确调配原子灰或填眼灰，正确施工并将其表面打磨平滑。

(4)修补方法

将缺陷区域的涂膜打磨至完整平滑，必要时，重新刮涂原子灰或填眼灰，喷底漆进行封闭。

20. 橘皮的病态、防治及修复方法

(1)现象

涂膜表面呈疙瘩状，不平整，类似橘皮的外观。

(2)主要原因

涂料在涂膜表面凝结不当。

①喷涂方法不当，喷枪离基材表面太远，压缩空气的压力不当，喷嘴调节不当。

②涂膜太厚或太薄。

③涂料混合不均匀，黏度不适当，稀释剂型号不对或质量太差。

④各涂层间的流平时间不足。

⑤环境温度或基材表面温度不适当。

(3)预防措施

①采用正确的喷涂方法,保证设备调节适当。

②每次喷涂的涂膜要薄而均匀,使用推荐型号的稀释剂。

③各涂层间要有足够的流平时间。

④在推荐温度范围内喷涂,并保证通风适当。

(4)修补方法

将橘皮缺陷打磨平,然后抛光。情况严重时,应将缺陷部位打磨平后,重新喷涂。

21. 漆雾的病态、防治及修复方法

(1)现象

涂膜出现一片片粘在或部分陷入涂膜的团粒状涂料微粒。

(2)主要原因

喷涂时,多余的涂料微粒落在涂膜表面。

①遮盖不严。

②压缩空气的压力太高。

③排风和通风不畅。

(3)预防措施

①认真做好遮盖工作。

②将喷枪调整到最佳喷雾压力。

③使用涂装室,保证涂装室排风和通风良好。

(4)修补方法

将涂膜打磨平后,抛光处理。

22. 咬底的病态、防治及修复方法

(1)现象

涂膜表面隆起或起皱,严重程度不同,常见于羽状边缘周围,下面的涂层可能破裂至最外层。

(2)主要原因

在热塑性丙烯酸漆或白干型合成树脂漆上喷涂了硝基磁漆或热固性漆,使得面漆与底漆发生了化学反应。

(3)预防措施

要保证所使用的材料具有相容性,或将底漆封闭。

(4)修补方法

将缺陷区域的涂膜打磨掉。打磨时,注意不要露出可以引起同样问题的涂膜,将打磨后的表面封闭后重新喷涂。缺陷特别严重时,需将涂膜打磨至基材,然后重新喷涂。

23. 钣金缺陷的病态、防治及修复方法

(1)现象

涂膜表面不平整,出现许多波纹或直、弯、十字交叉的沟槽或球状凸起。

①基材表面粗糙不平。

②原子灰用量不足或质量太差,施工方法不正确或表面打磨不平。

③底漆厚度不够。

④底漆过厚并没有完全固化时,就在上面喷涂了色漆。

(3)预防措施

①喷漆之前要认真检查基材表面,修整所有缺陷。选用适当的砂轮、砂纸、锉刀,清除表面的焊渣。

②用正确方法进行原子灰的施工和打磨工作。

③底漆厚度要适当,并要充分固化。

(4)修补方法

将缺陷部位的涂膜清除至基材,修补基材表面的所有缺陷,正确清理基材表面后,重新喷涂。

24. 针孔的病态、防治及修复方法

(1)现象

涂膜上出现众多细小孔洞,其直径通常小于 1mm,常见于填眼灰、原子灰或玻璃钢表面。

(2)主要原因

涂料被吸入基材上的孔洞内。

①玻璃钢表面有气孔。

②基材表面处理或封闭不当。

③原子灰或填眼灰质量太差。

④原子灰混合不均匀,原子灰或填眼灰的施工方法不正确。

(3)预防措施

①喷涂前,将基材的温度升高至高于喷涂温度,以排除基材气孔中的空气。为防止发生变形,基材表面的温度不得超出 80℃。

②仔细检查玻璃钢表面,用原子灰或填眼灰填补基材表面上的针孔,局部喷上底漆并打磨平滑,然后再将基材表面全部喷上底漆。

③使用推荐的材料。

④原子灰调配要均匀,分多次施工,每层要薄而均匀。每次要充分硬化后再涂新的一层或进行最后的打磨处理。

(4)修补方法

将涂膜磨至底漆层,填补针孔,局部喷涂底漆且打磨平滑后,重新喷涂。

25. 抛光痕迹的病态、防治及修复方法

(1)现象

涂膜表面有可以看到的微细的条纹或划痕,有时缺陷部位会露出底材。

(2)主要原因

涂膜受到研磨损伤。

①涂膜未充分固化时就进行抛光处理。

②抛光机的压力太大或转速太快。

③使用的研磨膏太粗或有碱性,抛光轮太脏、太粗糙。

(3)预防措施

①涂膜充分硬化后再抛光。

②抛光机的压力、转速要适当。

③使用正确型号、细度的研磨抛光膏,保证抛光轮柔软、清洁。

(4)修补方法

磨平涂膜,重新抛光。缺陷严重时,应将涂膜磨平后,重新喷涂。

26. 流淌、流挂的病态、防治及修复方法

(1)现象

涂膜局部变厚，形状如同波浪线、浅滩或圆形的山脊，通常出现在倾斜角度大或竖直的表面上。

(2)主要原因

涂膜发生流挂。

①涂膜太厚，压缩空气的压力太低，喷枪的扇面太窄，喷枪移动速度太慢，喷枪离基材表面太近。

②使用的稀释剂型号不对或质量太差。

③涂料的黏度不适当。

④空气或基材表面温度太低。

⑤底漆层表面有杂质。

(3)预防措施

①采用正确的喷涂方法，将喷枪调节适当。

②使用推荐型号的稀释剂。

③保证涂料充分混合，黏度适当。

④在推荐温度范围内喷涂。

⑤保证喷涂表面清洁。

(4)修补方法

等涂膜完全硬化后，除掉多余的涂料，将表面磨平，然后抛光。情况严重时，应将表面磨平后重新喷涂。

27. 砂纸痕迹的病态、防治及修复方法

(1)现象

透过面漆会出现打磨的痕迹。

(2)主要原因

在干燥过程中，由于涂膜收缩，表面呈现出底漆表面的打磨或其他处理的痕迹。

①底漆表面处理不当。

②底漆没有充分硬化就喷涂了色漆层。

③涂膜厚度不够或干燥速度太慢。

④涂料混合不均匀，使用的稀释剂型号不对或质量太差。

(3)预防措施

①采用适当细度的砂纸，用填眼灰填补表面较深的擦痕，表面要磨平。

②要等前一道漆完全硬化后，再喷涂色漆。

③漆膜厚度要适当，干燥条件要正确。

④将涂料混合均匀，应使用推荐型号的稀释剂。

(4)修补方法

若砂纸痕较轻微，可将缺陷区域磨平，然后抛光即可。若砂纸痕较严重，则应打磨涂膜，直至除掉原有的砂纸痕，然后重新喷涂。

28. 划痕的病态、防治及修复方法

(1)现象

涂膜损伤或破裂,损伤深度和面积不一。

(2)主要原因

由于路面蹦起的石子或其他外力砸在涂膜上所致,或者是被尖锐物体划伤。

(3)预防措施

在车库、涂装室、运输过程中注意保护涂膜免受损伤。

(4)修补方法

磨掉修补区域的涂膜,在接口处制作羽状边,用填眼灰填平,然后重新喷涂。

29. 溶剂泡的病态、防治及修复方法

(1)现象

在刚刚喷涂的涂膜表面呈现很多直径在1mm以下的顶部裂开的小气泡。

(2)主要原因

涂膜表面迅速干燥,内部的空气或溶剂蒸气不能及时排出。

①使用的稀释剂质量太差,挥发速度太快。

②涂膜太厚或各道涂料的流平时间不足。

③压缩空气的压力太低。

④干燥温度太高,加热热源离涂膜太近、过热或过早加热。

(3)预防措施

①要保证喷涂表面绝对清洁。

②使用推荐型号的稀释剂。

③每道喷涂的涂膜要薄而湿,每道涂层之间要有足够的流平时间。

④压缩空气的压力要调节到规定值。

⑤加热烘烤前要保证有足够的流平时间,以便让涂膜中的空气或溶剂充分挥发,按规定温度烘烤,加热源不得距涂膜表面太近。

(4)修补方法

将涂膜磨平,然后重新喷涂。

30. 水渍的病态、防治及修复方法

(1)现象

涂膜上出现一片片直径在6mm以下的圆形印记,通常印记内的颜色比周围涂膜的颜色稍淡。

(2)主要原因

①涂膜未完全硬化前受雨淋或溅上了水滴。

②雨水或水滴溅落在过厚的抛光蜡膜上。

(3)预防措施

①在涂膜完全硬化前,要防止水滴落在上面。

②涂膜表面的保护蜡膜不得过厚。

(4)修补方法

将缺陷区域的蜡膜去掉,轻轻磨平,然后抛光。必要时重复以上步骤。情况严重时,可重新喷涂。